U0656290

一流本科专业一流本科课程建设系列教材

机械原理

第 2 版

主　编	冯立艳　张雪雁　席晓燕
副主编	刘文慧　李树珍　蔡玉强
参　编	李学刚　崔冰艳　李德胜
	张敬孜　田明瑜　陈若梦
主　审	郭卫东

机 械 工 业 出 版 社

本书根据"教育部高等学校机械基础教学指导分委员会"制定的"机械原理课程教学基本要求",广泛采纳并吸取各院校对《机械原理》第1版的使用反馈意见,融合多年的教学实践经验,结合课程建设及教学改革成果、学科前沿成果和新工科建设需求,由长期担任机械原理课程教学的一线教师精心修订而成。全书以机构设计为主线,机构分析为设计服务,以机械系统方案设计为目标,共分为12章,主要包括机构的分析(结构分析、运动分析、力分析)、常用机构的分析与设计(平面连杆机构、凸轮机构、齿轮机构、轮系、其他常用机构),以及机器动力学(平衡、机械系统的运转及速度波动的调节)、机械系统运动方案设计等内容。

本书是国家级一流课程的配套教材,注重经典知识和前沿技术相结合,知识体系脉络清晰,重点突出,工程性强;建设有与本书完全配套的资源丰富、内容系统的线上教学课程,读者可在"学堂在线"网上查询访问。

本书可作为普通高等院校机械类各专业"机械原理"课程用书,也可作为相关工程技术人员的参考用书。

图书在版编目(CIP)数据

机械原理/冯立艳,张雪雁,席晓燕主编. —2 版. —北京:机械工业出版社,2023.7(2024.11 重印)
一流本科专业一流本科课程建设系列教材
ISBN 978-7-111-73186-3

Ⅰ.①机… Ⅱ.①冯… ②张… ③席… Ⅲ.①机构学-高等学校-教材 Ⅳ.①TH111

中国国家版本馆 CIP 数据核字(2023)第 086907 号

机械工业出版社(北京市百万庄大街 22 号 邮政编码 100037)
策划编辑:赵亚敏   责任编辑:赵亚敏
责任校对:贾海霞 张 薇   封面设计:张 静
责任印制:邓 博
天津嘉恒印务有限公司印刷
2024 年 11 月第 2 版第 2 次印刷
184mm×260mm · 18.75 印张 · 463 千字
标准书号:ISBN 978-7-111-73186-3
定价:59.00 元

电话服务   网络服务
客服电话:010-88361066   机 工 官 网:www.cmpbook.com
         010-88379833   机 工 官 博:weibo.com/cmp1952
         010-68326294   金 书 网:www.golden-book.com
封底无防伪标均为盗版   机工教育服务网:www.cmpedu.com

前　言

本书是根据"教育部高等学校机械基础教学指导分委员会"制定的"机械原理课程教学基本要求",贯彻落实党的二十大关于"加快建设教育强国、科技强国、人才强国"战略部署,以培养适应新世纪竞争格局需要的厚基础、宽口径、高素质、强能力的高级工程技术人才为目标,融合多年来的教学实践经验和教学改革成果,按照"以机构设计为主线,机构分析为设计服务,以机械系统方案设计为目标"的课程体系,广泛采纳并吸取各院校对《机械原理》第 1 版的使用反馈意见,由长期担任机械原理教学的一线教师精心修订而成。本书在以下六个方面具有鲜明特色:

(1) 资源形式　结合国家级一流课程,基于"三学"理念,建设了与本书完全配套的教学资源,包括微视频、深度拓展题目、专题测试、虚拟仿真系统、课程思政案例等。

(2) 内容取舍　注重实用性和先进性相结合,经典知识与前沿技术相结合,理论知识点与课程思政有机融合,体现"两性一度"。着力培养有理想有担当,掌握扎实的理论知识,能够综合应用所学知识和现代化手段解决复杂工程问题的"应用型"一流人才。

(3) 插图风格　采用了双色平面渲染图和三维图,并配备了大量的 2D、3D 动画二维码,使图形直观灵动、可读性更强。

(4) 重点把握　所有主要概念和重要结论都采用波浪线勾出,每章最后绘制了知识框架图,利于读者形成整体思路,把握梳理所学内容。

(5) 题目选编　每章精心编写了适量的思考题、难度不同的习题和涵盖全章主要内容的测试卷(扫描二维码进行线上作答),并设计了一些具有工程应用背景的题目和难度较大的综合性题目,以提高读者的学习兴趣和主动性,培养读者的高阶思维、激发创造潜能。

(6) 内容阐述　语言精练,内容准确,由浅入深,通俗易懂,实用性强。

本书编者来自华北理工大学、河北师范大学、唐山学院、河北科技师范学院、唐山职业技术学院 5 所高校。编写分工如下:冯立艳编写第一、二、八章,张雪雁编写第三、五章,席晓燕编写第十一章,刘文慧编写第十章,李树珍编写第七章,蔡玉强编写第九、十二章,李学刚编写第六章,崔冰艳编写第四章,李德胜、张敬孜、田明瑜、陈若梦等进行了大量的数字化教学资源建设工作。冯立艳负责全书的统稿、修改和定稿。

本书承蒙北京航空航天大学郭卫东教授精心审阅,并提出了许多宝贵意见和建议,在此表示衷心感谢。

本书中带"*"内容为拓展阅读内容。

由于编者水平有限,书中不当之处在所难免,恳请同行教师和广大读者批评指正。

编　者

目　录

第一章

绪　　论

本章要点：机械、机器、机构、构件、零件等基本概念；机械原理的研究对象、主要内容和发展动向；机械原理课程的学习目的和方法。

第一节　机械原理的研究对象和研究内容

视频讲解

一、机械原理的研究对象

机械是机器和机构的总称。 机械原理是一门以机器和机构为研究对象的学科，它研究机器和机构的基本理论问题，如其结构、运动特性、动力分析及设计等。

（一）机器和机构

提到机器，人们并不陌生。在日常生活和生产过程中，人类广泛地使用着各种各样的机器，用以减轻人类自身的体力劳动、脑力劳动，提高工作效率。在有些人类难以涉足的场合，更是需要用机器来代替人进行工作。我们接触过许多机器，如缝纫机、洗衣机、挖掘机、机械手等。尽管机器的种类繁多，构造、性能和用途各异，但可将机器定义为：机器是根据某种使用要求设计的执行机械运动的装置，可用来变换或传递能量、物料或信息。如内燃机、电动机用来变换能量，加工机器（如金属切削机床、轧钢机、织布机等）用来改变被加工对象的形状、尺寸、性质或状态等，运输机器（如汽车、飞机、起重机、带式运输机等）则用来运输物料或人，而复印机、打印机、传真机、绘图机等则用来变换或传递信息。

现代机器逐步向自动化、智能化方向发展，使得机器不一定单纯具备加工、运输或信息处理等单一功能。如焊接机器人，常采用激光视觉传感器实现焊缝初始寻位与自动跟踪，以确保沿着焊缝的精准位置进行焊接操作，因此，该机器人既是加工机器，又是信息处理机器。

下面讲解几个实例，来研究机器、机构的组成和工作原理。

图 1-1 所示为一台单缸四冲程（吸气、压缩、爆发、排气）内燃机。内燃机是汽车、飞机、轮船等各种流动性机械最常用的动力装置，其功能是把燃气燃烧的热能转换为机械能。它由曲柄滑块机构、齿轮机构和凸轮机构组成，分析如下。

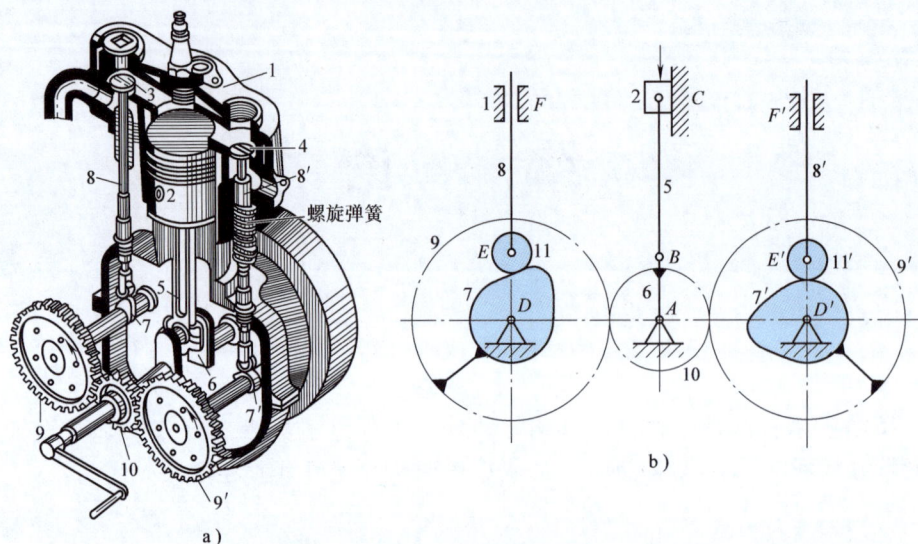

图 1-1 单缸四冲程内燃机

a）立体图　b）机构运动简图

1—气缸体　2—活塞　3—进气阀　4—排气阀　5—连杆　6—曲轴
7、7′—凸轮　8、8′—顶杆　9、9′、10—齿轮　11、11′—滚子

活塞 2、连杆 5、曲轴 6 和气缸体 1 组成曲柄滑块机构（属于平面连杆机构），它把活塞 2 的往复直线运动转变成曲轴 6 的旋转运动。图中活塞 2 位于上极限位置。

齿轮 10、齿轮 9（或齿轮 9′）和气缸体 1 组成齿轮机构。因为大齿轮齿数是小齿轮齿数的 2 倍，所以曲轴 6 转两圈，两侧的凸轮轴各转一圈，进、排气阀各开启、闭合一次。这里的齿轮机构实现了高速到低速的运动传递。

凸轮 7 和推动进气阀 3 的顶杆 8，凸轮 7′ 和推动排气阀 4 的顶杆 8′ 分别和气缸体 1 组成凸轮机构，它们把凸轮的连续整周转动转变为进气阀或排气阀的间歇往复上下移动，正是靠凸轮的廓线精确控制着进气阀或排气阀的上移、停止、下移，从而实现在每个工作循环中特定时间段的进气或排气过程。

图 1-2 所示为工件自动装卸装置，包括带传动机构、蜗杆蜗轮机构、凸轮机构、连杆机构等。当电动机通过上述机构使滑杆左移时，滑杆夹持器的动爪和定爪将工件夹住；当滑杆带着工件向右移动到夹持器的动爪碰到上面的挡块时，被迫将工件松开，工件落到工件载送器中，被送到下道工序。

图 1-3 所示为用来破碎矿石的颚式破碎机，由电动机 1 通过 V 带 3 传动，把运动和动力传给偏心轴 5，偏心轴 5 带动动颚板 6 在肘板 7 的支持下做平面复杂运动。当动颚板 6 向左摆动时，挤碎夹放在动颚板 6 与定颚板 8 之间的石块；当动颚板 6 向右摆动时，挤碎的石块落下。由于机器在工作过程中载荷变化很大，为减小主轴的速度波动和电动机的容量，在偏心轴 5 上装有飞轮 9。

定爪 动爪 挡块
工件
滑杆
装配夹具
工件载送器
蜗杆蜗轮机构
连杆机构
带传动机构
凸轮机构
电动机

动画

a)

b)

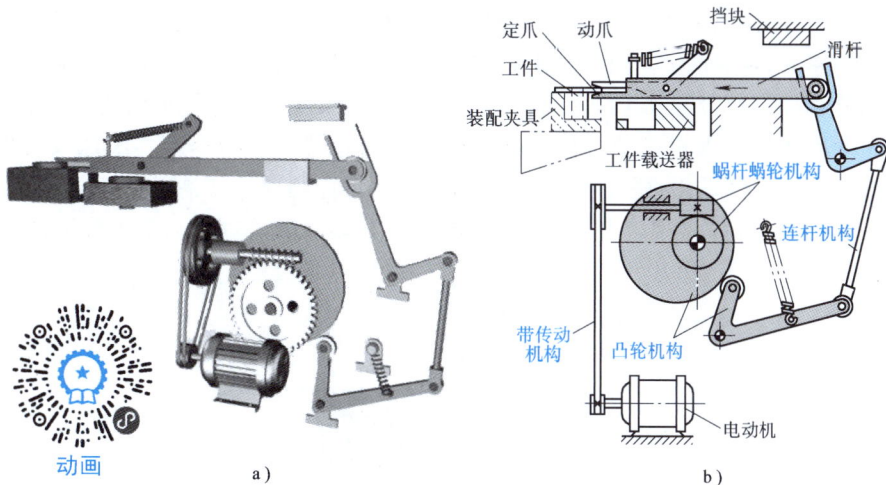

图 1-2 工件自动装卸装置
a）立体图 b）传动简图

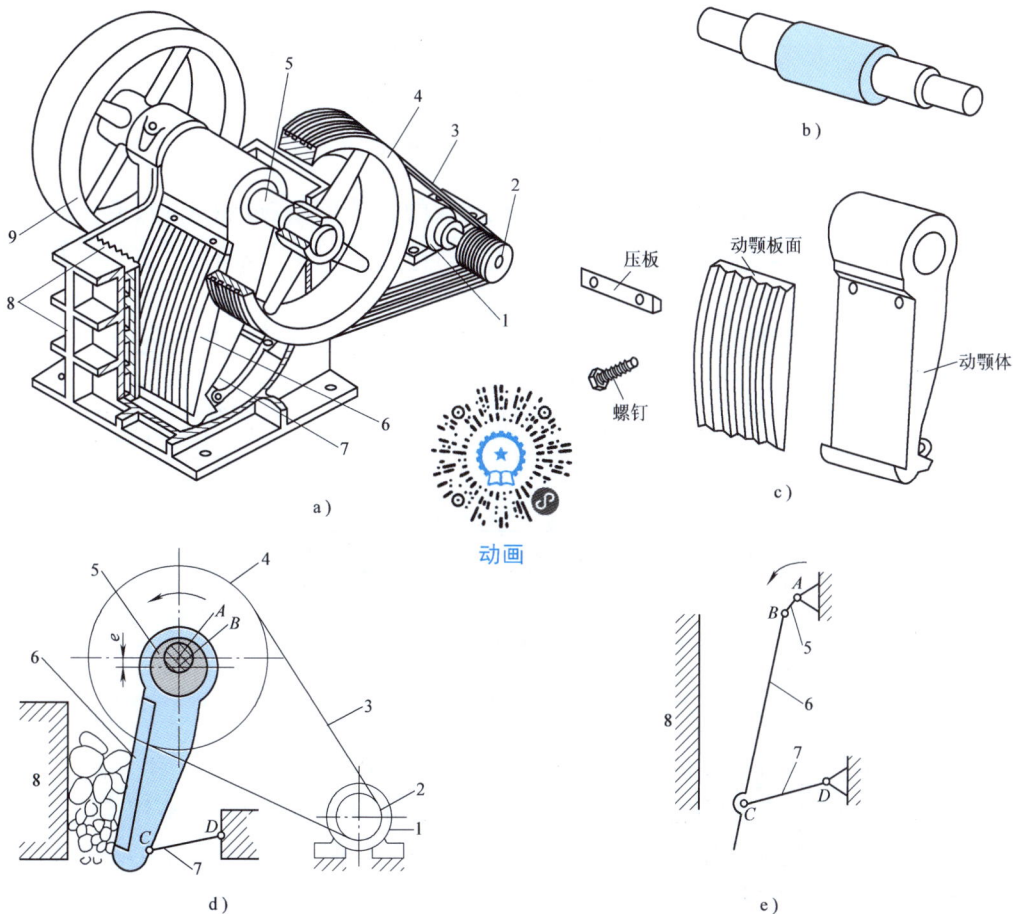

5 4 3 2 1
9 8 7 6

动画

a)

压板
螺钉

动颚板面
动颚体

b)

c)

5 4
A B
e
6 3
2
8 1
C D
7

d)

A
B 5
6
8
C 7 D

e)

图 1-3 颚式破碎机
a）立体图 b）偏心轴的结构 c）动颚板的结构 d）传动简图 e）机构运动简图
1—电动机 2、4—V带轮 3—V带 5—偏心轴 6—动颚板 7—肘板 8—定颚板 9—飞轮

图 1-4 所示为四自由度示教再现式机器人，各连杆由旋转关节或移动关节串联连接，具有关节 1、2、4 的转动和关节 3 的移动共四个自由度。该机器人中，包括原动部分、传动部分、执行部分和控制部分。其中原动部分是电动机，关节 1、2、3 均采用交流伺服电动机驱动，关节 4 采用步进电动机驱动；传动部分包括同步带传动、减速器、滚珠丝杠等传动方式；执行部分采用了气动手爪机构，以完成抓取作业；控制部分则是通过 Windows 环境下的软件编程和运动控制器实现对机器人的控制，使机器人能够在运动范围内任意位置精确定位。

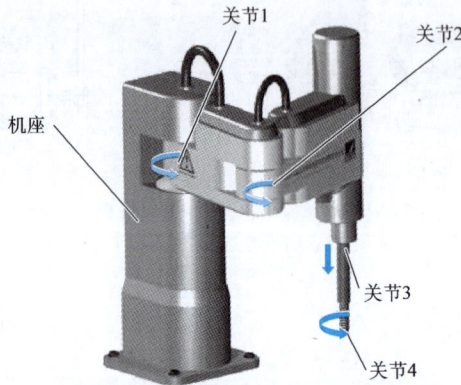

图 1-4 四自由度示教再现式机器人

通过以上分析可以看出，机器是由各种机构组成的，它可以完成能量的转换，做有用的机械功或处理信息。一部机器可能由一个或多个机构组成，如空气压缩机只含有一个曲柄滑块机构，而大多数机器都含有多个机构。

机构是机器中执行机械运动的装置，是由一系列的运动单元体（称为构件）组成的具有确定相对运动的系统，它起着运动的传递和运动形式转换的作用。

就功能而言，机器一般由原动部分、传动部分、执行部分、控制部分等组成，如图 1-5 所示。

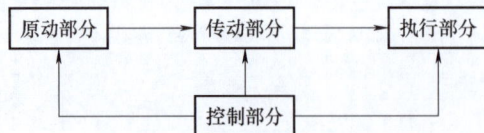

图 1-5 常用机器的组成部分

(1) 原动部分 原动部分是机器动力的来源，可采用电力、热力、人力、畜力、风力、液力等作为动力源，其中利用电力和热力的原动机（如电动机和内燃机）应用最广。

(2) 传动部分 传动部分位于原动部分和执行部分之间，把原动机的运动和动力传递给执行部分。传动部分主要有以下几项功能：

1) 减速或增速。把原动机的速度降低或提高，以满足执行部分的工作需要。

2) 变速。当用原动机进行变速不经济、不可能或不能满足要求时，可通过传动系统实行（有级或无级）变速，以满足执行部分多种速度的要求。

3) 改变运动形式。把原动机输出的运动转变为其他的运动形式，以满足执行部分的运动要求。

4) 传递动力。把原动机输出的动力传递给执行系统。

（3）执行部分 执行部分位于传动路线的终端，完成机器预期的动作。

（4）控制部分 控制部分常控制、监测、调节原动部分、传动部分或执行部分，使机器能够实时实现或终止各种预定的功能。一般来说，现代机器的控制部分既包括机械控制系统，又包括电子控制系统。

其中，传动部分和执行部分常由各种机构组成，是机械原理课程的研究重点；原动机会正确选型即可，而控制系统本课程不涉及。

（二）构件与零件

前文提到的活塞、连杆、曲轴、凸轮、带轮、滑杆等都是构件，构件是机构中的运动单元体，即在运动过程中始终作为一个整体一起运动。而我们熟知的零件是制造的单元体。一个构件可能是一个零件，也可能是几个零件的刚性连接，组成构件的各零件之间没有相对运动。内燃机中的曲轴既是加工单元，又是运动单元，因此，曲轴是一个零件，也是一个构件；而连杆作为一个构件，却由许多零件组成，分析如下。

由于与连杆相配合处曲轴轴颈两侧的特殊形状（图 1-6a），连杆大头若设计成整体孔是无法装入的，故常将连杆设计成如图 1-6b 所示的结构，它由连杆体 1、连杆盖 2、连杆小头处孔内的衬套 3、连杆大头处孔内的半轴瓦 4 和 5（剖分式滑动轴承）、螺栓 6、螺母 7、开口销 8 等零件装配而成，它们作为一个整体在运动，各零件间没有相对运动。因此，连杆是由多个零件组成的构件。

再如，前文所讲的颚式破碎机（图 1-3）中，动颚板 6 直接与矿石接触，应有很高的耐磨性，是易损耗件，将它设计成如图 1-3c 所示的组合结构，用压板和两个螺钉将动颚板面固定在动颚体上，这样的设计便于选取材料和热处理方法，便于加工、安装和更换。这里的动颚板 6 是构件，而组成它的动颚体、动颚板面、螺钉、压板则是零件。

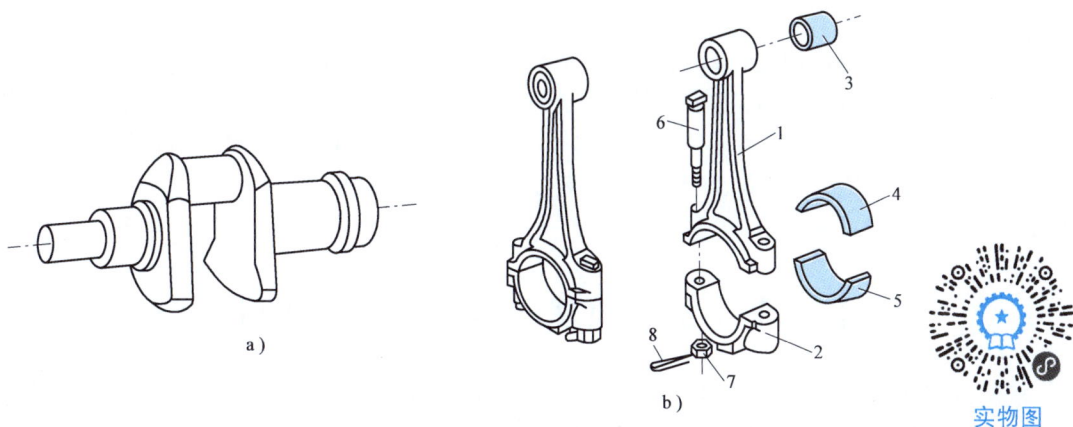

实物图

图 1-6 曲轴与连杆的结构
a）曲轴 b）连杆
1—连杆体 2—连杆盖 3—衬套 4、5—半轴瓦 6—螺栓 7—螺母 8—开口销

从现代机器发展趋势来看，机构中的各构件可以都是刚性的，也可以允许某些构件是挠

性的或弹性的。

二、研究内容

机械原理课程的研究内容主要包括以下几个方面。

1. 机构的分析

（1）机构的结构分析　研究机构的组成，机构运动简图的绘制，机构运动的可能性及确定性等。

（2）机构的运动分析　在给定机构类型、尺寸和原动件运动的前提下，研究构件上某些点的轨迹、位移、速度和加速度，构件的（角）位移、（角）速度和（角）加速度等运动特性。

（3）机构的力分析　分析机器在运转过程中其各构件的受力情况，研究各种运动副中的摩擦，机器的机械效率及自锁等问题。

2. 常用机构的分析与设计

机器的种类繁多，但是组成机器的机构类型是有限的，即使是很复杂的机器，也是由齿轮机构、连杆机构、凸轮机构、间歇运动机构等常用基本机构组合而成的。正因如此，本课程将着重研究这些常用机构的类型、功能及运动特点，以及满足预期运动和工作要求的各种常用机构的设计理论和计算方法。

3. 机械动力学问题

机械动力学主要研究在已知外力作用下机械的真实运动规律、机械运转过程中速度波动的调节问题、机械运转过程中所产生的惯性力和惯性力矩的平衡问题。

4. 机械系统的方案设计

在进行具体机械设计时，讨论机构的选型、组合、变异及机械系统的方案设计等问题，培养学生综合运用知识的能力，以及初步确定机械系统的方案设计能力。

机械系统的方案设计是机械设计的重要部分，是一个从无到有的过程，富有创造性，难度相对也较大。

从另一个角度来看，本课程的研究内容也可以概括为两个方面：一是机构的分析，即对已有的各种类型机构进行结构分析、运动分析和受力分析；二是机构的综合（机构的设计），即进行新机构、新机械的设计，这里的设计只限于根据运动和动力要求确定机构的类型和各构件的尺度，而各零件的材料选择、强度计算、具体的内部结构等则属于机械设计课程的内容，所以还不能称为完整的机械设计，故本课程中常用"综合"二字来代替"设计"。

第二节　机械原理课程的地位和作用

机械原理课程是机械设计制造及其自动化、车辆工程等机械类各专业的一门必修主干技术基础课程，是一门与工程实际密切相关的专业核心课程，它以理论力学等课程为基础，是后续专业课程学习的重要基础，起着承上启下的重要作用。

一方面，机械原理比物理、数学、工程力学等基础课程更加接近工程实际；另一方面，它又不同于汽车设计、机械制造装备等专业课程。机械原理研究的是各种机械所具有的共性问题，而各专业课程则是研究某一类机械所具有的特殊问题。因此，它比专业课程具有更宽的研究面和更广的适应性。

机械原理课程以培养适应新世纪竞争格局需要的具有厚基础、宽口径、高素质、强能力（特别是工程实践能力和创新能力）的高级工程技术人才为目标，在学生的知识、能力和素质培养体系中，占有十分重要的地位。在培养机械类高级工程技术人才的全局中，本课程为学生从事机械方面的设计、制造、研究和开发奠定重要的基础，具有增强学生适应机械技术工作能力的作用。

机械原理课程的内容是学习研究机械类有关专业课程的重要理论基础，无论是机械产品的创新设计，还是消化吸收改进、合理使用现有设备，机械原理的知识都是必不可少的。

第三节　机械原理课程的学习方法

由于本课程的性质不同于基础课程，所以在学习方法上要做相应的调整，为了在有限的学时内达到良好的学习效果，建议同学们采用如下的学习方法。

1. 多观察，多思考，注重理论联系实际

机械原理课程与工程实际联系密切，在学习的过程中，要特别注重理论联系实际。要充分利用本课程的试验、课程设计、课外创新大赛、现场教学等实践环节，多进行实际设备的考察，观察其外部形态，探究其内部结构，弄清其工作原理，深入研究机器的组成和结构特点，思考其设计意图，比较其设计的巧妙之处。这样，当从事设计工作时，就可能从日常的积累中获得创造灵感。

2. 多归纳，善总结，抓住共性突破个性

各章内容有一定的共性，在学习时，要善于寻找其相似性，突破个性矛盾，注重归纳总结，达到触类旁通、举一反三的效果。这样不仅易接受、易掌握、节省时间，而且对所学内容有一个整体框架。例如：

1）当量法：斜齿轮的法面齿形、锥齿轮大端的球面渐开线与直齿圆柱齿轮的当量；槽面摩擦与平面摩擦的当量等。采用"当量"的目的是把复杂问题等效成简单问题去研究，所有当量的参数并不是真实存在的。

2）反转法：周转轮系传动比的计算、凸轮轮廓曲线设计等都用到反转法。

3）矢量多边形：机械原理课程中涉及速度多边形、加速度多边形、力多边形、质径积多边形等。作这些多边形时，都是用有向线段来表示实际物理量（速度、加速度、力、质径积）的大小，作图方法相同。

4）机构的分析与综合（又称分析与设计）方法：分析是综合的前提、准备，而综合是分析的目的（学以致用）——最终要能发明或设计新机构（机器）。各种常用机构都讲解定义、分类、特点、应用、设计计算方法等内容。

3. 学习知识，培养能力，提升素质

在本课程的学习中，应把重点放在掌握研究问题的基本思路和方法上，充分利用与教材配套的MOOC资源，进行主动性学习，着重于能力培养，真正实现从认识机械、分析机械、设计机械，到创新机械的飞跃，为我国整体设计水平的提高，早日成为智造强国贡献更大的智慧和力量。

第四节　机械原理学科的发展现状

机械原理作为研究现代机械科学技术发展共性问题的一门专业核心技术基础课程，一直受到国内外学者和工程技术人员的高度重视。近年来，机械原理学科和电子学、信息科学、计算机科学、生物科学、管理科学等相互渗透、相互结合，其研究领域已经扩展到航空航天、深海作业、生物工程、微观世界等；研究课题和研究方法也日益增多，诸如机器人机构学、仿生机构学、机械电子学、微型机构学等方面的研究；优化设计、计算机辅助设计、专家系统，以及各种近代数学方法的应用和动力学研究的不断深入，使机械原理学科的研究呈现出蓬勃发展的局面，也为机械原理学科的应用开拓了更广阔的前景。下面介绍机械原理学科在几个方面的发展前沿。

1. 仿生机构及机器人机构学

近年来，对仿生机构的研究受到国内外学者的极大关注。人们积极开展对人的手指、手腕和手臂结构动作原理和运动范围的分析研究，研制出各种自由度生物电控或声控的机械假手。步行机研究得到了迅速发展，已相继研制出两足、四足、六足和八足步行机，主要研究其行走机理、机械结构和控制技术等。研制蛇行机构探测煤气管道的故障，研制鱼游机构来解决深水中的探测问题等。随着人们的不断探索和深入研究，未来将会研制出各种各样的、具有特殊功能的仿生新机构。

许多单调、频繁和重复的长时间作业，或是危险性大、高温、高压、有毒等恶劣环境下的作业，开始逐步用机器人代替人力，如码垛机器人、喷漆机器人、高压接线机器人、超高压架空线路清障检测机器人、自动换挡机器人、管道清淤机器人、深海作业机器人、扫地机器人等的研究开发。

由于机器人发展的需要，人们对多自由度空间机构和开式空间运动链，以及特殊串联和多环并联机器人机构的工作空间、运动分析与综合、动力学特性等方面进行了许多研究。

2. 微型机械

随着现代科学技术的发展，20 世纪 80 年代中后期兴起了对微型机械的研制，以适应生物、环境控制、医学、航空航天、数字通信、传感技术等领域在微型化方面的要求。微型机械在尺度、构造、材料、制造方法和工作原理等方面都与传统机械截然不同。它具有体积小、重量轻、能耗低、集成度高和智能化程度高等特点，是将微电子学、现代光学、气动力学、液体力学、热力学、声学、磁学、自动控制、仿生学、材料科学，以及表面物理与化学等领域紧密结合的交叉学科。例如，微型人造卫星，可用于环境、气象和军事侦察的微型航空器，医用微型手术机器人等均得到了实际应用。

微型机械的出现推动了处于机械原理学科前沿的微型机构学分支的产生，开始了对微型机构的尺寸效应、精确度、运动变换和动力传递，以及运动过程中动态特征等方面的研究。

3. 现代机构

随着科学技术发展水平的提高，传统机械有时已无法很好地满足高速化、精密化、柔性化和智能化的需求，近年来有许多学者进行现代机构的研究，例如：

（1）可控可调机构　利用驱动元件的可控性、尺寸可调的构件、混合驱动等，使机构通过有规律的输入运动实现可控、可调的运动输出，从而扩大了机构的使用范围。

（2）广义机构　将构件和运动副广义化，即把柔性构件、弹性构件、微小构件、柔性铰链等引入机构中，大大扩展了机构的内涵和应用范围。

4. 计算机辅助设计和机构的最优化设计

在机械的分析与综合中广泛采用计算机辅助设计（CAD）、计算机辅助工程（CAE）、机构的最优化设计等，提出了多种便于对机械进行分析和综合的数学工具，编制了许多通用或专用的计算程序，Matlab、Adams、Ansys、Creo 等软件的出现为机构的计算机辅助设计、建模、分析与仿真等提供了很大的便利。

机构最优化设计是从机构的具体工作要求出发，对机构的结构参数、运动参数和动力参数加以适当的限制（约束），通过优化得到机构的合理参数以使预定追求的目标值误差最小。对于平面连杆机构和凸轮机构的运动综合和动力综合，组合机构中再现函数与轨迹的设计等，均采用了最优化设计方法，取得了显著的效果。另外，对于机构运动弹性动力学综合，以及空间连杆机构的最优化问题也有不少研究。

优化方法主要有坐标转换法、共轭梯度法、变尺度法、罚函数法、随机方向搜索法、复合型法等。机构优化设计问题大多属于非线性规划问题，采用遗传算法进行机构优化设计的优点在于优化效率高，且可以有效避免初值选取不当无法获得收敛解或只得到局部最优解的问题，近年来在机构设计中的应用日渐广泛。

5. 组合机构

通过串联式、并联式、复合式、叠加式等形式将一些基本机构组合而成的组合机构，能实现单一基本机构无法实现的运动规律和运动轨迹，如能实现有停歇期、步进运动、多直线、圆弧或平行导向等特殊工作要求。因此，近年来在农业机械、纺织机械、印刷机械、包装机械、冶金机械中的应用日益广泛。对于组合机构的组成原理、基本类型、设计方法、功能扩展等方面均还需要做深入、系统的研究。

此外，机械与液压、气动、电磁传动等组合的广义机构的设计方法还需深入研究。

6. 机构系统设计

面对 21 世纪产品竞争日益加剧的挑战，世界各国普遍重视通过提高产品的设计水平提升产品的竞争力。产品设计的根本目标就是要创造新产品，满足市场需求和占领更大市场份额。方案设计是根据产品生命周期各个阶段的要求，进行产品功能创造、功能分解，探求满足功能和要求的工作原理，进而实现方案的构思和系统化设计。机构系统设计是机械原理学科又一新的研究分支。为了实现机械产品方案设计的智能化，目前已有不少学者开始研究机构创新设计方法，机构类型和机构分析知识库，机构系统设计的推理方法，机构系统设计的评价体系，以及智能化机构的系统设计方法等。

7. 机械动力学

随着机械装置向高速度、高精度、重载荷方向发展，对于机械的精度和可靠性要求也日益提高，按动力性能要求进行机构的分析与综合越来越受到重视。

槽轮机构是一种常用的间歇运动机构。为了提高槽轮机构的运行速度，改善其动力性能，近年来提出了改直线槽为曲线槽，使用串联槽轮机构，导杆机构与槽轮机构组合使用，采用链条式槽轮机构，以及使用行星链轮式槽轮机构等。

为了改善凸轮机构的动力性能，人们不断探寻高速运转时具有良好动力性能的推杆运动规律，研究凸轮—从动件系统的动力学模型建立、动力学方程求解、动态特性的数值仿真、系统动力响应等，进行凸轮机构的最优化设计。

机构的平衡问题也日益受到重视，对平面机构惯性力完全平衡的研究采用主矢量法、线性无关矢量法、附加机构法等。平面机构惯性力矩平衡问题也有一些研究成果，如利用惯性配重和物理摆杆的方法。对于空间连杆机构的平衡问题已做了不少研究。

机构的运动弹性动力学已经发展成为机构学与机械动力学的一个重要分支。对于高速运转的机构，考虑构件惯性力所引起的弹性变形对机构运动所产生的附加影响是提高机构综合精度的有效途径，常采用有限元法来进行研究。对于运动弹性动力综合的研究，目前是采用最优化理论，在机构重量最轻的条件下，确定构件的截面积，并保证弹性力和变形在允许范围内。

对齿轮机构而言，在新型齿廓曲线、行星齿轮传动机构、弧齿锥齿轮的设计及数控加工与仿真等方面均进行了深入的研究。

在轮系方面，谐波减速器、摆线针轮减速器等有待深入研究。例如，就工业机器人的关节驱动核心部件——高精密减速器而言，用于承载较小关节部位的谐波齿轮减速器，主要来自日本哈默纳科（Harmonic），占据全球市场份额的15%左右；用于中型、重型工业机器人关节驱动的RV摆线针轮减速器，主要来自日本纳博特斯克（Nabtesco），占据全球份额的60%左右；目前，国内苏州绿的生产的谐波齿轮减速器，南通振康等生产的RV摆线针轮减速器等已成功打破了国外技术壁垒，正在逐渐替代进口甚至出口，但与国外同类产品相比，在精度、寿命、稳定性和噪声等方面仍存在技术差距。

这里只是以点带面地介绍了机械原理学科的新动向，生产的发展促进了机械原理学科的发展，迅猛发展的机械原理学科又反过来为生产的发展提供了有力支持。机械原理的发展对生产具有重要意义，希望同学们扎扎实实学好本课程，密切关注本学科的最新发展，努力提高学习兴趣，不断开拓知识视野，为日后从事深入的研究奠定坚实基础。

砥砺奋进 在机械原理学科中，有许多前沿技术、现代装配需要我们去探究，广大青年学子面临着难得的能建功立业的人生际遇，承载着伟大光荣的历史使命，要树立远大理想，勇于砥砺奋进，练就过硬本领，锤炼品德修为，把个人理想融入国家发展的宏伟蓝图之中，同人民一起开拓，同祖国共同奋进，绽放青春梦想，锻造出彩人生，为实现中华民族伟大复兴的中国梦贡献更多的智慧和力量。

思 考 题

1-1 试解释机械、机器、机构、构件、零件，并说明它们之间的关系。
1-2 列举两个机器实例，分析其组成及功能。
1-3 机械原理课程的研究内容有哪些？
1-4 学习机械原理课程应注意哪些问题？
1-5 列举两个由多个零件形成的构件，具体说明它们由哪些零件组成。

第二章

机构的组成原理和结构分析

本章要点：机构的组成要素，机构运动简图的绘制，平面机构自由度的计算及复合铰链、局部自由度和虚约束等注意事项，机构的组成原理和结构分析。

第一节　机构的组成要素

视频讲解

一、构件

由第一章绪论可知，构件是运动的单元体，是组成机构的一个基本要素。

组成机构的构件按所起的作用可分为：机架、原动件和从动件。机架是用来支承活动构件的构件；原动件是运动规律已知的活动构件，其运动规律是由外界给定的，在原动件上常标有表示其运动形式的箭头；随着原动件的运动而运动的其余活动构件则称为从动件，其中输出预期运动的构件称为输出件。在图 1-1 所示的单缸四冲程内燃机中，以活塞 2、连杆 5、曲轴 6 和气缸体 1 组成的曲柄滑块机构为例，其中的活塞 2 为原动件，连杆 5、曲轴 6 为从动件，气缸体 1 为机架。任何机构中，必有一个机架，有一个或几个原动件，若干个从动件。

二、运动副

（一）运动副的定义

机构是由构件组成的，各构件之间用一定的方式连接起来，而且两个构件间必须具有相对运动。两个构件直接接触形成的可动连接称为运动副。运动副是组成机构的另一个基本要素。

（二）运动副的分类

图 2-1a 为由轴 1 和轴承 2 组成的运动副，接触表面是轴的外圆柱面和轴承孔的内圆柱面，二者只能绕轴线相对转动。组成运动副的两个构件只能绕着某一轴线做相对转动的运动副叫作转动副，也称铰链或回转副。

图 2-1b 为由导路 1 和滑块 2 组成的运动副，接触表面是棱柱面和棱孔面，二者只能沿着导路相对移动。组成运动副的两个构件只能沿着某一直线相对移动的运动副叫作移动副。

图 2-1c 中凸轮 1 与尖顶从动件 2 在 A 点形成点接触的运动副；图 2-1d 中两齿轮的轮齿在 A 点形成线接触的运动副。这里的凸轮 1 与尖顶从动件 2 之间、轮齿 1 与轮齿 2 之间都不能沿着接触点处的公法线 n-n 方向相对移动，但它们可绕接触点相对转动和沿接触点公切线 t-t 方向相对移动。

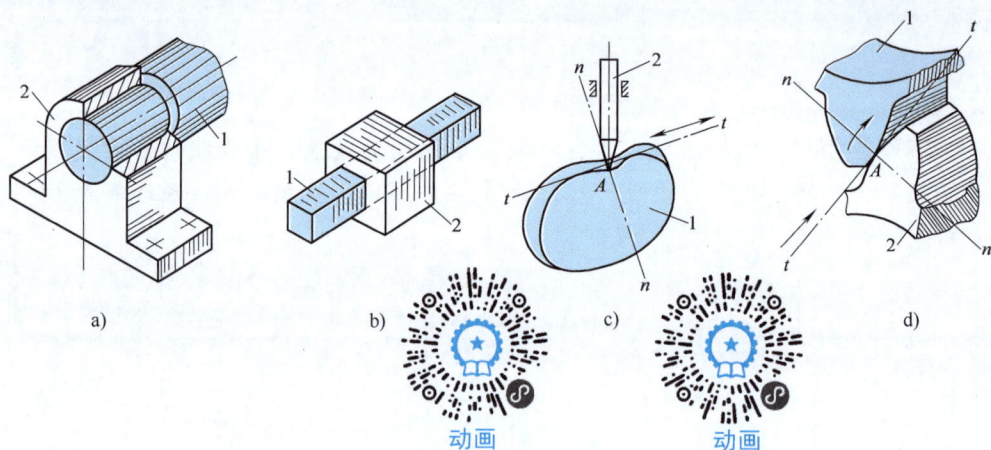

图 2-1　平面运动副

a）转动副（1—轴，2—轴承）　b）移动副（1—导路，2—滑块）
c）凸轮副（1—凸轮，2—尖顶从动件）　d）齿轮副（1、2—轮齿）

从上面的分析可知，构成运动副的两构件之间的接触部分（也称为运动副元素）有面、点、线三种形式。按照接触情况，运动副分为低副和高副两类。两构件通过面接触构成的运动副叫作低副（Lower Pair），图 2-1a 的转动副和图 2-1b 的移动副都是低副；两构件通过点接触或线接触构成的运动副叫作高副（Higher Pair），图 2-1c 的凸轮副和图 2-1d 的齿轮副都是高副。低副的接触面积大，表面接触应力较小，润滑比较方便，不易磨损，制造较容易，但能实现的相对运动少，适用于载荷较大、运动不是很复杂的场合；而高副是点或线接触，表面接触应力较大，润滑不方便，较易磨损，制造较麻烦，一般适用于运动比较复杂的场合。

按两个构件的运动位置关系，构成运动副的两个构件之间的相对运动为平面运动的运动副称为平面运动副；两个构件之间的相对运动为空间运动的运动副称为空间运动副。表 2-1 给出了常用的平面运动副和空间运动副的模型及表示符号，并在模型上标出了两个构件间独立的相对运动方向。表中相对运动为螺旋运动的螺旋副、相对运动为球面运动的球面副等都是常用的空间运动副。

思考与交流　按接触形式、相对运动、两构件间运动位置关系，运动副可分为哪些类型？

表 2-1　常用运动副的模型及表示符号（表示符号摘自 GB/T 4460—2013）

运动副名称	运动副模型	运动副符号	
		两运动构件构成的运动副	两构件之一固定时构成的运动副
平面运动副	转动副		
	移动副		
	平面高副		
空间运动副	球与平面形成的运动副		
	圆柱与平面形成的运动副		
	平面与平面形成的运动副		
	球面副　动画		

（续）

运动副名称	运动副模型	运动副符号	
		两运动构件构成的运动副	两构件之一固定时构成的运动副
空间运动副　球销副			
空间运动副　圆柱副			
空间运动副　螺旋副　动画		（开合螺母）	

（三）运动副的约束

构件具有的独立运动数目称为构件的自由度。一个做平面运动的自由构件有 3 个独立运动，如图 2-2 所示。在坐标系 xOy 中，构件 S 可沿 x 轴移动、y 轴移动和绕 A 点转动。也就是说，一个做平面运动的自由构件具有 3 个自由度，而一个做空间运动的自由构件具有 6 个自由度。

当两个构件用运动副连接后，其相对运动受到限制，自由度减少了，即引入了约束，约束数就是自由度减少的数目。如图 2-3a 所示，组成转动副的构件 1 与构件 2 之间的相对运动只有绕 A 点的转动；图 2-3b 中，组成移动副的构件 1 与构件 2 之间的相对运动只有沿 x 轴的移动；图 2-3c 中，导轨 1 与车轮 2 组成高副（线接触），它们之间的相对运动既可绕 O' 点转动，又可沿 x 轴移动。从上面的分析可知，一个平面低副具有 1 个自由度，即引入 2 个约束；一个平面高副具有 2 个自由度，即引入 1 个约束。

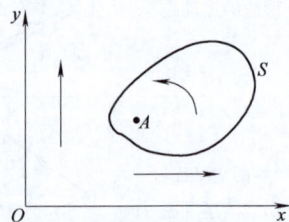

图 2-2　平面自由构件的自由度

> 约束　运动副使得构件的运动受到了约束。每个人都是社会的一分子、家庭的一成员，都要受法律、道德、行为的约束，时刻注意修心、修身、修行，无论在什么情况下，都要"守住底线，不触红线"，强化责任担当，全力维护社会和谐稳定。

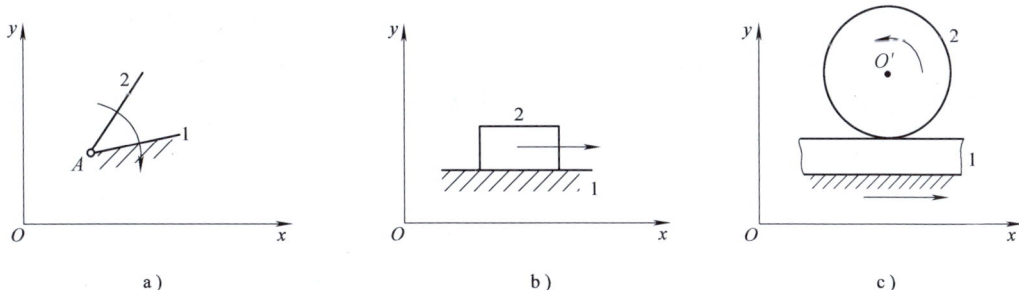

图 2-3　运动副带来的约束

a）转动副　b）移动副　c）高副

三、运动链与机构

两个以上的构件通过运动副连接而构成的相对可动的系统称为运动链。如果组成运动链的各构件首尾封闭，则称其为闭式运动链，简称闭链，如图 2-4a、b 所示。如果组成运动链的各构件未构成首尾封闭的系统，则称其为开式运动链，简称开链，如图 2-4c、d 所示。在各种机械中，一般采用闭链，开链多用在机械手和挖掘机等多自由度机械中。

此外，根据运动链中各构件的相对运动是平面运动还是空间运动，把运动链分为平面运动链和空间运动链。图 2-4a～d 均为平面运动链。

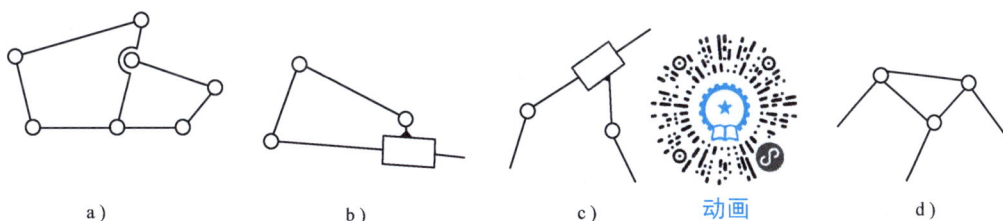

图 2-4　平面运动链

在运动链中，若将其中的一个构件加以固定成为机架，当它的一个或几个原动件相对于机架运动时，其余构件的运动是确定的，则此运动链就成了机构。

所有构件都在同一平面或相互平行的平面内运动的机构称为平面机构，否则称为空间机构。平面机构在工程上的应用较多，因此本书重点讨论平面机构。

第二节　平面机构运动简图

一、机构运动简图的定义及作用

机构中各构件的运动是由机构中原动件的运动规律、各运动副的类型和构件的尺寸来决定的，而与构件的外形、截面形状及运动副的内部构造等因素无关。所以在研究机构运动时，应撇开那些与运动无关的因素，采用机构运动简图进行表示。用简单的线条代表构件，用规定的符号代表运动副，并按一定比例绘制的表示机构中各构件间相对运动关系的简单图形称为机构运动简图，它不同于机构的示意图。

在设计新机械之初，将复杂的传动路线用机构运动简图表示，可以方便地进行运动方案的拟定和设计；而对现有机械进行运动分析和动力分析要依据机构运动简图来进行，所以无论是设计新机械还是分析现有机械，机构运动简图都是一个非常有用的工程工具，因此必须掌握机构运动简图的绘制方法。

二、机构运动简图的绘制

机构是由若干个构件用运动副连接而成的具有确定相对运动的系统，为了绘制机构运动简图，首先介绍运动副和构件的表达方法。

视频讲解

（一）运动副的表达方法

绘制机构运动简图时，运动副用国家标准 GB/T 4460—2013 规定的符号来表示，常用运动副的模型及表示符号见第一节中表 2-1。在表达运动副时要注意转动副的中心位置、移动副的导路方向、高副的接触点及曲率半径等。图中画有剖面线的构件代表机架。

（二）构件的表达方法

实际机械中，构件的外形和结构可能很复杂，在绘制机构运动简图时，撇开那些与运动无关的构件外形和截面形状，仅把与运动有关的尺寸用简单的线条表示出来。表 2-2 列出了常用构件及其连接方式。

表 2-2　常用构件及其连接方式（GB/T 4460—2013）

常用构件	连接方式
同一构件	
两副构件	
三副构件	 三个转动副　　两个转动副一个移动副
特殊构件	 凸轮、滚子要画出全部轮廓 一对相互啮合的齿轮要用点画线画出两个齿轮的节圆

（三）常用机构运动简图的图形符号

在机械原理课程中，常用机构运动简图的图形符号见表 2-3。

表 2-3　常用机构运动简图的图形符号（摘自 GB/T 4460—2013）

名称	符号	名称	符号
直动从动件盘形凸轮机构		外啮合圆柱齿轮机构 动画	
内啮合圆柱齿轮机构 动画		齿轮齿条机构 动画	
锥齿轮机构 动画		圆柱蜗杆蜗轮机构 动画	
带传动（图上的 ▽ 表示 V 带）		链传动（轴线上方的#表示滚子链）动画	
外啮合棘轮机构 动画		外啮合槽轮机构 动画	

(续)

名称	符号	名称	符号
联轴器 动画	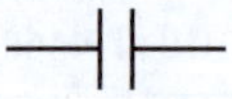 统一符号  弹性联轴器	装在支架上的电动机	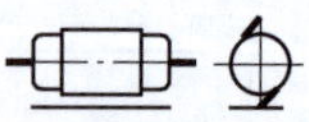

（四）机构运动简图的绘制步骤

机构运动简图的绘制步骤如下：

1）分析机构的运动，确定机构中的机架、原动件和从动件，点清构件数。

2）从原动件开始，沿着运动传递路线，分析各构件间的相对运动性质，分析运动副的种类和数目，确定各运动副的位置。

3）选择多数构件所在的平面作为投影平面，将原动件置于一个合适的位置，以便于清楚地表达机构各构件间的相对运动关系。

4）根据机构实际尺寸和图纸大小确定适当的比例尺 μ_L，$\mu_L = \dfrac{构件的实际尺寸}{构件的图示尺寸}$（mm/mm），如 $\mu_L = 2\text{mm/mm}$，表示作图时的 1mm 代表 2mm 的实际尺寸，即缩小 1/2 画图。

5）从原动件开始，按机构运动传递顺序，用前面讲到的运动副的表达方法、构件的表达方法、常用机构运动简图符号将各部分画出，即可绘制出机构运动简图，并在图上标出原动件，标上构件的编号等。

【例 2-1】 绘制图 1-1 所示的单缸四冲程内燃机的机构运动简图。

解：

1）弄清内燃机的构造和工作原理。它由曲柄滑块机构、齿轮机构和凸轮机构组成。

2）分析构件和运动副的种类和数目。

气缸体 1 是机架，活动构件有 9 个：活塞 2，连杆 5，曲轴 6，凸轮 7 和 7′，推动进气阀 3 的顶杆 8 和推动排气阀 4 的顶杆 8′，滚子 11 和 11′。

有 7 个转动副：A，B，C，D，D′，E，E′，它们分别由气缸体 1 与齿轮 10，曲轴 6 与连杆 5，连杆 5 与活塞 2，凸轮 7 与气缸体 1，凸轮 7′与气缸体 1，滚子 11 与顶杆 8，滚子 11′与顶杆 8′形成。

有 3 个移动副：C，F，F′，它们分别由气缸体 1 与活塞 2，顶杆 8 与气缸体 1，顶杆 8′与气缸体 1 形成。

有 4 个高副：齿轮 10 与齿轮 9、9′各组成一个齿轮副，凸轮 7、7′与相应的滚子 11、11′各组成一个凸轮副。

3）选定视图平面。选定多数构件所在的平面作为视图平面，此案例选择垂直于齿轮轴线方向的平面作为视图平面最合适。画机构运动简图时，被挡住的部分（如图中的凸轮 7、7′）不用虚线，依然用实线画出，这与画法几何不同。

4）把原动件活塞 2 摆放在一个合适的位置，选定适当的比例尺 μ_L，即不难绘出其机构运动简图。因为齿轮 9 和凸轮 7 是一体的、齿轮 9′ 和凸轮 7′ 是一体的、齿轮 10 和曲轴 6 是一体的，所以各处应有焊接符号。在图上标出对应的构件编号、原动件活塞 2 的移动箭头等，即可绘出机构运动简图如图 1-1b 所示。

【例 2-2】 绘制图 2-5a 所示液压泵的机构运动简图。

解:

1）分析该液压泵的组成：2 为泵的壳体（机架），圆盘 3 绕 C 点摇动，杆 4 与圆盘 3 组成移动副，杆 1 绕 A 点转动，与壳体 2 在 A 点形成转动副，杆 1 与杆 4 在 B 点形成转动副。

2）液压泵的工作过程：当杆 4 与圆盘 3 间的容积变大时，为进油过程，而杆 4 与圆盘 3 间的容积变小时，为出油过程。在图 2-5a 所示位置时，杆 4 相对于圆盘 3 向下移动，则将圆盘 3 内部空腔中的液压油压出；当杆 1 转动到中心线左侧时，杆 4 相对于圆盘 3 向上移动，则将液压油吸入圆盘 3 内部空腔中。

3）机构运动简图的绘制：选定视图平面，把原动件 AB 摆放在一个合适的位置，选定适当的比例尺，定出各转动副 A、B、C 的位置（注意 A、C 在一条铅垂线上），画出各转动副。圆盘 3 用滑块表示，用线段连接 AB、BC，标注对应的运动副、构件编号和原动件 AB 转动的箭头，即得到液压泵的机构运动简图，如图 2-5b 所示。

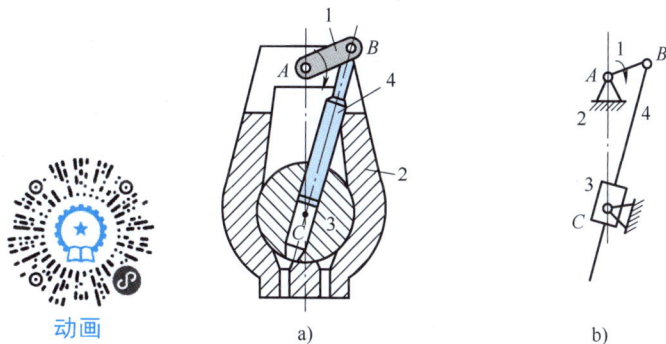

动画   a)   b)

图 2-5 液压泵

1、4—杆 2—壳体（机架） 3—圆盘

> 任意选择一种健身器，绘制其机构运动简图。在紧张的学习生活之余，您经常参加体育锻炼吗？身体是本钱，希望您每天坚持适度的锻炼，为祖国健康工作五十年！

第三节 平面机构的自由度

机构是具有确定相对运动的系统，要判断构件的组合是否能动及运动是否确定，就要研究机构的自由度。

一、平面机构的自由度计算公式

机构具有确定运动时所必须给定的独立运动参数的数目，即为了使机构的位置得以确定，必须给定的独立广义坐标的数目，称为机构的自由度，用 F 表示。

如前所述，一个做平面运动的自由构件具有 3 个自由度，设一个平面机构由 N 个构件组成（活动构件数目 $n = N-1$），它们在未通过运动副连接前，共有 $3n$ 个自由度。当它们用 P_L 个低副和 P_H 个高副连接组成机构后，因为每个低副引入 2 个约束，每个高副引入 1 个约束，则平面机构的自由度计算公式为

$$F = 3n - 2P_L - P_H \qquad (2-1)$$

需要说明：式（2-1）不能用于计算全移动副平面机构（如图 2-29）的自由度。

二、自由度的意义及机构具有确定运动的条件

下面用式（2-1）计算图 2-6 所示构件组的自由度。

图 2-6a 中的三角架是静定桁架，自由度 $F = 3 \times 2 - 2 \times 3 - 0 = 0$。因 1、2、3 间无相对运动，以后计算自由度时，整个三角形算作一个构件。

图 2-6b 所示的是由 4 个构件组成的铰链四杆机构，自由度 $F = 3 \times 3 - 2 \times 4 - 0 = 1$。如果给定一个独立的运动参数，如构件 1 的角位移 φ_1，其余构件的运动是确定的；若同时给定构件 1 的角位移 φ_1 和构件 3 的角位移 φ_3，则构件 2 必将被拉断或压断。

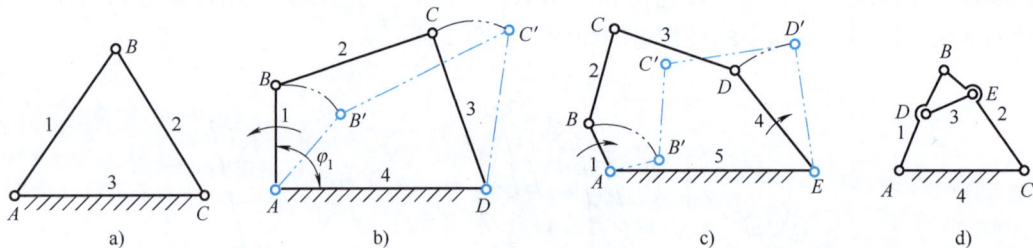

图 2-6 自由度及机构具有确定运动的条件

a）三角架　b）铰链四杆机构　c）铰链五杆机构　d）超静定桁架

图 2-6c 为铰链五杆机构，自由度 $F = 3 \times 4 - 2 \times 5 - 0 = 2$。如果也给定一个独立的运动参数，如构件 1 的角位移 φ_1，那么构件 2、3、4 的运动不能确定；如果再给定一个独立的运动参数，如构件 4 的角位移 φ_4，则机构中各构件的运动是完全确定的。

图 2-6d 所示构件组的自由度 $F = 3 \times 3 - 2 \times 5 - 0 = -1$，是超静定桁架。

由上面的分析得知：若 $F \leq 0$，构件的组合不能运动，只有当 $F > 0$ 时，构件的组合才可以运动。若自由度数大于原动件的个数，运动不确定；若自由度数小于原动件的个数，必将导致薄弱环节的破坏。所以，机构具有确定运动的条件是：$F > 0$，且机构的自由度数等于原动件的个数。

动画

三、计算平面机构自由度时应注意的事项

计算平面机构的自由度时，还要注意以下这些特殊问题。

（一）复合铰链

若在同一点形成两个或两个以上的转动副，则该点称为复合铰链。如图 2-7a 所示，三个构件在 A 点形成复合铰链。从图 2-7b 所示的侧视图可以看出，构件 1 与构件 2、3 分别构成 1 个转动副，即 A 点存在两个转动副。在计算机构自由度时应注意识别复合铰链，不能简

单地把它当成一个转动副。

若有 m 个构件汇集在一起，一定形成（$m-1$）个运动副。

思考与交流　思考题 2-5（图 2-34）中哪个图存在复合铰链？

（二）局部自由度

机构中某些构件的局部运动对其他构件的运动没有影响，这种局部运动的自由度称为局部自由度。在计算机构自由度时，可预先排除局部自由度。

在图 2-8a 所示的凸轮机构中，当原动件凸轮 2 绕 O 点转动时，通过滚子 3 使从动件 4 在导路中做往复移动。显然，滚子 3 绕其自身轴线 A 的转动引入 1 个自由度（滚子 3 有 3 个自由度，转动副 A 引入 2 个约束，则 $F'=3\times1-2\times1=1$），滚子 3 绕 A 点转动的快与慢并不影响从动件 4 的运动，所以滚子 3 绕 A 点的转动为局部自由度。

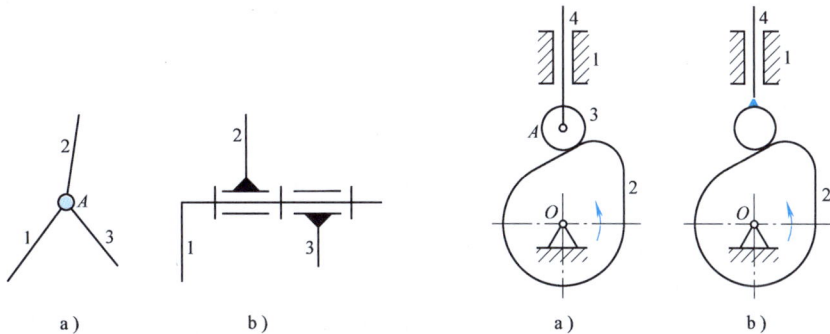

图 2-7　复合铰链　　　　图 2-8　局部自由度

在计算自由度时，假设将滚子 3 和从动件 4 焊成一体，如图 2-8b 所示，则机构的自由度为：$F=3\times2-2\times2-1=1$。

滚子的局部自由度虽然不影响机构的运动，但可使高副接触处的滑动摩擦变为滚动摩擦，从而减少接触处的摩擦和磨损，延长使用寿命，所以在机械中常有局部自由度出现。

（三）虚约束

在一些特定的几何条件或结构条件下，某些运动副与构件的组合或某些运动副所引入的约束，与其他约束重复，而对机构的运动不起真正的约束作用，这种对机构的运动不起约束作用的约束称为虚约束。在计算机构的自由度时，应将产生虚约束的构件和运动副去掉。虚约束常出现在下列场合。

视频讲解

1. 两个构件上的轨迹重合

在图 2-9 所示的平行四边形机构中，由于 AB、CD、EF 分别平行且相等，故构件 2 上的 F 点和构件 3 上 F 点的轨迹是重合的，均是以 E 为圆心，以 FE 为半径的圆。所以，构件 3 存在与否，对整个机构的运动无影响，即构件 3 引入的约束为虚约束，应把构件 3 及两个转动副 E、F 除去不计。构件 3 引入的约束分析如下：转动副 E 和 F 各引入 2 个约束，共 4 个约束，构件 3 具有 3 个自由度，即产生的约束数为 $2\times2-1\times3=1$。

去掉虚约束后，机构的自由度为：$F = 3×3-2×4-0 = 1$

图 2-10 所示的椭圆仪机构中，$∠CAD = 90°$，$AB = CB = BD$。用数学方法可以证明，构件 2 上除了 B 点为圆轨迹、C 点及 D 点为直线轨迹以外，其余各点的轨迹均为椭圆。当 D 点沿着 x 轴水平移动时，C 点的轨迹一定是沿着 y 轴的铅垂移动。因此，构件 2 上 C 点的轨迹和滑块 3 上 C 点的轨迹是重合的，因此滑块 3 引入虚约束。计算自由度时，应把滑块 3 去掉，自然 C 点处的转动副和移动副也随之去掉。

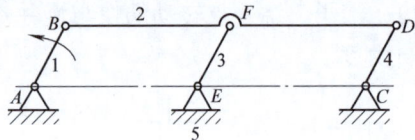

图 2-9 平行四边形机构中的虚约束

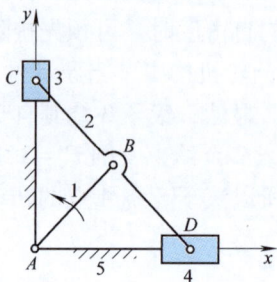

图 2-10 椭圆仪机构中的虚约束

动画

思考与交流 图 2-10 中，能否把构件 AB 或滑块 4 视为虚约束？

2. 两个构件形成多个运动副

1）两个构件形成多个移动方向彼此平行或重合的移动副时，只有一个移动副起实际的约束作用，其余为虚约束。如图 2-11 所示，构件 3 与机架 4 形成两个移动方向重合的移动副 A 和 A'，故 A 或 A' 为虚约束。

2）两个构件形成多个转动轴线重合的转动副时，只有一个转动副起实际的约束作用，其余为虚约束。如图 2-12 所示，一对外啮合的圆柱齿轮分别装于两根轴上，轴 I 与轴承形成两个转动轴线重合的转动副 A 和 A'，轴 II 与轴承形成两个转动轴线重合的转动副 B 和 B'，故 A（或 A'）、B（或 B'）为虚约束。

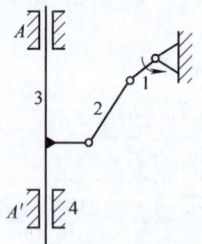

图 2-11 移动方向重合的移动副

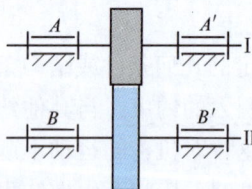

图 2-12 轴线重合的转动副

3）两个构件在多处接触构成平面高副，且各接触点处的公法线彼此重合时，只算一个平面高副，其余为虚约束。如图 2-13 所示，两个高副 A 和 A' 的公法线都过偏心轮的圆心，即公法线重合，故 A 或 A' 为虚约束。

若两个构件构成多个平面高副，但各接触点处的公法线不重合时，则不能算一个平面高副。如图 2-14 中，构件 1、2 形成了两个高副 B 和 B'，但 B 和 B' 处的公法线不重合，应算两个高副，故构件 1 只具有一个自由度。

3. 机构中对传递运动不起独立作用的对称部分

在输入件和输出件间用多组完全相同的结构传递运动时，只有一组起独立传递运动的作用，其余为虚约束。

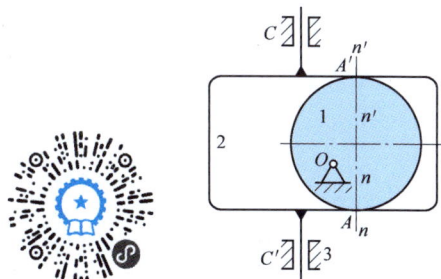

动画 **图 2-13** 公法线重合的高副

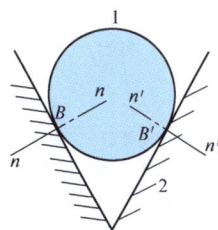

图 2-14 公法线不重合的高副

图 2-15 所示的轮系中，外齿轮 1 和内齿轮 3 之间对称布置了两个完全相同的小齿轮 2 和 2′，目的在于受力均衡并可传递较大的功率。但从传递运动的角度看，2 和 2′中只有一个就足够了，而另一个不影响机构的运动传递，故引入虚约束。计算机构的自由度时，应去掉 2 或 2′，则机构的自由度为：$F = 3 \times 3 - 2 \times 3 - 2 = 1$。值得注意的是，齿轮 1、3 和机架 4 在 O 点处构成了复合铰链。

4. 两点间的距离在运动过程中始终不变，若用双转动副的杆连接这两点，则引入虚约束

如图 6-7c 所示的等径凸轮，在凸轮转动过程中，两滚子中心之间的距离始终不变。图中两滚子中心用带两个转动副的构件 AB 相连，AB 起不到约束作用，是虚约束。

应特别指出，机构中的虚约束都是在一些特定的几何条件下出现的，如果加工误差、安装误差过大，虚约束就可能成为实际约束，成为机构运动的障碍。图 2-9 中，若 EF 不与 AB、CD 平行且相等，则这些构件的组合便不能运动。所以，从保证机构运动和便于加工装配等方面考虑，应尽量减少机构中的虚约束。从机构运动的角度看，虚约束是多余的，但为了改善构件的受力（图 2-15）、增加机构的刚度（图 2-39f）、避免运动不确定（图 2-9）等，在实际机械中虚约束是必要的、必需的。

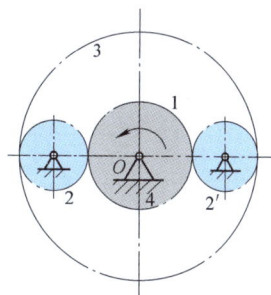

图 2-15 对称结构的虚约束

【例 2-3】 计算图 2-16 所示的某包装机送纸机构的自由度，图中 ED、FI、GJ 平行且相等。

解：图 2-16 中，C 处的滚子、H 处的滚子绕各自轴线的转动是局部自由度，可设想将滚子与推杆固连成一体，当然连接滚子与推杆的转动副 C、H 也随之消失；构件 3（CDE）、4（$HDIJ$）和机架在 D 点汇集，形成 2 个转动副，因此 D 点为复合铰链；构件 FI 为虚约束。这样，活动构件数 $n = 6$，低副数 $P_L = 7$，高副数 $P_H = 3$，则机构的自由度为：$F = 3 \times 6 - 2 \times 7 - 3 = 1$。

【例 2-4】 计算图 2-17 所示机构的自由度，若含有复合铰链、局部自由度、虚约束等特殊情况时，请一一指出，并判断机构的运动是否确定。图中 AB、CD、EF 彼此平行且相等。

解：构件 EF 为虚约束；C 点为复合铰链，C 处有 2 个转动副；滚子与叉子在两处接触，形成 2 个高副，因过两个接触点的公法线重合，故 G 处只算 1 个高副；同样，I 处也只算 1

个高副；G 处的滚子绕自身轴线的转动是局部自由度。因此，机构的自由度为：$F = 3 \times 6 - 2 \times 7 - 2 = 2$。

图 2-17 中给出了凸轮 6 和杆 1 两个原动件，因原动件数等于自由度数，故机构的运动确定。

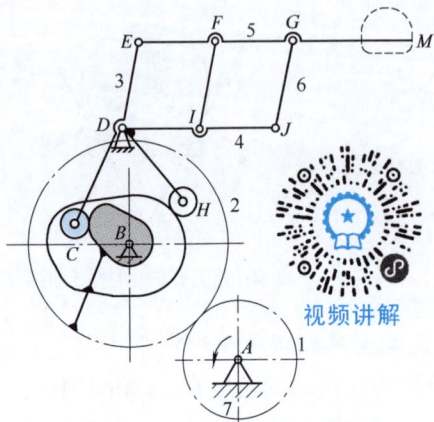

图 2-16 【例 2-3】图

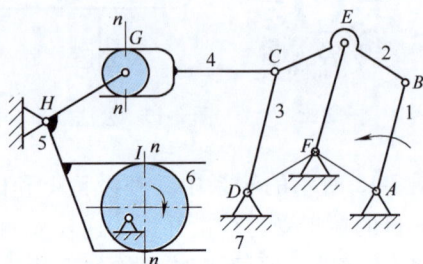

图 2-17 【例 2-4】图

[题型拓展]

【例 2-5】 1）计算图 2-18a 所示机构的自由度，判断能否使杆 4 做水平直线移动；
2）对简图做简单修改，使杆 4 实现确定的水平直线运动。

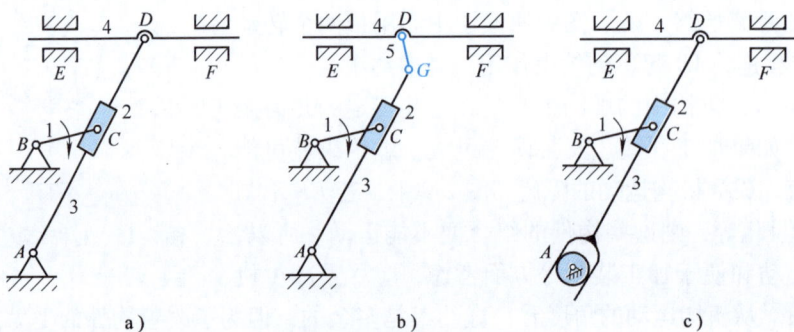

图 2-18 【例 2-5】图

a）原图　b）只增加构件 5　c）只把 A 处的转动副改为高副

解：

1）自由度 $F = 3 \times 4 - 2 \times 6 - 0 = 0$，故该构件组合不能运动，杆 4 不能做水平直线移动。

2）修改原设计时，不能改变原设计意图，只能做简单修改，使其自由度数等于原动件的个数，机构就具有确定的相对运动。修改的本质是设法增加自由度，如可以增加一个构件或把低副改为高副等。常见的修改方案如图 2-18b、c 所示，图 2-18b 的自由度 $F = 3 \times 5 - 2 \times 7 - 0 = 1$；图 2-18c 的自由度 $F = 3 \times 4 - 2 \times 5 - 1 = 1$。

思考与交流　请思考，【例 2-5】是否还有其他修改方案？

第四节　平面机构中的高副低代

对于含有高副的机构，在对机构进行结构分析之前，要先根据一定的代换条件，将其中的高副用低副代替，这种以低副代替高副的方法称为高副低代。

一、高副低代的条件

为了保证代替前后机构的运动不变，进行高副低代时必须满足的条件是：
1）代替前后，机构的自由度不变。
2）代替前后，机构的瞬时速度和瞬时加速度不变。

二、高副低代的方法

如图 2-19a 所示，圆盘 1、2 分别绕转动副 A、B 转动，在 C 点接触形成高副。两个圆盘在 C 点接触的曲率中心分别在 O_1、O_2 点，将 O_1、O_2 点用构件 4 相连，用两端带有两个转动副 O_1、O_2 的构件 4 来代替高副 C，并将各自的曲率中心与回转中心相连，即可得到图 2-19b 所示的铰链四杆机构 AO_1O_2B，它就是图 2-19a 所示的高副机构的替代机构。

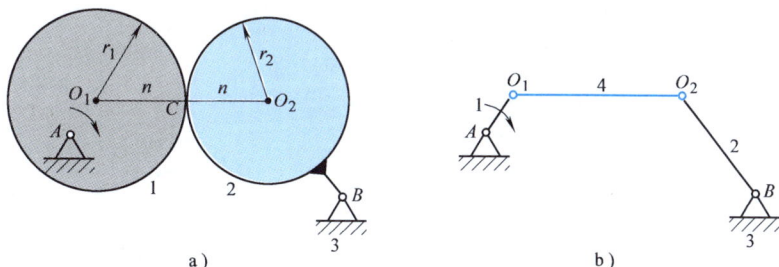

图 2-19　高副低代的原理
a）原机构　b）高副低代后所得机构

这样的代替是否满足高副低代的条件呢？显然，带有两个转动副 O_1、O_2 的构件 4 产生一个约束（$2 \times 2 - 1 \times 3 = 1$），高副 C 也只有一个约束，所以代替前后机构的自由度不会改变；在机构运动过程中，圆盘 1 的偏心距 AO_1、两圆盘的半径之和 O_1O_2、圆盘 2 的偏心距 BO_2 均保持不变，所以用铰链四杆机构 AO_1O_2B 代替图 2-19a 所示的高副机构不会发生运动的改变，即代替前后机构的瞬时速度和瞬时加速度不变。

根据以上的分析，高副低代的一般方法是用一个含有两个转动副的构件来代替一个高副，这两个转动副分别位于高副接触点两元素的曲率中心处。该高副低代的方法可以推广到各种平面高副机构中。下面分四种情况讨论。

（一）两条一般曲线接触时

图 2-20a 所示为两条一般曲线接触的高副机构，过接触点 C 作与公切线 t—t 垂直的公法线，在此公法线上分别找到构件 1 和构件 2 的曲率中心 O_1、O_2，用构件 4 连接 O_1、O_2，并将各自的曲率中心与回转中心相连，即得到图 2-20b 所示的代替机构 AO_1O_2B。

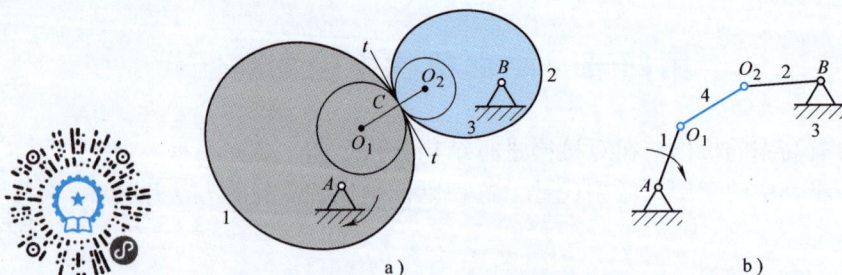

动画

图 2-20 两个一般曲线接触时的高副低代
a）原机构 b）高副低代后所得机构

需要说明的是，像图 2-20a 这样，当高副元素为非圆曲线时，在机构运动时，随着接触点 C 的改变，曲率中心 O_1、O_2 的位置和非圆曲线的曲率半径也随之发生改变，因此，在不同的位置有不同的瞬时代替机构。

（二）曲线与点接触时

若高副两元素之一为一点时，如图 2-21a 所示，因为点的曲率中心就是接触点，所以将其高副低代后的瞬时代替机构如图 2-21b 所示。

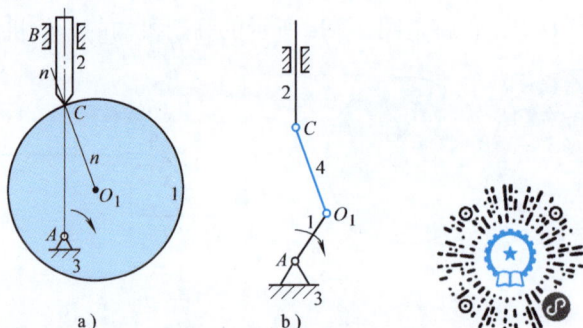

图 2-21 曲线与点接触时的高副低代
a）原机构 b）高副低代后所得机构

动画

（三）曲线与直线接触时

若高副两元素之一为一直线时，如图 2-22a 所示，因为直线的曲率中心在无穷远处，所以这一端的转动副就转化为移动副。因此，图 2-22a 所示高副机构的瞬时代替机构如图 2-22b 所示。

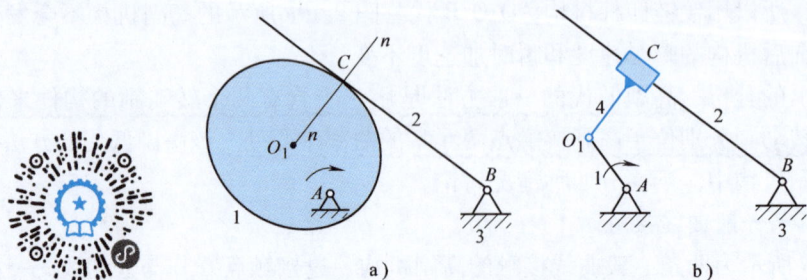

动画

图 2-22 曲线与直线接触时的高副低代
a）原机构 b）高副低代后所得机构

（四）齿轮副的高副低代

齿轮的齿廓曲线不是一般的曲线，而是渐开线，如图 2-23a 所示。所以，齿轮副的高副低代如图 2-23b 所示，作与两个圆的公切线 $t—t$ 倾斜 α' 的啮合线，分别过各自的回转中心 O_1、O_2 作啮合线的垂线，垂足 N_1、N_2 即为两个渐开线齿廓啮合点处的曲率中心（理论依据见第七章第二节渐开线的性质）。将图 2-23b 所示的齿轮机构高副低代后所得机构如图 2-23c 所示。啮合线的方向与齿轮的转向有关，它与 $t—t$ 方向的夹角 α' 取 20°左右即可。

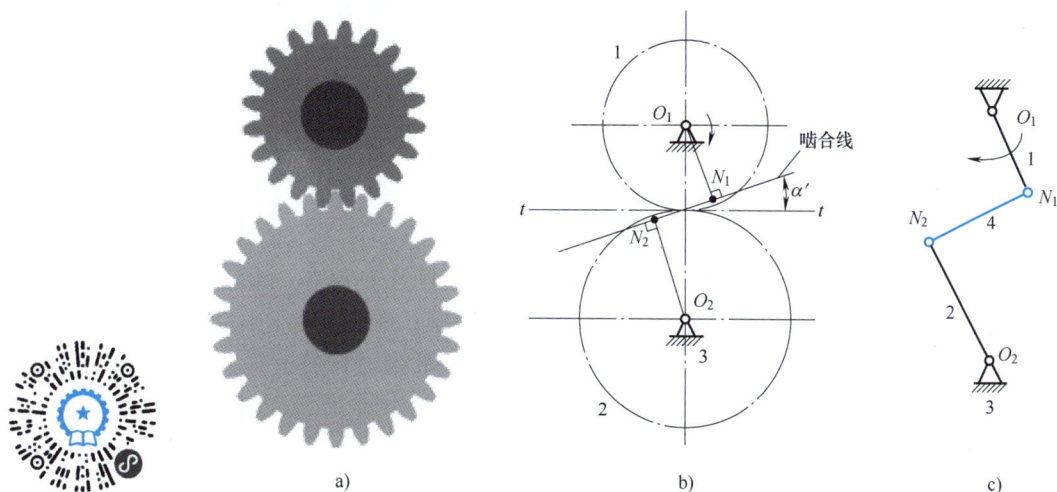

动画

图 2-23　齿轮副的高副低代
a）外啮合渐开线圆柱齿轮机构　b）高副低代方法　c）高副低代后所得机构

第五节　平面机构的组成原理和结构分析

平面机构的组成原理和结构分析只针对低副机构进行，对于含有高副的平面机构，进行结构分析前，要先用上节所讲方法将其中的高副用低副替换掉。

一、平面机构的组成原理

任何机构都包含机架、原动件和从动件系统三部分。由于机架的自由度为零，而每个原动件与机架相连后只有 1 个自由度，且机构具有确定运动的条件是自由度数等于原动件数，所以，从动件系统的自由度必然为零。在研究机构组成原理前，先介绍杆组。

（一）杆组

1. 杆组的定义
把自由度为零且不可再拆的从动件系统称为基本杆组，简称杆组。

2. 杆组的种类
对于只含低副的平面机构，设杆组由 n' 个构件和 P_L' 个低副组成，因为杆组的自由度为零，则有 $3n'-2P_L'=0$，即

视频讲解

$$P_L' = \frac{3}{2}n' \tag{2-2}$$

这里的 n'、P_L' 必须为正整数，所以 n' 只能取 2 的倍数，P_L' 只能是 3 的倍数，如 2 杆 3 副，4 杆 6 副等。根据 n' 的取值不同，杆组分为如下几种常见类型。

（1）Ⅱ级杆组　由 2 个构件和 3 个低副构成的基本杆组称为Ⅱ级杆组，它最简单，应用广泛。根据这 3 个低副是转动副还是移动副，Ⅱ级杆组只有五种组合形式，如图 2-24 所示。分图名中，R 代表转动副（Revolute Pair），P 代表移动副（Prismatic Pair）。

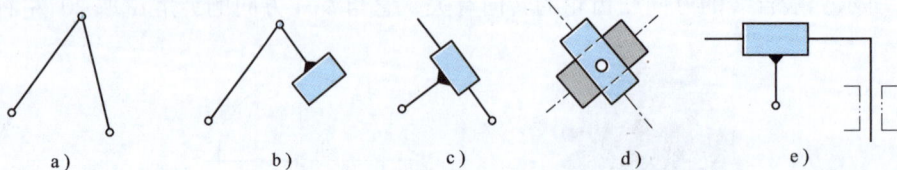

图 2-24　Ⅱ级杆组

a) RRR Ⅱ级杆组　b) RRP Ⅱ级杆组　c) RPR Ⅱ级杆组　d) PRP Ⅱ级杆组　e) PPR Ⅱ级杆组

（2）Ⅲ级杆组　由 4 个构件和 6 个低副所组成，且其中含有一个三副构件的基本杆组称为Ⅲ级杆组，6 个低副中有 3 个内端副，3 个外端副。图 2-25 给出了几种常见的Ⅲ级杆组，图 2-25a、b、c 中的构件 2 都含有 B、C、E 三个低副。显然，Ⅲ级杆组的构件数和运动副数分别是Ⅱ级杆组的两倍，但Ⅲ级杆组却不能再拆成两个Ⅱ级杆组，这正是杆组定义中不可再拆的含义。

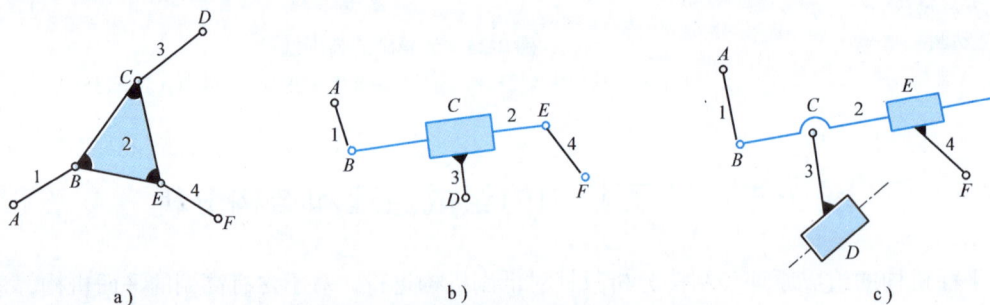

图 2-25　常见的Ⅲ级杆组

由 4 个构件和 6 个低副构成，且具有一个可动四边形的杆组，称为Ⅳ级杆组，如图 2-26 所示。

因Ⅳ级以上的杆组在实际机构中很少用到，故此处不再介绍。

图 2-26　Ⅳ级杆组

（二）机构的组成原理

任何机构都可以看作是若干个杆组依次连接到原动件和机架上而组成的，这就是机构的组成原理。

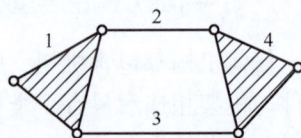

图 2-27 所示为依据机构的组成原理创新多杆机构的过程。首先把图 2-27b 所示的 RRR Ⅱ级杆组 BCD 通过其外接副 B、D 连接到图 2-27a 所示的原动件和机架上，形成四杆机构 ABCD，如图 2-27c 所示。再将图 2-27d 所示的 RRR Ⅱ级杆组 EFG 与四杆机构 ABCD 和机架相连，则形成了图 2-27e 所示的六杆机构。连杆 BCE 上 E 点的轨迹如图 2-27e 所示，其中 α—α 是以 F

视频讲解

为圆心、β—β是以 F' 为圆心，半径均为 FE 的圆弧，则当 E 点行走在这两段圆弧轨迹上时，摇杆 FG、F'G 静止不动。因此，在原动件 AB 匀速转动时，输出件 FG 实现了两次停歇。

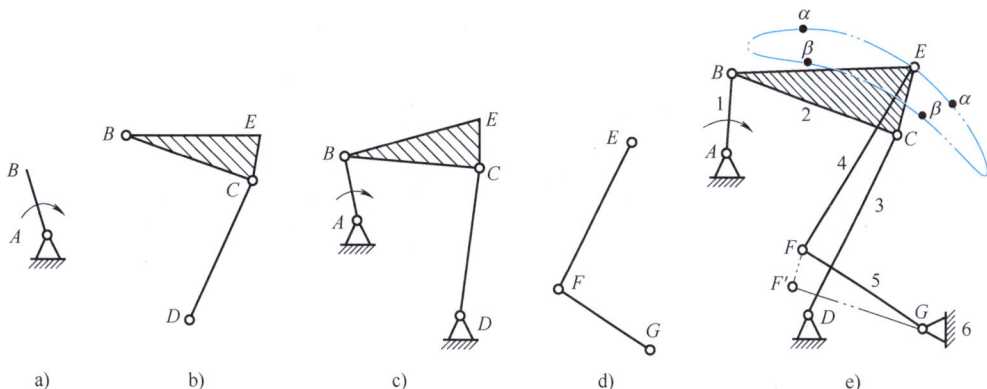

图 2-27 机构的创新过程

机构组成原理的一个应用是：在进行机械方案设计时，就可以依据机构的组成原理，根据设计要求由杆组组合创新设计出新机构。但设计中必须遵循一个原则，即在满足要求的前提下，机构的结构越简单，杆组的级别越低，构件数和运动副数越少越好。

与创新机构相反，机构组成原理的另一个应用则是将机构拆成若干个杆组、原动件和机架，即下面要研究的机构的结构分析。

二、平面机构的结构分析

为了便于用杆组法对机构进行运动分析和力分析，常需要先对机构进行结构分析。机构结构分析的任务是：①把机构分解成若干个杆组、机架和原动件；②确定机构的级别，即机构中所含杆组的最高级别。

视频讲解

进行机构结构分析的一般步骤是：

1）先除去机构的局部自由度，去掉虚约束，辨别复合铰链，明确机构的原动件。

2）若有高副，先进行高副低代。

3）从离原动件传动路线最远的部分开始试拆杆组。先试拆Ⅱ级杆组，若无法拆除，再试拆Ⅲ级杆组或更高级别的杆组，直到剩下原动件和机架为止。能否拆除的原则是：每拆掉一个杆组后，剩下的部分仍是一个完整的机构。

4）说明机构的组成，确定机构的级别。

【例 2-6】 1）计算图 2-28a 所示机构的自由度；2）用低副代替其中的高副；3）当凸轮为原动件时画出机构所含的杆组，并说明机构的级别；4）若选择 J 处的滑块为原动件，试对该机构进行结构分析。

解：

1）在图 2-28a 中，滚子绕 B 点的转动为局部自由度，E 或 E' 为虚约束，G 点为复合铰链。故机构的自由度 $F = 3 \times 7 - 2 \times 9 - 2 = 1$。

2）先去掉局部自由度，然后将其中的两个高副用低副代替，所得机构如图 2-28b 所示。

3）当凸轮为原动件时，该机构由原动件、机架、两个Ⅱ级杆组和一个Ⅲ级杆组组成，如图 2-28c 所示。因此机构的级别是Ⅲ级。

　　4）在图 2-28b 中，若选择 J 处的滑块作为原动件，则机构中所含的杆组和原动件如图 2-28d 所示，此时，机构由原动件和机架、四个Ⅱ级杆组组成，因此机构的级别为Ⅱ级。

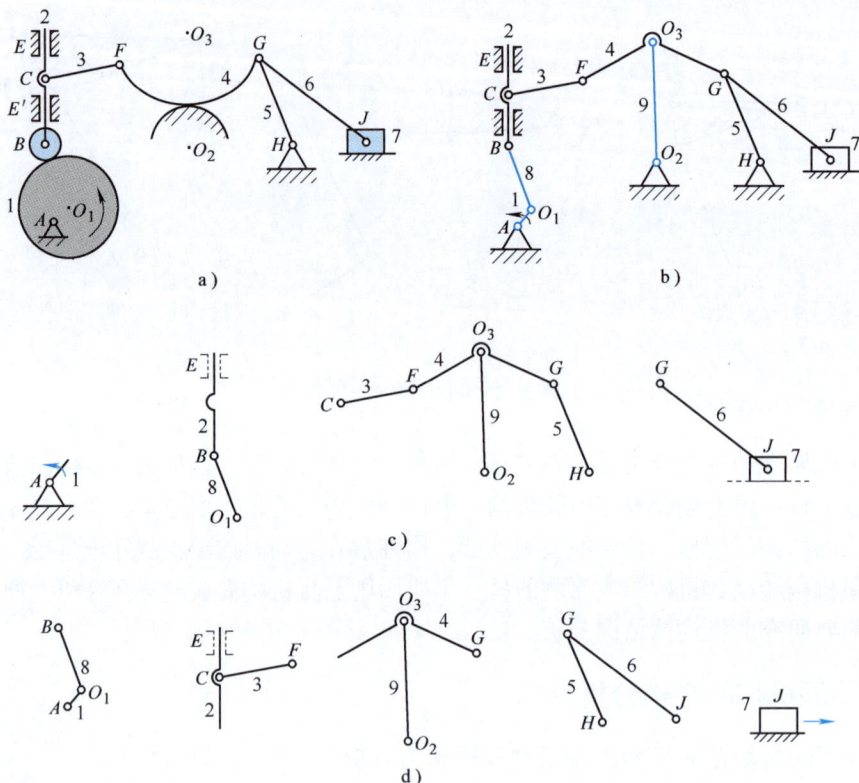

图 2-28　【例 2-6】图

a）原图　b）高副低代后的机构　c）AO_1 为原动件时，机构的组成情况　d）滑块为原动件时，机构的组成情况

　　需要指出的是，当机构中的原动件改变时，会使机构中所含的杆组不同，有可能导致机构的级别发生变化。

*拓展与延伸——平面机构的自由度

　　前面学习了平面机构的自由度计算公式为 $F = 3n - 2P_L - P_H$，下面对这部分内容以案例形式进行拓展与延伸。

　　[问题 1]　平面机构的自由度计算公式适合只含有移动副的平面机构吗？适合空间机构吗？若不适合，这些机构的自由度如何计算？

　　[问题 2]　如何依据自由度判断机构运动情况？

　　[问题 3]　为什么有些机构的自由度在工作过程中是变化的？有什么作用？

　　[问题 4]　对于齿轮副，通常看作一个高副，但有时看作两个高副，如何计算含有齿轮副机构的自由度呢？

针对上述问题，进行自由度计算的深入研究。

【案例一】 全移动副平面机构的自由度计算

图 2-29 所示的斜面机构，在夹具体、斜面压榨机中得到广泛应用，它只含有移动副，它的自由度能用常规平面机构的自由度公式来计算吗？

不妨算一下，$F=3n-2P_L-P_H=3\times2-2\times3-0=0$，这个结果显然不对，若从右侧施加一个向左的力，构件 3 一定会向上运动，自由度应为 1，错在哪里了呢？错在不能用式（2-1）计算，而应该用下式计算全移动副平面机构的自由度：

$$F=2n-P_L \qquad (2-3)$$

图 2-29　斜面机构

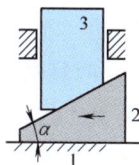

> 思考与交流　全移动副平面机构的自由度公式为什么是 $F=2n-P_L$？

> 拓展与延伸　空间机构的自由度如何计算，请参阅《机械设计手册》。

【案例二】 机构运动的合理性分析

图 2-30a 所示为一简易压力机的初拟设计方案。设计者的思路是：动力由齿轮 1 输入，绕轴 A 连续回转，而固装在轴 A 上的凸轮 2 和杠杆 3 组成的凸轮机构将使冲头 4 上下运动，以达到冲压的目的，试计算其自由度，并从机构运动的角度分析其设计是否合理，为什么？若此方案不合理，做简单修改，使其具有确定运动，并画出修改后的简图。

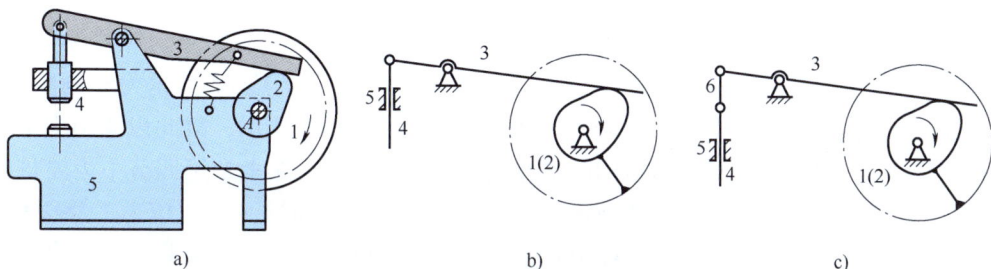

图 2-30　简易压力机

a）原图　b）原图对应的机构运动简图　c）修改后的机构运动简图

解：绘制的机构简图如图 2-30b，其自由度 $F=3n-2P_L-P_H=3\times3-2\times4-1=0$，根据自由度的意义，它不能运动。那么怎么修改呢？原则是只能做局部修改，通常是增杆增副或把低副改成高副等，使自由度数等于原动件的个数即可。图 2-30c 所示为一种修改方案。

> 思考与交流　该案例是否还有其他修改方案？

【案例三】 变自由度机构的实际应用

图 2-31 所示为制动机构，分别计算以下三个过程的自由度：1）在制动车轮前；2）一

侧闸瓦接触车轮时；3）两侧闸瓦接触车轮。请思考为什么要设计成这样的机构，使得在工作过程中自由度发生变化？若自始至终自由度为1是否可行？

分析如下：

1）制动车轮前，$F = 3 \times 6 - 2 \times 8 - 0 = 2$，自由度数大于原动件数，所以它的运动不能确定，而是随意运动，则总会有一侧闸瓦接触到车轮。

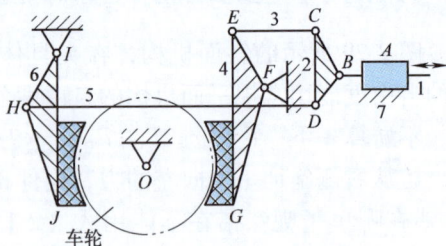

图 2-31 制动机构

2）两侧闸瓦之一接触车轮时，则构件 4 或 6 成为机架，此时 $F = 3 \times 5 - 2 \times 7 - 0 = 1$，因自由度数等于原动件数，故运动确定，必将制动车轮。

3）两侧闸瓦均接触车轮时，构件 4 和 6 均为机架，此时 $F = 3 \times 4 - 2 \times 6 - 0 = 0$。

在这三个过程中，自由度是变化的。这样设计的好处是：当车轮由于磨损等原因偏离工作位置时，也能安全有效地完成制动动作，且制动时不会有过大的干涉。

> **思考与交流** 查阅资料，列举还有哪些设备中使用变自由度机构？分析它们的设计意图。

【案例四】 齿轮副的约束数探究

在目前通用的《机械原理》教材中，常把齿轮副看作一个高副，但有些场合这样处理是错误的。

根据具体情况的不同，齿轮副通常是 1 个高副，但有时是 2 个高副。那么何时为 1 个，何时为 2 个，如何判断呢？

1. 齿轮副的约束数判别

1）一般情况下，两个齿轮的中心是固定的（即中心距不变），则齿轮为有侧隙啮合，即两轮轮齿单侧接触，非工作侧齿廓之间存在间隙，如图 2-32a 所示，故此齿轮副为 1 个高副。即使重合度大于 1，存在两对齿同时啮合的时段（此内容见第七章第四节中齿轮机构的重合度），但两对啮合齿的公法线是重合的，均沿着啮合线 n—n 方向，也应为 1 个高副。

2）当两个齿轮的中心不固定（即中心距可变）时，则两个齿轮会彼此靠近，直至轮齿两侧齿廓均接触，则这对齿轮为无侧隙啮合，且两个接触点的公法线方向并不彼此重合，故此齿轮副应为 2 个高副，如图 2-32b 所示。

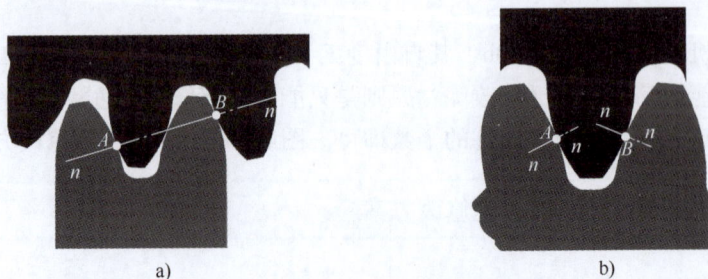

图 2-32 有侧隙和无侧隙啮合的齿轮副

a）有侧隙啮合 b）无侧隙啮合

2. 自由度计算举例

计算图 2-33 所示机构的自由度。

解：因为两个齿轮的中心不固定，使得齿轮传动的中心距、齿轮齿条传动的中心距均是变化的，因此齿轮与齿轮间为 2 个高副，齿轮与齿条间为 2 个高副。该机构自由度为：

$$F = 3n - 2P_L - P_H$$
$$= 3 \times 5 - 2 \times 5 - 4$$
$$= 1$$

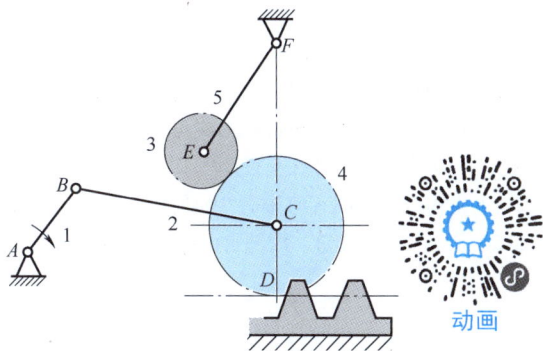

图 2-33 机构简图

> **学贵在思 学贵有疑** 本案例中按常规齿轮副计算，结果与实际运动情况矛盾，从而质疑这里的齿轮副，经过认真钻研，获得正确计算结果，进一步总结得出齿轮副在什么情况下为 1 个高副、什么情况下为 2 个高副的结论。"学贵在思，学贵有疑"，对已有成果既不能全盘否定，也不要不加任何思索的盲目顺从，经过思考、质疑、顿悟，有利于培养科研思维、捕捉创新灵感。

本章知识框架图

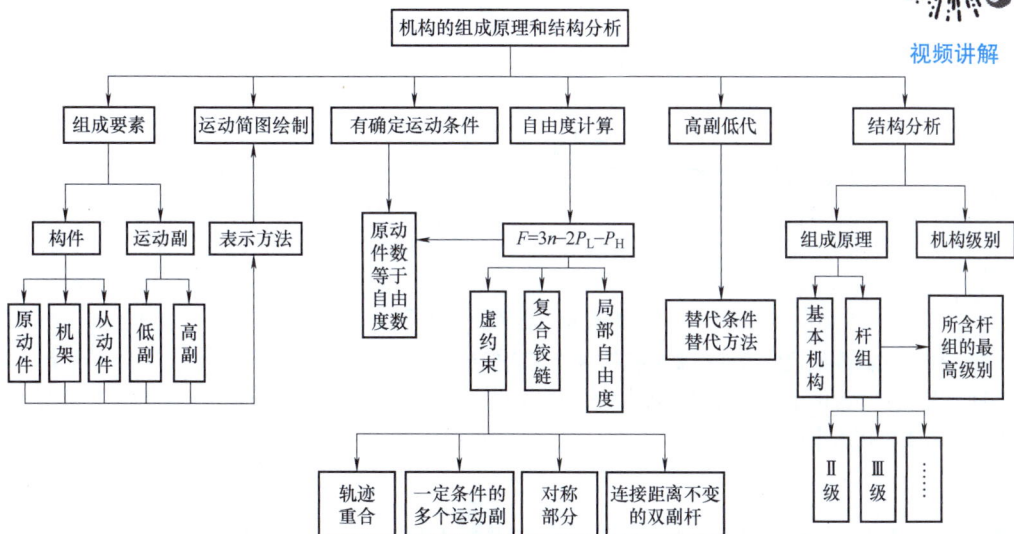

本章测试

思 考 题

2-1 机构具有确定相对运动的条件是什么？

2-2 什么是运动副？按接触形式可分为几种？

2-3 什么是高副？什么是低副？其自由度、约束数目各为多少？

2-4 机构运动简图有何作用？如何绘制机构运动简图？

2-5 什么是复合铰链、局部自由度和虚约束？图 2-34 中 A 点是否为复合铰链？A 点处各有几个运动副？

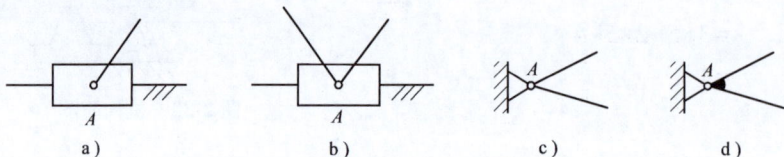

图 2-34 思考题 2-5 图

2-6 既然虚约束对机构的运动实际上不起真正的约束作用，那么在实际机械中为什么又常存在虚约束？机构中的虚约束常出现在哪些场合？

2-7 如何确定机构的级别？机构原动件的改变是否可能导致机构的级别发生变化？

2-8 什么叫杆组？杆组中的构件数目和运动副数目之间的关系是什么？Ⅱ级杆组和Ⅲ级杆组分别由几个构件和几个运动副组成？各画出两种Ⅱ级杆组和Ⅲ级杆组。

2-9 杆组的特征是什么？下列哪些是Ⅲ级杆组？哪些是Ⅱ级杆组？

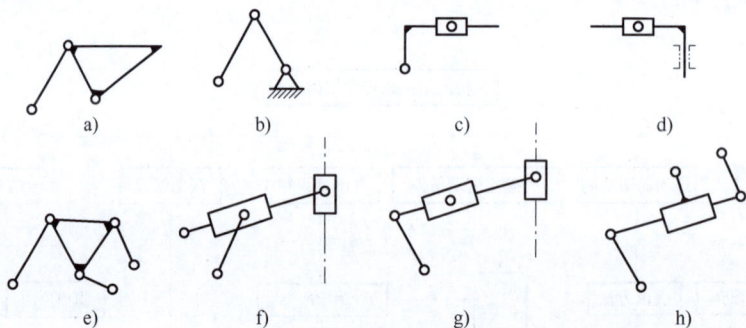

图 2-35 思考题 2-9 图

2-10 什么叫高副低代？为什么要对机构进行高副低代？

2-11 用一个含有两个低副的构件来代替一个高副时，不会引起机构自由度的改变，试进行分析。

2-12 试述机构的组成原理。

习 题

2-1 绘出图 2-36 所示各机构的机构运动简图，并计算各机构的自由度。

2-2 图 2-37 所示为一小型压力机。图中齿轮 1 与偏心轮 1′为同一构件，绕固定轴心 O 连续转动。在齿轮 5 的端面上开有凸轮凹槽，滚子 6 嵌在凹槽中并与摆杆 4 在 D 点以转动副相连，从而使摆杆 4 绕 C 轴上下摆动；同时，又通过偏心轮 1′、连杆 2、滑杆 3 使 C 轴上下移动；最后，通过在摆杆 4 叉槽中的滑块 7 和铰链 G 使冲头 8 实现冲压运动。试绘制其机构运动简图，并计算自由度。

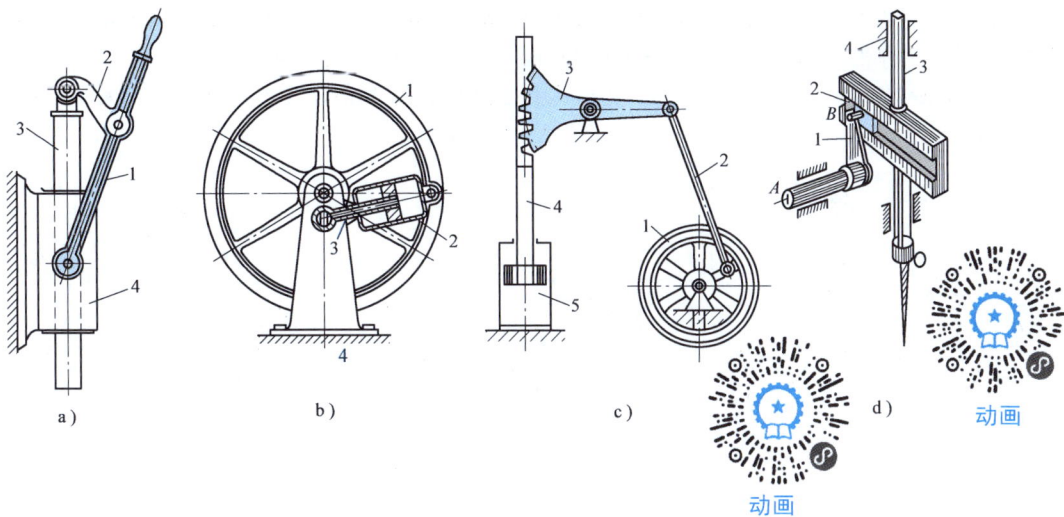

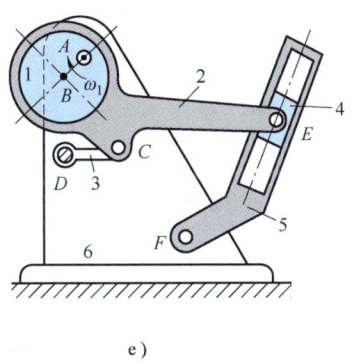

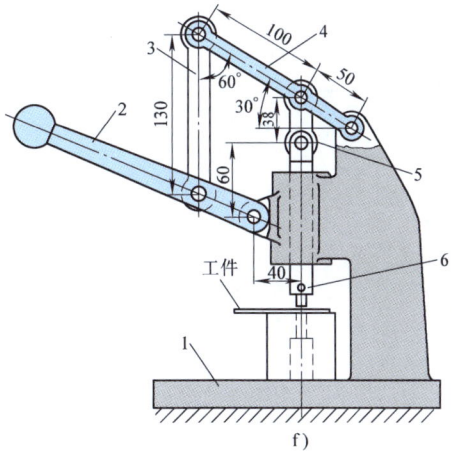

图 2-36 习题 2-1 图

a) 唧筒机构 b) 回转柱塞泵 c) 活塞泵 d) 缝纫机针杆机构
e) 偏心轮机构 f) 手动冲压机

2-3 图 2-38 所示为一偏心轮滑阀式真空泵。其偏心轮 1 绕固定轴心 A 转动，与外环 2 固联在一起的滑

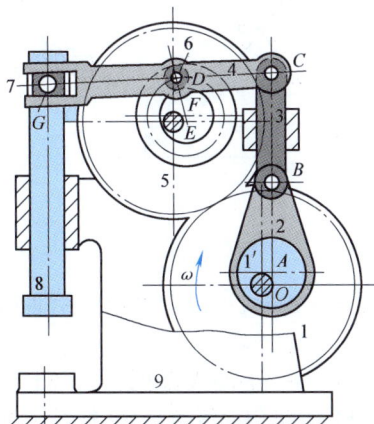

图 2-37 习题 2-2 图

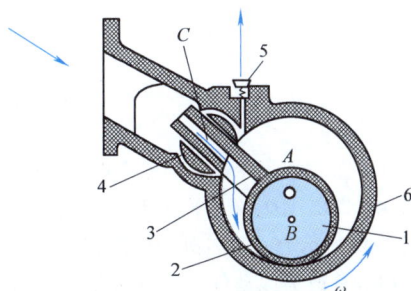

图 2-38 习题 2-3 图

阀 3 在可绕固定轴心 C 转动的圆柱 4 中滑动。当偏心轮 1 按图示方向连续回转时，可将设备中的空气吸入，并将空气从阀 5 中排出，从而形成真空。试绘制其机构运动简图，并计算自由度。

2-4 计算图 2-39 所示各机构的自由度，指出其中的复合铰链、局部自由度、虚约束，并检验所给机构是否具有确定运动。

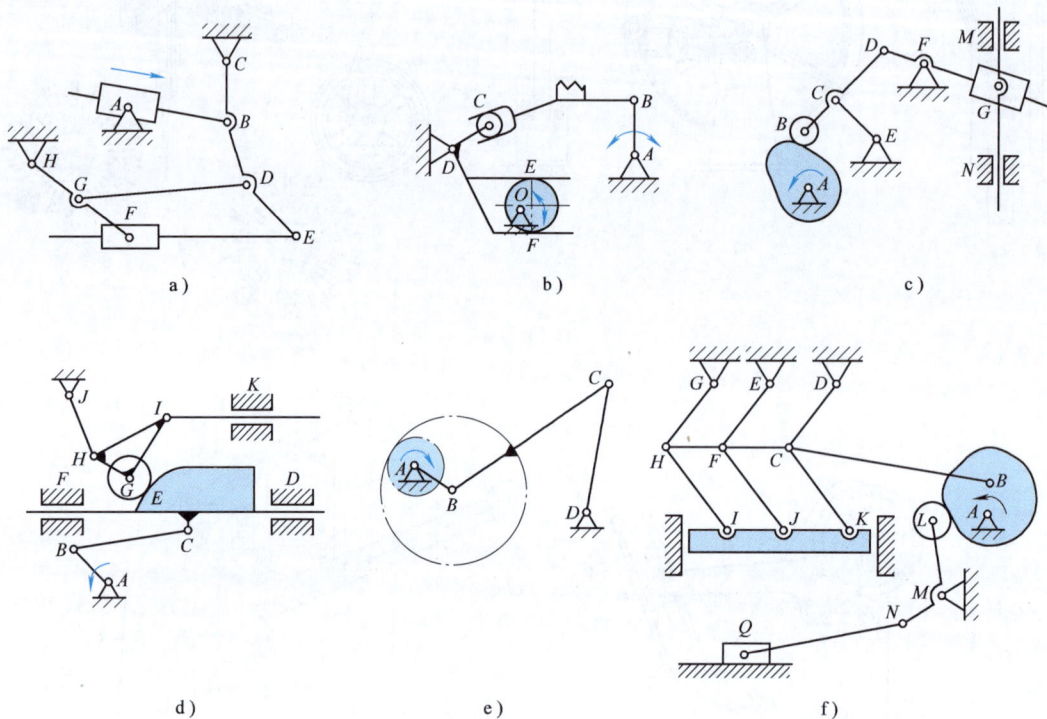

a)   b)   c)

d)   e)   f)

图 2-39 习题 2-4 图

2-5 计算图 2-40 所示各机构的自由度，若含有复合铰链、局部自由度、虚约束等特殊情况时必须一一指出，并在图上标出使机构具有确定运动的原动件。图 2-40c 中，$AB = CB = DB$，$AC \perp AD$。

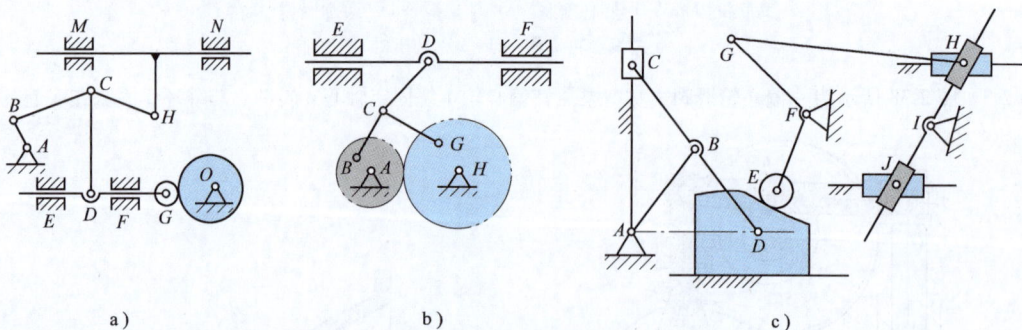

a)   b)   c)

图 2-40 习题 2-5 图

2-6 试计算图 2-41 所示机构的自由度，并在高副低代后分析组成机构的基本杆组，并说明机构的级别。图 2-41b 中，BC、AD、EF 平行且相等。

2-7 图 2-42 所示为一内燃机的机构简图，试计算其自由度，并分析组成此机构的基本杆组。如果在该机构中将 EFG 杆改为原动件，试分析组成此机构的基本杆组，机构的级别与 AB 杆为原动件时是否相同？

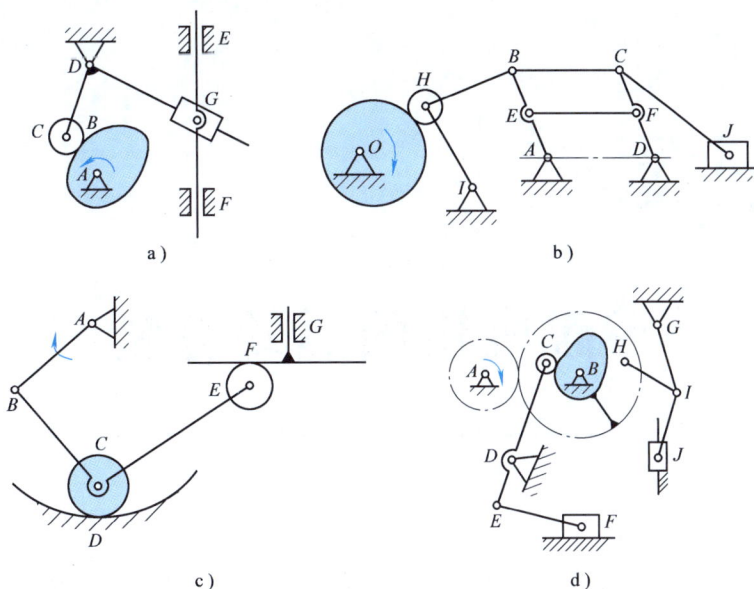

a)

b)

c)

d)

图 2-41　习题 2-6 图

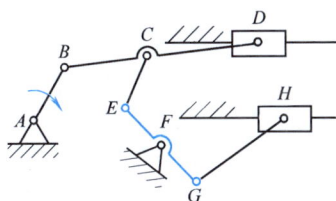

图 2-42　习题 2-7 图

*2-8　计算图 2-43 所示含有齿轮机构的自由度，并仔细分析两图中的齿轮副有什么不同。

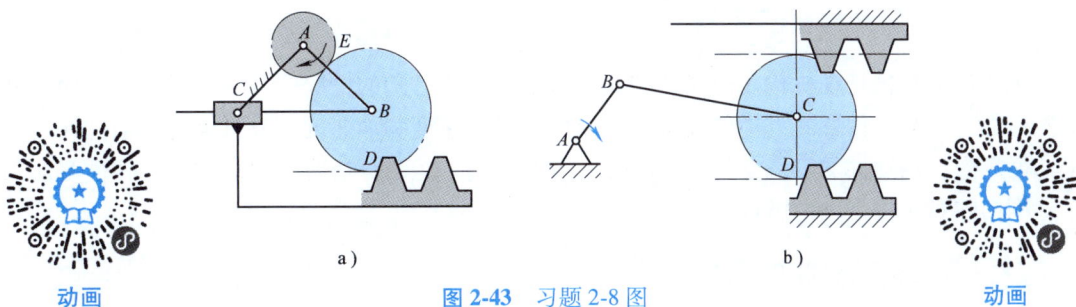

动画

图 2-43　习题 2-8 图

动画

a)

b)

提示：如果彼此啮合的两个齿轮的中心相对位置未受到约束，则轮齿的两侧都参与接触，且接触点的公法线方向并不彼此重合，故此齿轮副应看作 2 个高副；如果彼此啮合的两个齿轮的中心相对位置受到约束，其中心距不能改变，则两轮轮齿单侧接触，非工作侧齿廓之间存在间隙，故此齿轮副应看作 1 个高副。

第三章

平面机构的运动分析

本章要点：用速度瞬心法、矢量方程图解法，以及解析法中复数矢量法进行机构的运动分析。

第一节 概 述

一、机构运动分析的任务

机构运动分析是在机构几何尺寸和原动件运动规律已知的情况下，不考虑力的作用，分析原动件处于某一位置时，构件或构件上点的位置、速度和加速度，并可确定原动件在一个工作循环内，从动件的工作空间及从动件上点的轨迹。运动分析时常忽略构件的弹性变形和运动副间隙对机构运动的影响。

二、机构运动分析的目的

机构运动分析通常用于了解现有机构的工作性能，也用于新机构综合时的运动性能校验，同时运动分析也是机构力分析的基础。

通过对机构的位移分析，确定机构所需的运动空间，判定各构件间是否存在运动干涉以及是否满足所需的运动要求或轨迹要求；对机构进行速度分析，可以了解机构中从动件的速度变化是否满足工作要求，同时只有先进行速度分析，才能进行机构的加速度分析，进而进行力分析。尤其对高速机械和重型机械，构件的惯性力（力矩）往往很大，它们对机械的强度、振动和动力性能都有较大的影响。为确定惯性力（力矩），就必须进行加速度分析。

三、机构运动分析的方法

机构运动分析的方法很多，如图解法、解析法、实验法、仿真分析法等。

1. 图解法

图解法分为速度瞬心法和矢量方程图解法两种。图解法形象直观，但求解精度有限，常用于解决简单机构的运动分析问题。

2. 解析法

解析法求解精度高，但通常数学模型繁杂，计算工作量大。近年来，随着 MATLAB 等计算软件的不断完善和发展，采用解析法解决机构的分析、综合过程中的相关问题越来越普遍，可以很方便地求得机构在一个运动循环中的运动参数，绘制机构的运动线图。

解析法根据分析过程的不同分为杆组法和整体分析法。

（1）杆组法　机构的类型是无限的，而机构中所含杆组的种类是有限的。前人已建立了各基本杆组运动分析的子程序（下称子程序），在用杆组法进行运动分析时，先对机构进行结构分析，确定其所含的基本杆组，再编制一个依次调用各子程序的主程序，输入已知参数，从而进行运动分析。该方法的缺点是需要了解子程序结构，且具备一定的编程基础。

（2）整体分析法　整体分析法是将整个机构作为研究对象，建立机构已知参数和待求参数的关系方程式，并进行求解以获得未知参数。可用复数矢量法、矩阵法等进行机构的运动分析，本章只讲复数矢量法。

3. 实验法

通过位移、速度、加速度传感器，实际测量出机械的位移、速度、加速度等运动参数。

4. 仿真分析法

采用 Adams、Creo 等软件可方便地对机构进行运动学、静力学、动力学分析等。首先创建机构模型，借助软件自带模块进行运动仿真与分析，输出位移、速度和加速度曲线等。

本章将借助实例讲解，用图解法（速度瞬心法、矢量方程图解法）及解析法（复数矢量法、杆组法）对机构进行运动分析。

第二节　速度瞬心及其在平面机构速度分析中的应用

一、速度瞬心的定义及分类

根据理论力学知识，彼此做平面相对运动的两刚体，在任一瞬时，其相对运动都可以看作是绕某一重合点的转动，此重合点称为瞬时速度中心，简称瞬心。因此，速度瞬心是相对运动的两构件上绝对速度相等（相对速度为零）的瞬时重合点。若两构件之一是静止的，则该瞬心处的绝对速度为零，称为绝对瞬心；若两构件都是运动的，则该瞬心处的绝对速度不为零，称为相对瞬心。

通常用 P_{ij} 或 P_{ji} 表示构件 i、j 的速度瞬心。如图 3-1 所示，构件 1、2 的速度瞬心为 P_{12}，则 P_{12} 既是构件 1 上的点（用 P_1 表示），也是构件 2 上的点（用 P_2 表示），且 $v_{P_1} = v_{P_2}$。该瞬时两构件绕 P_{12} 点做相对转动，故两构件上任一重合点的相对速度都垂直于该点与瞬心的连线。则有两构件在重合点 A 处的相对速度 $v_{A_2A_1} \perp P_{12}A$，两构件在重合点 B 处的相对速度 $v_{B_2B_1} \perp P_{12}B$。反之，若已知 $v_{A_2A_1}$ 和 $v_{B_2B_1}$ 的方向，则两速度矢量的垂线交点便是构件 1 和 2 的速度瞬心 P_{12}。

二、瞬心的数目

由于任意两个相对运动的构件都有一个瞬心，若机构中有 N 个构件（包含机架），则机构中瞬心的数目 K 可根据排列组合原理确定，即

$$K = C_N^2 = \frac{N(N-1)}{2} \tag{3-1}$$

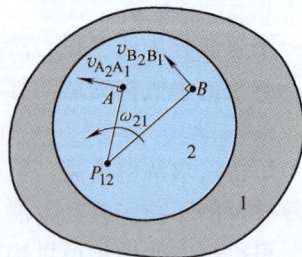

图 3-1 速度瞬心

三、速度瞬心的位置确定

1. 直接接触组成运动副的两构件的瞬心位置

（1）两构件组成转动副 由于一个构件相对于另一个构件绕转动副的中心转动，故转动副的中心即为它们的速度瞬心，如图 3-2a 所示。

（2）两构件组成移动副 两构件做相对移动时，由于其相对移动方向平行于移动副导路方向，所以瞬心位于垂直导路方向的无穷远处，如图 3-2b 所示。

视频讲解

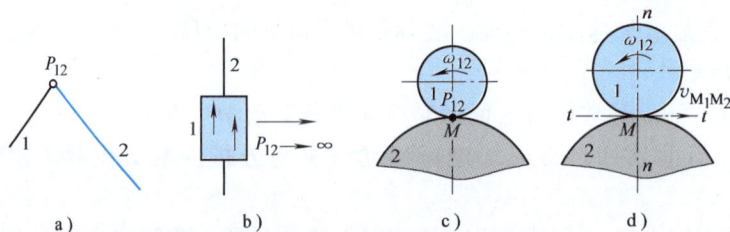

图 3-2 直接接触的两构件间的瞬心位置

a）转动副 b）移动副 c）纯滚动高副 d）滚动兼滑动的高副

（3）两构件组成高副 两构件组成纯滚动高副时，由于接触点的相对速度为零，所以接触点就是瞬心，如图 3-2c 所示。

两构件组成滚动兼滑动的高副时，两构件的相对速度方向为接触点的公切线 $t\text{-}t$ 方向，所以，瞬心就在过接触点的公法线 $n\text{-}n$ 上，但具体位置另需其他条件来确定，如图 3-2d 所示。

2. 借助三心定理确定瞬心的位置

不直接接触的两个构件的瞬心，常借助"三心定理"来确定。

三心定理：彼此做平面运动的三个构件，共有三个瞬心，它们必位于同一条直线上。

如图 3-3 所示，三个构件 1、2、3 做平面运动，则必有三个瞬心 P_{12}、P_{13}、P_{23}。显然，P_{12}、P_{13} 位置如图 3-3

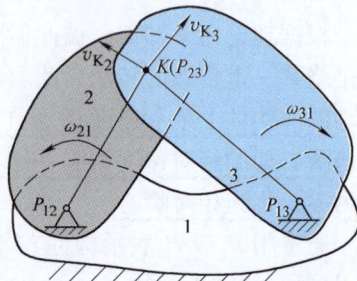

图 3-3 三心定理的证明

所示，由三心定理可知，P_{23} 一定应在 $P_{12}P_{13}$ 的连线上。

用反证法证明：假设 P_{23} 不在 $P_{12}P_{13}$ 的连线上，而在连线外的任意位置 K，则构件 2 上 K 点的速度 $v_{K_2} \perp P_{12}K$，构件 3 上 K 点的速度 $v_{K_3} \perp P_{13}K$，显然，v_{K_2} 与 v_{K_3} 的方向不同。而根据瞬心的定义，P_{23} 点为构件 2 和 3 上的同速点，即 $v_{K_2} = v_{K_3}$，二者的大小和方向都应相同，故 K 点不可能是构件 2 和 3 的速度瞬心 P_{23}。

只有当 P_{23} 在 $P_{12}P_{13}$ 的连线上时，才能保证重合点 K 的速度方向相同，故 P_{23} 必定位于 $P_{12}P_{13}$ 的连线上。

四、速度瞬心法在平面机构速度分析中的应用

用速度瞬心法对机构进行速度分析的一般方法是：找到已知构件与待求构件的相对瞬心，它是这两个构件上绝对速度大小相等、方向相同的点，建立待求构件与已知构件的速度关系即可求解。下面通过几个简单实例说明用速度瞬心对机构进行速度分析的方法。

视频讲解

1. 铰链四杆机构

【例 3-1】　图 3-4 所示为铰链四杆机构，已知各构件的尺寸，原动件 2 的角速度 ω_2，试求：

1）该机构的所有瞬心，并说明哪些是绝对瞬心，哪些是相对瞬心。构件 3 的中点 S_3 的速度方向如何？

2）在图示位置时从动件 4 的角速度 ω_4 的大小和方向。

解：

1）该机构有 6 个瞬心，其中有 4 个直接接触的瞬心，即 P_{12}、P_{23}、P_{34}、P_{14}，分别位于各自的转动副中心；有 2 个间接接触的瞬心，即 P_{13}、P_{24}。由三心定理可知，P_{12}、P_{23}、P_{13} 应位于同一直线上；P_{14}、P_{34}、P_{13} 也应位于同一直线上。因此，直线 $P_{12}P_{23}$ 和 $P_{14}P_{34}$ 的交点就是 P_{13}。同理，直线 $P_{12}P_{14}$ 和 $P_{23}P_{34}$ 的交点就是 P_{24}。

图 3-4　铰链四杆机构速度分析的瞬心法

因为构件 1 是机架，所以 P_{12}、P_{13}、P_{14} 是绝对瞬心，而 P_{23}、P_{24}、P_{34} 则是相对瞬心。

构件 3 的中点 S_3 的速度方向应垂直于 $P_{13}S_3$。

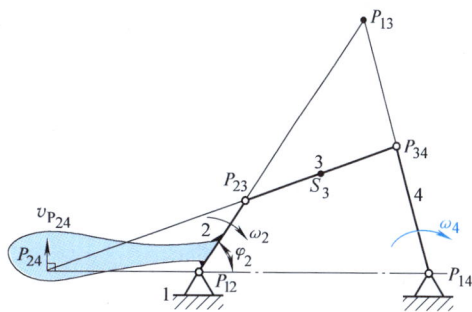

> **思考与交流**　S_3 点的速度是垂直 $P_{13}S_3$ 向上还是向下？

2）已确定的 P_{24} 为构件 2 和构件 4 的速度瞬心，即 2、4 的等速重合点，可将构件 2 和构件 4 扩大到 P_{24} 处，故有

$$v_{P_{24}} = \omega_2 \overline{P_{12}P_{24}} \mu_L = \omega_4 \overline{P_{14}P_{24}} \mu_L$$

所以 $\omega_4 = \omega_2 \dfrac{\overline{P_{12}P_{24}}}{\overline{P_{14}P_{24}}}$。由 ω_2 的方向知 $v_{P_{24}}$ 垂直于 $P_{12}P_{24}$ 向上，从而得到 ω_4 的方向为顺时

针，即与 ω_2 相同。

上式表明，构件 4 与构件 2 的角速度之比（传动比）为两构件相对瞬心到绝对瞬心间距离的反比。该结论可用于平面机构中任意两构件间传动比的计算。

2. 曲柄滑块机构

【例 3-2】 在图 3-5 所示的曲柄滑块机构中，已知各构件的尺寸，原动件 2 的角速度 ω_2，试求图示位置时滑块 4 的移动速度 v_4。

解： 确定相对瞬心 P_{24}，根据两个构件 2、4 在 P_{24} 处的速度相等即可求出速度 v_4。

瞬心 P_{24} 在直线 $P_{12}P_{14}$ 和 $P_{23}P_{34}$ 的交点处，其中，P_{14} 在垂直于导路的无穷远处（位置并不是固定的，只是有确定的方向）。因 P_{24} 为构件 2 和构件 4 的速度瞬心，故有

$$v_4 = v_{P_{24}} = \omega_2 \overline{P_{12}P_{24}} \mu_L$$

v_4 的方向垂直于 $P_{12}P_{24}$ 水平向左。

3. 平底从动件盘形凸轮机构

【例 3-3】 在图 3-6 所示的平底从动件盘形凸轮机构中，已知凸轮机构的几何尺寸，凸轮以角速度 ω_2 匀速转动，求图示位置从动件 3 的速度 v_3。

解： 确定构件 2、3 的相对速度瞬心 P_{23}，它既在接触点 K 的公法线 n-n 上，又在 $P_{12}P_{13}$ 的连线上，如图 3-6 所示。建立速度方程，得

视频讲解

$$v_3 = v_{P_{23}} = \omega_2 \overline{P_{12}P_{23}} \mu_L$$

方向垂直于 $P_{12}P_{23}$ 向下。

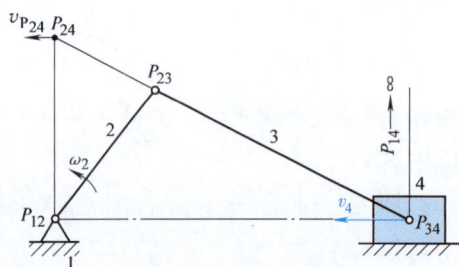

图 3-5 曲柄滑块机构速度分析的瞬心法 　　　图 3-6 平底从动件盘形凸轮机构速度分析的瞬心法

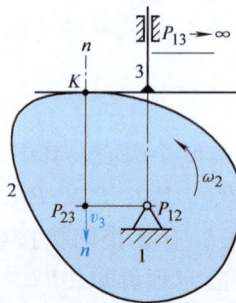

动画　　　　　　　　　　　　　　　　　　　　动画

由上面例题可见，用瞬心法对构件数少的简单机构（含高副机构、低副机构）进行速度分析是很方便的。但对于多杆机构，因瞬心数目多，用这种方法较麻烦，而且速度瞬心法不便于对机构进行加速度分析。

第三节　平面机构运动分析的矢量方程图解法

矢量方程图解法又称为相对运动图解法，是利用理论力学的运动合成原理，建立构件上两点之间的相对运动关系（速度、加速度）矢量方程式，并根据方程式按比例尺作矢量多边形求解的方法。

根据不同的相对运动情况，分为两类问题：同一构件上两点间的运动关系问题及组成移

动副的两构件重合点间的运动关系问题。下面通过实例就其矢量方程的建立和求解逐一进行讨论。

一、同一构件上两点间的速度、加速度关系

【例 3-4】 如图 3-7a 所示的六杆机构，已知各构件尺寸，原动件 1 的角速度为 ω_1、角加速度为 α_1。求图示位置时，构件 2 的角速度 ω_2、角加速度 α_2 及构件 2 上 C 点、D 点的速度 v_C、v_{D_2} 和加速度 a_C、a_{D_2}。

解： 首先根据机构的尺寸及位置作机构位置图。

1. 速度分析

构件 2 上 C 点相对于 B 点的速度矢量方程为

$$v_C = v_B + v_{CB} \tag{3-2}$$

方向：$/\!/xx \qquad \perp AB \qquad \perp BC$

大小：$? \qquad l_{AB}\omega_1 \qquad ?$

在式（3-2）中，除了 v_{CB}、v_C 的大小未知外，其余均已知。当矢量方程式中只有两个未知量，可以作图求解。具体作图过程如下。

如图 3-7b 所示，任选一点 p 作为速度极点，它是所有绝对速度为零的点。选定速度比例尺 μ_v，按式（3-2）先作有向线段 $\overrightarrow{pb}$ 代表 v_B，然后过 b 作 v_{CB} 的方向线，再过 p 作 v_C 的方向线，得交点 c。则图中，$\overrightarrow{pc}$ 代表 v_C，$\overrightarrow{bc}$ 代表 v_{CB}，得

$$v_C = \overline{pc}\,\mu_v, \quad \omega_2 = \frac{v_{CB}}{l_{BC}} = \frac{\overline{bc}\,\mu_v}{l_{BC}} \quad （逆时针）$$

为了求 D 点的速度，可以列出 D 点与 B 点、D 点与 C 点之间的速度关系，即

$$v_D = v_B + v_{DB} = v_C + v_{DC}$$

过点 b 作 v_{DB} 的方向线 $\overrightarrow{bd}$，过点 c 作 v_{DC} 的方向线 $\overrightarrow{cd}$，两者的交点即为 d_2，则 $\overrightarrow{pd_2}$ 即代表构件 2 上 D 点的速度 v_{D_2}。

$$v_{D_2} = \overline{pd_2}\,\mu_v$$

由图可见速度多边形中 $\triangle bcd_2$ 与位置多边形中 $\triangle BCD$ 的对应边分别垂直，所以 $\triangle bcd_2 \backsim \triangle BCD$，且其字母的绕行顺序方向一致，我们把速度图形 bcd_2 称为位置图形 BCD 的速度影像。

2. 加速度分析

C 点相对于 B 点的加速度矢量方程为

$$a_C = a_B + a_{CB} = a_B^n + a_B^t + a_{CB}^n + a_{CB}^t \tag{3-3}$$

方向：$/\!/xx \qquad B{\to}A \quad \perp AB \quad C{\to}B \quad \perp BC$

大小：$? \qquad l_{AB}\omega_1^2 \quad l_{AB}\alpha_1 \quad l_{CB}\omega_2^2 \quad ?$

在式（3-3）中，只有两个未知量，可以作加速度图求解，作图过程如下。

如图 3-7c 所示，任选一点作为加速度极点 p'，它代表所有加速度为零的点，选定加速度比例尺 μ_a，先作有向线段 $\overrightarrow{p'n_1'}$ 代表 a_B^n，过 n_1' 作 $\overrightarrow{n_1'b'}$ 代表 a_B^t，过 b' 作 $\overrightarrow{b'n_2'}$ 代表 a_{CB}^n，过 n_2' 作 a_{CB}^t 的方向线。过 p' 作 a_C 的方向线，得交点 c'。则图中，$\overrightarrow{p'c'}$ 代表 a_C，$\overrightarrow{n_2'c'}$ 代表 a_{CB}^t，得 $a_C =$

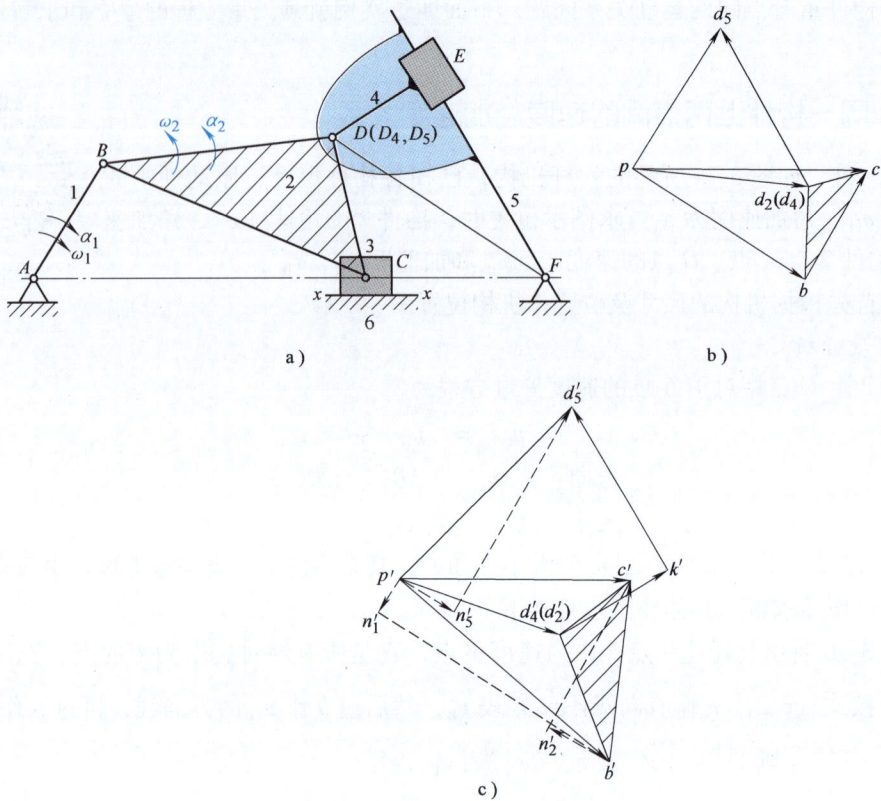

图 3-7 六杆机构运动分析的矢量方程图解法
a）机构位置图 b）速度多边形 c）加速度多边形

$\overline{p'c'}\mu_a$，$\alpha_2 = \dfrac{a_{CB}^t}{l_{BC}} = \dfrac{\overline{n_2'c'}\mu_a}{l_{BC}}$，将代表 a_{CB}^t 的矢量 $\overrightarrow{n_2'c'}$ 平移到位置图上的 C 点，得 α_2 为逆时针方向。

同样，作 $\triangle b'c'd_2' \backsim \triangle BCD$，且字母的绕行顺序方向一致，得 d_2' 点。这里的图形 $b'c'd_2'$ 称为位置图形 BCD 的加速度影像。图中，$\overrightarrow{p'd_2'}$ 代表 a_{D_2}，$a_{D_2} = \overline{p'd_2'}\mu_a$。

小结：

1）p——速度极点（速度为零的点），p'——加速度极点（加速度为零的点）。

2）p 指向任意一个小写字母的矢量表示该点的绝对速度，如 $p \rightarrow b$ 代表 v_B；p' 指向任意一个带 "'" 的小写字母的矢量，表示该点的绝对加速度，如 $p' \rightarrow b'$ 代表 a_B。

3）连接 p 以外任意两点的矢量代表这两点的相对速度，如 $b \rightarrow c$ 代表 v_{CB}；连接除 p' 外任意两个带 "'" 点的矢量代表这两点的相对加速度，且指向与下角标相反。如 $b' \rightarrow c'$ 代表 a_{CB}。

4）影像原理：同一构件上各点的位置多边形相似于这些点的速度多边形和加速度多边形，而且字母绕行的方向一致。当已知构件上两点的速度、加速度时，则该构件上其他任一点的速度、加速度便可直接利用影像原理求出，而不需再列矢量方程式求解。

5）为清楚起见，加速度多边形中，各加速度的分量用虚线表示。

二、组成移动副的两构件重合点间的速度、加速度关系

【例 3-5】 求图 3-7a 所示六杆机构中构件 5 的角速度 ω_5 和角加速度 α_5。

解： 如本例，构件 4、5 组成移动副，并且导路是运动的情况，就存在组成移动副的两构件重合点间的关系问题。选择 D 点作为构件 4 和构件 5 的重合点。

1. 速度分析

根据运动合成原理，D_5 点的运动可以看作随构件 4 上 D 点的牵连运动和 D_5 点相对于 D_4 点的相对运动的合成。构件 2 和构件 4 在 D 点组成转动副，所以 $\boldsymbol{v}_{D_4} = \boldsymbol{v}_{D_2}$，$\boldsymbol{a}_{D_4} = \boldsymbol{a}_{D_2}$。$D_5$ 点相对 D_4 的速度矢量方程为

$$\boldsymbol{v}_{D_5} \quad = \quad \boldsymbol{v}_{D_4} \quad + \quad \boldsymbol{v}_{D_5 D_4} \qquad (3\text{-}4)$$

$$\text{方向：} \perp DF \qquad p \rightarrow d_2 \qquad /\!/ EF$$

$$\text{大小：} \quad ? \qquad \overline{pd_2}\mu_\mathrm{v} \qquad ?$$

在 **【例 3-4】** 的图 3-7b 中，过点 $d_2(d_4)$ 作 $\boldsymbol{v}_{D_5 D_4}$ 的方向线，过 p 点作 $\boldsymbol{v}_{D_5}$ 的方向线，两者的交点即为 d_5，所以 $\omega_5 = \dfrac{v_{D_5}}{l_{DF}} = \dfrac{\overline{pd_5}\mu_\mathrm{v}}{l_{DF}}$，将 $\boldsymbol{v}_{D_5}$ 对应的矢量 $\overrightarrow{pd_5}$ 平移到位置图上的 D_5 点，得 ω_5 为顺时针方向。因构件 4 和构件 5 组成移动副，故 $\omega_5 = \omega_4$。

2. 加速度分析

D_5 相对于 D_4 的加速度矢量方程为

$$\boldsymbol{a}_{D_5} = \boldsymbol{a}_{D_5}^n + \boldsymbol{a}_{D_5}^t = \boldsymbol{a}_{D_4} + \boldsymbol{a}_{D_5 D_4}^k + \boldsymbol{a}_{D_5 D_4}^r \qquad (3\text{-}5)$$

$$\text{方向：} \quad D \rightarrow F \quad \perp DF \quad p' \rightarrow d_2' \quad \text{将 } \boldsymbol{v}_{D_5 D_4} \text{沿} \omega_5 \text{转} 90° \quad /\!/ EF$$

$$\text{大小：} \quad l_{DF}\omega_5^2 \quad ? \quad \overline{p'd_2'}\mu_\mathrm{a} \quad 2\omega_5 v_{D_5 D_4} \quad ?$$

式（3-5）中，$\boldsymbol{a}_{D_5 D_4}^k$ 为 D_5 相对于 D_4 的哥氏加速度，其大小为 $2\omega_5 v_{D_5 D_4}$，方向为将相对速度 $\boldsymbol{v}_{D_5 D_4}$ 的方向沿牵连角速度 ω_5 方向转 $90°$，即垂直 EF 向上。

在 **【例 3-4】** 的图 3-7c 中，过点 d_2' 作 $d_2'k'$ 代表 $\boldsymbol{a}_{D_5 D_4}^k$，过点 k' 作 $\boldsymbol{a}_{D_5 D_4}^r$ 的方向线；再过点 p' 作 $\overrightarrow{p'n_5'}$ 代表 $\boldsymbol{a}_{D_5}^n$，过点 n_5' 作 $\boldsymbol{a}_{D_5}^t$ 的方向线，两者的交点即为 d_5'。故

$$\alpha_5 = \frac{a_{D_5}^t}{l_{DF}} = \frac{\overline{n_5'd_5'}\mu_\mathrm{a}}{l_{DF}}$$

将代表 $\boldsymbol{a}_{D_5}^t$ 的矢量 $\overrightarrow{n_5'd_5'}$ 平移到位置图上的 D_5 点，得 α_5 为顺时针方向。

需要说明的是，可将杆件扩大到平面内任一点，作为构件 4 和构件 5 的重合点，但选择未知量最少的点求解最方便。如本例中选择 D 点建立速度、加速度矢量方程式，都只有两个未知量，可直接求解。若以 E 点为重合点，其速度、加速度矢量方程中未知量多于两个，无法直接求解。

当机构复杂时，若将瞬心法和矢量方程图解法相结合可使问题简化。例如，当某点的绝对速度大小、方向均未知，总未知量多于两个，无法作速度多边形求解时，可先用

瞬心法找到该点所在构件的绝对瞬心，从而就知道了该点的绝对速度方向，进而可以求解。

> **差之毫厘，谬以千里** 在绘制速度、加速度多边形时，各个矢量均用有向线段表示。若绘制矢量的大小或方向稍有误差，可能会导致所求构件的（角）速度、（角）加速度的大小发生很大变化，甚至可能导致其方向错误，差之毫厘，谬以千里，所以一定要仔细、认真地绘制每一条线。

> **耐心恒心** 作图过程非常繁杂，需要计算出各矢量的大小，再按照矢量方向"一笔一笔"画下去。无论做任何事情，一定要有耐心、有恒心、有信心、有勇气。路虽远，行则将至；事虽难，做则必成；山再高，攀能到顶！过程或许艰辛，胜利一定属于不畏艰辛、勇于攀登的人！

> **思考与交流** 图 3-8a、b 所示机构的作图比例尺均为 $\mu_L = 1mm/mm$，原动件 1 等速转动，$\omega_1 = 10rad/s$。图 3-8a 中，A、B、C 共线，且 $AC \perp CD$；图 3-8b 中，$AB \perp BC$。试用矢量方程图解法分别对两机构进行运动分析，求图示位置时构件 2、3 的角速度 ω_2、ω_3 和角加速度 α_2、α_3。

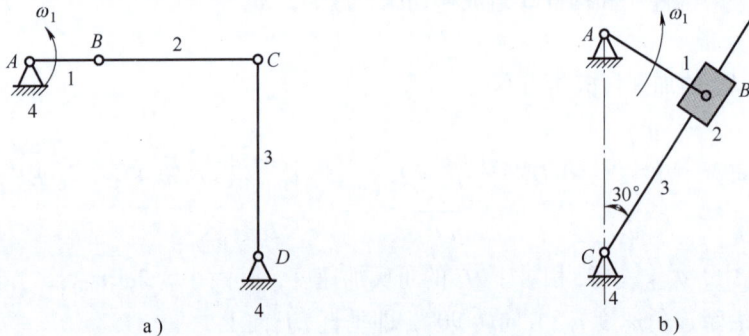

图 3-8 极限位置机构的运动分析

> 提醒：机构处于极限位置时，因有些参数为零，故机构的速度多边形、加速度多边形一般很简单，但却不容易画对，此时对概念理解的要求更高。

第四节 平面机构运动分析的复数矢量法

视频讲解

采用复数矢量法进行运动分析的关键是建立机构运动的位置表达式。对位置表达式分别求时间的一阶和二阶导数，即可得到速度、加速度表达式。通过这些表达式，求解得到位移、速度、加速度。

要建立机构运动的位置表达式，首先要建立直角坐标系：一般将原动件的转动中心作为坐标系原点，机架作为 x 轴。把各构件看成矢量，整个机构形成一个封闭矢量环，即所有矢

量之和为零。

本节以常见的低副机构为例，介绍用复数矢量法对机构进行运动分析的方法。

一、铰链四杆机构的运动分析

在图 3-9 所示的铰链四杆机构 ABCD 中，已知各杆长度分别为 l_1、l_2、l_3、l_4，BM 之间的距离为 L，BM 与 BC 的夹角为 θ。原动件 1 以角速度 ω_1 匀速转动，当原动件位置角为 φ_1 时，求连杆 2 和摇杆 3 的角位移 φ_2、φ_3，角速度 ω_2、ω_3 和角加速度 α_2、α_3，连杆 2 上 M 点的速度 v_M 和加速度 a_M。

1. 位置分析

首先建立直角坐标系，如图 3-9 所示。将各构件以矢量的形式表达出来，构成一个封闭的矢量图形。建立该机构的封闭矢量方程。用复数形式表达为

$$l_1 e^{i\varphi_1} + l_2 e^{i\varphi_2} = l_3 e^{i\varphi_3} + l_4 \tag{3-6}$$

因 $e^{ix} = \cos x + i\sin x$，将上式按欧拉公式展开，并令实部和虚部分别相等，得

$$\begin{cases} l_1\cos\varphi_1 + l_2\cos\varphi_2 = l_3\cos\varphi_3 + l_4 \\ l_1\sin\varphi_1 + l_2\sin\varphi_2 = l_3\sin\varphi_3 \end{cases} \tag{3-7}$$

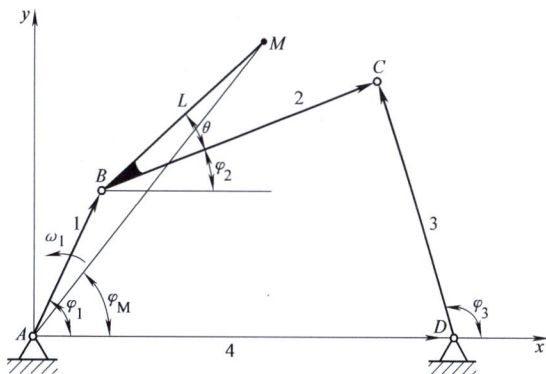

图 3-9　铰链四杆机构运动分析的复数矢量法

式中，φ_1、φ_2、φ_3 分别为三个活动件 1、2、3 与 x 轴正向的位置角，规定逆时针方向为正。式（3-7）中 φ_1 已知，φ_2、φ_3 未知。消去 φ_2，可求 φ_3。

为此，将含 φ_1 的项移到等式右边，两端二次方后再相加，得

$$E\cos\varphi_3 + F\sin\varphi_3 + G = 0 \tag{3-8}$$

式中，$E = l_4 - l_1\cos\varphi_1$，$F = -l_1\sin\varphi_1$，$G = \dfrac{E^2 + F^2 + l_3^2 - l_2^3}{2l_3}$。

因为 $\sin\varphi_3 = \dfrac{2\tan\dfrac{\varphi_3}{2}}{\tan^2\dfrac{\varphi_3}{2} + 1}$，$\cos\varphi_3 = \dfrac{1 - \tan^2\dfrac{\varphi_3}{2}}{\tan^2\dfrac{\varphi_3}{2} + 1}$，代入式（3-8）得到关于 $\tan\dfrac{\varphi_3}{2}$ 的一元二次方

程，解得

$$\varphi_3 = 2\arctan\frac{F \pm \sqrt{E^2 + F^2 - G^2}}{E - G} \tag{3-9}$$

式中，若图 3-9 中 BCD 绕行方向为顺时针时取"+"号，反之取"-"号。

同理，将式（3-7）消去 φ_3，得构件 2 的角位移为

$$\varphi_2 = \arctan\frac{l_3\sin\varphi_3 - l_1\sin\varphi_1}{l_3\cos\varphi_3 + l_4 - l_1\cos\varphi_1} \tag{3-10}$$

2. 速度分析

将式（3-6）对时间求导，得

$$l_1\dot{\varphi}_1 i e^{i\varphi_1} + l_2\dot{\varphi}_2 i e^{i\varphi_2} = l_3\dot{\varphi}_3 i e^{i\varphi_3} \tag{3-11}$$

两边同时乘以 $e^{-i\varphi_2}$，按欧拉公式展开，并取实部相等，得到

$$\omega_3=\dot{\varphi}_3=\omega_1\frac{l_1\sin(\varphi_1-\varphi_2)}{l_3\sin(\varphi_3-\varphi_2)} \tag{3-12}$$

同样方法可得到

$$\omega_2=\dot{\varphi}_2=-\omega_1\frac{l_1\sin(\varphi_1-\varphi_3)}{l_2\sin(\varphi_2-\varphi_3)} \tag{3-13}$$

3. 加速度分析

将式（3-11）对时间求导，得

$$-l_1\dot{\varphi}_1^2 e^{i\varphi_1}+il_2\ddot{\varphi}_2 e^{i\varphi_2}-l_2\dot{\varphi}_2^2 e^{i\varphi_2}=il_3\ddot{\varphi}_3 e^{i\varphi_3}-l_3\dot{\varphi}_3^2 e^{i\varphi_3}$$

两边同时乘以 $e^{-i\varphi_2}$，按欧拉公式展开，并取实部相等，得到

$$\alpha_3=\ddot{\varphi}_3=\frac{l_2\omega_2^2+l_1\omega_1^2\cos(\varphi_1-\varphi_2)-l_3\omega_3^2\cos(\varphi_3-\varphi_2)}{l_3\sin(\varphi_3-\varphi_2)} \tag{3-14}$$

同理，可得

$$\alpha_2=\ddot{\varphi}_2=\frac{l_3\omega_3^2-l_1\omega_1^2\cos(\varphi_1-\varphi_3)-l_2\omega_2^2\cos(\varphi_2-\varphi_3)}{l_2\sin(\varphi_2-\varphi_3)} \tag{3-15}$$

4. 连杆上点 M 的运动分析

连杆机构通常靠连杆上某点的轨迹或位置满足某种现场需求，所以往往需要求出连杆上点的位移、速度和加速度。

M 点的矢量半径用 r 表示，则 M 点的位置复数矢量方程为

$$r e^{i\varphi_M}=l_1 e^{i\varphi_1}+L e^{i(\varphi_2+\theta)} \tag{3-16}$$

可得 M 点的位置为

$$\begin{cases} r=\sqrt{r_x^2+r_y^2}=\sqrt{l_1^2+L^2+2l_1L\cos(\varphi_1-\varphi_2-\theta)} \\ \tan\varphi_M=\dfrac{r_y}{r_x}=\dfrac{l_1\sin\varphi_1+L\sin(\varphi_2+\theta)}{l_1\cos\varphi_1+L\cos(\varphi_2+\theta)} \end{cases} \tag{3-17}$$

将式（3-16）对时间求导，得点 M 的速度为

$$v_M=l_1\omega_1 e^{i\left(\varphi_1+\frac{\pi}{2}\right)}+L\omega_2 e^{i\left(\varphi_2+\theta+\frac{\pi}{2}\right)}=v_B+v_{MB} \tag{3-18}$$

将式（3-18）对时间求导，得点 M 的加速度为

$$a_M=l_1\omega_1^2 e^{i(\varphi_1+\pi)}+L\omega_2^2 e^{i(\varphi_2+\theta+\pi)}+L\alpha_2 e^{i\left(\varphi_2+\theta+\frac{\pi}{2}\right)}=a_B+a_{MB}^n+a_{MB}^t \tag{3-19}$$

二、曲柄滑块机构的运动分析

如图 3-10 所示的曲柄滑块机构，已知：曲柄长度 l_1、位置角 φ_1、等角速度 ω_1、连杆长度 l_2，求连杆 2 的角位移 φ_2、角速度 ω_2、角加速度 α_2 及滑块 3 的位置坐标 x_C、速度 v_C、加速度 a_C。

1. 位置分析

建立直角坐标系如图 3-10 所示，位置复

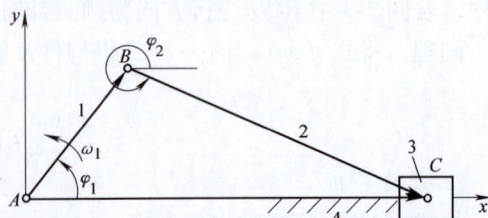

图 3-10 曲柄滑块机构运动分析的复数矢量法

数矢量方程式为

$$l_1 e^{i\varphi_1} + l_2 e^{i\varphi_2} = x_C \tag{3-20}$$

取实部和虚部相等，得

$$\begin{cases} l_1\cos\varphi_1 + l_2\cos\varphi_2 = x_C \\ l_1\sin\varphi_1 + l_2\sin\varphi_2 = 0 \end{cases} \tag{3-21}$$

解得连杆的位置角和滑块的位置坐标为

$$\varphi_2 = \arcsin\frac{-l_1\sin\varphi_1}{l_2} \tag{3-22}$$

$$x_C = l_1\cos\varphi_1 + l_2\cos\varphi_2 \tag{3-23}$$

2. 速度分析

将式（3-20）对时间求导，得

$$v_C = l_1\omega_1 e^{i\left(\varphi_1+\frac{\pi}{2}\right)} + l_2\omega_2 e^{i\left(\varphi_2+\frac{\pi}{2}\right)} \tag{3-24}$$

将式（3-21）的第二式对时间求导，得

$$\omega_2 = \dot{\varphi}_2 = \frac{-l_1\omega_1\cos\varphi_1}{l_2\cos\varphi_2} \tag{3-25}$$

3. 加速度分析

将式（3-24）对时间求导，得

$$a_C = -l_1\omega_1^2 e^{i\varphi_1} + l_2\alpha_2 i e^{i\varphi_2} - l_2\omega_2^2 e^{i\varphi_2} \tag{3-26}$$

上式两边分别乘以 $e^{-i\varphi_2}$，取实部和虚部分别相等，得

$$a_C = \frac{-l_1\omega_1^2\cos(\varphi_1-\varphi_2) - l_2\omega_2^2}{\cos\varphi_2} \tag{3-27}$$

$$\alpha_2 = \ddot{\varphi}_2 = \frac{l_1\omega_1^2\sin\varphi_1 + l_2\omega_2^2\sin\varphi_2}{l_2\cos\varphi_2} \tag{3-28}$$

【例 3-6】 如图 3-11a 所示正切机构中，已知 h，导杆 1 为原动件，其角速度为 ω_1，当导杆与机架的夹角 $\varphi_1 = \omega_1 t$ 时，试分别用图解法和解析法求杆 3 的速度 v_3、加速度 a_3。

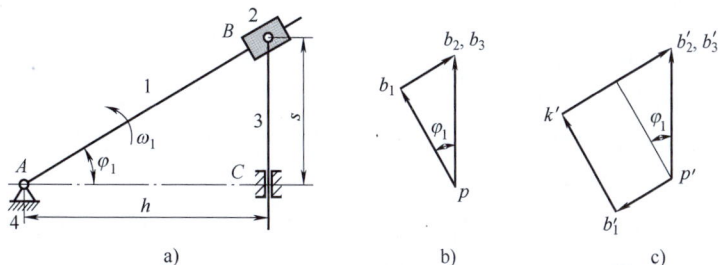

图 3-11　正切机构的运动分析
a）正切机构　b）速度多边形　c）加速度多边形

解法一：图解法

导杆 1 与滑块 2 组成移动副，且导杆 1 转动，故属于组成移动副的两构件重合点间的关系，选择 B 点作为构件 1、2 的重合点，进行机构的运动分析。

1. 速度分析

$$v_{B_3} = v_{B_2} = v_{B_1} + v_{B_2B_1}$$

方向　　　铅垂　　$\perp AB$　　$/\!/ AB$

大小　　　?　　$l_{AB}\omega_1$　　?

作速度多边形，如图 3-11b 所示，可求得杆 3 的速度 $v_3 = \overline{pb_3}\mu_v$

2. 加速度分析

$$a_{B_3} = a_{B_2} = a_{B_1} + a^k_{B_2B_1} + a^r_{B_2B_1}$$

方向：　　　铅垂　$B\to A$　$\perp AB$　$/\!/ AB$

大小：　　　?　　$l_{AB}\omega_1^2$　$2\omega_1 v_{B_2B_1}$　?

作加速度多边形，如图 3-11c 所示，可求得杆 3 的加速度 $a_3 = \overline{p'b_3'}\mu_a$

解法二：解析法

由图 3-11a 得构件 3 的位移 s 为

$$s = h\tan\varphi_1$$

将位移 s 对时间求导，得构件 3 的速度 v_3 为

$$v_3 = \frac{\mathrm{d}s}{\mathrm{d}t} = \frac{\mathrm{d}(h\tan\varphi_1)}{\mathrm{d}t} = \frac{h\omega_1}{\cos^2\varphi_1} \tag{3-29}$$

将速度 v_3 对时间求导，得构件 3 的加速度 a_3 为

$$a_3 = \frac{\mathrm{d}^2 s}{\mathrm{d}t^2} = \frac{\mathrm{d}v_3}{\mathrm{d}t} = \frac{\mathrm{d}(h\omega_1/\cos^2\varphi_1)}{\mathrm{d}t} = \frac{2h\omega_1^2\sin\varphi_1}{\cos^3\varphi_1} \tag{3-30}$$

分析解析法求得的速度、加速度表达式（3-29）和式（3-30），是否有其实际含义呢？能否借助于图解法的速度多边形（图 3-11b）、加速度多边形（图 3-11c）间的向量关系来解释呢？将式（3-29）变换为

$$v_3 = \frac{h\omega_1}{\cos\varphi_1} \cdot \frac{1}{\cos\varphi_1} = \frac{v_{B_1}}{\cos\varphi_1} \tag{3-31}$$

将式（3-29）变换为

$$a_3 = \frac{2h\omega_1^2\sin\varphi_1}{\cos^3\varphi_1} = \frac{2\omega_1}{\cos\varphi_1}\frac{h\omega_1}{\cos\varphi_1}\tan\varphi_1 = \frac{2\omega_1}{\cos\varphi_1}(v_{B_1}\tan\varphi_1) = \frac{2\omega_1 v_{B_2B_1}}{\cos\varphi_1} = \frac{a^k_{B_2B_1}}{\cos\varphi_1} \tag{3-32}$$

式（3-31）、式（3-32）恰好是图解法中速度多边形（图 3-11b）、加速度多边形（图 3-11c）中的速度 v_3、加速度 a_3 的结果。

本例采用图解法和解析法分别对杆 3 进行了速度分析和加速度分析，经分析比较，两种方法得到了完全相同的数学表达式，即所谓殊途同归。图解法给解析法的表达式赋予了实际的物理意义，二者互相得到了印证。

感悟 在日常学习和从事研究的过程中，既要有严谨的态度，又要有敢想、敢干和敢闯的精神，要积极思考，深入分析，认真总结，大胆质疑，敢于采用不同方法、沿不同途径进行科学的尝试。思考不殆，探究不止，坚持不懈，相信你会成功！

本章知识框架图

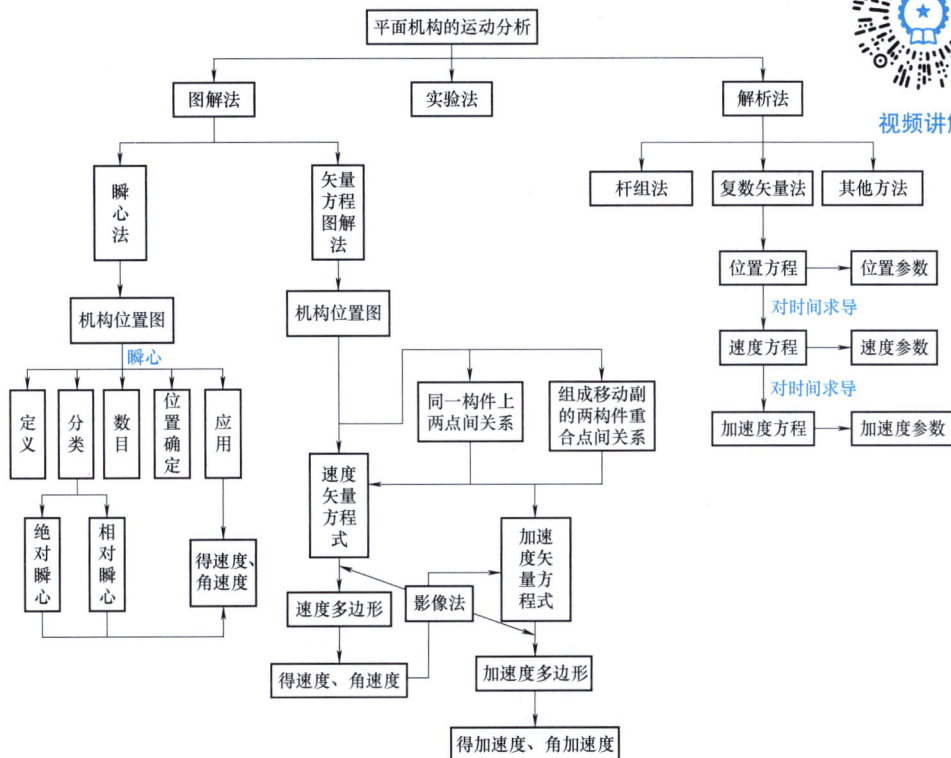

视频讲解

本章测试

思 考 题

3-1　解释下列名词：速度瞬心，绝对瞬心，相对瞬心，三心定理，影像原理。

3-2　如何绘制速度多边形和加速度多边形？什么情况下可以利用速度和加速度影像原理求构件上某点的速度和加速度？

3-3　什么情况下会出现哥氏加速度？其大小和方向如何确定？

3-4　有哪些方法可以对机构进行运动分析，简述各自的特点和应用。

3-5　如何利用速度瞬心求未知的速度或角速度？

习 题

3-1　求图 3-12 中各机构在图示位置时的全部瞬心。

a)   b)   c)   d)

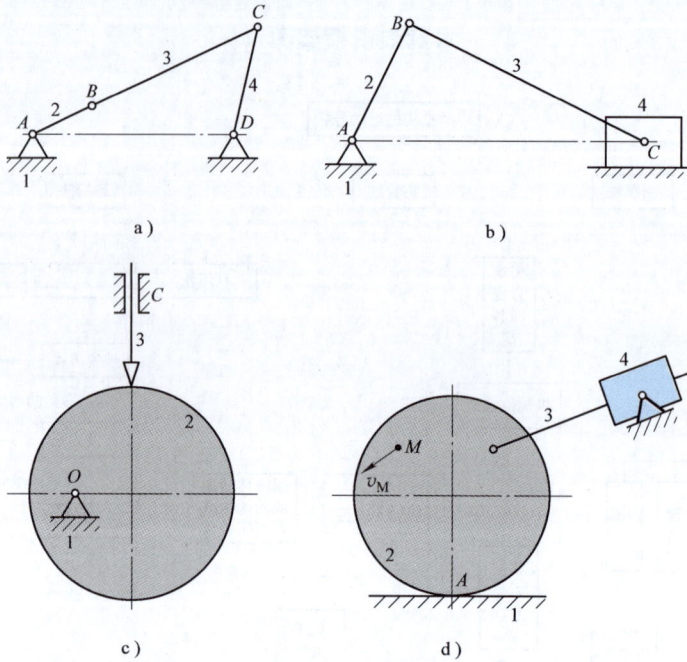

图 3-12   习题 3-1 图

3-2   在图 3-13 所示四杆机构中，$l_1 = 65\text{mm}$，$l_2 = l_4 = 125\text{mm}$，$l_3 = 90\text{mm}$，构件 1 以等角速度 $\omega_1 = 10\text{rad/s}$ 顺时针转动，$\varphi_1 = 150°$。

1）试用瞬心法求 C 点的速度 v_C 的大小和方向。

2）说明连杆 BC 上速度为零的点 E 的位置。

3）画出 BC 线上或其延长线上速度最小的点 F 的位置，求出点 F 的速度 v_F。

3-3   图 3-14 所示为一导杆机构的机构运动简图，$\angle CDE = 90°$，作图比例尺 $\mu_L = 0.5\text{mm/mm}$，在图上标出全部瞬心，并求出当构件 1 以 $\omega_1 = 6\text{rad/s}$ 匀速顺时针转动时，导杆 3 的角速度 ω_3 的大小和方向。

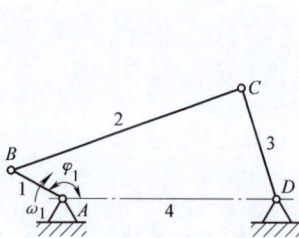

图 3-13   习题 3-2 图

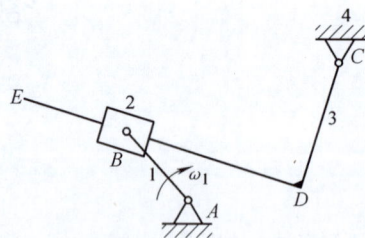

图 3-14   习题 3-3 图

3-4   如图 3-15 所示平底从动件盘形凸轮机构，凸轮等速转动，角速度 $\omega = 10\text{rad/s}$，$l_{AO} = 12\text{mm}$，$e = 10\text{mm}$，$R = 30\text{mm}$，求图示位置从动件的速度 v。

3-5   在图 3-16 所示的齿轮连杆组合机构中，已知各构件的几何尺寸，求出全部瞬心，并用瞬心法求机构在图示位置时的 ω_3 / ω_1。

3-6   已知图 3-17 所示各机构的几何尺寸，各图的比例尺均为 $\mu_L = 1\text{mm/mm}$，原动件角速度 $\omega_1 = 20\text{rad/s}$。

1）三种机构图示位置中是否存在哥氏加速度 $a_{B_3B_2}^k$？

2）在什么情况下哥氏加速度为零？作出图 3-17a、图 3-17b 中哥氏加速度为零的各机构位置。

3）作出各机构在图示位置的速度和加速度多边形。

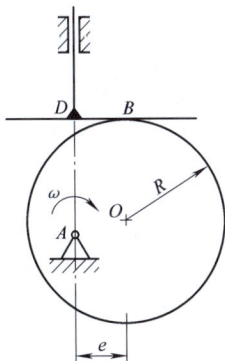

图 3-15　习题 3-4 图

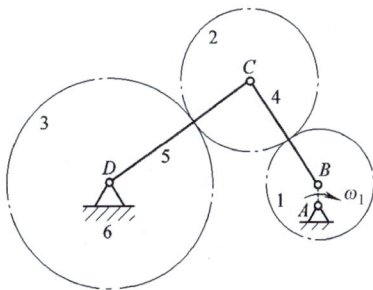

图 3-16　习题 3-5 图

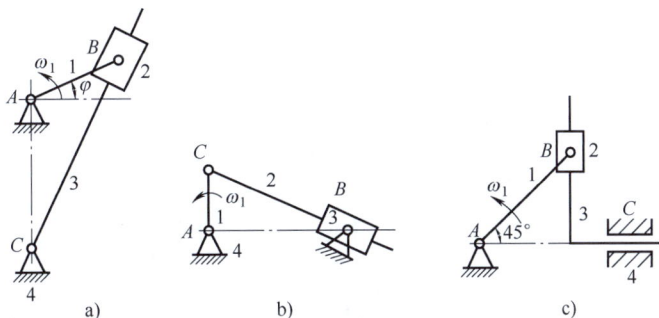

图 3-17　习题 3-6 图

3-7　如图 3-18 所示机构中，已知 $l_{AC}=56\text{mm}$，$l_{AB}=82\text{mm}$，原动件 1 等速转动，$\omega_1=10\text{rad/s}$，求构件 3 的角速度 ω_3 和角加速度 α_3。

3-8　在图 3-19 所示机构中，设已知各构件的尺寸及构件 1 的角速度 ω_1，求 F 点的速度 v_F 和加速度 a_F。

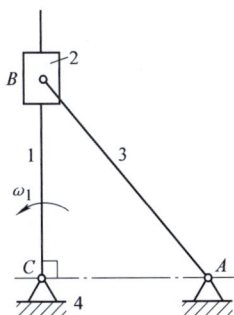

图 3-18　习题 3-7 图

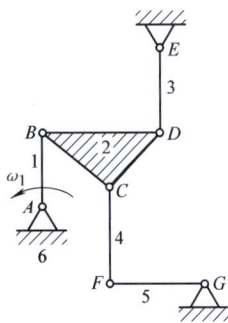

图 3-19　习题 3-8 图

3-9　在图 3-20 所示机构中，已知原动件 1 以等角速度 $\omega_1=10\text{rad/s}$ 逆时针转动，$l_{AB}=60\text{mm}$，$l_{BC}=120\text{mm}$，$x_D=65\text{mm}$。求当 $\varphi=60°$ 时，构件 5 的速度 v_5 和加速度 a_5。

3-10　在图 3-21 中，已知机构各构件的几何尺寸，$AB\perp BC$，构件 1、4 分别以等角速度 ω_1 和 ω_4 转动，求图示位置构件 3 的角速度 ω_3、角加速度 α_3 和构件 3 上 E 点的速度 v_E 和加速度 a_E。

3-11　如图 3-22 所示偏置曲柄滑块机构，已知构件尺寸 l_1、l_2、e，原动件 1 的角位移 φ_1，角速度 ω_1 及角加速度 α_1。试用解析法求滑块 3 的位移 s、速度 v 和加速度 a。

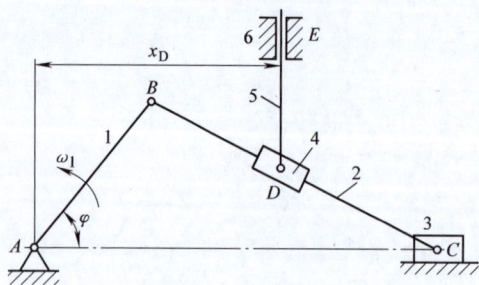

图 3-20 习题 3-9 图

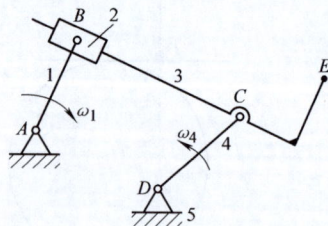

图 3-21 习题 3-10 图

3-12 在习题 3-3 中，用解析法借助编程求在原动件 AB 转动一周，即 $\varphi \in (0°, 360°)$ 时，导杆 3 的角位移 φ_3、角速度 ω_3 及角加速度 α_3，并分别绘制它们与曲柄转角 φ 之间的关系曲线。建议取 φ 的步长为 5°。

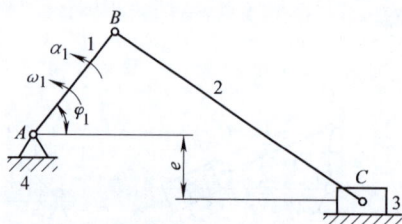

图 3-22 习题 3-11 图

第四章

平面机构的力分析、效率和自锁

本章要点：转动副、移动副中的总反力；考虑摩擦的静力分析及不考虑摩擦的动态静力分析，机械的效率，自锁现象，自锁条件的确定方法。

第一节 概　述

作用在机械上的力不仅影响机械的运动和动力性能，而且也是决定构件尺寸和结构形状、原动机选型计算的重要依据。因此，无论是设计新机械，还是合理使用现有机械，都必须对机械进行受力分析。

一、作用在机械上的力

作用在机械上的力有多种，如重力、惯性力、运动副反力等，根据力对机械运动的影响，分为两类：

（1）驱动力　驱动力是驱使机械运动的力，其方向与力作用点的速度方向相同或成锐角，它做的功为正功，称为输入功或驱动功 W_d。

（2）阻抗力　阻抗力是阻止机械运动的力，其方向与力作用点的速度方向相反或成钝角，它做的功为负功，称为阻抗功。

阻抗力分为有效阻力（工作阻力）和有害阻力。如机床中工件作用于刀具上的切削力、起重机吊起重物时的重力等都是有效阻力，机械克服有效阻力就完成了有效的工作，克服有效阻力所做的功称为输出功 W_r。而有害阻力是机械在运转过程中受到的非生产阻力，如摩擦力、介质阻力常为有害阻力。克服有害阻力做的功是一种能量的无谓消耗，称为损耗功 W_f。

重力作用于构件的重心上，当重心上升时，为阻抗力；当重心下降时，则为驱动力。一个运动循环中，重力做功为零。

构件做变速运动时产生惯性力，惯性力作用于构件质心上，它与质心加速度的方向相反。一个运动循环中，惯性力做功为零。

二、构件中的惯性力、惯性力矩

平面机构中，构件有三种运动形式：往复移动、绕定轴转动和平面复合运动。现分别介绍其惯性力（惯性力矩）的大小和方向。

1. 往复移动的构件

若构件的质量为 m，加速度为 a，则惯性力 $F_I = -ma$，如图 4-1a 所示。

2. 绕定轴转动的构件

若构件的质心在 S 点，质心的加速度为 a，质量为 m，构件绕质心的转动惯量为 J_S，构件的角加速度为 α，则

1）当质心 S 与回转轴线重合时（图 4-1b），$a_S = 0$，则惯性力 $F_I = 0$，惯性力矩 $M_I = -J_S\alpha$。

2）若质心 S 不与回转轴线重合（图 4-1c），则质心 S 处的惯性力 $F_I = -ma_S$，构件上惯性力矩 $M_I = -J_S\alpha$。

通常将上述惯性力 F_I 和惯性力矩 M_I 合成一个总的惯性力 F_I'，F_I' 的大小等于 F_I，F_I' 偏移 F_I 的距离为 h，偏移应保证 F_I' 对质心点之矩的方向与 M_I 的方向相同，且 $h = M_I/F_I$。

3. 做平面复合运动的构件

如图 4-1d 所示，构件做平面复合运动，质心 S 点的加速度为 a_S，角加速度为 α，方向如图。则将所受惯性力 $F_I = -ma_S$ 和惯性力矩 $M_I = -J_S\alpha$ 合成后的总惯性力 F_I' 如图，F_I' 到质心 S 的距离 $h = M_I/F_I$，$F_I' = F_I$。

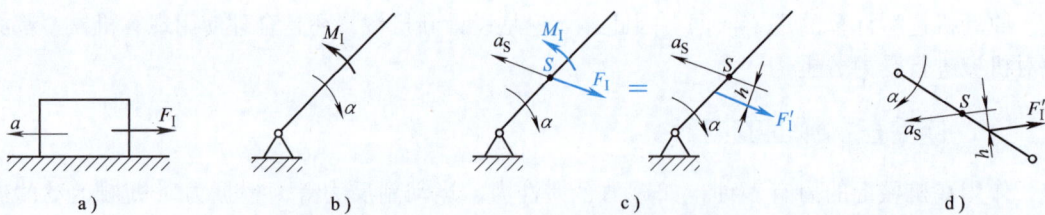

图 4-1 各种构件的惯性力、惯性力矩的确定

a）往复移动的构件　b）绕质心轴转动的构件　c）绕非质心轴转动的构件　d）做平面复合运动的构件

三、机构力分析的任务

（1）确定运动副中的总反力　运动副元素上的法向反力和摩擦力的合力称为运动副的总反力。运动副反力的大小和性质对于机构中零件强度的计算、机械效率的计算，以及运动副中摩擦和磨损的确定等都是关键的已知条件。

（2）确定机械上的平衡力（平衡力矩）　机械中的平衡力（平衡力矩）是指机械按给定的运动规律运动，所必须加于机械上的与已知外力、力矩相平衡的未知外力或力矩。若已

知生产阻力时，平衡力往往是原动力，据此可以计算所需原动机的功率；若已知原动力时，求出的平衡力为生产阻力，据此可以确定机械所能克服的生产载荷。

四、机构力分析的方法

按是否考虑惯性力，机构力分析分为静力分析和动态静力分析。

（1）静力分析 对于低速轻型机械，因惯性力（力矩）小，在力分析时往往忽略惯性力的影响，这种不考虑惯性力（力矩）的力分析称为静力分析。

（2）动态静力分析 对于高速重载的机械，因惯性力（力矩）大，不能忽略。将惯性力（力矩）按一般外力加于相应构件上，根据达朗伯原理，该机械系统处于平衡状态，仍可按静力分析的方法进行受力分析，这种考虑惯性力（力矩）的力分析称为动态静力分析。

按是否计入摩擦力，机构力分析又分为考虑摩擦的力分析和不考虑摩擦的力分析两种。一般轻载低速的机械可以不考虑摩擦进行力分析。

机构力分析的求解方法有图解法和解析法两种。

图解法是通过作图求得未知力，它直观、概念清晰，但求解精度不高。

解析法求解精度高，计算量大，借助计算机求解比较方便。解析法中常用矩阵法，它概念清楚，方程简单，且有现成的计算程序，可以直接应用求解。

此外，为简化计算，力分析时往往假定原动件做匀速运动。

第二节 运动副中的总反力

组成运动副的两构件间存在摩擦力。一般说来，运动副中的摩擦力是一种有害阻力，它不仅造成动力的浪费，从而降低机器效率，而且使运动副元素受到磨损，削弱零件的强度，缩短机器的寿命。同时，磨损改变了运动副表面的几何形状和表面质量，降低了机器的运转精度。因此，要设法减小摩擦。

但在日常生活和工程中，摩擦有时却发挥着不可或缺的有益作用。例如，带传动、机械的制动，以及钢材的轧制等都是利用摩擦的典型例子。在这些场合，要确保产生可靠的、足够大的摩擦力。

为了限制和利用摩擦，必须对运动副中的摩擦加以研究。

不考虑摩擦时，各种平面运动副的约束反力沿着接触面的公法线方向，也称为法向反力。考虑摩擦时，运动副的总反力为法向反力与摩擦力的合力，故本节首先研究平面移动副、螺旋副、转动副和高副中的摩擦力，进而确定各种运动副的总反力。

就单个运动副中的摩擦性质而言，转动副和移动副中只产生滑动摩擦；对于纯滚动的高副，只存在滚动摩擦，而滚动摩擦力在理论力学中已讲过；对于滚动兼滑动的高副，既产生滑动摩擦，也产生滚动摩擦，但滚动摩擦远远小于滑动摩擦，常常忽略不计。所以本节只研究滑动干摩擦。

一、移动副中的摩擦

1. 平面接触移动副中的摩擦

图 4-2a 所示为平面接触的移动副。已知滑块 1 所受铅垂载荷为 G（包括重力），水平驱

动力 F 使滑块 1 有向右的运动趋势，则平面 2 给滑块 1 一个法向反力 F_{N21}，同时给滑块一个与运动方向相反的摩擦力 $F_{f21}=fF_{N21}=fG$，两个力的合力即为 2 给 1 的总反力 F_{R21}。

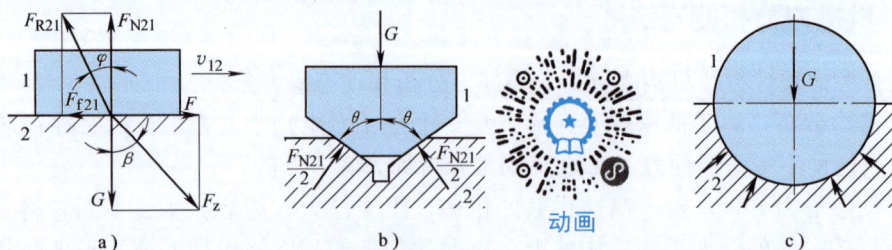

图 4-2 三种平面接触移动副中的摩擦力与总反力
a) 平面接触移动副 b) 槽面接触移动副 c) 圆柱面接触移动副

设总反力 F_{R21} 与 F_{N21} 之间的夹角为 φ。根据几何关系，有 $\tan\varphi=\dfrac{F_{f21}}{F_{N21}}=f$，即

$$\varphi=\arctan f \tag{4-1}$$

式中，f 为摩擦因数；φ 为摩擦角。

由图 4-2a 可知，移动副中的总反力 F_{R21} 与法向反力 F_{N21} 偏移一摩擦角 φ，偏移方向与 v_{12} 的方向相反，即与摩擦力 F_{f21} 的方向相同。也可以说，F_{R21} 的方向与 v_{12} 的方向成 $(90°+\varphi)$ 角。

2. 其他接触面移动副中的摩擦

两接触面间摩擦力的大小与接触面的几何形状有关。

如图 4-2b 所示，两构件沿一个楔形角为 2θ 的槽面接触组成移动副。滑块 1 所受的铅垂方向载荷仍为 G，由于结构对称，两侧面产生相等的法向反力和摩擦力。根据几何关系，$F_{N21}=\dfrac{G}{\sin\theta}$，则槽面 2 给滑块 1 的摩擦力为

$$F_{f21}=fF_{N21}=\dfrac{f}{\sin\theta}G \tag{4-2}$$

如图 4-2c 所示，两构件沿圆柱面接触组成移动副，其法向反力可以表达为 $F_{N21}=kG$，其中 k 为接触面情况系数。当两圆柱面为点、线接触时，$k\approx1$；当接触面为半个圆柱均匀接触时，$k=\pi/2$；其余情况下，k 介于上述两者之间。因此，圆柱面接触的移动副摩擦力为

$$F_{f21}=fkG \tag{4-3}$$

综上，移动副摩擦力表达式为

$$F_{f21}=f_v G \tag{4-4}$$

式中，f_v 为当量摩擦因数，平面接触时 $f_v=f$，槽面接触时 $f_v=\dfrac{f}{\sin\theta}$，圆柱面接触时 $f_v=kf$。与当量摩擦因数 f_v 对应的摩擦角称为当量摩擦角，用 φ_v 表示，即 $\varphi_v=\arctan f_v$。

结论：

1）无论相互接触的两元素的几何形状如何，移动副中所产生的滑动摩擦力均可写成

$F_{f21} = f_v G$ 的形式，只是不同接触表面，其当量摩擦因数 f_v 不同。

2）对于槽面摩擦，$f_v = \dfrac{f}{\sin\theta} > f$，即在其他条件相同的情况下，槽面摩擦力大于平面摩擦力。所以在需要增大摩擦时，可用槽面接触移动副，如 V 带传动比平带传动摩擦大、管螺纹比矩形螺纹摩擦大等。

现应用上述移动副中总反力的确定方法，研究沿斜面移动的滑块的受力。

【例 4-1】　如图 4-3 所示，滑块 1 置于一倾斜角为 α 的斜面 2 上，G 为作用在滑块 1 上的铅垂载荷（包括滑块自重），求：

1）滑块沿斜面等速上升（正行程）时水平向右的驱动力 F。

2）滑块沿斜面等速下滑（反行程）时水平向右的工作阻力 F'。

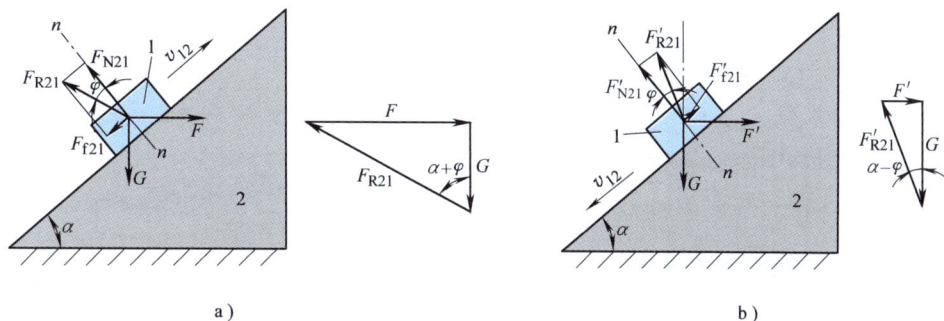

图 4-3　滑块沿斜面等速运动的受力分析
a）滑块等速上升　b）滑块等速下滑

解：

1）滑块沿斜面等速上升（正行程）。滑块受力如图 4-3a 所示，斜面 2 作用于滑块 1 上的总反力 F_{R21} 的方向与 v_{12} 方向间的夹角为（$90° + \varphi$），此时施加在滑块 1 上的水平力 F 为驱动力，根据力平衡条件，有

$$F_{R21} + \quad G \quad + \quad F = 0$$

$$\text{大小} \quad ? \quad \text{已知} \quad ?$$

$$\text{方向} \quad \text{如图} \quad \text{铅垂} \quad \text{水平}$$

画力多边形如图 4-3a 右图所示，故得所需的水平驱动力为

$$F = G\tan(\alpha + \varphi) \tag{4-5}$$

2）滑块沿斜面等速下滑（反行程）。反行程时，G 为驱动力，在 G 的作用下，滑块 1 会加速下滑，施加水平向右的工作阻力 F' 使滑块等速下滑。滑块受力如图 4-3b 所示，根据力的平衡条件，有

$$G + F' + F'_{R21} = 0$$

由图 4-3b 右图所示多边形，可得水平工作阻力 F' 为

$$F' = G\tan(\alpha - \varphi) \tag{4-6}$$

比较式（4-5）、式（4-6）可知，滑块在正行程时驱动力 F 与反行程时工作阻力 F' 的表达式形式一样，仅摩擦角的正、负号发生了改变。因此，当已求得正行程驱动力的表达式后，将摩擦角改变符号，即可直接得到反行程的工作阻力。

二、螺旋副中的摩擦

螺母旋入螺杆形成螺旋副。由于作用有轴向载荷，所以当其相对运动时，就在螺纹接触面间产生摩擦力。根据螺纹的牙型不同，常见的螺纹有四种：矩形螺纹、梯形螺纹、普通螺纹（三角形螺纹）、锯齿形螺纹。在分析受力时，后三种统称为非矩形螺纹。

将螺杆沿着中径 d_2 展开，得到一个斜面，斜面的倾斜角就是螺纹升角 α；取一小段螺母看作是沿着斜面有相对运动的滑块，所以螺旋副中的摩擦问题就转化为斜面与滑块间的摩擦问题。

1. 矩形螺纹螺旋副的受力分析

如图 4-4a 所示，已知作用在螺母上的轴向载荷为 G，分别求匀速拧紧和匀速松退螺母所需的拧紧力矩 M_d 及工作阻力矩 M_r。

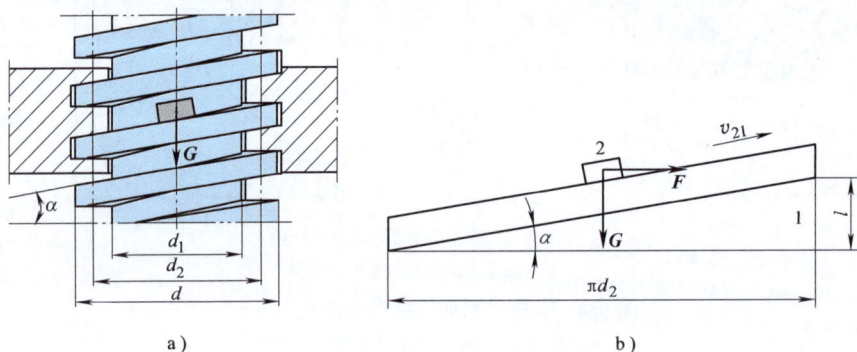

图 4-4　拧紧时矩形螺纹螺旋副的受力

模型简化：将矩形螺旋副等价为斜面与平滑块，则匀速拧紧螺母的过程相当于滑块在水平驱动力 F 作用下，沿斜面等速上升，此过程称为正行程，如图 4-4b 所示；匀速松退螺母的过程相当于滑块在水平工作阻力 F' 作用下，沿斜面匀速下滑，此过程称为反行程。

力矩 M 等于作用在中径处的圆周力 F 和半径 $d_2/2$ 的乘积，即 $M = Fd_2/2$。

应用【例 4-1】受力分析的结果，得匀速拧紧螺母所需的拧紧力矩（驱动力矩）M_d 为

$$M_d = \frac{d_2}{2}F = \frac{d_2}{2}G\tan(\alpha+\varphi) \tag{4-7}$$

则维持匀速松退螺母需施加的工作阻力矩 M_r 为

$$M_r = \frac{d_2}{2}F' = \frac{d_2}{2}G\tan(\alpha-\varphi) \tag{4-8}$$

2. 非矩形螺纹螺旋副的受力分析

矩形螺纹相当于平面移动副，而非矩形螺纹相当于槽面移动副，两种螺旋副的受力比较如图 4-5 所示。

按照前述槽面移动副的受力分析，得到非矩形螺纹的当量摩擦因数 f_v 为

$$f_v = \frac{f}{\sin\theta} = \frac{f}{\sin(90°-\beta)} = \frac{f}{\cos\beta} \tag{4-9}$$

则，当量摩擦角 $\varphi_{\mathrm{v}} = \arctan f_{\mathrm{v}}$。

a)　　　　　　　　　　b)

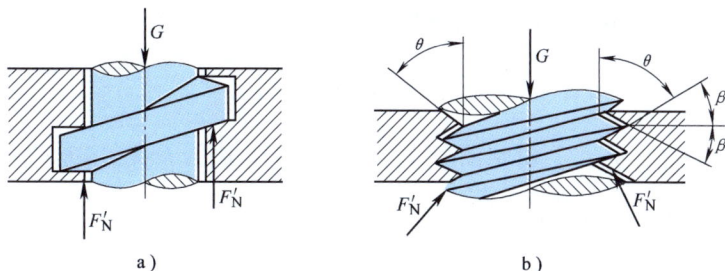

图 4-5 矩形螺纹和非矩形螺纹的受力比较

式（4-9）中，β 为螺纹牙一侧面与垂直于轴线的平面（端面）间的夹角，称为牙型斜角。三角形（普通）螺纹、梯形螺纹、矩形螺纹、锯齿形螺纹的牙型斜角依次为：$\beta = 30°$、$15°$、$0°$、$3°$。

由式（4-9）可知，$f_{\mathrm{v}} > f$，且 β 越大，f_{v} 越大。所以三角形螺纹（普通螺纹）的摩擦最大，常用于联接；而矩形螺纹、梯形螺纹、锯齿形螺纹的牙型斜角小，摩擦较小，传动效率高，常用于传动。

只需将式（4-7）、式（4-8）中的摩擦角 φ 用当量摩擦角 φ_{v} 替换，即可得到非矩形螺纹螺旋副对应的力矩，则有：

匀速拧紧时所需的拧紧力矩为

$$M_{\mathrm{d}} = \frac{d_2}{2}G\tan(\alpha + \varphi_{\mathrm{v}}) \tag{4-10}$$

匀速松退时所需的工作阻力矩为

$$M_{\mathrm{r}} = \frac{d_2}{2}G\tan(\alpha - \varphi_{\mathrm{v}}) \tag{4-11}$$

三、转动副中的摩擦

转动副的结构形式多样，如轴和轴承的连接，各种铰链连接等。下面以轴与滑动轴承为例分析转动副中的摩擦。

轴安装在轴承中的部分称为轴颈，按载荷作用方向的不同分为两种：若轴颈所受载荷沿轴颈半径方向，则称为径向轴颈，如图 4-6a 所示；若载荷沿轴颈轴线方向，则称为止推轴颈，如图 4-7a 所示。

视频讲解

1. 径向轴颈中的摩擦

如图 4-6 所示，半径为 r 的轴颈 1 在径向载荷 G 和驱动力矩 M_{d} 作用下，以 ω_{12} 相对于轴承 2 等速转动，要确定轴承 2 对轴颈 1 的总反力 F_{R21}。

经过磨合后的轴承与轴存在间隙，设其在 A 点接触，则轴颈在总反力 F_{R21}、外加载荷 G、驱动力矩 M_{d} 作用下处于平衡状态，即 $F_{\mathrm{R21}} = -G$。而总反力的大小为 $F_{\mathrm{R21}} = \sqrt{F_{\mathrm{N21}}^2 + (fF_{\mathrm{N21}})^2} = F_{\mathrm{N21}}\sqrt{1+f^2}$，且 $F_{\mathrm{N21}} = F_{\mathrm{R21}}/\sqrt{1+f^2}$。

如果 F_{R21} 偏离轴线的距离为 ρ，则总反力对回转中心 O 之矩 M_{f} 就等于摩擦力对 O 点之

矩，即

$$M_f = F_{R21}\rho = F_{f21}r = fF_{N21}r = \frac{f}{\sqrt{1+f^2}}F_{R21}r = f_v F_{R21}r \tag{4-12}$$

令

$$\rho = f_v r \tag{4-13}$$

式中，ρ 为摩擦圆半径；f_v 为当量摩擦因数，$f_v = \frac{f}{\sqrt{1+f^2}}$，因为 f 很小，所以可取 $f_v \approx f$。对未经磨合的轴承，一般取 $f_v = 1.57f$。

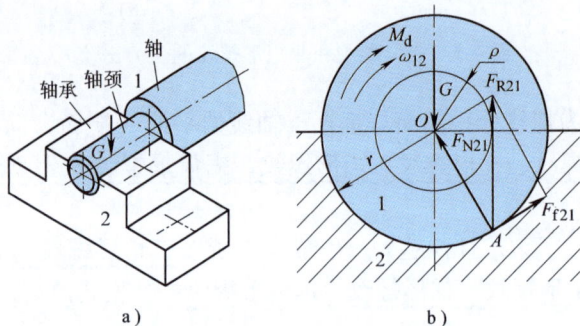

a)   b)

图 4-6　径向轴颈中的摩擦力和总反力

转动副中总反力的方向可通过以下三步确定：

1) F_{R21} 的方向永远与外载荷的方向相反。图 4-6b 中，$F_{R21} = -G$。

2) F_{R21} 总与以 O 为圆心，ρ 为半径的圆（摩擦圆）相切。

3) 因 F_{R21} 引起的力矩是阻力矩，所以，F_{R21} 对 O 点力矩的方向永远与 ω_{12} 的方向相反。

*2. 止推轴颈中的摩擦

止推轴颈通常用于轴端。如图 4-7a 所示，止推轴颈上受轴向载荷 Q，在驱动力矩 M_d 作用下，以 ω_{12} 相对于轴承 2 等速转动。如图 4-7b 所示，在轴端接触面上半径为 ρ 处取环形微面积 $ds = 2\pi\rho d\rho$，当其上作用有压强 p 时，环形微面积上的摩擦力矩 $dM_f = \rho \cdot dF_f = \rho f dF_N = \rho f p ds$ 则止推轴颈圆环接触面上的摩擦力矩 M_f 为

$$M_f = 2\pi f \int_r^R p\rho^2 d\rho \tag{4-14}$$

对磨合后的止推轴颈，基本符合轴端和轴承接触面间处处等磨损，即 $p\rho$ 近似为常数，推导可得

$$M_f = fQ \frac{R+r}{2} \tag{4-15}$$

由 $p\rho$ 为常数可知，轴端中心处的压强非常大（因 ρ 非常小），极易压溃，所以载荷较大的轴端常做成空心的，如图 4-7a 所示。

四、平面高副中的摩擦

滚动兼滑动的高副如图 4-8 所示，由于滚动摩擦很小，一般只考虑滑动摩擦。已知构件 1 相对于构件 2 的相对滑动速度 v_{12}，则总反力 F_{R21} 与法向反力 F_{N21} 偏斜一个摩擦角 φ，偏斜的方向与 v_{12} 方向相反。

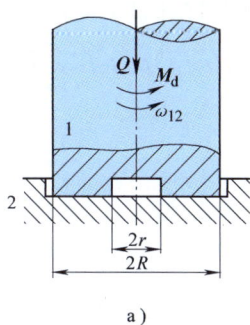

图 4-7　止推轴颈中的摩擦

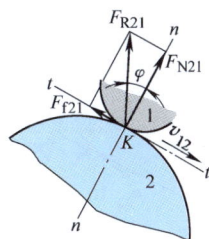

图 4-8　高副中的摩擦力和总反力

第三节　不考虑摩擦时平面机构的动态静力分析

一、平面机构动态静力分析的图解法

机构力分析主要是根据所受的已知外力，求得各运动副的反力和平衡力（力矩）。但是，运动副反力对于整个机构是内力，所以不能就整个机构进行力分析，而必须将机构分解为若干个构件组，逐个进行分析。

不考虑摩擦时，转动副中反力的作用点通过回转中心，大小和方向未知；移动副中反力的方向已知（垂直于导路），大小和作用点未知，即每个低副中的反力都有 2 个未知要素。平面高副中的反力作用于接触点的公法线上，仅大小未知。设构件组由 n 个活动构件、P_L 个低副和 P_H 个高副组成，每个活动构件可列 3 个独立力平衡方程式（$\sum F_x = 0$，$\sum F_y = 0$，$\sum M = 0$），反力的未知数共计（$2P_L + P_H$）个。对于基本杆组，$P_H = 0$ 且 $3n' = 2P'_L$。显然，基本杆组都满足静定条件。所以，力分析时可以基本杆组为单元进行分析。

对机构进行动态静力分析时，首先，求出各构件的惯性力、惯性力矩，并把它们加在相应的构件上；其次，根据静定条件将机构分解为若干个基本杆组和平衡力（矩）作用的构件；最后，从外力已知的基本杆组开始，逐步推算到平衡力（矩）作用的构件，顺次建立力平衡矢量方程式，并作图求解。现举例说明。

【例 4-2】　在图 4-9a 所示的六杆机构中，已知各构件的几何尺寸，连杆 2 的重力 G_2，转动惯量 J_{S_2} 及质心 S_2 的位置；滑块 5 的重力 G_5 及质心 S_5 的位置；其余构件的重量及转动惯量忽略不计；原动件 1 以 ω_1 等速回转；作用于滑块 5 上的生产阻力为 F_r。试求在图示位置时，各运动副中的反力，以及需加在构件 1 上 G 点沿 xx 方向的平衡力 F_b。

解：

1. 运动分析

选定长度比例尺 μ_L 作机构位置图，如图 4-9a 所示。选定速度比例尺 μ_v、加速度比例尺 μ_a 作机构速度多边形及加速度多边形，如图 4-9b、c 所示。分析过程参考第三章的运动分析，得到 a_{S_2}、α_2、a_F。

2. 确定惯性力、惯性力矩

连杆 2 上惯性力 $F_{I2} = m_2 a_{S_2} = (G_2/g)\mu_a \overline{p'S'_2}$，与 a_{S_2} 反向。惯性力矩 $M_{I2} = J_{S_2}\alpha_2 = J_{S_2}a'_{CB}/l_{BC} =$

$J_{S_2}\mu_a \overline{n'_2 c'}/l_{BC}$，由 α_{CB}^t 可确定 α_2 为逆时针，所以 M_{I2} 与 α_2 反向，为顺时针。合成后，总惯性力 $F'_{I2}=F_{I2}$，偏距 $h_2=M_{I2}/F_{I2}$，如图 4-9a 所示。滑块 5 上惯性力 $F_{I5}=(G_5/g)\mu_a \overline{p'f'}$，方向与 a_F 反向，向右。

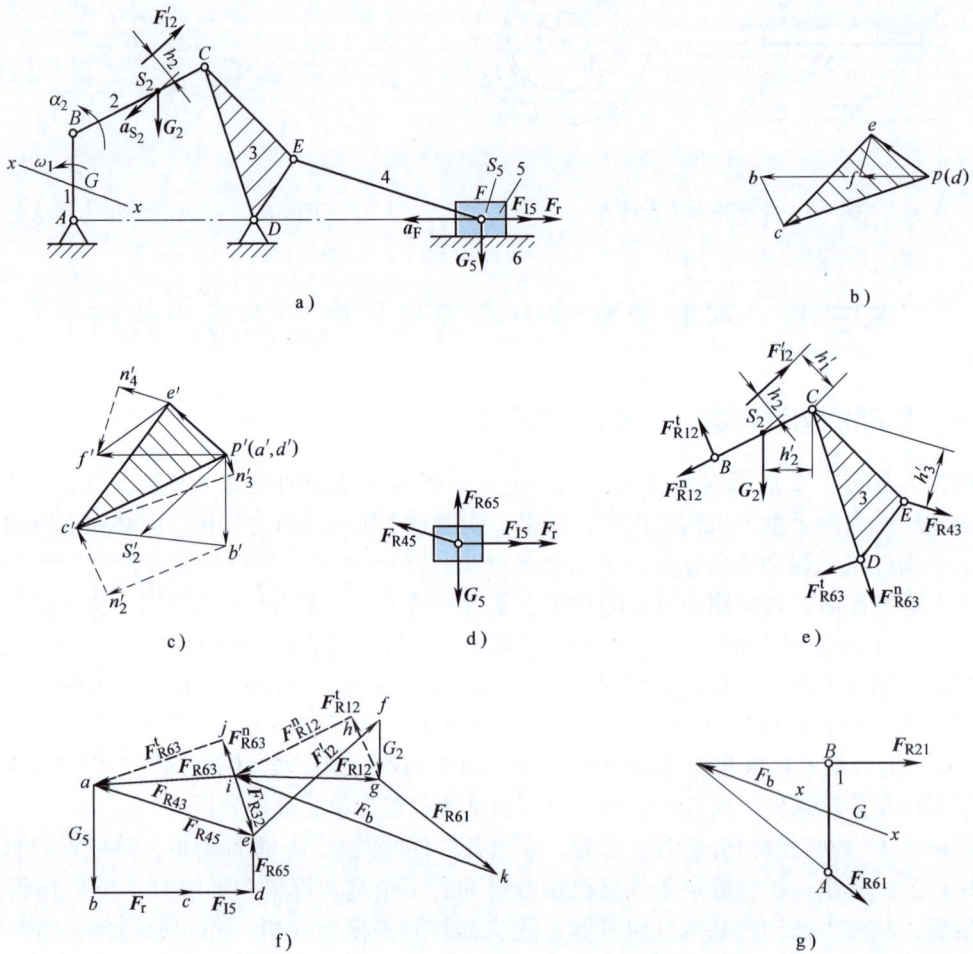

图 4-9 平面六杆机构的动态静力分析

a）机构位置图 b）速度多边形 c）加速度多边形 d）滑块 5 受力图
e）杆组 2、3 受力图 f）力多边形 g）构件 1 受力图

3. 动态静力分析

1）先取杆组 4、5 为示力体，$F_{R45}=-F_{R34}$（沿杆 4 方向），滑块 5 的受力如图 4-9d 所示。

力平衡方程式为：$G_5+F_r+F_{I5}+F_{R45}+F_{R65}=0$，式中只有 F_{R45}、F_{R65} 的大小未知，故可作图求解。选定比例尺 μ_F（N/mm）作力多边形，如图 4-9f 所示，从 a 开始依次作 $\overrightarrow{ab}$、$\overrightarrow{bc}$、$\overrightarrow{cd}$ 分别代表 G_5、F_r、F_{I5}，从 d 点作 F_{R65} 的方向线，从 a 点作 F_{R45} 的方向线，交点为 e。得

$$F_{R45}=\mu_F \overrightarrow{ea}, \quad F_{R65}=\mu_F \overrightarrow{de}$$

2）取杆组 2、3 为示力体，受力如图 4-9e 所示。

对于构件 2，由 $\sum M_C = 0$ 得，$F_{R12}^t = (G_2 h_2' - F_{I2}' h_1')/l_{BC}$。

对于构件 3，由 $\sum M_C = 0$ 得，$F_{R63}^t = F_{R43} h_3'/l_{CD}$。

杆组 2、3 的力平衡方程式为：$F_{R63}^n + F_{R63}^t + F_{R43} + F_{I2}' + G_2 + F_{R12}^t + F_{R12}^n = 0$，式中只有 F_{R63}^n、F_{R12}^n 的大小未知，故可求得。在图 4-9f 上从 e 点开始，继续作力多边形如图，交点为 i。由图可得，$F_{R12}^n = \mu_F \overrightarrow{hi}$，$F_{R63}^n = \mu_F \overrightarrow{ij}$

构件 2 的力平衡方程式为：$F_{I2}' + G_2 + F_{R12} + F_{R32} = 0$，可得 $F_{R32} = \mu_F \overrightarrow{ie}$。

3）取构件 1 为示力体，构件 1 只受三个力作用，三力应汇交，可确定 F_{R61} 的方向。受力如图 4-9g 所示。

构件 1 的力平衡方程式为：$F_{R21} + F_b + F_{R61} = 0$，式中只有 F_b、F_{R61} 的大小未知。在图 4-9f 上从 i 点开始，继续作图，求得 $F_b = \mu_F \overrightarrow{ki}$，$F_{R61} = \mu_F \overrightarrow{gk}$。

二、平面机构动态静力分析的解析法

鉴于图解法求解过程繁琐，且精度不高，目前广泛采用解析法进行机构的力分析。

解析法有多种，本章仅介绍一种便于计算机求解的用矩阵形式表示力平衡方程的方法。

矩阵法是分别以机构中各个构件为研究对象进行受力分析，建立直角坐标系下各构件的力和力矩平衡方程式，并将已知力和未知力间的关系式整理成矩阵形式，并利用求解程序进行求解。矩阵形式的表达式为

$$AF_M = F \tag{4-16}$$

式中，F 为已知力矩阵；F_M 为未知力矩阵；A 为待求力系数矩阵。

通常，i 构件作用于 j 构件上的力用 F_{Rij} 表示，且 $F_{Rij} = -F_{Rji}$。对于转动副，不计摩擦时，约束反力通过回转中心，用 x、y 轴上的分量 F_{Rijx}、F_{Rijy} 表示，当这两个分量求得后，F_{Rij} 的大小和方向就已确定；对于移动副，不计摩擦时，用与导路垂直方向的约束反力 F_{Rij} 和一个约束力矩 M_{ij} 来表示。

为了规范，将每个构件上的已知外力 F_i 一律简化到该构件的质心上，用分解到 x、y 轴上的分量表示，即 F_{ix} 和 F_{iy}。

现举例说明矩阵法的应用。

【例 4-3】 在图 4-10a 所示曲柄滑块机构中，已知各杆长，曲柄、连杆和滑块的质心位置 S_1、S_2、S_3，原动件以 ω_1 逆时针匀速转动，滑块 3 上的工作阻力为 F_r。对机构进行动态静力分析，求各运动副中的约束反力和曲柄上的平衡力矩 M_b。

解：首先对机构进行运动分析，求得各质心的加速度，从而计算出作用在各构件上的惯性力和惯性力矩。求解过程与【例 4-2】的步骤 1、2 相同，此处略。

建立直角坐标系 xOy 如图 4-10a 所示。将作用在 3 个可动构件上的已知外力向各构件的质心简化，分别简化为一个力与一个力矩。将简化后的力与该构件的重力、惯性力合并后，沿坐标轴分解为两个正交分量 F_{lix}、F_{liy}（i=1，2，3）。将已知外力简化后的力矩与该构件的惯性力矩、已知外力矩合并为总力矩 M_i（i=1，2，3），如图 4-10b、c、d 所示。

图 4-10b 中，M_b 为待求的平衡力矩。在运动副 A、B、C、D 处标出待求的约束反力，其中移动副 D 处，由于约束反力的作用点未知，故用一个约束反力 F_{R43} 和一个约束力矩 M_{43}

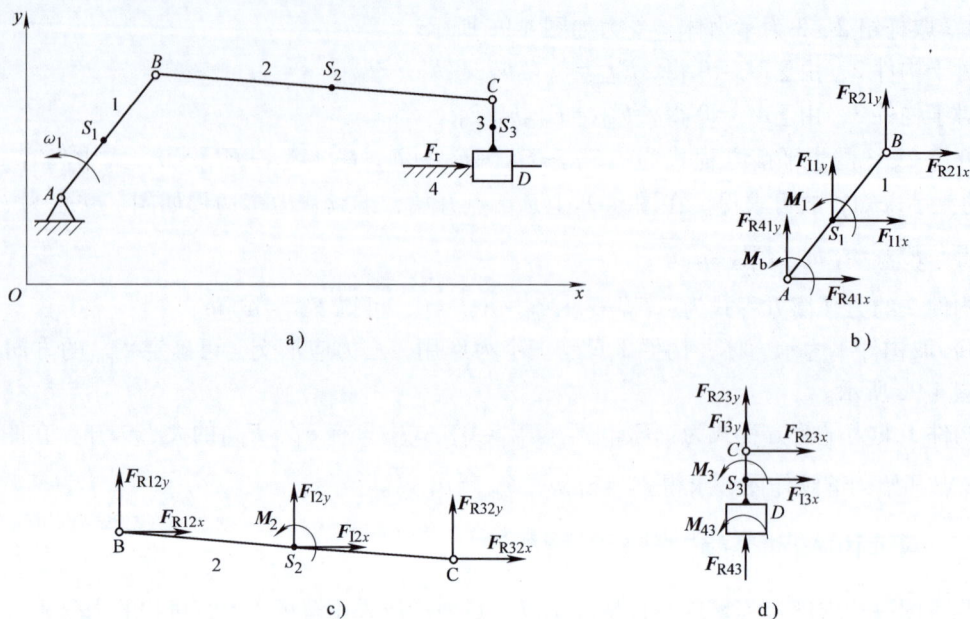

图 4-10 曲柄滑块机构的动态静力分析

表示。所有约束反力均按坐标轴的正方向画出。

由图 4-10b 所示曲柄受力图，根据力平衡条件，得

$$\begin{cases} F_{R41x}+F_{R21x}+F_{I1x}=0 \\ F_{R41y}+F_{R21y}+F_{I1y}=0 \\ F_{R41x}(y_{S_1}-y_A)+F_{R41y}(x_A-x_{S_1})+F_{R21x}(y_{S_1}-y_B)+F_{R21y}(x_B-x_{S_1})+M_1+M_b=0 \end{cases}$$

将 F_{R21x} 和 F_{R21y} 分别用（$-F_{R12x}$）和（$-F_{R12y}$）表示，并将上式写成矩阵形式，为

$$\begin{pmatrix} 1 & 0 & -1 & 0 & 0 \\ 0 & 1 & 0 & -1 & 0 \\ (y_{S_1}-y_A) & (x_A-x_{S_1}) & (y_B-y_{S_1}) & (x_{S_1}-x_B) & 1 \end{pmatrix} \begin{pmatrix} F_{R41x} \\ F_{R41y} \\ F_{R12x} \\ F_{R12y} \\ M_b \end{pmatrix} = \begin{pmatrix} -F_{I1x} \\ -F_{I1y} \\ -M_1 \end{pmatrix}$$

同理，由图 4-10c 所示连杆受力图，得连杆的力（力矩）平衡矩阵为

$$\begin{pmatrix} 1 & 0 & -1 & 0 \\ 0 & 1 & 0 & -1 \\ (y_{S_2}-y_B) & (x_B-x_{S_2}) & (y_C-y_{S_2}) & (x_{S_2}-x_C) \end{pmatrix} \begin{pmatrix} F_{R12x} \\ F_{R12y} \\ F_{R23x} \\ F_{R23y} \end{pmatrix} = \begin{pmatrix} -F_{I2x} \\ -F_{I2y} \\ -M_2 \end{pmatrix}$$

由图 4-10d，得滑块的力（力矩）平衡矩阵为

$$\begin{pmatrix} 1 & 0 & 0 & 0 \\ 0 & 1 & 1 & 0 \\ (y_{S_3}-y_C) & (x_C-x_{S_3}) & (x_D-x_{S_3}) & 1 \end{pmatrix} \begin{pmatrix} F_{R23x} \\ F_{R23y} \\ F_{R43} \\ M_{43} \end{pmatrix} = \begin{pmatrix} -F_{I3x} \\ -F_{I3y} \\ -M_3 \end{pmatrix}$$

将上面三个矩阵合成为一个矩阵，为

$$
\begin{pmatrix}
1 & 0 & -1 & 0 & & & & & 0 \\
0 & 1 & 0 & -1 & & & & & 0 \\
(y_{S_1}-y_A) & (x_A-x_{S_1}) & (y_B-y_{S_1}) & (x_{S_1}-x_B) & & & & & 1 \\
& & 1 & 0 & -1 & 0 & & & \\
& & 0 & 1 & 0 & -1 & & & \\
& & (y_{S_2}-y_B) & (x_B-x_{S_2}) & (y_C-y_{S_2}) & (x_{S_2}-x_C) & & & \\
& & & & 1 & 0 & 0 & 0 & \\
& & & & 0 & 1 & 1 & 0 & \\
& & & & (y_{S_3}-y_C) & (x_C-x_{S_3}) & (x_D-x_{S_3}) & 1 &
\end{pmatrix}
\begin{pmatrix}
F_{R41x} \\
F_{R41y} \\
F_{R12x} \\
F_{R12y} \\
F_{R23x} \\
F_{R23y} \\
F_{R43} \\
M_{43} \\
M_b
\end{pmatrix}
=
\begin{pmatrix}
-F_{I1x} \\
-F_{I1y} \\
-M_1 \\
-F_{I2x} \\
-F_{I2y} \\
-M_2 \\
-F_{I3x} \\
-F_{I3y} \\
-M_3
\end{pmatrix}
$$

$$(4-17)$$

解式（4-17）这个线性方程组，可得各未知力的大小。

机构中零件的强度通常按所受约束反力的最大值来校核，因此需要确定一个运动循环内约束反力的变化规律。由于系数矩阵为机构位置的函数，已知力矩阵也是随机构位置而变化的，因此，可通过将曲柄的位置设为自变量，解出在一个运动循环内各运动副处的约束反力和原动件上的平衡力矩随曲柄位置的变化规律。同时，还可根据平衡力矩的计算结果及机构的效率，确定出该机构原动机的额定功率。

第四节　机械的效率和自锁

一、机械的效率

效率指的是机械稳定运转阶段的效率。

（一）机械效率的计算
机械效率是衡量机器对机械能量有效利用程度的物理量。其计算公式表达如下。

1. 功形式

$$\eta = \frac{W_r}{W_d} = 1 - \frac{W_f}{W_d} \tag{4-18}$$

式中，W_r 为输出功；W_d 为输入功；W_f 为损耗功。

2. 功率形式

$$\eta = \frac{P_r}{P_d} \tag{4-19}$$

式中，P_r 为输出功率；P_d 为输入功率。

3. 力形式

机器在匀速运转时，其效率也可以用力的形式来表达。图 4-11 所示为匀速运转的机械系统，其中 F 为驱动力，Q 为工作阻力，v_F 和 v_Q 分别为力作用点处的速度。则由式（4-19）可知，效率 $\eta = \dfrac{P_r}{P_d} = \dfrac{Qv_Q}{Fv_F}$。

不存在摩擦时，则克服工作阻力 Q 所需的理想驱动力 F_0 一定小于 F，此时的效率 $\eta_0 = \dfrac{Qv_Q}{F_0 v_F} = 1$。同样，驱动力 F 在理想情况下克服的工作阻力为

Q_0，则 $\eta_0 = \dfrac{Q_0 v_Q}{F v_F} = 1$。将 $Qv_Q = F_0 v_F$ 和 $Q_0 v_Q = F v_F$ 代入，有

$$\eta = \frac{F_0}{F} = \frac{Q}{Q_0} \tag{4-20}$$

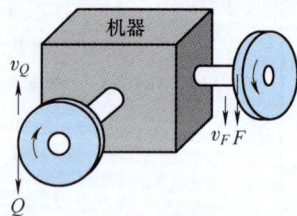

图 4-11 匀速运转的机械系统

式中，F_0 为理想情况下所需的驱动力；F 为实际情况下所需的驱动力；Q 为实际克服的工作阻力；Q_0 为理想情况下克服的工作阻力。

4. 力矩形式

$$\eta = \frac{M_{d0}}{M_d} = \frac{M_r}{M_{r0}} \tag{4-21}$$

式中，M_{d0} 为理想情况下所需的驱动力矩；M_d 为实际情况下所需的驱动力矩；M_r 为实际克服的工作阻力矩；M_{r0} 为理想情况下克服的工作阻力矩。

对已有的机器，效率可以用计算的方法获得，也可通过试验测定；对于正在设计的机器，常根据组成机器的机构和运动副来估算，常见机构和运动副的效率可从机械设计手册中查到。

（二）机组的效率

对于多台机器组成的机组，只要知道单机的机械效率，按照机组的连接方式，就可以计算出机组的效率。

1. 串联机组的效率

图 4-12a 所示为 k 个机器串联形成的机组。若机组的输入功率为 P_d，输出功率为 P_k，则串联机组的总效率为

$$\eta = \frac{P_k}{P_d} = \frac{P_k}{P_{k-1}} \cdot \frac{P_{k-1}}{P_{k-2}} \cdot \cdots \cdot \frac{P_2}{P_1} \cdot \frac{P_1}{P_d} = \eta_k \eta_{k-1} \cdots \eta_2 \eta_1 \tag{4-22}$$

式（4-22）表明，串联机组的效率等于组成该机组的各部分效率的连乘积，它小于其中任何一部分的效率。

2. 并联机组的效率

图 4-12b 所示为 k 个机器并联形成的机组。已知各机器的输入功率分别为 P_1，P_2，P_3，$\cdots$，P_k，各机器的输出功率分别为 P_1'，P_2'，P_3'，$\cdots$，P_k'，则并联机组的总效率为

$$\eta = \frac{P_1'+P_2'+P_3'+\cdots+P_k'}{P_d} = \frac{\eta_1 P_1 + \eta_2 P_2 + \eta_3 P_3 + \cdots + \eta_k P_k}{P_1 + P_2 + P_3 + \cdots + P_k} \tag{4-23}$$

式（4-23）表明，并联机组的效率不仅与各部分的效率有关，而且与总功率分配到各分支的情况有关。并联机组的效率总是介于各个机器的最大效率和最小效率之间。

3. 混联机组的效率

混联机组效率的求解方法是划分出串联部分和并联部分，分别加以处理。

图 4-12c 所示的混联机组，总的机械效率 $\eta = \dfrac{P_r' + P_r''}{P_d}$。

总的输入功率 $P_d = \dfrac{P_2}{\eta_1\eta_2}$，而 $P_2 = P_2' + P_2'' = \dfrac{P_r'}{\eta_3'\eta_4'} + \dfrac{P_r''}{\eta_3''\eta_4''\eta_5''}$，代入即可求得总效率 η。

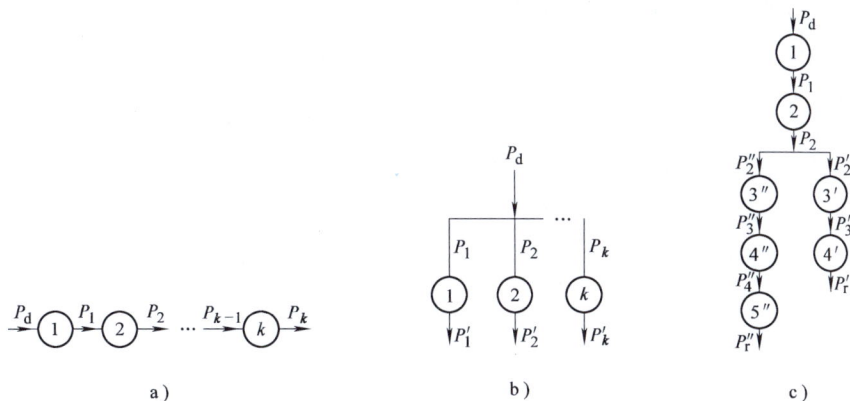

图 4-12　机组的效率
a）串联机组　b）并联机组　c）混联机组

要提高机械的效率，应设法减少运动副中的摩擦。例如，采用平面摩擦代替槽面摩擦、滚动摩擦代替滑动摩擦，采用牙型斜角小的螺纹，选择合适的运动副材料等；还应合理选择运动副的形式，如转动副可以保证配合精度且效率高，而采用移动副则效率低且易自锁；另外，在能够满足运动及工作要求的前提下，尽可能减少运动链，使功率传递通过的运动副数目越少越好。

二、机械的自锁

一般情况下，只要对机器施加足够大的驱动力，机器就能够沿着有效驱动力的作用方向运动。但有些机器由于摩擦过大，有时会出现无论驱动力如何增大，也无法使它运动的现象，称为机器的自锁现象。

视频讲解

自锁在机械工程中具有重要的意义。一方面，当设计机器时，为使机器能够实现预期的运动，当然必须避免该机器在所需运动方向上发生自锁；另一方面，有些机器工作时又必须具有自锁性能。

图 4-13 所示为汽车上广泛使用的机械式手摇螺旋千斤顶。转动铰杠 2 将带动螺杆 3 转动且向上移动，通过托杯 1 将汽车顶起。设计时应保证无论汽车给千斤顶的向下载荷 G（包括汽车自重、车上货物的重量等）多大，螺杆都不反转，即汽车不能下落，这就要求该千斤顶的反行程必须具有自锁性能，而正行程不能自锁。

机器要满足什么条件才会自锁呢？从本质上讲，机器中驱动力在运动方向上的有效分力总是小于其所引起的摩擦力时，机器则处于自

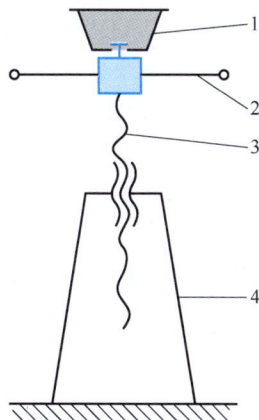

图 4-13　机械式手摇螺旋千斤顶
1—托杯　2—铰杠　3—螺杆　4—底座

动画

锁状态。

（一）确定自锁条件的常用方法

常用下面四种方法求得机构的自锁条件。

1. 令运动副自锁

若机构中的某个运动副自锁，则机构一定自锁。

（1）移动副的自锁条件　在图 4-2a 中，将作用在滑块上的驱动力 F 与铅垂方向的载荷 G 合成为一个外载荷 F_z，它与铅垂方向的夹角为 β。显然，驱动力 $F = G\tan\beta$，而摩擦力 $F_{f21} = G\tan\varphi$。因此，当 $\beta > \varphi$ 时，$F > F_{f21}$，滑块 1 做加速运动；当 $\beta = \varphi$ 时，$F = F_{f21}$，滑块 1 保持原状态不变；当 $\beta < \varphi$ 时，$F < F_{f21}$，若滑块 1 原来运动，则减速至静止；若滑块 1 原来静止，则永远静止。此时，无论 F_z 如何增大，移动副都无法运动，即处于自锁状态。

因此，移动副的自锁条件是：合外力作用在摩擦角 φ 之内。

（2）转动副的自锁条件　在图 4-6 中，将轴颈 1 所受外力 G 和驱动力矩 M_d 合成为一个总外力，其大小仍等于 G，偏离轴心的距离 $h = M_d/G$。驱动力矩 $M_d = Gh$，而阻力矩 $M_f = F_{R21}\rho = G\rho$。因此，当 $h > \rho$ 时，$M_d > M_f$，轴颈 1 做加速转动；当 $h = \rho$ 时，$M_d = M_f$，轴颈 1 保持原有状态，轴颈处于临界自锁状态；当 $h < \rho$ 时，$M_d < M_f$，轴颈 1 减速到静止，这时，无论外力如何增加，轴颈都不能运转，处于自锁状态。

因此，转动副的自锁条件是：合外力作用于摩擦圆之内。

（3）螺旋副的自锁条件　螺旋副的自锁条件：$\alpha \leqslant \varphi_v$，即螺纹升角 α 小于等于当量摩擦角 φ_v。具体分析见【例 4-4】。

2. 令效率 $\eta \leqslant 0$

根据效率 $\eta = \dfrac{W_r}{W_d} = 1 - \dfrac{W_f}{W_d}$ 可知，当 $W_f = W_d$ 时，驱动力做功刚好克服有害阻力做功，此时，效率为零。如果机器原来在运动，则此时机器仍能运动，但不能做任何有用功，输出功为零，机器空转；若机器原来静止，因没有多余的功增加动能，所以机器仍然静止。当 $W_f > W_d$ 时，$\eta < 0$，即全部驱动功尚不足以克服有害阻力做功，所以机器将减速直至静止。

因此，从效率的观点出发，机器的自锁条件为：$\eta \leqslant 0$。

当自锁时，机器不能做功，故此时的效率已经没有一般意义上的含义，它只表明机器自锁的程度。$\eta = 0$ 时，机械所处的状态为临界自锁状态；$\eta < 0$ 时，$|\eta|$ 越大，自锁越可靠。

3. 令工作阻力（力矩）$\leqslant 0$

工作阻力（力矩）$\leqslant 0$，说明阻力（矩）已经成为驱动力（矩）。可以理解为，要想使机器运动，必须将工作阻力（矩）转换为驱动力（矩）。

4. 令驱动力小于或等于摩擦力

根据自锁的本质，令运动方向的驱动力小于等于其摩擦力，从而求得自锁条件。

（二）自锁机构的分析与设计

【例 4-4】　求图 4-13 所示螺旋千斤顶正、反行程的效率，以及反行程的自锁条件。

解：

1. 求效率

正行程相当于拧紧过程，由式（4-10）得拧紧力矩为 $M_d = \dfrac{d_2}{2}G\tan(\alpha+\varphi_v)$，令 $\varphi_v = 0°$，

得理想驱动力矩 $M_{d0}=\dfrac{d_2}{2}G\tan\alpha$，由式（4-21）得螺旋千斤顶正行程的效率为

$$\eta=\frac{M_{d0}}{M_d}=\frac{\tan\alpha}{\tan(\alpha+\varphi_v)} \tag{4-24}$$

反行程相当于松开过程，由式（4-11）得工作阻力矩为 $M_r=\dfrac{d_2}{2}G\tan(\alpha-\varphi_v)$，理想阻力

矩 $M_{r0}=\dfrac{d_2}{2}G\tan\alpha$，由式（4-21）得螺旋千斤顶反行程的效率为

$$\eta'=\frac{M_r}{M_{r0}}=\frac{\tan(\alpha-\varphi_v)}{\tan\alpha} \tag{4-25}$$

2. 求反行程的自锁条件

方法一：令工作阻力矩 $M_r=\dfrac{d_2}{2}G\tan(\alpha-\varphi_v)\leqslant0$，得 $\alpha\leqslant\varphi_v$。

方法二：令反行程的效率 $\eta'=\dfrac{\tan(\alpha-\varphi_v)}{\tan\alpha}\leqslant0$，得 $\alpha\leqslant\varphi_v$。

即螺旋千斤顶反行程的自锁条件是：$\alpha\leqslant\varphi_v$。

说明：机器正反行程的效率一般不相等，将一个行程的摩擦角变号，分子与分母颠倒，即可得到另一个行程的效率，式（4-24）、式（4-25）恰好符合这样的关系。

设计机械时，应保证正行程的效率大于零，反行程的效率应根据使用场合来确定是大于零还是小于零。反行程效率小于等于零的机械，反行程会自锁，称为自锁机械，可以防止机械自发倒转或松脱，常用在夹具、起重设备上。

需要注意的是，自锁机械的正行程效率一般比较低。因此，为防止倒转或松脱，在传递功率较小时，可利用自锁机械来实现，而传递大功率的机械则不宜采用自锁机械，常采用其他装置来实现。

【例4-5】 在图 4-14a 所示斜面夹具中，在滑块 2 上施加一个水平向左的外力 P，通过滑块 3 压紧工件 4（正行程），工件 4 作用于滑块 3 的压紧力为 Q。已知各接触面间的摩擦因数均为 f，试求该机构正行程不自锁而反行程自锁应满足的条件。

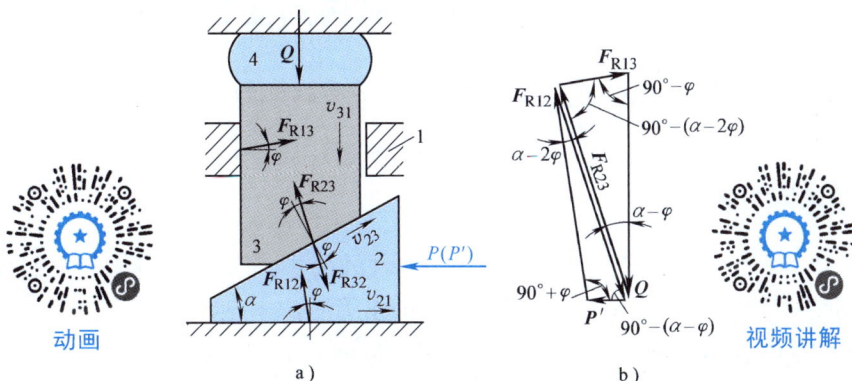

图 4-14 斜面夹具

解：设计该斜面夹具时，应使其在驱动力 P 作用下实现滑块 2 向左运动、滑块 3 向上运动，将工件 4 夹紧在滑块 3 和夹具体 1 之间，即正行程不自锁；而夹紧工件后，撤掉驱动力 P，无论 Q 多大，夹紧状态不会解除，即满足反行程自锁。

1) 反行程自锁条件。反行程时，Q 为驱动力，设为防止滑块 2 右移所需的工作阻力为 P'。分别对滑块 2、滑块 3 进行受力分析，各运动副处总反力如图 4-14a 所示，滑块 3 的力平衡方程为 $Q+F_{R13}+F_{R23}=0$，滑块 2 的力平衡方程为 $P'+F_{R12}+F_{R32}=0$，分别作滑块 3、滑块 2 的力多边形如图 4-14b 所示，根据正弦定理，有 $P'=F_{R32}\dfrac{\sin(\alpha-2\varphi)}{\cos\varphi}$，$Q=F_{R32}\dfrac{\cos(\alpha-2\varphi)}{\cos\varphi}$，则有，驱动力 $Q=\dfrac{P'}{\tan(\alpha-2\varphi)}$，而理想情况下所需的驱动力为 $Q_0=\dfrac{P'}{\tan\alpha}$，故反行程效率为

$$\eta'=\frac{Q_0}{Q}=\frac{\tan(\alpha-2\varphi)}{\tan\alpha}，令 \eta'\leqslant 0，得反行程的自锁条件为$$

$$\alpha\leqslant 2\varphi \tag{4-26}$$

2) 正行程不自锁条件。正行程时，P 为驱动力，Q 为工作阻力。与反行程的力分析相仿，可得到 $P=Q\tan(\alpha+2\varphi)$（过程略），而理想情况下所需的驱动力 $P_0=Q\tan\alpha$，从而得正行程的效率为 $\eta=\dfrac{P_0}{P}=\dfrac{\tan\alpha}{\tan(\alpha+2\varphi)}$。

说明：也可利用【例 4-4】下方的结论，由反行程的效率 $\eta'=\dfrac{\tan(\alpha-2\varphi)}{\tan\alpha}$，直接得到正行程的效率 $\eta=\dfrac{\tan\alpha}{\tan(\alpha+2\varphi)}$。

令 $\eta>0$，因此 $\tan(\alpha+2\varphi)>0$，即（$\alpha+2\varphi$）<90°，得正行程不自锁条件为

$$\alpha<90°-2\varphi \tag{4-27}$$

将式（4-26）、式（4-27）合并，得到该机构正行程不自锁、同时反行程自锁的条件是：$\alpha\leqslant 2\varphi$。

通常摩擦角 φ 较小，若本例中取 $f=0.15$，则摩擦角 $\varphi=\arctan f=8.53°$，则正行程不自锁条件为 $\alpha<72.94°$，反行程自锁条件为 $\alpha\leqslant 17.06°$，要同时满足二者，则 $\alpha\leqslant 17.06°$。

第五节　考虑摩擦时机构的受力分析

掌握了运动副中摩擦力和总反力的确定方法，下面举例说明考虑摩擦的机构静力分析的过程和注意事项。

一、铰链四杆机构

在图 4-15 所示的铰链四杆机构中，已知各构件的尺寸、各转动副的半径 r 和当量摩擦因数 f_v，曲柄 1 在驱动力矩 M_1 的作用下以 ω_1 逆时针转动，试求在图示位置时各运动副中的总反力和作用在构件 3 上的平衡力矩 M_3（不计各构件的重力和惯性力）。

视频讲解

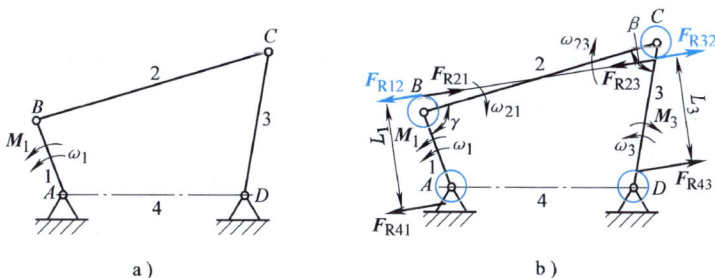

图4-15　铰链四杆机构考虑摩擦的静力分析

（1）确定各运动副中的总反力方向　根据 $\rho = f_v r$，在各转动副处画出半径为 ρ 的摩擦圆，各构件受力分析如下。

构件2是受拉二力杆，因此 $F_{R12} = F_{R32}$，方向沿受拉二力杆向外。因在图示位置时，构件1、2间的夹角 γ 变小，故 ω_{21} 沿顺时针方向，从而 F_{R12} 切于摩擦圆上方。因构件2、3间的夹角 β 变大，故 ω_{23} 沿顺时针方向，从而 F_{R32} 切于摩擦圆下方，且 F_{R12}、F_{R32} 共线，如图4-15b所示。

构件1受力偶系作用，力 F_{R21} 与 F_{R41} 形成一个力偶，与 M_1 平衡，则 $F_{R41} = -F_{R21}$。

构件3受力偶系作用，力 F_{R23} 与 F_{R43} 形成一个力偶，与 M_3 平衡，则 $F_{R43} = -F_{R23}$。

（2）求各构件运动副处总反力的大小　由构件1平衡，得 $F_{R21} = M_1/L_1$；由构件3平衡，得平衡力矩 $M_3 = F_{R23}L_3$，方向为顺时针。

二、曲柄滑块机构

在图4-16a所示的曲柄滑块机构中，已知滑块3受工作阻力 F_r 的作用，方向水平向左。机构各转动副处的摩擦圆如图4-16a所示，移动副处的摩擦角为 φ，不计重力和惯性力，确定各运动副处的总反力及平衡力矩 M_1 的大小和方向。

视频讲解

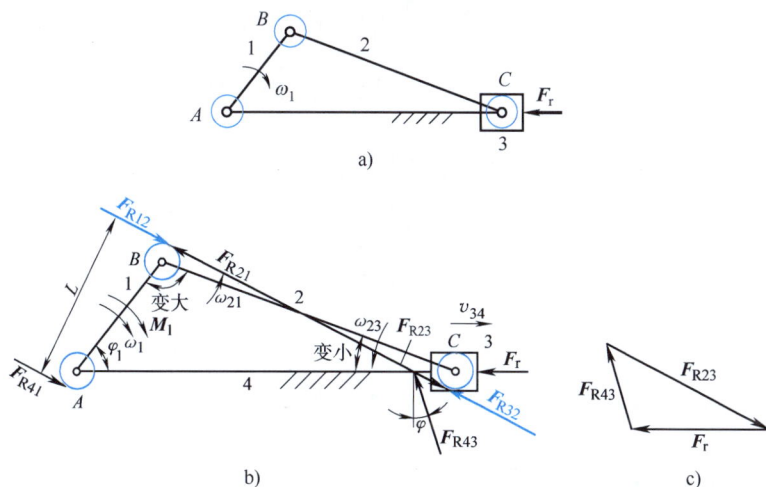

图4-16　曲柄滑块机构考虑摩擦的静力分析

（1）受力分析，确定各运动副的总反力方向（图4-16a）　受力分析的顺序为构件 2：受压二力杆，F_{R12} 与 F_{R32} 等大、共线、反向。

滑块 3：受三个力 F_r、F_{R43} 和 F_{R23} 的作用，这三个力应汇交于一点。

曲柄 1：所受两个力大小相等，方向平行且相反，即 $F_{R21} = -F_{R41}$，这两个力构成的力偶与平衡力矩 M_1 大小相等，方向相反，如图 4-16b 所示。

（2）根据平衡条件确定各运动副处总反力及平衡力矩的大小　求解顺序如下：

滑块 3 满足平衡方程

$$F_r + F_{R23} + F_{R43} = 0$$

用图解法求得 F_{R23} 及 F_{R43}，如图 4-16c 所示。

为保证曲柄 1 平衡，应加的平衡力矩为 $M_1 = F_{R12}L$，方向为顺时针。

视频讲解

本章知识框架图

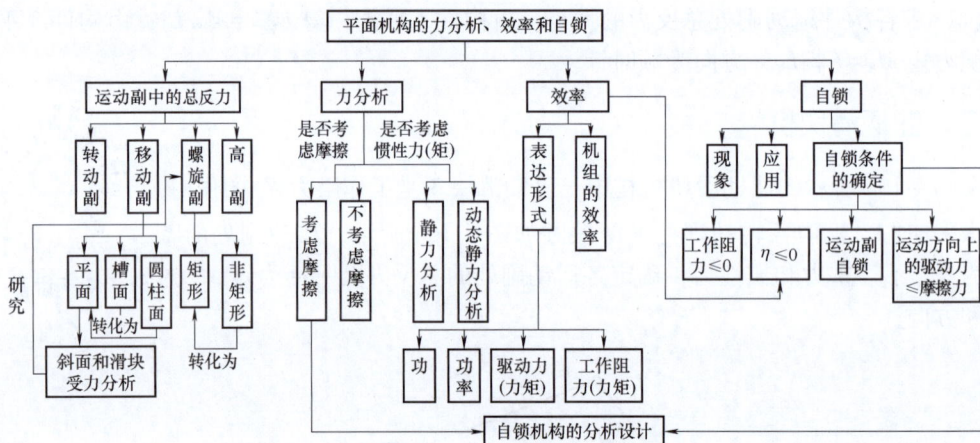

本章测试

思 考 题

4-1　机构力分析的任务是什么？何谓平衡力（力矩），平衡力（力矩）一定为驱动力（力矩）吗？

4-2　何谓机构的静力分析和动态静力分析，说明动态静力分析的步骤。

4-3　惯性力、惯性力矩的大小和方向如何确定？怎样将同一构件所受的惯性力和惯性力矩合成为一个惯性力？

4-4 如何理解当量摩擦因数 f_v，当量摩擦因数不同于接触面间实际的摩擦因数的原因是什么？

4-5 何谓摩擦角？如何确定移动副中总反力的方向？移动副在什么条件下自锁？

4-6 何谓摩擦圆？怎样确定转动副中总反力作用线的位置及方向？转动副在什么条件下自锁？

4-7 自锁机构根本不能运动，对吗？试举例说明自锁的现场应用。

4-8 何谓自锁？如何求得自锁条件？

4-9 当一径向轴颈以相同方向按等速、加速或减速转动时，在载荷不变的情况下，其上作用的摩擦力矩是否一样？为什么？

习 题

4-1 图 4-17 所示为偏心圆盘杠杆机构，已知圆盘和杠杆接触点 B 处摩擦角 $\varphi = 30°$，铰链 A、C 处摩擦圆如图所示，AO 和 BD 均处于水平位置，设在 D 处作用一重物 Q，试用规定符号在图上画出 A、B、C 处各运动副的总反力方向。

4-2 图 4-18 所示为一手压机。已知作用在构件 1 上的驱动力 P，简图中各转动副处的大圆为摩擦圆，移动副的摩擦角为 30°。试分析各运动副处的总反力，确定滑块所受到的工作阻力 Q。

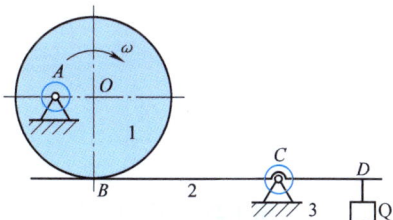

图 4-17 习题 4-1 图
图 4-18 习题 4-2 图

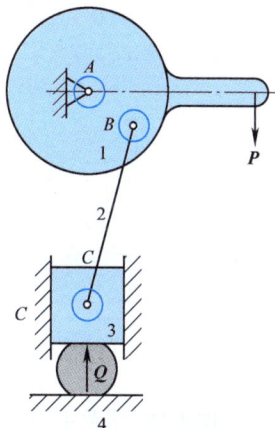

4-3 在图 4-19 所示铰链四杆机构中，构件 AB 在驱动力矩 M_d 的作用下以 ω_1 等速转动，克服外载荷 Q。试在图中标出 A、B、C、D 各运动副处总反力的方向（各转动副处的大圆为摩擦圆，不计其他力）。

4-4 在图 4-20 所示正切机构中，已知曲柄匀速运转，$\omega_1 = 10\text{rad/s}$，$l_{AB} = 100\text{mm}$，构件 3 的重力 $G_3 = 10\text{N}$，其质心在 BC 的中点，构件 3 上的生产阻力 $P_r = 100\text{N}$，不计其他构件的重力和惯性力，不考虑摩擦，试用图解法和解析法求机构在 $\varphi_1 = 30°$ 时各运动副处的反力和需加在构件 1 上的平衡力矩 M_b。

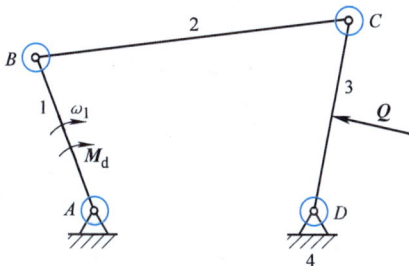

图 4-19 习题 4-3 图
图 4-20 习题 4-4 图

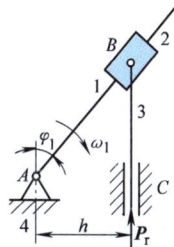

4-5 在图 4-21 所示机构中，如已知转动副 A、B 的轴颈半径 r 及当量摩擦因数 f_v，移动副处摩擦角为

φ，F 为驱动力，Q 为工作阻力，各构件的惯性力和重力均略去不计，试作出各运动副中总反力的作用线。

4-6　在图 4-22 所示的斜面机构中，已知 $\gamma=\beta=60°$，工作阻力 $Q=1000\mathrm{N}$，各接触面摩擦因数 $f=0.15$，试求所需的驱动力 F。

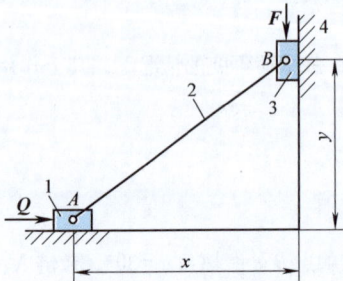

图 4-21　习题 4-5 图

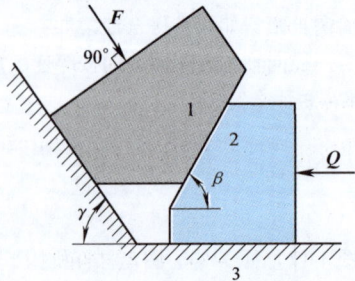

图 4-22　习题 4-6 图

4-7　图 4-23 所示为一焊接用的楔形夹具。用楔块 3 将待焊接的工件 1 和 1′夹紧在该楔块与夹具体 2 之间。已知各接触面的摩擦因数 f（摩擦角 $\varphi=\arctan f$）。试问：楔角 α 在何种条件下可保持楔块 3 不自动松脱？

4-8　图 4-24 所示楔形滑块 2 沿倾斜角为 λ 的 V 形槽面 1 滑动。已知：$\lambda=35°$，$\theta=60°$，$f=0.13$，载荷 $Q=1000\mathrm{N}$。试求滑块等速上升时所需驱动力 F 的大小，并分析滑块以 Q 为驱动力时是否自锁？

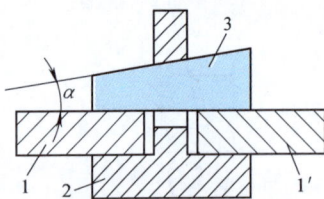

图 4-23　习题 4-7 图

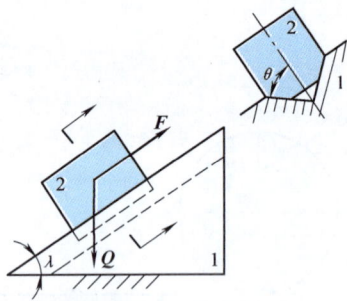

图 4-24　习题 4-8 图

4-9　如图 4-25 所示，已知滑块所受驱动力 P 的大小和与水平线的夹角 α，工作阻力 Q 与水平线的夹角为 β，滑块与机架间的摩擦角为 φ，试分析滑块的受力（不再计入滑块的重力），并求此机构的效率。

4-10　如图 4-26 所示，电动机经过 V 带传动、锥齿轮传动、圆柱齿轮传动带动工作机 A 和 B。设 V 带传动（包括轴承）的效率为 $\eta_1=0.95$，每对齿轮（包括轴承）的效率 $\eta_2=0.97$，工作机 A、B 的效率分别为 $\eta_A=0.8$、$\eta_B=0.5$，工作机 A、B 的输出功率分别为 $P_A=5\mathrm{kW}$，$P_B=1\mathrm{kW}$。试求电动机所需的功率 P。

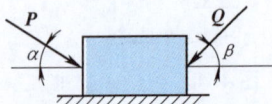

图 4-25　习题 4-9 图

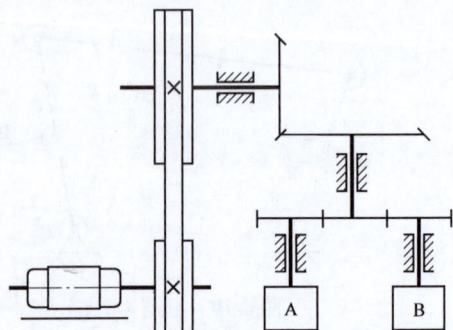

图 4-26　习题 4-10 图

4-11　图 4-27 所示为摇臂钻床机构的定位装置，已知所需的夹紧力 $Q=1\text{kN}$，滑块斜角 $\beta=6°$，摩擦因数 $f=0.1$，轴颈半径 $r=16\text{mm}$，$L=50\text{mm}$，试求所需驱动力 F 的大小。

4-12　图 4-28 所示为一曲柄滑块机构的三个位置，F 为作用在活塞上的力，转动副 A、B、O 处的圆为摩擦圆。试分别分析在这三个位置时，作用在连杆 AB 上的作用力方向（构件重力及惯性力不计），并画出曲柄 OA 所受的力。

4-13　在图 4-29 所示曲柄摆动导杆机构中，曲柄 1 为原动件，其上作用有驱动力矩 M_1，若滑块 2 与导杆 2 之间的摩擦角 $\varphi_1=10°$，转动副 A、B、C 处的细实线圆为摩擦圆，试对图示位置进行受力分析，确定导杆 3 上作用在 D 点处图示方向的工作阻力 Q。

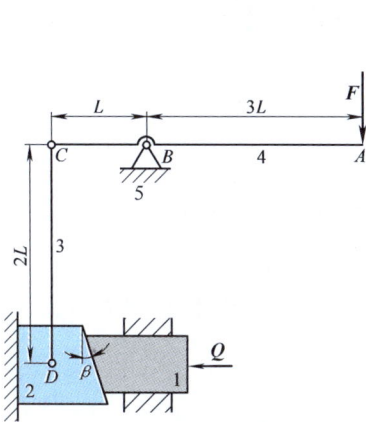

图 4-27　习题 4-11 图　　　　图 4-28　习题 4-12 图　　　　图 4-29　习题 4-13 图

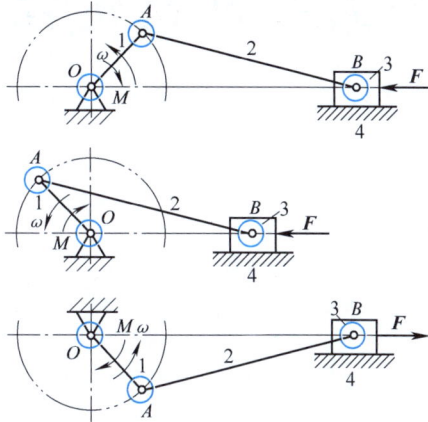

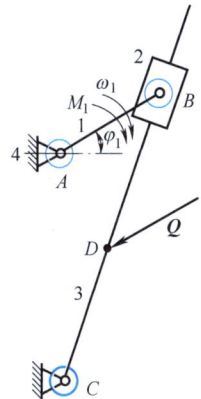

第五章

平面连杆机构及其设计

本章要点：平面连杆机构的特点、功能、基本型式和演化途径；平面连杆机构的工作特性，如曲柄的存在条件、急回特性、压力角（传动角）、死点、运动连续性；给定连杆若干位置、给定急回特性等设计四杆机构的方法。

第一节　平面连杆机构的传动特点及功能

平面连杆机构是所有构件全部由低副连接而成的平面机构，故又称为低副机构。

一、平面连杆机构的传动特点及应用

1）平面连杆机构为全低副机构，低副的接触元素（圆柱面或平面）结构简单，便于加工。与高副相比，低副便于润滑，构件间压强小、磨损小，构件使用寿命长，适用于传递较大载荷，广泛用于各种机械、仪表及机电产品中。例如，内燃机的主体机构、汽车风挡玻璃的刮水器机构、仪表的指示机构、折叠椅、自动包装机的包装机构等。

2）连杆机构类型多样，可实现转动、移动、摆动、平面复合运动等多种运动形式的转换，也可实现特殊运动规律。

3）连杆曲线具有多样性。连杆做平面复合运动，其上各点的轨迹称为连杆曲线。取连杆上不同的点或改变连杆机构各构件的相对尺寸，会得到千变万化的连杆曲线，故可用来实现特定的轨迹要求。

4）低副中有间隙，当构件数目较多时，会造成较大的运动累积误差，影响运动的精度，故只能近似满足运动要求。

5）连杆机构中连杆和往复移动构件产生的惯性力及惯性力矩难以平衡，当高速运转时

将引起较大的振动及动载荷，故连杆机构不适用于高速运转的场合。

二、平面连杆机构的功能

1. 获得较大的机械增益

图 5-1 所示为锻压机肘杆机构，锻压过程中可近似实现匀速运动，当滑块运行到下极限位置附近时，速度近似于零，故可获得极大的锻压力。

2. 实现从动件运动特性的改变

图 5-2 所示的单侧曲线槽停歇导杆机构，与常见的摆动导杆机构不同，当原动曲柄 1 连续转动，带动滚子 2 进入曲线槽的圆弧部分时，从动导杆 3 将处于停歇状态，实现间歇摆动。

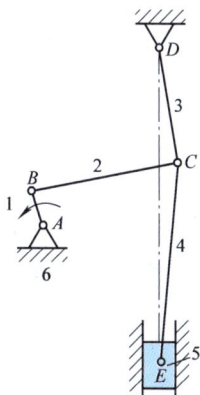

图 5-1　锻压机肘杆机构

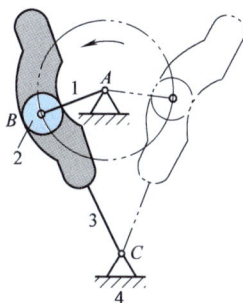

图 5-2　单侧曲线槽停歇导杆机构

动画

3. 调节或改变从动件行程

图 5-3 所示为汽车用空气泵的机构运动简图，曲柄 AB 较短，活塞的行程却很大，其行程取决于曲柄 AB、摇杆 CD 的长度，以及 EB 与 BC 的比值大小。

图 5-4 所示为可变行程滑块机构，导槽 6 在 D 点用螺栓固定，调节滑块 3 在导槽 6 中的位置，可改变滑块 5 的行程和运动规律。

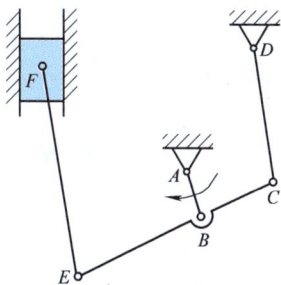

图 5-3　汽车用空气泵的机构运动简图

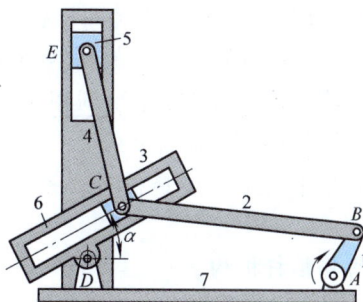

图 5-4　可变行程滑块机构

4. 实现从动件特定的轨迹要求

如图 5-5a 所示的搅拌机构，连杆 BC 上 E 点的轨迹为 β-β。图 5-5b 所示的鹤式起重机中，连杆 BC 上 *M* 点的轨迹为近似水平的直线，这样，重物在平移时可避免因不必要的升降而消耗功率。

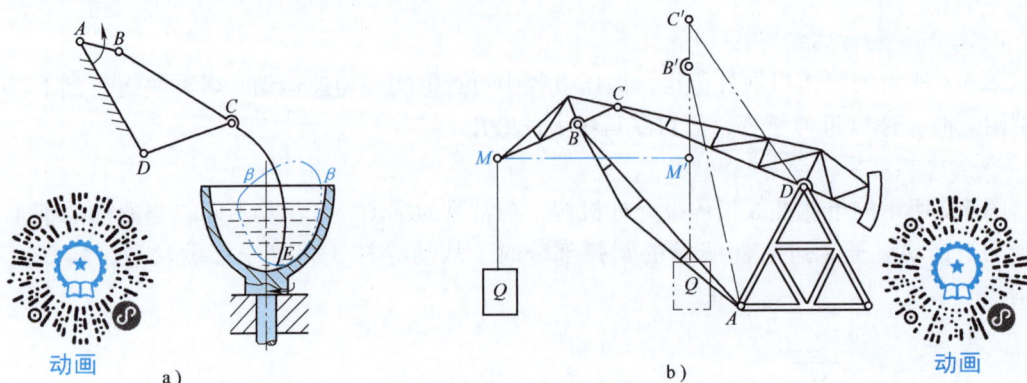

图 5-5　连杆曲线的实际应用
a）搅拌机构　b）鹤式起重机

5. 实现远距离操纵

如火车轨道的扳道机构、自行车手刹机构等。

在平面连杆机构中，平面四杆机构的结构简单且应用广泛，其他平面连杆机构往往是在它的基础上演化扩展而成的，故本章主要以平面四杆机构为研究对象，介绍其类型、工作特性和设计方法等。

第二节　平面四杆机构的类型和应用

一、铰链四杆机构的类型和应用

铰链四杆机构是全部运动副均为转动副（铰链）的平面四杆机构，如图 5-6 所示。它是四杆机构的最基本型式，其他四杆机构都可看作是由它演化得到的。在此机构中，AD 为机架，与机架直接相连的构件 AB、CD 为连架杆，不与机架直接相连的构件 BC 为连杆。铰链四杆机构中能整周转动的连架杆称为曲柄，只在小于 360°的范围内摆动的连架杆称为摇杆。若组成转动副的两个构件能做整周相对转动，则该转动副称为周转副，否则称为摆转副。

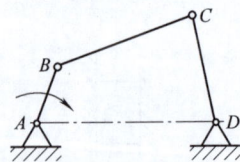

图 5-6　铰链四杆机构

按连架杆是曲柄还是摇杆，铰链四杆机构分为以下三种类型。

1. 曲柄摇杆机构

一个连架杆为曲柄，另一个连架杆为摇杆的铰链四杆机构称为曲柄摇杆机构，它的应用非常广泛。如图 5-7 所示的雷达天线俯仰角调整机构就是曲柄摇杆机构的应用实例，曲柄 AB 由减速器带动（图中未画出），使摇杆 CD 绕 D 点往复摆动，*CD* 的摆角大小就决定了天线的最大俯仰角。

2. 双曲柄机构

两连架杆均为曲柄的铰链四杆机构称为双曲柄机构。

在图 5-8 所示的惯性筛中，ABCD 即为双曲柄机构。当原动曲柄 1 匀速转动时，从动曲柄 3 做变速转动，使筛子 6 具有较大的加速度，从而靠惯性实现筛分。

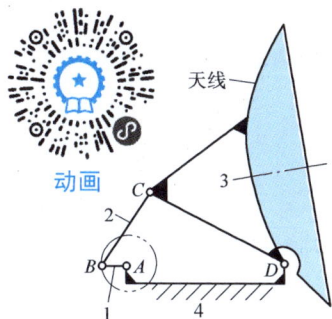

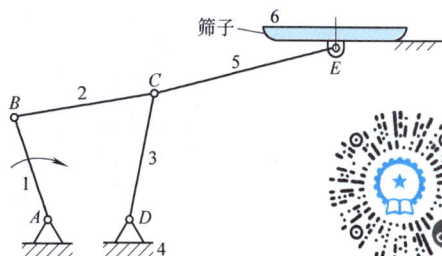

图 5-7　雷达天线俯仰角调整机构　　　　**图 5-8**　惯性筛

若双曲柄机构的两相对杆长相等，则成为图 5-9a 所示的正平行四边形机构和图 5-10a 所示的逆平行四边形机构（对边相等但不相互平行）。正平行四边形机构中，两个曲柄的转速、转向总相同，连杆做平动。图 5-9b 所示的播种机料斗机构正是利用了连杆 BC 做平动的特征。而逆平行四边形机构中，两个曲柄的转速大小相同，但转向相反。图 5-10b 所示的车门启闭机构正是利用了这种特性，使两扇门同时敞开或关闭。

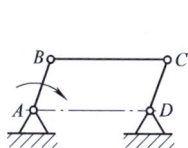

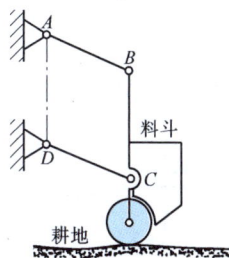

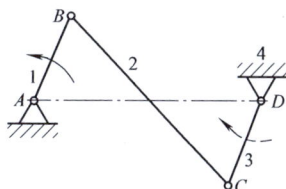

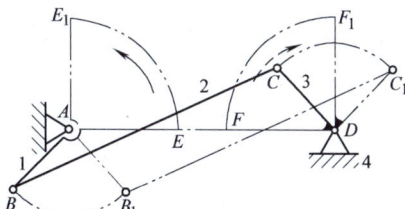

图 5-9　正平行四边形机构及应用　　　　**图 5-10**　逆平行四边形机构及应用
a）正平行四边形机构　b）播种机料斗机构　　　a）逆平行四边形机构　b）车门启闭机构

3. 双摇杆机构

两连架杆均为摇杆的铰链四杆机构称为双摇杆机构。

图 5-11 所示为铸造用大型造型机的翻转机构，ABCD 为双摇杆机构。在图中实线位置时，翻台在震实台上将砂箱中的砂模震实，然后压缩空气推动 F_1 处的活塞，当构件 1 由位置 AB_1 转过一定角度到达图中双点画线位置 AB_2 时，构件 2 由位置 B_1C_1 转过 $180°$ 至 B_2C_2 位

置，翻台翻转了 180°，这时托台已经上升到接触沙箱的位置（未画出），进行脱模。

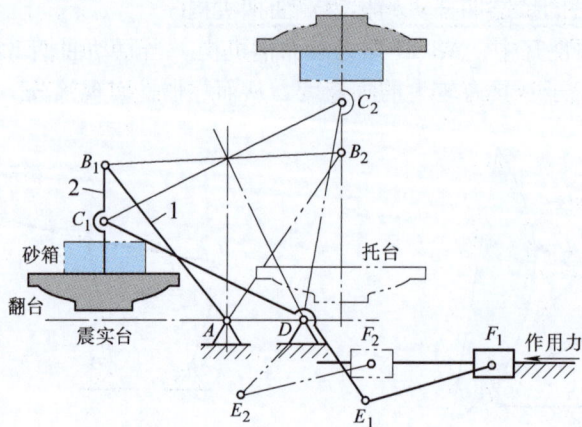

图 5-11 铸造用大型造型机的翻转机构

二、铰链四杆机构的演化机构及应用

视频讲解

除了上述铰链四杆机构外，工程实际中还广泛应用着其他类型的四杆机构，它们可看作由铰链四杆机构演化而来的，掌握这些演化方法，有利于对平面连杆机构进行创新设计。下面介绍一些常用的演化方法。

1. 改变构件的形状和运动尺寸

在图 5-12a 所示的铰链四杆机构中，C 点沿着 $\widehat{\beta\beta'}$ 弧线做往复运动。若将摇杆 3 做成滑块，使其沿圆弧导轨 $\widehat{\beta\beta'}$ 往复滑动，则演化为图 5-12b 所示的具有曲线导轨的曲柄滑块机构，且 CD 杆越长，C 点的圆弧越平缓，当 CD 杆为无限长时，C 点的轨迹变为直线，就演化为曲柄滑块机构，如图 5-13 所示。曲柄的回转中心 A 到滑块移动导路的垂直距离 e 称为偏距。图 5-13a 所示为偏置曲柄滑块机构（$e \neq 0$），而图 5-13b 所示为对心曲柄滑块机构（$e = 0$）。在实际生产中，压力机、内燃机、空气压缩机的主体机构都是曲柄滑块机构。

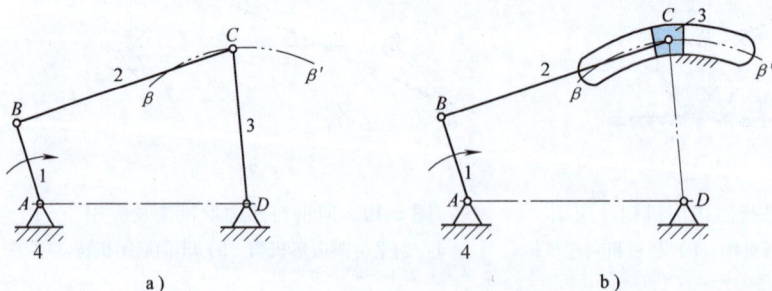

图 5-12 铰链四杆机构演化为曲柄滑块机构

若继续将连杆演化成滑块，则演变成图 5-14a 所示的双滑块机构，将连杆长取为无穷大，则演变为图 5-14b 所示的正弦机构，从动件 3 的位移 $s = l_{AB}\sin\varphi$。正弦机构多用在一些仪表和解算装置中。

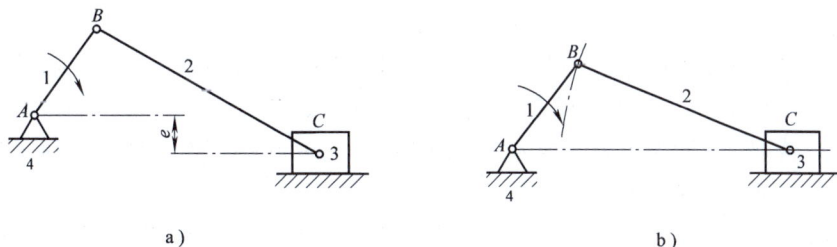

图 5-13　曲柄滑块机构

a）偏置曲柄滑块机构　b）对心曲柄滑块机构

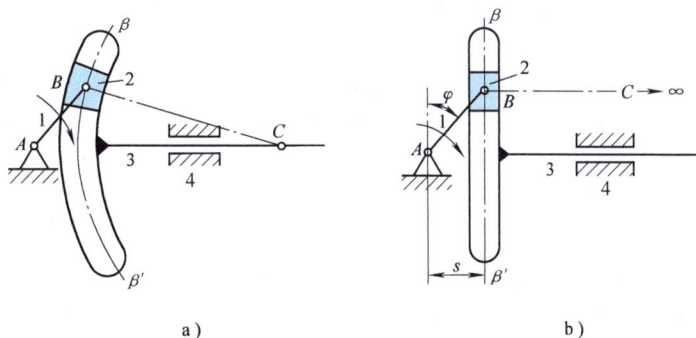

图 5-14　正弦机构的演化过程

a）双滑块机构　b）正弦机构

2. 改变运动副的尺寸

在图 5-15a 所示的曲柄滑块机构中，当曲柄 AB 很短且传递较大动力时，常将曲柄做成几何中心与转动中心距离等于曲柄长度的偏心轮，演化为图 5-15b 所示的偏心轮机构。演化过程为：将转动副 B 的半径扩大，使它超过 A 点，则曲柄 AB 演化为中心在 B 点但绕 A 点转动的偏心轮；相应地将 BC 杆 2 做成内孔直径等于偏心轮外圆直径的盘状零件，套在偏心轮外面；显然，偏心轮与 BC 杆 2 在 B 点组成转动副。

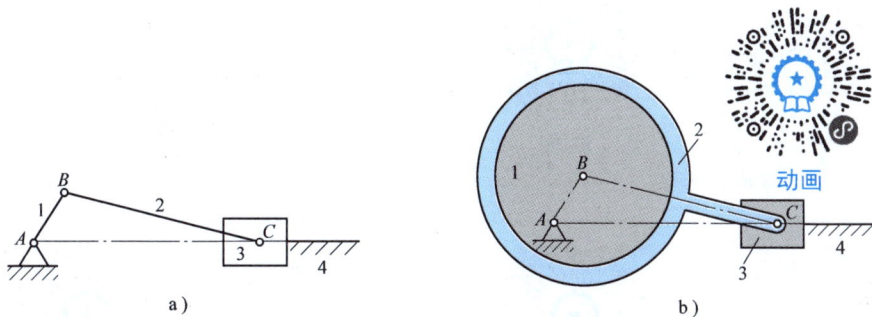

动画

图 5-15　偏心轮机构的演化过程

3. 取不同构件为机架（也称机构的倒置）

低副所连接的两个构件之间的相对运动关系不因哪个构件作机架而改变，这个特性称为低副运动的可逆性。

（1）曲柄摇杆机构的演化　在图 5-12a 所示的曲柄摇杆机构中，A、B 为周转副；C、D 为摆转副，即 AB 与 AD、AB 与 BC 间整周相对转动，而 BC 与 CD、CD 与 AD 间不能整周相对转动。所以若取 AB 杆为机架，则为双曲柄机构；若取 BC 杆为机架，则为曲柄摇杆机构；若取 CD 杆为机架，则为双摇杆机构。

（2）曲柄滑块机构的演化　表 5-1 第一行列出的曲柄滑块机构中，AB 杆为曲柄，AC 杆为机架，$l_{AB} \leqslant l_{BC}$，A、B 均为周转副。若以 AB 杆为机架，BC 杆能够整周回转，导杆 4 也能整周回转，演化为曲柄转动导杆机构。若 $l_{AB} > l_{BC}$，则导杆 4 不能整周转动，演化为曲柄摆动导杆机构；若以连杆 BC 为机架，此时滑块 3 绕着 C 点摇动，则演化为曲柄摇块机构；若以滑块 3 为机架，则演化为移动导杆机构。表 5-1 给出了曲柄滑块机构及其演化得到的其他单移动副四杆机构及应用实例。

表 5-1　单移动副四杆机构及应用实例

机构运动简图	应用实例
 曲柄滑块机构	 内燃机
 $l_{AB} \leqslant l_{BC}$，曲柄转动导杆机构 $l_{AB} > l_{BC}$，曲柄摆动导杆机构	 牛头刨床机构
 曲柄摇块机构	 液压泵
 移动导杆机构	 手动抽水井

（3）双移动副四杆机构的演化　对于双移动副四杆机构，也可取不同构件作机架演化得到其他机构，表 5-2 给出了常见的双移动副四杆机构及应用实例。

表 5-2　常见的双移动副四杆机构及应用实例

双滑块机构

椭圆仪　　动画

正弦机构

压缩机

双转块机构　　动画

十字滑块联轴器　　动画

4. 机构运动副元素的逆换

对于移动副，若将其运动副元素的包容关系逆换，并不影响两构件间的相对运动，但可获得不同类型的机构。如图 5-16 所示的平面六杆机构是用于手套加工机中的执行装置。当原动件 1 连续转动时，可使输出件 5 实现大行程的往复移动。图 5-16a 中，导杆 3 与滑块 4 组成的移动副位于上方，不仅润滑困难，且容易污染产品，为此，转换 3 与 4 的包容关系，转换为 3 包容 4，即将构件 3 换成摇动的滑块，则演化为图 5-16b 所示的机构。

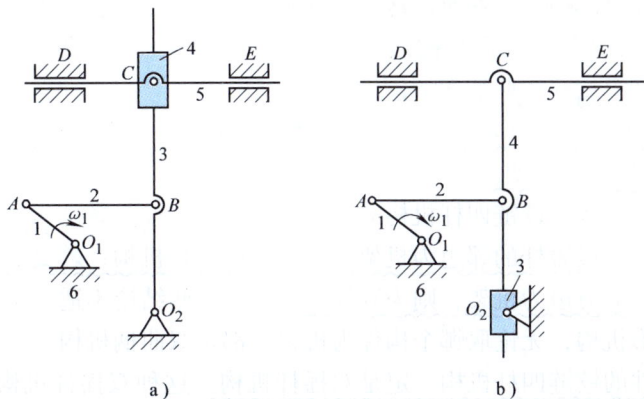

a)　　　　　　　　b)

图 5-16　运动副元素的逆换

第三节 平面四杆机构的一些共性问题

以四杆机构为例,介绍有关连杆机构的一些基本知识,包括曲柄存在的条件、急回特性、压力角和传动角、死点位置、运动的连续性等。它们是正确选择机构的类型,进而合理设计机构的基础。

一、曲柄的存在条件

1. 铰链四杆机构存在曲柄的条件

在图 5-17 所示的曲柄摇杆机构中,AB 为曲柄,则 A、B 为周转副,各杆长度依次用 a、b、c、d 表示。在曲柄 AB 整周回转过程中,B 点必须能够到达圆轨迹上的任意位置,即 BCD 组成的三角形永远存在,根据三角形存在的几何条件有

$$b+c>l_{BD},\ 且\ |b-c|<l_{BD}$$

当 AB 与 AD 共线的两个位置,构成了两个三角形 $\triangle B'C'D$ 和 $\triangle B''C''D$,l_{BD} 出现最大值和最小值,$l_{BDmax}=d+a$,$l_{BDmin}=|d-a|$,代入上式,考虑极限情况得

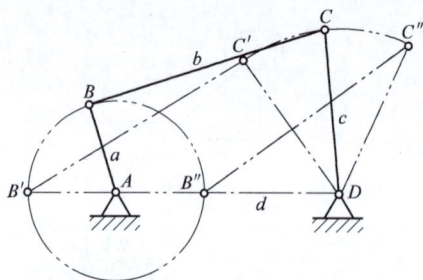

图 5-17 铰链四杆机构曲柄存在的条件分析

$$a+d\leqslant c+b \tag{5-1}$$
$$a+c\leqslant d+b \tag{5-2}$$
$$a+b\leqslant d+c \tag{5-3}$$

将上面三式两两相加,得

$$\begin{cases} a\leqslant d \\ a\leqslant b \\ a\leqslant c \end{cases} \tag{5-4}$$

式 (5-4) 表明,AB 杆为最短杆;无论 d、c、b 中哪个最长,式 (5-1)~式 (5-3) 则表明,最短杆与最长杆的长度之和小于或等于其余两杆长度之和,这个条件是铰链四杆机构中存在曲柄的必要条件,也称为杆长条件。根据低副运动的可逆性,若以最短杆 AB 为机架,该机构为双曲柄机构。若 AB 为连杆,则为双摇杆机构,无曲柄。

因此,铰链四杆机构存在曲柄的条件为:
1) 满足杆长条件:最短杆与最长杆长度之和小于或等于其余两杆长度之和。
2) 最短杆为连架杆或机架。

可通过上述条件来判定铰链四杆机构的类型。对于满足杆长条件的铰链四杆机构,根据低副运动的可逆性,若最短杆的邻边为机架,则为曲柄摇杆机构;若最短杆为机架,则为双曲柄机构;若最短杆的对边为机架,则为双摇杆机构。这些结论不适用于两杆长分别相等的情况。如平行四边形机构,无论取哪个构件为机架,都是双曲柄机构。

不满足杆长条件的铰链四杆机构一定是双摇杆机构。这种双摇杆机构中不存在周转副,机构中的转动副全部为摆转副。

2. 曲柄滑块机构存在曲柄的条件

在图 5-18 所示的偏置曲柄滑块机构中，曲柄、连杆的长度分别用 a、b 表示。根据演化过程，曲柄滑块机构是由曲柄摇杆机构的摇杆长度为无穷大时演化得到的。应用类似的方法，得到偏置曲柄滑块机构存在曲柄的条件为

$$a+e \leqslant b \qquad (5-5)$$

当偏距 $e=0$ 时，则成为对心曲柄滑块机构，其存在曲柄的条件为 $a \leqslant b$。

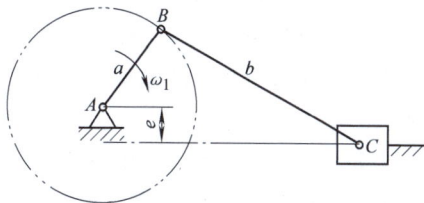

图 5-18 偏置曲柄滑块机构

二、急回特性

当机构中的原动件匀速整周转动时，输出件做往复运动，且输出件正行程的平均速度不等于反行程的平均速度，一慢一快，即该机构具有急回特性。

机构的急回特性在许多机器上都有应用，例如牛头刨床具有急回特性，在刨削时（工作行程）速度慢，以保证加工质量，而空回行程速度快，可缩短非生产时间，提高生产率。

视频讲解

1. 曲柄摇杆机构的急回特性分析

如图 5-19 所示的曲柄摇杆机构，当曲柄与连杆重叠共线时，摇杆达到左极限位置；当曲柄与连杆拉直共线时，摇杆达到右极限位置，摇杆左右两极限位置间的夹角称为摇杆的摆角 φ。当从动件处于两个极限位置时，对应曲柄的一个位置与另一个位置的反向延长线间所夹的角度称为极位夹角 θ。设曲柄以等角速度 ω 顺时针转动，当曲柄从 AB_1 位置转到 AB_2 位置时，摇杆对应的从 C_1D 摆动到 C_2D，曲柄在此过程中的转角 $\alpha_1 = 180°+\theta$，所用时间 $t_1 = \alpha_1/\omega$，摇杆的平均角速度为 $\overline{\omega}_{m1} = \varphi/t_1$；同理，当曲柄

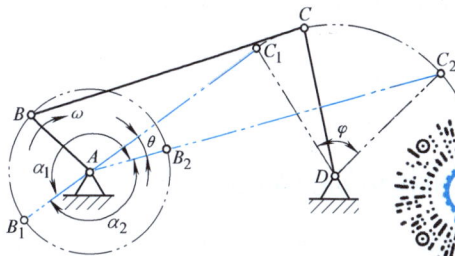

图 5-19 曲柄摇杆机构的急回特性

动画

从 AB_2 位置顺时针转到 AB_1 位置时，摇杆对应的从 C_2D 摆回到 C_1D，曲柄的转角 $\alpha_2 = 180°-\theta$，所用时间 $t_2 = \alpha_2/\omega$，此时，摇杆的平均角速度为 $\overline{\omega}_{m2} = \varphi/t_2$。

因为 $\alpha_1 > \alpha_2$，故 $t_1 > t_2$，所以 $\overline{\omega}_{m2} > \overline{\omega}_{m1}$，即该曲柄摇杆机构具有急回特性。

通常用行程速比系数 K 衡量机构急回的程度，即

$$K = \frac{\overline{v}_{空}}{\overline{v}_{工作}} = \frac{\overline{\omega}_{m2}}{\overline{\omega}_{m1}} = \frac{t_1}{t_2} = \frac{\alpha_1}{\alpha_2} = \frac{180°+\theta}{180°-\theta} \qquad (5-6)$$

式（5-6）表明，机构在运转过程中，只要极位夹角 θ 不等于零，则机构的行程速比系数 $K>1$，且 K 值越大，急回程度越大；反之，当 $\theta = 0°$ 时，则 $K=1$，机构无急回。

实际设计机械时，往往给定行程速比系数 K 值，需先根据 K 值求出极位夹角 θ，再设计杆长。极位夹角 θ 为

$$\theta = \frac{K-1}{K+1} \times 180° \tag{5-7}$$

2. 偏置曲柄滑块机构的急回特性分析

对于曲柄滑块机构，滑块两极限位置间的距离称为行程或冲程，用 H 表示。

可以作出图 5-20a 所示偏置曲柄滑块机构的极位夹角 $\theta>0°$，因此偏置曲柄滑块机构有急回特性。

用同样方法可画出对心曲柄滑块机构的极位夹角 $\theta=0°$，故不存在急回特性。同时，对心曲柄滑块机构滑块的行程 $H=2l_{AB}$，如图 5-20b 所示。

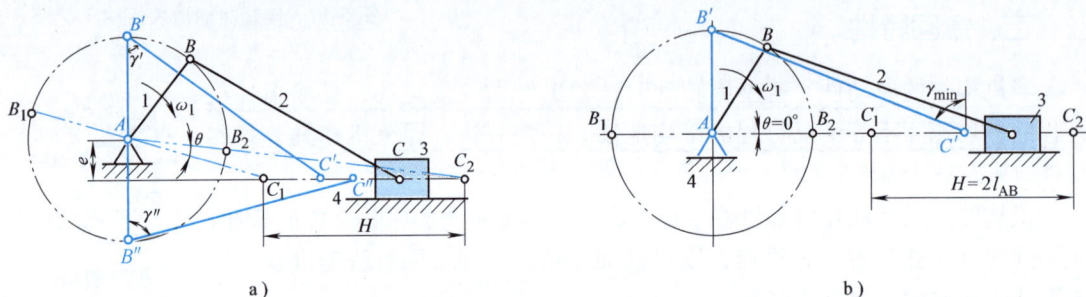

图 5-20 曲柄滑块机构的急回特性

a）偏置曲柄滑块机构 b）对心曲柄滑块机构

3. 曲柄摆动导杆机构的急回特性分析

如图 5-21 所示为曲柄摆动导杆机构，导杆的两个极限位置分别为曲柄与导杆垂直的位置。作出极位夹角 θ 如图所示，所以该机构存在急回特性。根据几何关系可知，$\theta=\varphi$，即该机构的极位夹角 θ 等于导杆的摆角 φ。

三、机构运动的连续性

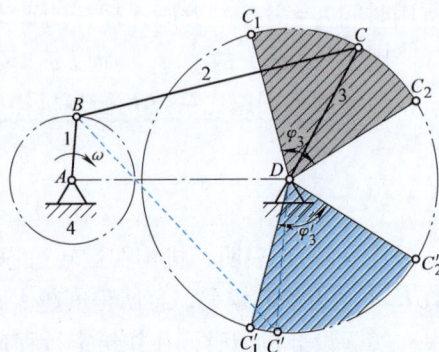

在图 5-22 所示的曲柄摇杆机构中，作图可得摇杆的运动范围。若机构为 ABCD 模式，则摇杆 CD 在 φ_3 角范围内摆动；若机构为 ABC'D 的模式，则摇杆 C'D 在 φ_3' 角范围内摆动，图中两个阴影区域分别为两个机构的可行域。但是，摇杆不能从一个可行域运动到另一个可行域，例如，要求摇杆从位置 CD 连续运动到 C'D 是不可能的。

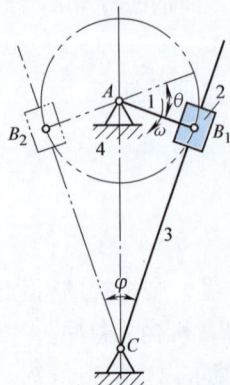

图 5-21 曲柄摆动导杆机构的急回特性 　动画　 **图 5-22** 曲柄摇杆机构的可行域

四、传力特性

设计机构时，不仅希望机构能满足预期的使用要求，还希望运转灵活，效率更高。表征机构传力性能优劣的物理量是压力角和传动角。

不计重力、惯性力和摩擦力时，机构输出件所受驱动力的方向与输出件上受力点的绝对速度方向之间所夹的锐角，称为机构的压力角，用 α 表示。压力角的余角称为传动角，用 γ 表示，即 $\gamma+\alpha=90°$。

如图 5-23 所示的曲柄摇杆机构，曲柄 AB 为原动件，顺时针匀速转动，摇杆 CD 为输出件。不计重力、惯性力和摩擦时，连杆 BC 为受压二力杆，传给杆 CD 的驱动力 F 的方向沿 BC 向外，CD 上 C 点的速度 v_C 垂直于 CD，F 与 v_C 的夹角即为机构在此位置的压力角 α。将 F 分解为法向力 F_n 和切向力 F_t，则

$$\begin{cases} F_t = F\cos\alpha \\ F_n = F\sin\alpha \end{cases} \tag{5-8}$$

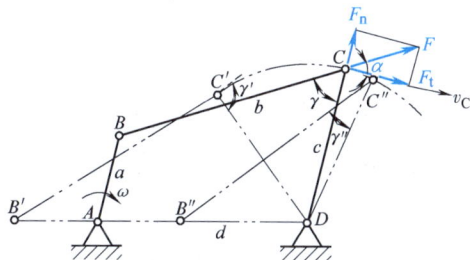

图 5-23 曲柄摇杆机构的压力角和传动角

F_t 是驱使摇杆 CD 转动的有效分力，而 F_n 在转动副 C 中产生径向压力，引起摩擦损耗，是有害分力。分析式（5-8）可知，随压力角 α 的减小，有效分力 F_t 增大，有害分力 F_n 减小。可见，为保证机构传力灵活，应使压力角 α 越小越好，即传动角 γ 越大越好。

机构处于不同位置时，机构的压力角、传动角是不同的。设计机构时，要使最大压力角小于等于许用压力角，即 $\alpha_{max} \leq [\alpha]$。

由图 5-23 可见，当 $\angle BCD \leq 90°$ 时，$\gamma = \angle BCD$；当 $\angle BCD > 90°$ 时，$\gamma = 180° - \angle BCD$，因此可从机构位置图上直接看出传动角的大小，故对于平面连杆机构，常通过限制传动角的最小值来保证机构的传力性能，即 $\gamma_{min} \geq [\gamma]$。对于一般机械，要求 $[\gamma]=40°$；对于大功率机械，要求 $[\gamma]=50°$。那么，如何确定曲柄摇杆机构的最小传动角 γ_{min} 呢？

借助图 5-23，在 $\triangle BCD$ 中，根据余弦定理得

$$\cos\angle BCD = \frac{b^2+c^2-l_{BD}^2}{2bc} \tag{5-9}$$

由上式可见，当 l_{BD} 最小时，$\angle BCD$ 最小，而 l_{BD} 最大时，$\angle BCD$ 最大。结合上文所述传动角 γ 和 $\angle BCD$ 的关系得知，最小传动角一定出现在 l_{BD} 最小或最大的位置，因此，曲柄摇杆机构的最小传动角一定出现在曲柄与机架共线时的两个位置之一处，即在图 5-23 中，$AB'C'D$ 和 $AB''C''D$ 两个位置处的传动角较小者即为机构的最小传动角。分析如下：

（1）在曲柄与机架拉直共线处，当 $\angle B'C'D$ 为锐角时，$\gamma' = \angle B'C'D = \arccos\dfrac{b^2+c^2-(d+a)^2}{2bc}$；

而当 $\angle B'C'D$ 为钝角时，$\gamma' = 180° - \angle B'C'D = 180° - \arccos \dfrac{b^2 + c^2 - (d+a)^2}{2bc}$。

（2）在曲柄与机架重叠共线处，$\gamma'' = \angle B''C''D = \arccos \dfrac{b^2 + c^2 - (d-a)^2}{2bc}$。

上面求得的 γ'、γ'' 中的小者即为 γ_{min}。

同样的方法，可分析得出曲柄滑块机构的最小传动角出现在曲柄与导路垂直的两个位置之一处，如图 5-20 所示。

五、死点位置

如图 5-24 所示的曲柄摇杆机构，若以摇杆 CD 为原动件，当摇杆位于图示两个双点画线位置（极限位置）时，连杆给从动曲柄的驱动力沿连杆的方向，通过了曲柄的回转中心，不能使 AB 转动，机构的这种位置称为死点位置。机构处于死点位置时，压力角 $\alpha = 90°$，传动角 $\gamma = 0°$，输出件所受的有效驱动力为零。

视频讲解

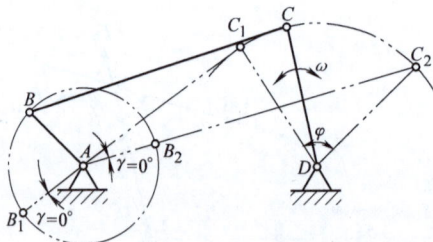

图 5-24 曲柄摇杆机构的死点位置

思考与交流 对于图 5-20 所示的曲柄滑块机构、图 5-21 所示的曲柄摆动导杆机构，在什么情况下，在哪些位置为死点位置？

机构位于死点位置时，会出现卡死或运动不确定现象。如图 5-25 所示的缝纫机踏板机构即为曲柄摇杆机构，踏板 CD 为原动件，时常会出现踏不动或反转的现象，此时，机构处于图 5-25b 所示的两个死点位置之一。

动画

a)　　　b)

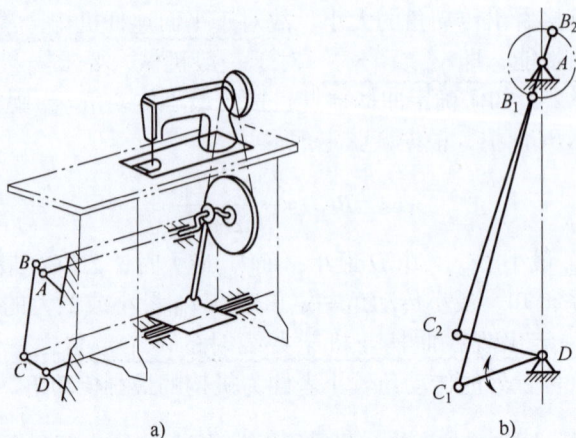

图 5-25 缝纫机踏板机构

死点并不总是有害的，在工程实际中，有些机械就是利用死点来实现一定的工作要求。如图 5-26a 所示的飞机起落架机构，实线为着陆时的状态，此时 BC、CD 共线，处于死点位置，从而确保着陆时无论地面给机轮多大的冲击力，都不能使 CD 反转，保持支撑状态。图 5-27 所示的工件夹紧机构就是利用死点位置来夹紧工件，即在夹紧时，BCD 成一条直线，因而无论作用于工件的反力 F_N 多大也不会使 CD 转动，工件不会松脱，如图 5-27b 所示。

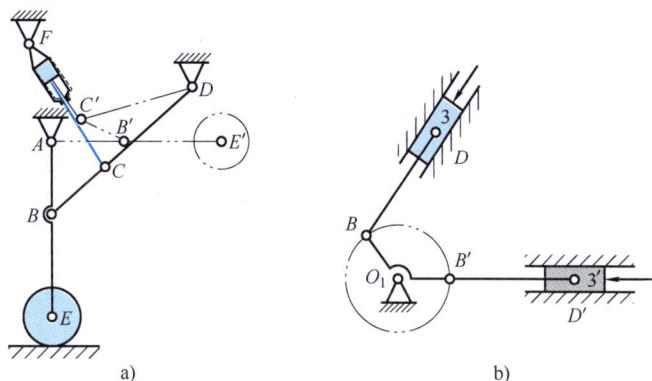

图 5-26 通过死点位置的机构实例
a）飞机起落架机构 b）双缸内燃机

为了使机构能顺利地通过死点位置，常用下列方法：

1）靠惯性。图 5-25 中，缝纫机踏板机构出现死点时，借助于带轮的惯性顺利通过死点。

2）直接加外力。图 5-26a 中，液压缸直接驱动 CD，即可收起起落架。

3）采用多组相同机构错位排列的方法。例如，内燃机中的活塞、连杆、曲轴组成曲柄滑块机构，且活塞为原动件，但它却不出现死点位置，是由于有多个曲柄滑块机构（多缸）错位排列，它们共用一个曲轴，如图 5-26b 所示的双缸内燃机的曲柄滑块机构。

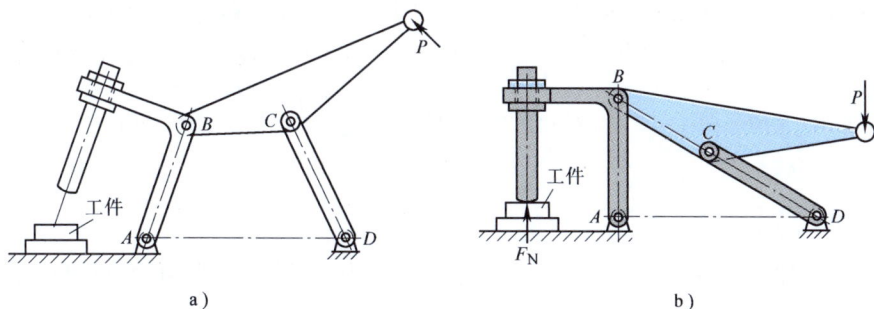

图 5-27 工件夹紧机构

动画

强化内功 借助外力 采用什么方法，可使机构摆脱死点位置呢？我们在日常生活中，难免会遇到跌宕起伏，甚至山穷水尽的情况，陷入困境。请您谈谈该如何克服人生的"死点"（困境）。

第四节　平面四杆机构的设计

一、平面连杆机构设计的基本问题与方法

平面连杆机构的设计一般包括：根据给定的要求确定机构的类型；根据机构应完成的运动功能设计机构各构件的尺寸，这些尺寸要满足机构的结构条件（如要求存在曲柄等）、动力条件（如传动角要求）等，最后画出机构运动简图。平面连杆机构设计的基本问题可归纳为以下三类：

视频讲解

（1）实现构件预定位置的设计　也称为刚体导引问题。要求机构中的某个构件（常为连杆）能占据一些有序的预定位置，图5-11所示的造型机翻转机构，必须满足震实、脱模时连杆BC的两个预定位置 B_1C_1、B_2C_2。

（2）实现预定运动规律的设计　也称为函数生成问题。常见的有实现原、从动件的角位移或线位移之间给定的关系，如要求两连架杆的转角满足预定的对应关系；也可能要求实现给定的行程速比系数K等运动规律。

（3）实现预定轨迹的设计　也称为轨迹生成问题。通常要求连杆上某点能精确或近似通过若干给定的点。如图5-5a所示搅拌机构，要根据E点的轨迹要求来设计四杆机构ABCDE。

平面连杆机构的设计方法有解析法和图解法等，现分别介绍。

二、平面四杆机构的设计

（一）按给定的行程速比系数K设计四杆机构

1. 图解法

视频讲解

视频讲解

（1）曲柄摇杆机构　已知摇杆长度 l_{CD}，摆角 φ，行程速比系数 K（1<K<3），设计该曲柄摇杆机构。

分析：根据摇杆长度 l_{CD} 和摆角 φ，即可画出摇杆CD和它的两个极限位置，则设计的关键是确定固定铰链A的位置。由图5-19可知，$\angle C_1AC_2=\theta$，即A点在以 C_1C_2 为弦，圆周角为 θ 的圆周上。根据 $AC_1=BC-AB$，$AC_2=BC+AB$ 可得 $AB=\dfrac{AC_2-AC_1}{2}$。作图步骤如下：

1）计算极位夹角 $\theta=\dfrac{K-1}{K+1}\times 180°$。

2）取比例尺 μ_L，如图5-28所示，任选一点D，画出摇杆CD的两个极限位置 DC_1、DC_2。

3）连接 C_1C_2，作 C_1C_2 的垂直平分线，过 C_1 点作与 C_1C_2 夹角为（90°-θ）的直线，与 C_1C_2 的垂直平分线交于 O 点；以 O 点为圆心，C_1O 为半径作圆，则A点就在该圆上。

若无其他条件，A点除了 $\overset{\frown}{FG}$（延长 C_2D、C_1D 分别交圆于F点、G点）劣弧段外，可在该圆上随意选取，故有无穷多解。

4）确定铰链B：连接 AC_1 和 AC_2，以A为圆心，AC_1 为半径，作圆弧与 AC_2 交于点E；

以 A 为圆心，$EC_2/2$ 为半径作圆，与直线 AC_1、AC_2 分别交于 B_1 点、B_2 点，连接 AB_1C_1D 或 AB_2C_2D，即为所设计的曲柄摇杆机构。

（2）偏置曲柄滑块机构　已知行程速比系数 K，滑块的行程 H，设计该偏置曲柄滑块机构。

作图步骤与曲柄摇杆机构基本相同，如图 5-29 所示，不同的是 A 点除了在以 O 点为圆心、C_1O 为半径的圆上，还在距导路 C_1C_2 距离为 e 的直线上。图中 ABC 即为所设计的偏置曲柄滑块机构。

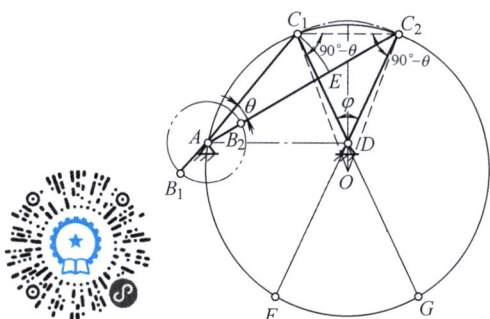

动画　　**图 5-28**　满足急回的曲柄摇杆机构设计的图解法

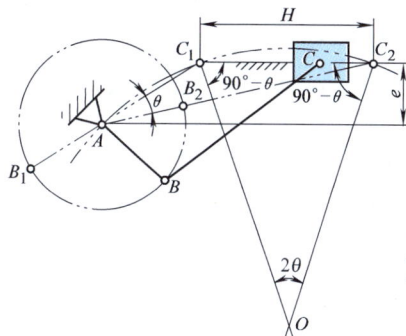

图 5-29　满足急回的曲柄滑块机构设计的图解法　　动画

思考与交流　在图 5-29 中，若固定铰链 A 在滑块导路的上方，应如何作图？

（3）曲柄摆动导杆机构　已知机构的行程速比系数 K，机架长 l_{AC}，设计该曲柄摆动导杆机构。

分析：借助于图 5-21 可知导杆机构处于极限位置时，$AB \perp BC$，且导杆的摆角 $\varphi = \theta$。作图过程如下：

1）计算极位夹角 $\theta = \dfrac{K-1}{K+1} \times 180° = \varphi$。

2）取比例尺 μ_L，如图 5-30 所示，任选一点 C，作机架 AC，过 C 点作与 AC 的夹角均为 $\theta/2$ 的直线 Cm 和 Cn。

3）过 A 点作 $AB_1 \perp Cn$，得曲柄 AB 的长。图中 ABC 即为所设计的曲柄摆动导杆机构。

动画

图 5-30　满足急回的曲柄摆动导杆机构设计的图解法

2. 解析法

篇幅所限，只给出曲柄摇杆机构的解析法设计过程。

已知曲柄摇杆机构的摇杆长 c 和摆角 φ，行程速比系数 K，曲柄长 a。用解析法确定连杆长 b 和机架长 d。

如图 5-31 所示，DC_1、DC_2 为摇杆的两个极限位置，$\angle C_1AC_2 = \theta$，设 $\angle C_1C_2A = \beta$，则在

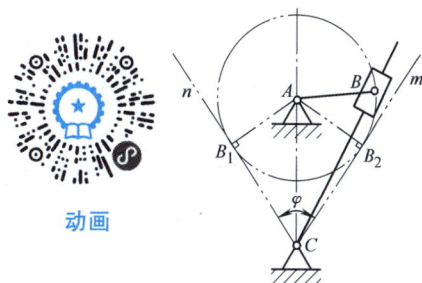

$\triangle AC_1C_2$ 中，因 $l_{C_1C_2}=2c\sin\dfrac{\varphi}{2}$，$\cos\theta=\dfrac{(b-a)^2+(b+a)^2-l_{C_1C_2}^2}{2(b-a)(b+a)}$，则

$$(1+\cos\theta)a^2+(1-\cos\theta)b^2=\frac{l_{C_1C_2}^2}{2}=2c^2\sin^2\frac{\varphi}{2}$$

因此，连杆长 b 满足

$$b^2=\frac{2c^2\sin^2\dfrac{\varphi}{2}-a^2(1+\cos\theta)}{1-\cos\theta}\qquad(5\text{-}10)$$

又　$\cos\beta=\dfrac{l_{C_1C_2}^2+(b+a)^2-(b-a)^2}{2(a+b)l_{C_1C_2}}=\dfrac{l_{C_1C_2}^2+4ab}{2(a+b)l_{C_1C_2}}$

即　$\cos\beta=\dfrac{c^2\sin^2\dfrac{\varphi}{2}+ab}{c(a+b)\sin\dfrac{\varphi}{2}}\qquad(5\text{-}11)$

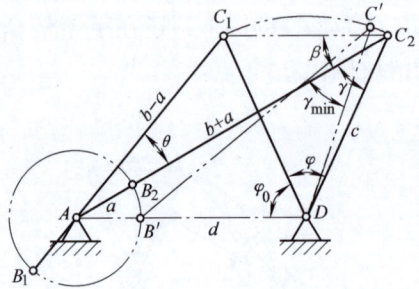

图 5-31　曲柄摇杆机构设计的解析法

式（5-11）中，因 b 由式（5-10）求出，其他参数均已给定，故可求得 β。

而 $\gamma=90°-\beta-\dfrac{\varphi}{2}$，则机架长 d 为

$$d=\sqrt{(a+b)^2+c^2-2c(a+b)\cos\gamma}\qquad(5\text{-}12)$$

显然，d 是 γ 的函数，若已知最小传动角 γ_{min}，则在 $\triangle B'C'D$ 中，根据余弦定理，机架 d 可由下式求得，

$$(d-a)^2=b^2+c^2-2bc\cos\gamma_{min}\qquad(5\text{-}13)$$

（二）按给定连杆的位置设计四杆机构

1. 图解法

铰链四杆机构中，给定连杆的位置可有两种不同情况。

（1）已知活动铰链中心的位置　设连杆上两个活动铰链中心 B、C 的位置给定，要求在机构运动过程中连杆能依次占据 B_1C_1、B_2C_2、B_3C_3 三个位置，如图 5-32 所示。设计该铰链四杆机构。

设计的关键是确定两个固定铰链中心 A、D 的位置。由于 B、C 的轨迹分别是以固定铰链 A、D 为圆心的圆周或圆弧。因此，分别作 B_1B_2、B_2B_3 的垂直平分线，其交点即为固定铰链 A 的位置；分别作 C_1C_2、C_2C_3 的垂直平分线，其交点即为固定铰链 D 的位置。连接 AB_1、C_1D，即 AB_1C_1D 即为所设计的铰链四杆机构。

（2）已知固定铰链中心的位置　根据机构倒置的概念，可以将该类问题转换为上述已知连杆上活动铰链中心的位置设计四杆机构的问题。若改取四杆机构的连杆为机架（活动铰链 B、C 变为固定铰链），则原机构中的固定铰链 A、D 将转变为活动铰链，即 AD 成了连杆。

作图原理分析：如图 5-33 所示。连接 AB_1C_1D、AB_2C_2D；将原机构的第二个位置的 AB_2C_2D 视为一个刚体，移动该刚体使 B_2C_2 与 B_1C_1 重合，得到 $A'B_1C_1D'$；观察两个位置，转化成 BC 为机架，而 AD 和 $A'D'$ 相当于连杆的两个位置。则 B_1 点在 AA' 的垂直平分线上，C_1 点在 DD' 的垂直平分线上。

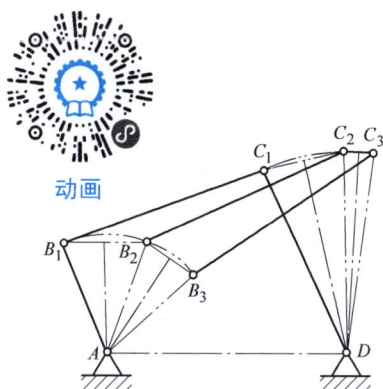

图 5-32 实现连杆三个位置的设计
（活动铰链已知）

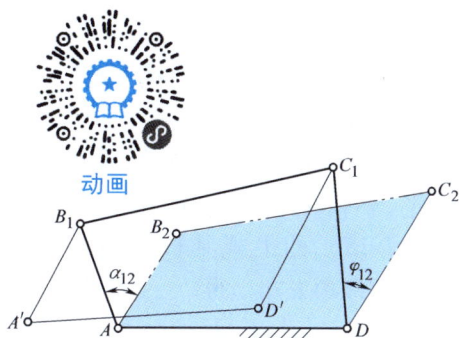

图 5-33 已知固定铰链中心位置的设计原理

动画

【例 5-1】 如图 5-34a 所示，已知固定铰链 A、D 的位置，以及连杆上标线 EF 的三个位置 E_1F_1、E_2F_2 和 E_3F_3，设计该铰链四杆机构。

解： 如图 5-34b 所示，依据图 5-33 的作图原理将 AE_2F_2D 刚化后移动，使 E_2F_2 和 E_1F_1 重合，得到 $A'D'$，同理将 AE_3F_3D 刚化后移动，使 E_3F_3 和 E_1F_1 重合，得到 $A''D''$。

视频讲解

分别作 AA'、$A'A''$ 的垂直平分线，交点即为活动铰链 B_1 的位置，同理，作 DD'、$D'D''$ 的垂直平分线，交点为活动铰链 C_1。连接 AB_1C_1D，即为所设计的铰链四杆机构。

a)

b)

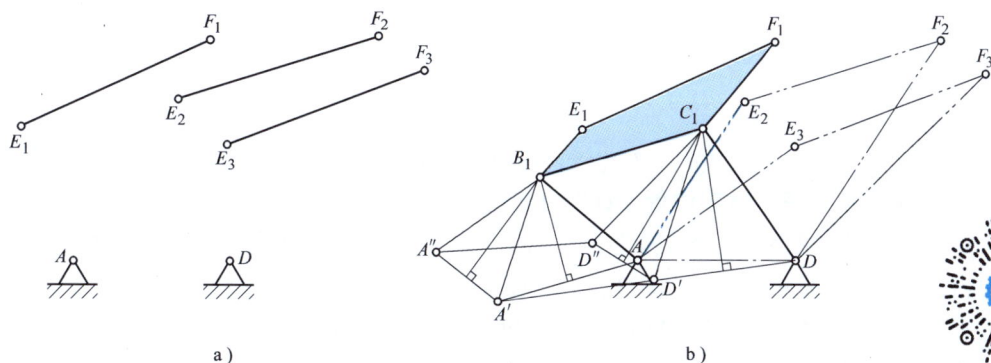

图 5-34 已知固定铰链和连杆三个标线位置的铰链四杆机构设计

动画

由上述可知，给定连杆三个位置，有唯一解；若已知连杆的两个位置进行设计，有无穷多解。若要获得唯一解，还要指定其他条件。

2. 解析法

可以用连杆上任意一点的坐标和连杆的方位角来表示连杆的位置。如图 5-35 所示，若要求连杆占据以其上 M 点的位置 $M_i(x_{Mi}, y_{Mi})$ 及方位角 θ_{2i} （$i = 1, 2, \cdots, n$）所表示的一系列预定位置，试设计该四杆机构。

建立平面直角坐标系 xOy，将此机构分割为左右两个双杆组加以研究。

（1）左侧双杆组　矢量方程为

$$\boldsymbol{OA}+\boldsymbol{AB}_i+\boldsymbol{B}_i\boldsymbol{M}_i-\boldsymbol{OM}_i=0 \qquad (5\text{-}14)$$

在 x、y 轴上投影，得

$$\begin{cases} x_A+a\cos\theta_{1i}+k\cos(\gamma+\theta_{2i})-x_{Mi}=0 \\ y_A+a\sin\theta_{1i}+k\sin(\gamma+\theta_{2i})-y_{Mi}=0 \end{cases} \qquad (5\text{-}15)$$

将式（5-15）的上式乘以 $\sin\theta_{1i}$，下式乘以 $\cos\theta_{1i}$，两式相减消去 θ_{1i}，得

$$\frac{(x_{Mi}^2+y_{Mi}^2+x_A^2+y_A^2+k^2-a^2)}{2}-x_A x_{Mi}-y_A y_{Mi}+$$

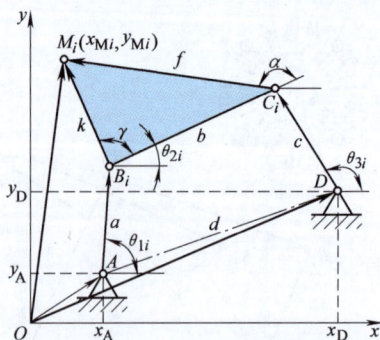

图 5-35　实现预定连杆位置设计铰链四杆机构的解析法

$$k(x_A-x_{Mi})\cos(\gamma+\theta_{2i})+k(y_A-y_{Mi})\sin(\gamma+\theta_{2i})=0 \qquad (5\text{-}16)$$

（2）右侧双杆组　同理，由右侧双杆组可得

$$\frac{(x_{Mi}^2+y_{Mi}^2+x_D^2+y_D^2+f^2-c^2)}{2}-x_D x_{Mi}-y_D y_{Mi}+f(x_D-x_{Mi})\cos(\alpha+\theta_{2i})+f(y_D-y_{Mi})\sin(\alpha+\theta_{2i})=0$$

$$(5\text{-}17)$$

式（5-16）、式（5-17）中各含有 5 个待定参数 x_A、y_A、a、k、γ 和 x_D、y_D、c、f、α，故最多只能按 5 个预定位置精确求解。上述为非线性方程组，需利用数值法求解。当预定位置数 $N<5$ 时，可先预选 $N_0=5-N$ 个参数，再进行计算。

求得上述参数后，B 点位置坐标为

$$x_{Bi}=x_{Mi}-k\cos(\gamma+\theta_{2i})$$
$$y_{Bi}=y_{Mi}-k\sin(\gamma+\theta_{2i}) \qquad (5\text{-}18)$$

则，四杆机构的连杆和机架的长度分别为

$$\begin{cases} b=\sqrt{(x_{Bi}-x_{Ci})^2+(y_{Bi}-y_{Ci})^2} \\ d=\sqrt{(x_A-x_D)^2+(y_A-y_D)^2} \end{cases} \qquad (5\text{-}19)$$

（三）按给定两连架杆的对应位置设计四杆机构

如图 5-36 所示，要求设计一个铰链四杆机构，使其从动件 3 与原动件 1 的转角之间满足若干个对应位置关系，即 $\theta_{3i}=f(\theta_{1i})$，$i=1,2,\cdots,n$。

建立平面直角坐标系，如图 5-36 所示。因机构按比例缩放时，不会影响各构件的相对转角关系，故按相对长度设计。分别设 $a/a=1$，$b/a=l$，$c/a=m$，$d/a=n$，杆 1、3 的初始位置角分别为 α_0 和 φ_0，上述 l、m、n、α_0、φ_0 这 5 个参量为待定参数。

把各杆看作矢量，分别向 x、y 坐标轴投影，得

$$\begin{cases} l\cos\theta_{2i}=n+m\cos(\theta_{3i}+\varphi_0)-\cos(\theta_{1i}+\alpha_0) \\ l\sin\theta_{2i}=m\sin(\theta_{3i}+\varphi_0)-\sin(\theta_{1i}+\alpha_0) \end{cases} \qquad (5\text{-}20)$$

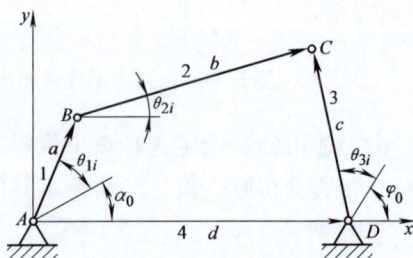

图 5-36　按两连架杆预定位置设计铰链四杆机构的解析法

将上式两端分别二次方后相加，消去 θ_{2i}，得

$$\cos(\theta_{1i}+\alpha_0)=B_0\cos(\theta_{3i}+\varphi_0)+B_1\cos(\theta_{3i}+\varphi_0-\theta_{1i}-\alpha_0)+B_2 \tag{5-21}$$

式中，$B_0=m$，$B_1=-\dfrac{m}{n}$，$B_2=\dfrac{m^2+n^2+1-l^2}{2n}$。

式（5-21）中包含了 5 个待定参数 B_0、B_1、B_2、α_0 和 φ_0，故四杆机构最多可按两连架杆的 5 个对应位置精确求解。当已知位置数 $N>5$ 时，一般不能求得精确解，此时可用最小二乘法、优化法等进行近似设计；当 $N<5$ 时，可预选 $N_0=5-N$ 个尺度参数值，此时有无穷多个解。

（四）按给定的运动轨迹设计四杆机构

实现已知轨迹的设计问题是指设计一连杆机构，使其连杆上某点实现所给定的轨迹。

1. 解析法

如图 5-37 所示，试设计铰链四杆机构 ABCD，使连杆上 M 点实现预定的运动轨迹。

首先要建立 M 点的坐标（x_M，y_M）与机构尺寸之间的函数关系。

若以 A 为原点，AD 为 x 轴建立直角坐标系 xAy，从 M 点分开。由左侧，M 点的坐标可以写成

$$\begin{cases} x_M=a\cos\varphi+e\sin\theta_1 \\ y_M=a\sin\varphi+e\cos\theta_1 \end{cases} \tag{5-22}$$

由右侧，M 点的坐标可以写成

$$\begin{cases} x_M=d+c\cos\psi-g\sin\theta_2 \\ y_M=c\sin\psi+g\cos\theta_2 \end{cases} \tag{5-23}$$

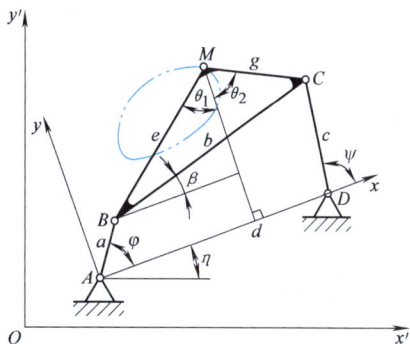

图 5-37　用解析法设计实现给定轨迹的铰链四杆机构

将式（5-22）消去 φ，式（5-23）消去 ψ，分别得

$$x_M^2+y_M^2+e^2-a^2=2e(x_M\sin\theta_1+y_M\cos\theta_1)$$

$$(d-x_M)^2+y_M^2+g^2-c^2=2g[(d-x_M)\sin\theta_2+y_M\cos\theta_2]$$

令 $\theta=\theta_1+\theta_2$，从上面两式中消去 θ_1 和 θ_2，得 M 点的位置方程即连杆曲线方程为

$$U^2+V^2=W^2 \tag{5-24}$$

式中，$U=g[(x_M-d)\cos\theta+y_M\sin\theta](x_M^2+y_M^2+e^2-a^2)-ex_M[(x_M-d)^2+y_M^2+g^2-c^2]$；

$V=g[(x_M-d)\sin\theta-y_M\cos\theta](x_M^2+y_M^2+e^2-a^2)+ey_M[(x_M-d)^2+y_M^2+g^2-c^2]$；

$W=2ge\sin\theta[x_M(x_M-d)+y_M^2-dy_M\cos\theta]$；

$\theta=\arccos\dfrac{e^2+g^2-b^2}{2ge}$。

式（5-24）中共有 6 个待定尺寸参数 a、b、c、d、e、g，如果在给定的轨迹中选取六个点的坐标值（x_{Mi}，y_{Mi}），分别代入上式，得到 6 个方程，即可求得这 6 个尺寸参数。

为了使连杆曲线上能有 7 个以上的点与给定轨迹重合，可设机架 AD 与 x 轴的夹角为 η，

A 点的坐标为 (x_A, y_A)，引入新坐标系 $x'Oy'$，将式（5-24）转换为新坐标系下的连杆曲线方程为

$$f(x_A, y_A, \eta, a, b, c, d, e, g) = 0 \qquad (5\text{-}25)$$

上式中共有 9 个待定参数，故四杆机构的连杆曲线最多能精确实现 9 个预定轨迹上的点。

若要实现更多的点位或有速度等多种要求，可用优化设计的方法，选定目标函数，设定约束条件，以上述 9 个待定参数作为设计变量，选取优化方法进行优化设计计算。遗传算法更适合于这种多目标、多约束的优化设计问题，且对初始值的要求不高。

2. 图谱法

设计实现预定轨迹的机构也可利用现成的"连杆曲线图谱"来完成。该方法是查阅连杆曲线图谱，先从图谱中找出形状与给定轨迹最相似的连杆曲线，并查得相应的各构件的相对长度，然后根据给定曲线与连杆曲线的大小关系，缩放相对杆长，得到各构件的真实长度。

图 5-38 所示为图谱册中的一幅图谱，各双点画线为连杆上不同点的轨迹（连杆曲线），各线上的小圆圈为产生该轨迹的连杆上点的具体位置。从图谱册中人为找到所需实现的轨迹，从而得到对应的机构尺寸。手工查阅"连杆曲线图谱"的方法效率低，精度差。

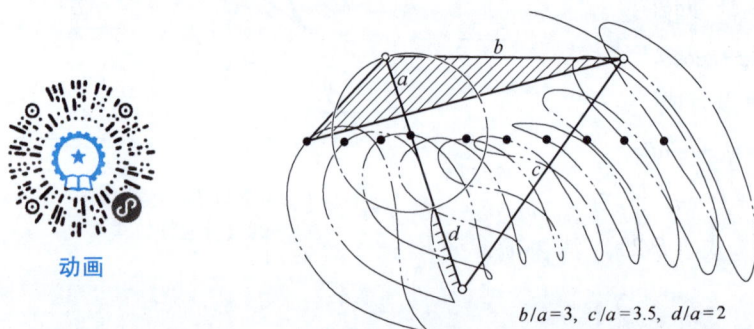

$b/a=3, \ c/a=3.5, \ d/a=2$

图 5-38 连杆曲线图谱

近来，利用计算机的海量存储能力建立电子图谱库，利用计算机的快速检索能力来实现轨迹匹配查询，是实现预定轨迹机构设计的较理想的方法。

利用计算机来实现轨迹匹配查询时，应预先建立电子图谱库。对已知参数的连杆机构进行动画演示，求得连杆曲线，自动对连杆曲线进行数值化［可用数学形态学算法、快速傅里叶变换法（FFT）等］，提取连杆曲线的特征参数，将这些特征参数连同机构的相对几何尺寸和原动件的运动参数一起作为一条记录存入计算机中，以一定步长自动变化杆长，建立涵盖所有常见轨迹的机构电子图谱库。

对于预期的轨迹曲线，给定控制精度，将要实现轨迹的特征参数和图谱库中的每条记录逐个比较，按相似性评价算法，计算差异程度，自动查询到图谱库中满足精度要求的所有记录，进而得到平面连杆机构的尺度参数。

图 5-39 所示为实现期望轨迹的平面六杆机构尺度综合的一个实例。右上图为期望轨

迹，左下部为从图谱库中查得的满足精度要求、能实现期望轨迹的若干条记录，按差异程度 d 值由小到大排序，左上图显示的是某一条记录的动态仿真图，其参数为：$l_1 = 70$，$l_2 = 90$，$l_3 = 190$，$l_4 = 210$，$l_5 = 50$，$l_6 = 160$，$\omega_1 = 0.2$，$\omega_5 = 0.2$，$i_{12} = 1$，$\varphi_1 = 200°$，$\varphi_2 = 100°$，$\varphi_5 = 150°$。

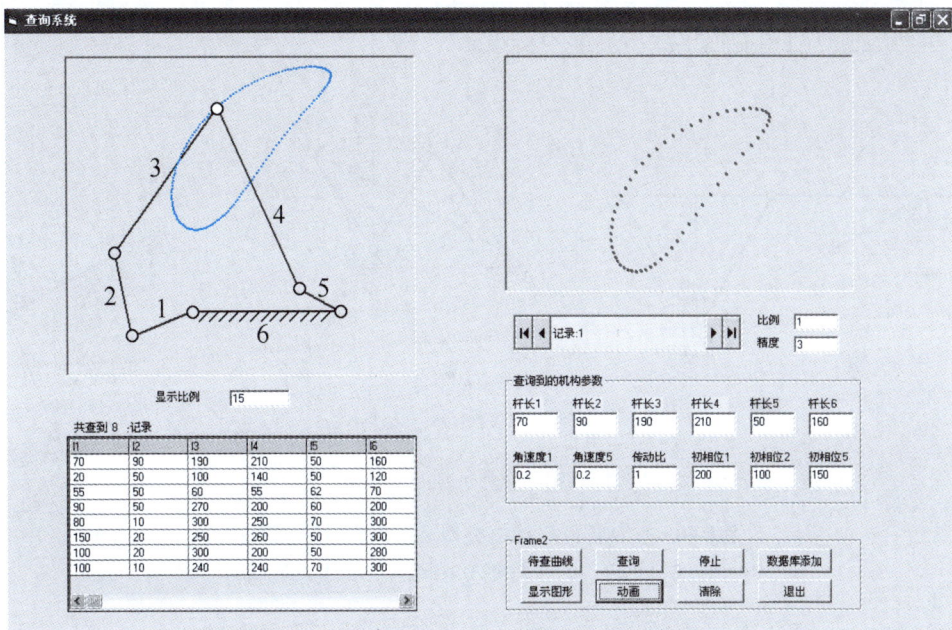

图 5-39　实现期望轨迹的平面六杆机构尺度综合的电子图谱法

*拓展与延伸——平面四杆机构急回特性

前面我们学习了平面四杆机构的急回特性，究竟急回程度有多大？极位夹角是否一定像多数教材所述为锐角呢？下面我们分别就曲柄摇杆机构、曲柄摆动导杆机构进行深入研究。

一、曲柄摇杆机构的急回特性及分类研究

并非所有曲柄摇杆机构都具有急回特性，曲柄摇杆机构的类型决定了其急回程度。

1. 分类

曲柄摇杆机构分为三类：对心曲柄摇杆机构、Ⅰ型曲柄摇杆机构和 Ⅱ型曲柄摇杆机构。给定摇杆长度及摆角、行程速比系数 K，如何设计各种曲柄摇杆机构呢？它们的杆长存在什么关系？最小传动角出现在曲柄与机架重叠共线还是拉直共线位置呢？下面逐一进行研究。

视频讲解

通常把无急回特性，即极位夹角等于 0°，摇杆往返的平均速度相等的曲柄摇杆机构称为对心曲柄摇杆机构，如图 5-40a 所示，该机构 $K = 1$。

Ⅰ型曲柄摇杆机构的特点为：曲柄 AB 的转向与摇杆 CD 慢行程转向相同，A、D 两点在 C_1C_2 所在直线的同侧，图 5-40b 给出了按行程速比系数 K 设计的Ⅰ型曲柄摇杆机构。可以证明，<u>Ⅰ型曲柄摇杆机构的极位夹角可以为锐角、钝角和直角</u>。

Ⅱ型曲柄摇杆机构的特点为：曲柄 AB 的转向与摇杆 CD 慢行程转向相反，A、D 两点在 C_1C_2 所在直线的异侧，图 5-40c 给出按行程速比系数 K 设计的Ⅱ型曲柄摇杆机构。可以证明，<u>Ⅱ型曲柄摇杆机构的极位夹角只能为锐角</u>。

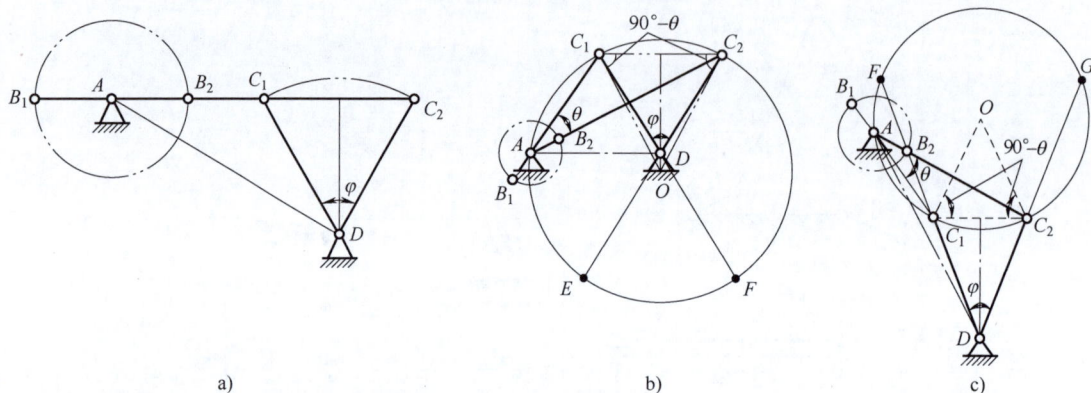

图 5-40 曲柄摇杆机构的类型及按 K 设计的图解法

a）对心曲柄摇杆机构　b）Ⅰ型曲柄摇杆机构　c）Ⅱ型曲柄摇杆机构

2. 各种曲柄摇杆机构杆长间的关系

设曲柄 AB 、连杆 BC 、摇杆 CD 、机架 AD 的长度依次为 a、b、c、d。可以推导得出各种类型曲柄摇杆机构杆长之间的关系如下：

1）对心曲柄摇杆机构四杆长度间的关系为：

$$a^2+d^2=b^2+c^2 \tag{5-26}$$

2）Ⅰ型曲柄摇杆机构四杆长度间的关系为：

$$a^2+d^2<b^2+c^2 \tag{5-27}$$

3）Ⅱ型曲柄摇杆机构四杆长度间的关系为：

$$a^2+d^2>b^2+c^2 \tag{5-28}$$

3. 最小传动角 γ_{min} 出现的位置

由本章第三节得知，曲柄摇杆机构的最小传动角 γ_{min} 出现在曲柄 AB 与机架 AD 重叠共线和拉直共线的两个位置之一。对于上述三类曲柄摇杆机构，其最小传动角 γ_{min} 是出现在重叠共线还是拉直共线位置呢？

对心曲柄摇杆机构的最小传动角在曲柄 AB 与机架 AD 重叠共线、拉直共线的两个位置相等，如图 5-41a 所示，图中 AB_4C_4D、AB_3C_3D 两个位置的传动角相等，均为该机构的最小传动角。

Ⅰ型曲柄摇杆机构的最小传动角总是出现在曲柄 AB 与机架 AD 重叠共线的位置，如图 5-41b 所示。而Ⅱ型曲柄摇杆机构的最小传动角总是出现在曲柄 AB 与机架 AD 拉直共线的位置，如图 5-41c 所示。

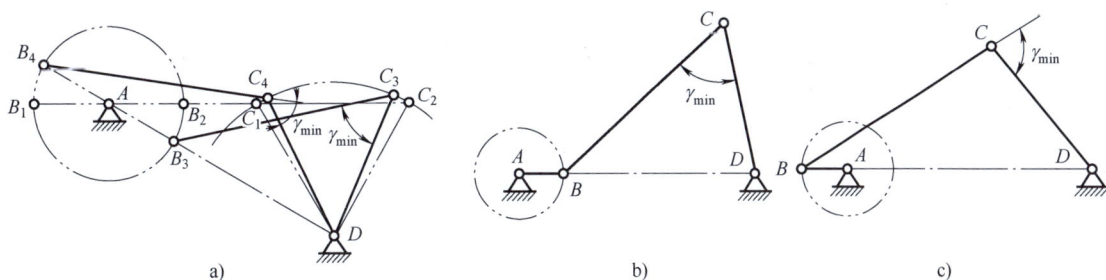

图 5-41　曲柄摇杆机构最小传动角 $\gamma_{\min}$ 出现的位置

a）对心曲柄摇杆机构　b）Ⅰ型曲柄摇杆机构　c）Ⅱ型曲柄摇杆机构

仿真验证

4. 实例验证和思考

四组曲柄摇杆机构的各杆长度见表 5-3，分析并回答下列问题：

表 5-3　极位夹角 θ 分别为零度、锐角、直角、钝角的曲柄摇杆机构实例

实例	摇杆长度 c/mm	曲柄长度 a/mm	连杆长度 b/mm	机架长度 d/mm	摆角	行程速比系数 K（极位夹角 θ）	K 的范围
实例一		16.33	26.72	54.33		$K=1.4$（$\theta=30°$）	$1<K<3$
实例二	45	14.93	19.24	40.87	$\varphi=45°$	$K=3$（$\theta=90°$）	$K=3$
实例三		15.71	18.21	42.53		$K=3.5$（$\theta=100°$）	$K>3$
实例四		22.5	34.34	51.96		$K=1$（$\theta=0°$）	$K=1$

1）根据表中的四组杆长，判断各机构属于哪类曲柄摇杆机构？借助于软件或手工画图，验算各机构摇杆的摆角 φ 和极位夹角 θ。

2）分析并标出最小传动角出现的位置。

3）借助于 Adams 或 Creo 等软件，对上述四个实例进行运动分析，分别绘制摇杆 CD 的角位移、角速度、角加速度与曲柄转角间的关系曲线。

二、曲柄摆动导杆机构的急回特性探究

与曲柄摇杆机构类似，曲柄摆动导杆机构的极位夹角 θ 也不总是锐角，也可能是直角或钝角。

视频讲解

1. 极位夹角 θ 与杆长间的关系

图 5-42 所示为曲柄摆动导杆机构，导杆的两个极限位置分别为 CB_1 和 CB_2，导杆的摆角为 φ，机构的极位夹角为 θ。

为分析问题方便，定义比值 $\lambda=\dfrac{AC}{AB}$，显然在曲柄摆动导杆机构中，$\lambda \geqslant 1$。由图 5-42 可知，摆角 φ、极位夹角 θ 与 λ 的关系为

$$\varphi \equiv \theta = 2\arcsin \frac{AB}{AC} = 2\arcsin \frac{1}{\lambda} \tag{5-29}$$

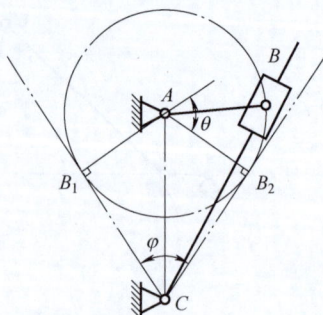

图 5-42 曲柄摆动导杆机构及其极限位置

根据式（5-29），得出 θ 分别为锐角、直角、钝角时，λ 的取值见表 5-4。

表 5-4 θ 为锐角、直角、钝角时 λ 的取值

θ	K	λ	AB 与 AC 的关系
$\theta<90°$	$1<K<3$	$\lambda>\sqrt{2}$	$AB<\dfrac{\sqrt{2}}{2}AC$
$\theta=90°$	$K=3$	$\lambda=\sqrt{2}$	$AB=\dfrac{\sqrt{2}}{2}AC$
$\theta>90°$	$K>3$	$1\leqslant\lambda<\sqrt{2}$	$AC\geqslant AB>\dfrac{\sqrt{2}}{2}AC$

2. 实例验证和思考

三组曲柄摆动导杆机构的各杆长度见表 5-5，分析并回答下列问题：

表 5-5 θ 为锐角、直角、钝角时的曲柄摆动导杆机构实例

实例	各杆长度		行程速比系数 K（极位夹角 θ）	K 的范围
	曲柄长度 a	机架长度 d		
实例一	25.88		$K=1.4$（$\theta=30°$）	$1<K<3$
实例二	70.71	100	$K=3$（$\theta=90°$）	$K=3$
实例三	76.6		$K=3.5$（$\theta=100°$）	$K>3$

1）根据表 5-5 中的三组杆长，借助于软件或手工画图，验算各机构的极位夹角 θ。在图上画出导杆的摆角 φ，说明 φ 与 θ 之间的关系。

2）这种机构的传动角为多少度？曲柄处于任意位置时，机构的传动角相等吗？

3）借助于 Adams 或 Creo 等软件，对上述三个实例进行运动分析，绘制导杆角位移、角速度、角加速度与曲柄 AB 的转角间的关系曲线。

> **善钻研　敢质疑** 本节得出四杆机构的极位夹角并非总是常规教材所述的锐角，并借助计算机软件验证结论。因此，科学需要深入钻研，大胆质疑。

本章知识框架图

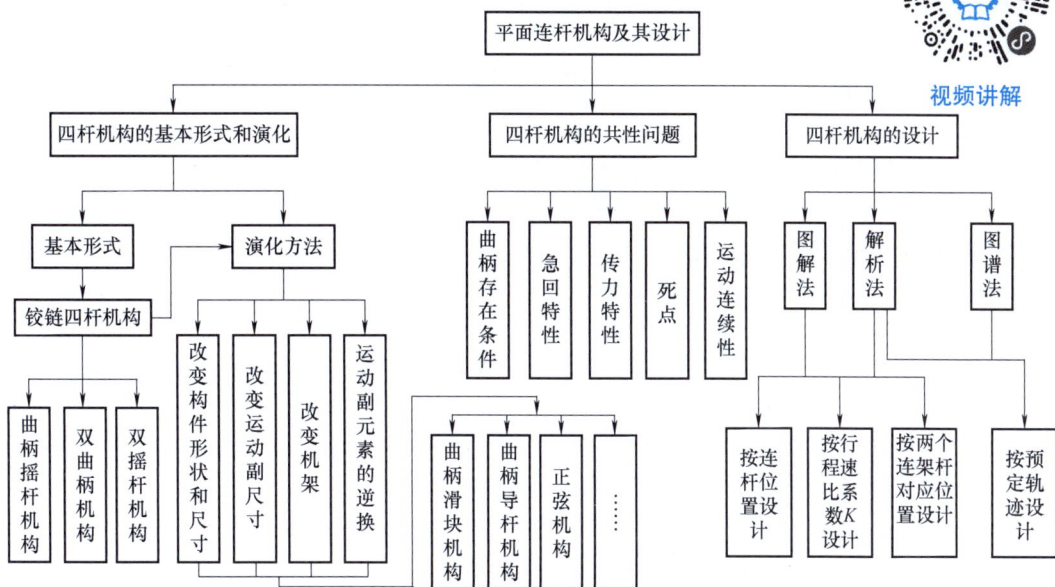

本章测试

思 考 题

5-1 铰链四杆机构有哪几种基本形式？说明铰链四杆机构的曲柄存在条件。

5-2 铰链四杆机构可通过什么途径演化为其他平面四杆机构？试列举四杆机构在工程上的几个应用。

5-3 图 5-21 所示的曲柄摆动导杆机构中，AB 杆以匀角速度顺时针转动。其极位夹角 θ 和导杆的摆角 φ 之间的关系如何？若 $l_{AC} = 2l_{AB}$，那么机构的行程速比系数 K 为多大？分析哪个方向为工作行程。

5-4 试回答曲柄滑块机构的曲柄存在条件。曲柄滑块机构的最小传动角如何确定？对心曲柄滑块机构和偏置曲柄滑块机构哪个存在急回特性？试画图说明。它们在什么前提下出现死点位置？分析死点出现的原因。

5-5 "死点"与"自锁"有何本质的不同？它们都只有害处吗？

5-6 曲柄摇杆机构的最小传动角出现在什么位置？若以曲柄为原动件，该机构是否一定存在急回？是否一定无死点？为什么？

5-7 机电产品中，经常需要把电动机输出的旋转运动进行变换，以实现产品所要求的运动形式。现要把电动机的转动转变为往复摆动，请列出 3 种以上可实现这种运动变换的传动形式，并画出机构示意图，说明机构的名称。

5-8 克服平面机构死点的方法有哪些？说明在由汽车发动机的活塞、连杆、曲轴组成的曲柄滑块机构中，为什么不出现死点？

5-9 什么是压力角、传动角？二者有何关系？它们的大小对机构有何影响？

<h1 style="text-align:center">习　题</h1>

5-1 在图 5-43 所示的铰链四杆机构中，已知 $l_{BC} = 500$mm，$l_{CD} = 350$mm，$l_{AD} = 300$mm，AD 为机架。试问：

1）若此机构为曲柄摇杆机构，且 AB 为曲柄，求 l_{AB} 的最大值。

2）若此机构为双曲柄机构，求 l_{AB} 的最小值。

3）若此机构为双摇杆机构，求 l_{AB} 的取值范围。

5-2 在图 5-44 所示的铰链四杆机构中，各杆件长度分别为：$l_{AB} = 28$mm，$l_{BC} = 52$mm，$l_{CD} = 50$mm，$l_{AD} = 72$mm。

1）若取 AD 为机架，求该机构的极位夹角 θ、行程速比系数 K、最小传动角 $\gamma_{\min}$、杆 CD 的摆角 φ。

2）若取 AB 为机架，该机构将演化为何种类型的机构？为什么？

图 5-43　习题 5-1 图　　　　图 5-44　习题 5-2 图

5-3 曲柄摇杆机构的连杆长 $l_{BC} = 40$mm，已知连杆的两个位置 B_1C_1 和 B_2C_2 如图 5-45 所示，要求当连杆到达 B_2C_2 时，若以 CD 为原动件，机构处于死点位置，而且此时摇杆 C_2D 与 B_1C_1 之间的夹角为 75°。试设计该四杆机构，并确定杆长 l_{AB}、l_{CD} 和 l_{AD}。

5-4 试用图解法或解析法设计一个如图 5-46 所示的曲柄滑块机构，已知滑块的行程速比系数 $K = 1.4$，滑块的行程 $H = 40$mm，偏距 $e = 20$mm。试确定：

1）曲柄长度 l_{AB} 和连杆长度 l_{BC}；机构的最大压力角 $\alpha_{\max}$，并标在图上。

2）当曲柄为原动件且沿逆时针方向匀速转动时，分析滑块是从左到右的速度快，还是从右到左的速度快？

3）当滑块为原动件时，该机构是否会出现死点位置，为什么？

图 5-45　习题 5-3 图　　　　图 5-46　习题 5-4 图

5-5 在图 5-47 所示的平面连杆机构中，已知各构件的尺寸为 $l_{AB} = 160$mm，$l_{BC} = 260$mm，$l_{CD} = 200$mm，$l_{AD} = 80$mm，AB 为原动件，沿顺时针方向匀速转动，试确定：

1）四杆机构 ABCD 的类型。

2）四杆机构 ABCD 的最小传动角 γ_{min}。

3）滑块的行程速比系数 K。

5-6 图 5-48 所示铰链四杆机构的各杆长度分别为 $l_{AB} = 15mm$，$l_{BC} = 60mm$，$l_{CD} = 30mm$，$l_{AD} = 50mm$，试问：

1）该四杆机构属于何种铰链四杆机构？

2）若以杆 AB 为原动件，该机构有无急回运动？为什么？

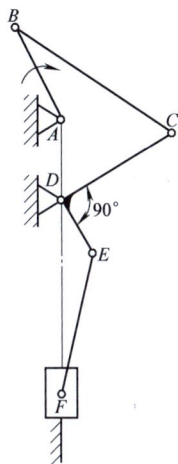

图 5-47 习题 5-5 图   图 5-48 习题 5-6 图

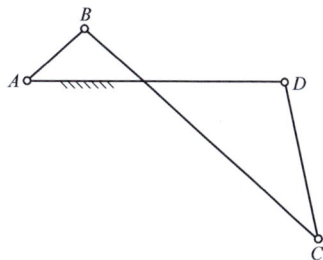

5-7 图 5-49 所示为曲柄摇杆机构，已知机架长度 $l_{AD} = 50mm$，摇杆 CD 的左极限位置与机架间的夹角 $\beta = 45°$，且 $l_{CD} = 40mm$，行程速比系数 $K = 1.4$。试确定曲柄 AB 和连杆 BC 的长度，以及摇杆 CD 的摆角 φ。

5-8 某曲柄摇杆机构如图 5-50 所示，曲柄等速转动，摇杆 CD 两个极限位置与机架间的夹角分别为 60° 和 120°，设摇杆长为 30mm，要求当摇杆处于左极限位置时机构的传动角 $\gamma = 90°$。试确定曲柄 AB 和连杆 BC 的长度，并画出机构的最小传动角 γ_{min}。

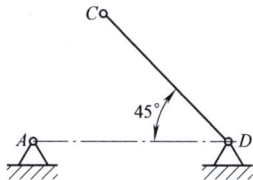

图 5-49 习题 5-7 图   图 5-50 习题 5-8 图

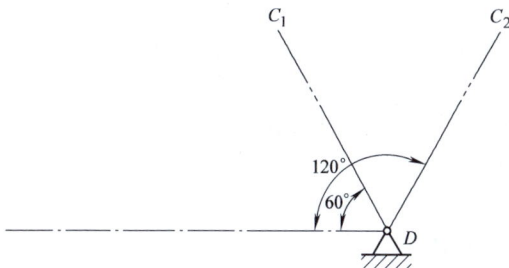

5-9 已知铰链四杆机构 ABCD 中，主、从动连架杆的两对对应位置 AB_1、DE_1 和 AB_2、DE_2 如图 5-51 所示。$\Delta\varphi = \Delta\psi = 90°$。试用作图法求出使两连架杆满足上述两对位置要求，且 $l_{BC} > l_{CD}$ 的铰链四杆机构 ABCD。

5-10 图 5-52 所示为用铰链四杆机构作为加热炉炉门的启闭机构。实线位置为炉门关闭位置，双点画线位置为炉门打开位置。炉门上两铰链的中心距为 50mm，其他尺寸如图。要求炉门打开后成水平位置，且炉门的热面朝下，固定铰链装在 y-y 线上，试设计此机构。

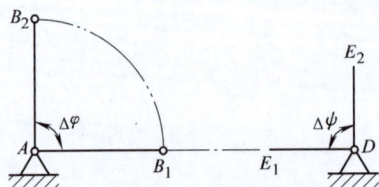

图 5-51 习题 5-9 图

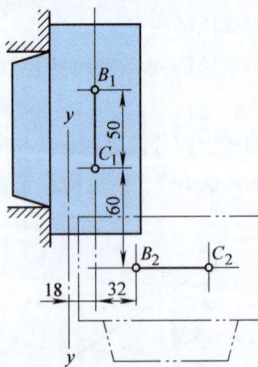

图 5-52 习题 5-10 图

5-11 图 5-53 所示为公共汽车车门启闭机构。已知车门上铰链 C 沿水平直线移动，A 为固定铰链，车门关闭与开启两个位置间的夹角 $\alpha=115°$，关闭车门时，AB_1 水平，其与滑道间距离 $e=110\text{mm}$，$e_1=160\text{mm}$，若 $l_{BC}=400\text{mm}$，滑块行程为 $H=550\text{mm}$。试确定 AB 的长度，并绘出车门在启闭过程中所占据的空间。

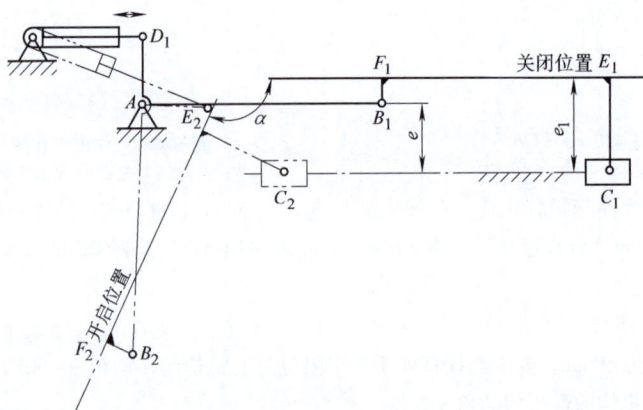

图 5-53 习题 5-11 图

5-12 已知连杆上标线 BE 的三个位置及固定铰链 D 的位置，如图 5-54 所示。试用图解法设计此铰链四杆机构 ABCD，并判断该四杆机构为何种类型的机构？

5-13 图 5-55 所示为六杆机构，已知 $l_1=20\text{mm}$，$l_2=53\text{mm}$，$l_3=35\text{mm}$，$l_4=40\text{mm}$，$l_5=20\text{mm}$，$l_6=60\text{mm}$，试确定：

1) 构件 AB 能否整周回转？

2) 滑块行程 H。

3) 滑块的行程速比系数 K。

4) 机构 DEF 中的最大压力角 $\alpha_{\max}$。

5-14 在图 5-56 所示插床的六杆机构中，ABC 为曲柄转动导杆机构。已知 $l_{AB}=50\text{mm}$，$l_{AD}=40\text{mm}$ 及行程速比系数 $K=1.4$，求曲柄长 l_{BC} 及插刀 P 的行程。又若需行程速比系数 $K=2$，则 l_{BC} 应调整为多长？此时插刀行程是否改变？

5-15 图 5-57 所示为机床变速箱中操纵滑移齿轮的操纵机构，用拨叉 DE 操纵双联齿轮移动。要求设计一个铰链四杆机构 ABCD 操纵拨叉的摆动。已知：机架 $l_{AD}=100\text{mm}$，拨叉的尺寸 $l_{DE}=l_{CD}=40\text{mm}$，拨叉滑块的行程 $H=30\text{mm}$，D 在 E_1E_2 的垂直平分线上。AB 为手柄，当手柄垂直向上时，拨叉处于 E_1 位置；当

手柄逆时针转过 $90°$ 处于水平位置 AB_2 时，拨叉处于 E_2 位置。试设计此机构。

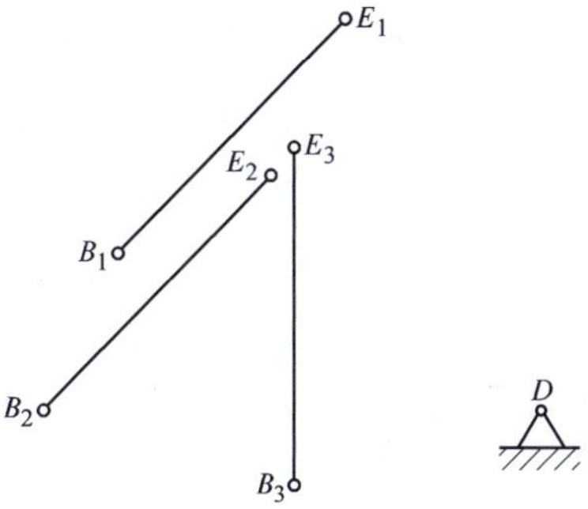

图 5-54 习题 5-12 图

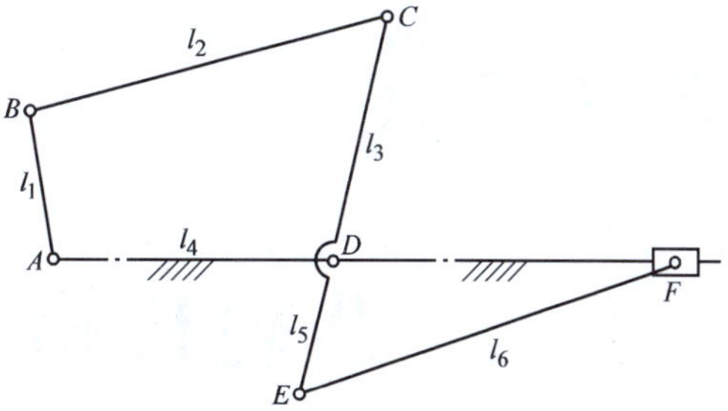

图 5-55 习题 5-13 图

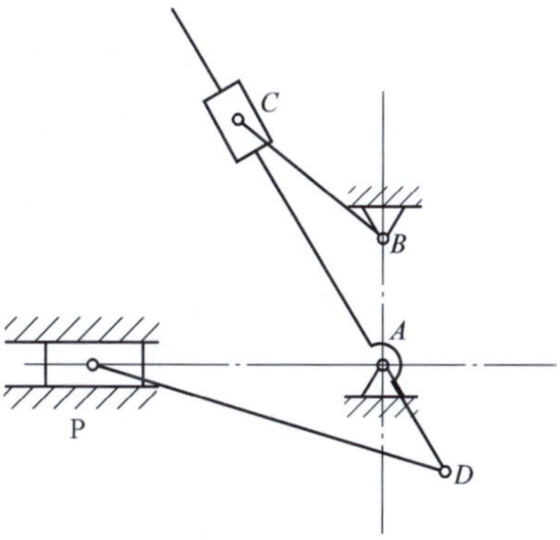

图 5-56 习题 5-14 图

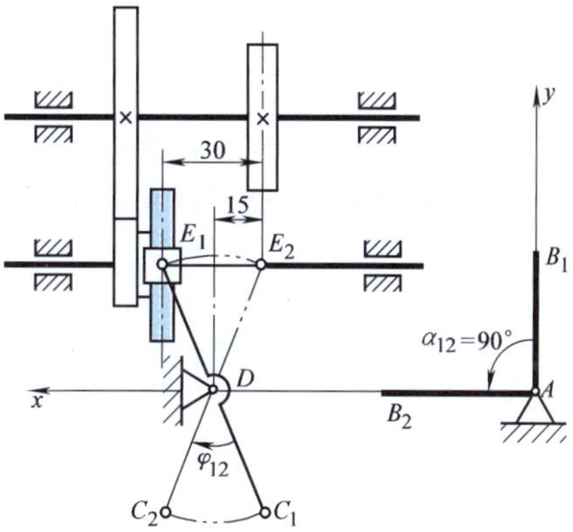

图 5-57 习题 5-15 图

5-16 设计如图 5-58 所示的六杆机构 ABCDEF。已知 AB 为曲柄，且为原动件，摇杆 ECD 的行程速比系数 $K=1$，滑块行程 $F_1F_2=300$mm，$e=100$mm，$x=400$mm，摇杆两极限位置分别为 DE_1 和 DE_2，$\psi_1=45°$，$\psi_2=90°$，且 $l_{EC}=l_{CD}$，A、D 在平行于导路的水平线上。试确定各杆的长度。

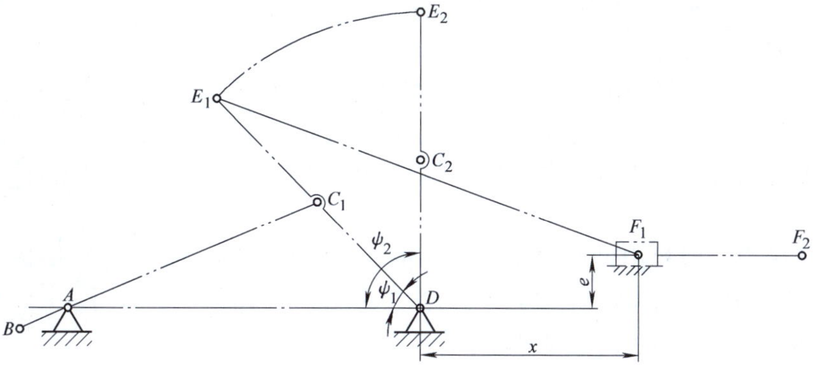

图 5-58 习题 5-16 图

第六章

凸轮机构及其设计

本章要点： 凸轮机构的类型、特点和应用，从动件的常用运动规律及冲击特点，凸轮廓线的图解法和解析法设计，凸轮基圆半径、从动件的滚子半径及平底长度等基本尺寸的确定方法。

第一节　凸轮机构的应用和分类

视频讲解

一、凸轮机构的应用和特点

凸轮机构作为一种常用机构，广泛用于各种机械，尤其是自动机械和自动控制装置中。

图 6-1 所示为内燃机的配气机构。在内燃机运转过程中，凸轮 1 匀速转动，靠凸轮的曲线轮廓推动进（排）气阀 2 往复移动，从而控制气阀按预期的运动规律打开或关闭（借助弹簧力关闭）。

图 6-2 所示为绕线机中的凸轮机构。线轴 3 连续快速转动，带动凸轮 1 缓慢地匀速转动，通过心形凸轮轮廓曲线驱使从动件 2 往复摆动，从而使线能够均匀地绕在线轴 3 上。

图 6-3 所示为自动送料机构。当带有凹槽的圆柱凸轮 1 连续等速转动时，通过嵌于槽中的滚子 3 推动从动件 2 往复移动。凸轮每转动一周，从动件 2 往复移动一次，即将一个工件

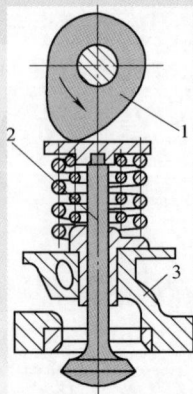

图 6-1　内燃机的配气机构
1—凸轮　2—进（排）
气阀　3—气缸体

毛坯推出储料器，送到加工位置。

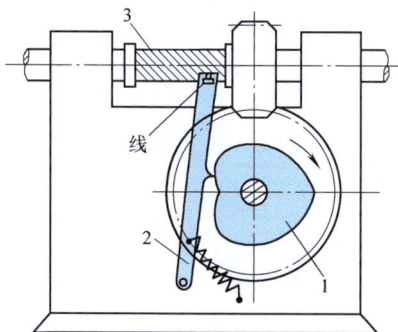

图 6-2　绕线机中的凸轮机构
1—凸轮　2—从动件　3—线轴

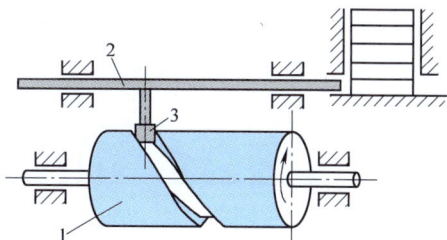

图 6-3　自动送料机构
1—凸轮　2—从动件　3—滚子

由上述各例可以看出，凸轮机构主要是由凸轮、从动件和机架组成。其中凸轮是具有曲线轮廓或凹槽的构件，与从动件为点或线接触，故凸轮机构属于高副机构。通常，凸轮为原动件，凸轮的轮廓曲线驱使从动件按照预期的运动规律做往复运动，完成预定工作。由于从动件一般是在凸轮推动下运动的杆状构件，故从动件又称为推杆。

凸轮机构的主要优点有：①通过准确设计凸轮的轮廓曲线，可以使从动件实现各种预期的运动规律；②结构简单而紧凑。其缺点是凸轮与从动件之间为高副接触，工作面易磨损，所以，凸轮机构主要用于传力不大的场合。

二、凸轮机构的分类

工程实际中所使用的凸轮机构有多种类型。这些凸轮机构中，凸轮的形状、从动件的端部形状和运动形式，以及使从动件与凸轮始终保持接触的方法等不尽相同。通常，分类方法有以下几种：

1. 按凸轮的形状分类

按照凸轮的形状不同，常用的凸轮主要有以下三种：

（1）盘形凸轮　盘形凸轮是一个绕固定轴转动，并具有变化向径的盘形零件，如图 6-1、图 6-2 所示。盘形凸轮的结构比较简单，应用最广，是凸轮的基本形式。但是，其从动件的行程不能太大，否则将导致凸轮的尺寸过大。

（2）移动凸轮　移动凸轮是一个相对机架往复移动，并且其工作面具有曲线轮廓的板状零件，如图 6-4 所示。可以认为移动凸轮是由盘形凸轮的回转中心位于无穷远处演化得到的。

（3）圆柱凸轮　圆柱凸轮是一个在圆柱表面具有曲线凹槽（图 6-3）或在圆柱端面具有曲线轮廓（图 6-5）的零件。圆柱凸轮可以看作是将移动凸轮卷成圆柱形演化得到的。

对于盘形凸轮机构和移动凸轮机构，其从动件与凸轮之间的相对运动均为平面运动，故属于平面凸轮机构。而圆柱凸轮机构的从动件与凸轮之间的相对运动为空间运动，故属于空间凸轮机构。除上述三种凸轮形式以外，还有球面凸轮、锥面凸轮、环面凸轮等其他凸轮类型。篇幅所限，在此不做论述。

动画

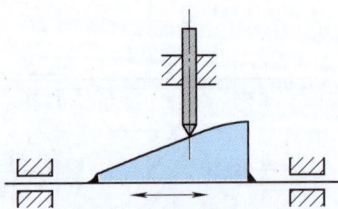

图6-4 移动凸轮机构

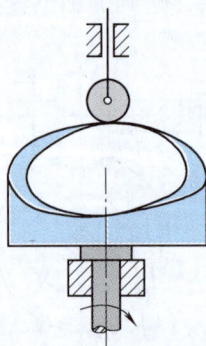

图6-5 圆柱凸轮机构

2. 按从动件的运动形式分类

从动件的运动形式有两种，即直动（移动）和摆动。

（1）直动（移动）从动件 图6-1、图6-3等机构中，从动件相对机架做往复移动。图6-6a~d均为直动从动件。在与盘形凸轮相配时，若从动件的轴线（或称为导路）通过凸轮的转动中心，则称为对心直动从动件；否则，称为偏置直动从动件。

（2）摆动从动件 图6-2中，从动件做往复摆动。图6-6e~h均为摆动从动件。

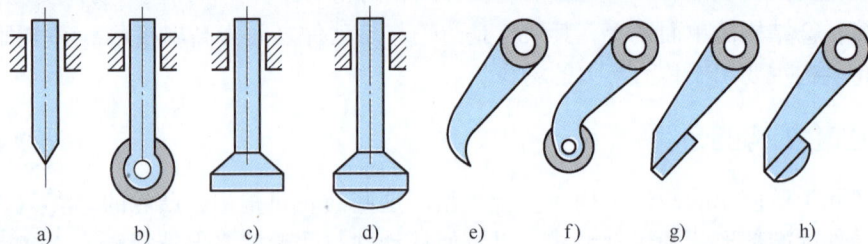

图6-6 从动件的类型

3. 按从动件的端部形状分类

按照从动件与凸轮接触部位的结构形式不同，从动件主要有以下四种类型：

（1）尖顶从动件 如图6-6a、e所示，从动件与凸轮接触的部位为尖顶结构。从动件的尖顶与任何形状（无论是外凸还是内凹）的凸轮轮廓都能保持接触，从而保证从动件总能实现预期的运动规律。这种从动件结构最简单，但尖顶极易磨损，因此只适用于传力小、速度低的场合。

（2）滚子从动件 如图6-6b、f所示，在从动件端部安装一个滚子。滚子与凸轮之间实现滚动摩擦，工作面磨损小，且能承受较大的载荷。故这种从动件在实际中应用广泛。

（3）平底从动件 如图6-6c、g所示，从动件与凸轮接触的部位是一平底结构。若不考虑摩擦力，则凸轮作用于从动件平底的推力始终与平底垂直，故图6-6c这种从动件凸轮机构的压力角始终为零，传力性能好，传动效率较高，且利于凸轮将润滑油带入两摩擦表面之间而形成有效的润滑，故常用于高速凸轮机构中。但是，平底不能与凸轮的内凹轮廓直接接触，这将导致从动件不能按预期的规律运动（称之为运动失真）。所以，这种从动件只能与轮廓全部外凸的凸轮相配构成凸轮机构。

（4）曲底从动件　如图 6-6d、h 所示，其端部为曲面，其兼有尖顶与平底从动件的优点，在生产实际中也有较多应用。

将上述各种形式的凸轮和从动件进行组合，即可得到各种类型的凸轮机构。例如，图 6-1 所示为对心直动平底从动件盘形凸轮机构。图 6-2 所示为摆动尖顶从动件盘形凸轮机构。图 6-3 所示为直动滚子从动件圆柱凸轮机构。

4. 按锁合方式分类

为了避免发生运动失真现象，应使从动件在往复运动过程中与凸轮始终保持接触。使从动件与凸轮始终保持接触的方法称为锁合（也称为封闭）。常用锁合方式有以下两类。

（1）力锁合（力封闭）　这种锁合方式是利用从动件的重力、弹簧力（图 6-1 和图 6-2）或其他力使从动件与凸轮始终保持接触。

（2）形锁合（形封闭）　这种锁合方式是利用凸轮或从动件的特殊几何形状使两者始终保持接触。在图 6-3 和图 6-7a 所示的凸轮机构中，利用凸轮的凹槽使从动件与凸轮始终保持接触。图 6-7b 所示为等宽凸轮机构，与这种凸轮轮廓同时相切的任意两平行线之间的距离始终相等，且等于从动件上内框的宽度，借此使从动件与凸轮之间实现形锁合。图 6-7c 所示为等径凸轮机构，这种凸轮能够始终与从动件上的两个滚子同时接触，从而实现形锁合。图 6-7d 所示为共轭凸轮（也称为主回凸轮）机构，两个固联在一起的凸轮分别与安装在同一个从动件上的两个滚子同时接触，借此构成形锁合。

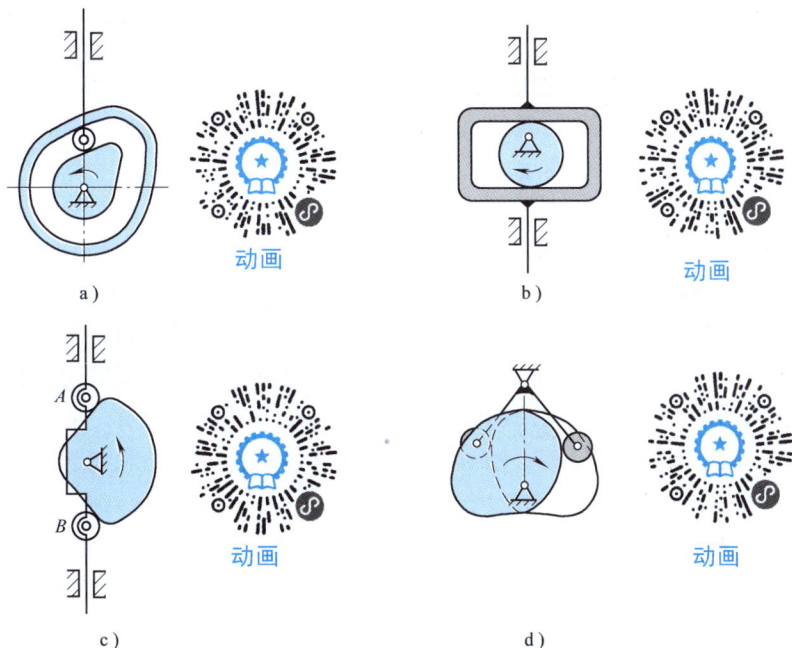

a)　　　　　　　　　　　　　　　　b)

c)　　　　　　　　　　　　　　　　d)

图 6-7　凸轮机构的形锁合

第二节　从动件的运动规律

从动件的运动规律是指从动件的位移、速度和加速度随时间（或凸轮转角）的变化规律。显然从动件的运动规律完全取决于凸轮轮廓曲线的形状。在设计凸轮机构时，通常，根据工作要求先选定凸轮机构的类型、基本尺寸，以及从动件的运动规律。之后，设计能够实现所选运动规律的凸轮轮廓曲线。在实际中，有多种从动件的运动规律，在此主要介绍常用的几种。

一、凸轮机构的工作过程

下面以图 6-8 所示的对心尖顶直动从动件盘形凸轮机构为例，介绍凸轮机构的工作过程。

如图 6-8 所示，典型的凸轮轮廓由四段曲线组成。凸轮轮廓上的点到凸轮转动中心的距离称为向径。AB 段上各点向径逐渐增大，CD 段上各点向径逐渐减小，BC 段和 DA 段均为以凸轮转动中心 O 为圆心的圆弧。在盘形凸轮上，以凸轮的转动中心 O 为圆心，以凸轮轮廓上的最小向径 r_0 为半径所作的圆称为凸轮的基圆，r_0 称为基圆半径。

当凸轮以角速度 ω 逆时针匀速转动时，从动件尖顶与凸轮在 AB 段接触的过程中，凸轮推动从动件从距离凸轮转动中心最近的位置运动到最远的位置，这个过程称为推程，此过程中

a)

b)

动画

图 6-8 对心尖顶直动从动件盘形凸轮机构

凸轮所转动的角度 δ_1 称为推程运动角；在 BC 段接触时，从动件将停留在最远位置静止不动，这一过程称为远休止，凸轮相应转过的角度 δ_2 称为远休止角；在 CD 段接触时，从动件将从最远位置回到最近位置，此过程称为回程，凸轮相应转过的角度 δ_3 称为回程运动角；在 DA 段接触时，从动件停留在最近位置不动，称为近休止，凸轮相应转过的角度 δ_4 称为近休止角。从动件在推程或回程中移动的距离 h 称为行程，如图 6-8 所示。凸轮每转一周，就推动从动件重复一次上述运动过程。图 6-8a 所示的凸轮机构中，凸轮每转一周时，从动件位移的变化规律如图 6-8b 所示。

应注意的是，根据工作需要，凸轮机构有时可能没有远、近休止，或是只有一个休止，但都必定有推程和回程。

二、从动件的几种常用运动规律

由于凸轮通常以角速度 ω 匀速转动，则凸轮转角 $\delta(=\omega t)$ 与时间 t 成正比，所以从动件的运动规律常表示为从动件位移 s、速度 v 和加速度 a 随凸轮转角 δ 变化的规律。表示 s、v 和 a 随凸轮转角 δ 变化规律的曲线分别称为位移线图、速度线图和加速度线图，统称为运动线图。表示 s、v 和 a 随凸轮转角 δ 变化规律的方程分别称为位移方程、速度方程和加速度方程，统称为运动方程。

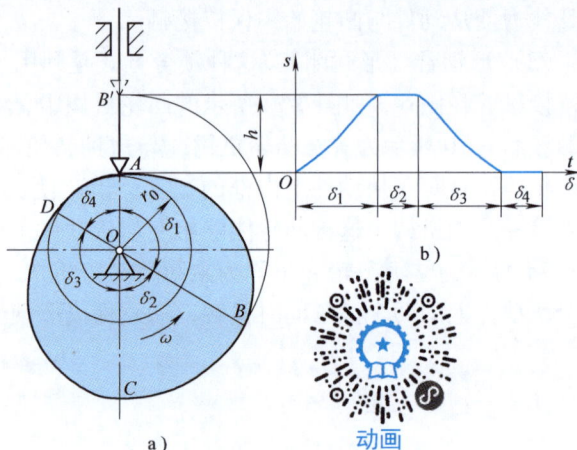

按照从动件运动方程的形式不同，常用运动规律主要有两大类：多项式运动规律和三角函数运动规律。

（一）多项式运动规律

位移方程的一般形式为

$$s = C_0 + C_1\delta + C_2\delta^2 + \cdots + C_n\delta^n \tag{6-1}$$

式中，s 是从动件的位移；C_1，C_2，$\cdots$，C_n 为待定系数，可利用边界条件来确定。

常用的多项式运动规律主要有以下几种：

1. 一次多项式运动规律（等速运动规律）

取式（6-1）中幂次数 $n = 1$，并经求导，可得这种运动规律的位移、速度和加速度表达式为

$$\begin{cases} s = C_0 + C_1\delta \\[2mm] v = \dfrac{\mathrm{d}s}{\mathrm{d}t} = C_1\omega \\[2mm] a = \dfrac{\mathrm{d}v}{\mathrm{d}t} = 0 \end{cases} \tag{6-2}$$

为确定式（6-2）中的待定系数 C_0 和 C_1，设定边界条件为：推程始点处（$\delta = 0$ 时）$s = 0$；在终点处（$\delta = \delta_1$ 时）$s = h$。

将上述边界条件代入式（6-2），可得 $C_0 = 0$，$C_1 = h/\delta_1$，故推程做等速运动的运动方程为

$$\begin{cases} s = h\dfrac{\delta}{\delta_1} \\[2mm] v = h\dfrac{\omega}{\delta_1} \\[2mm] a = 0 \end{cases} \tag{6-3}$$

式中，凸轮转角 δ 应在 $0 \sim \delta_1$ 之间取值。

在回程中，从动件是从离回转中心最远位置逐渐回到最近位置，所以，从动件在回程的位移 s 应等于行程 h 减去推程的位移，但要把推程运动角 δ_1 用回程运动角 δ_3 替换，则回程做等速运动的运动方程为

$$\begin{cases} s = h\left(1 - \dfrac{\delta}{\delta_3}\right) \\[2mm] v = -\dfrac{h}{\delta_3}\omega \\[2mm] a = 0 \end{cases} \tag{6-4}$$

式中，凸轮转角 δ 应在 $0 \sim \delta_3$ 之间取值。

显然，从动件按这种规律运动时，其速度 v 总是相等的，故一次多项式运动规律也称为等速运动规律。

图 6-9 所示为推程是等速运动规律的运动线图。由图可见，虽然在运动过程中，从动件

的加速度为零，但在运动开始和终止的瞬间，速度有突变，加速度理论值趋近于无穷大，因而使从动件在瞬间产生理论值为无穷大的惯性力，机构由此而产生的冲击称为刚性冲击。实际上，由于机构中各构件具有弹性，惯性力不会达到无穷大。但在速度较高的情况下，产生的惯性力也是非常大的，必将引起严重的振动和磨损。所以，这种运动规律一般只适用于低速凸轮机构中。

2. 二次多项式运动规律（等加速等减速运动规律）

取式（6-1）中幂次数 $n = 2$，即为二次多项式运动规律，有

$$\begin{cases} s = C_0 + C_1\delta + C_2\delta^2 \\ v = \dfrac{\mathrm{d}s}{\mathrm{d}t} = C_1\omega + 2C_2\delta\omega \\ a = \dfrac{\mathrm{d}v}{\mathrm{d}t} = 2C_2\omega^2 \end{cases} \tag{6-5}$$

此运动规律从动件的加速度为常数。为了保证凸轮机构运动的平稳性，通常使从动件先做等加速运动，后做等减速运动。所以二次多项式运动规律也称为等加速等减速运动规律。

图 6-9 等速运动规律的运动线图

通常使等加速段和等减速段所对应的凸轮转角及从动件的行程相等，都等于推程运动角 δ_1（或回程运动角 δ_3）及行程 h 的一半。

因在推程等加速段始点处（$\delta = 0$ 时）$s = 0$，$v = 0$；在终点处（$\delta = \delta_1/2$ 时）$s = h/2$，代入式（6-5），得推程等加速段的运动方程为

$$\begin{cases} s = 2h\dfrac{\delta^2}{\delta_1^2} \\ v = \dfrac{4h\omega}{\delta_1^2}\delta \\ a = \dfrac{4h\omega^2}{\delta_1^2} \end{cases} \tag{6-6}$$

式中，δ 的取值范围为 $0 \sim \delta_1/2$。

因推程等减速段始点处（$\delta = \delta_1/2$）有 $s = h/2$；终点处（$\delta = \delta_1$ 时）有 $s = h$、$v = 0$。将这3个边界条件代入式（6-5），得推程等减速段的运动方程为

$$\begin{cases} s = h - 2h\dfrac{(\delta_1-\delta)^2}{\delta_1^2} \\ v = \dfrac{4h\omega}{\delta_1^2}(\delta_1-\delta) \\ a = -\dfrac{4h\omega^2}{\delta_1^2} \end{cases} \tag{6-7}$$

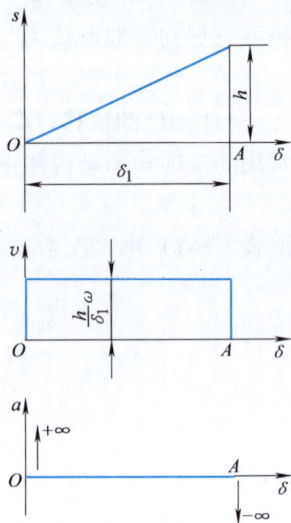

式中，δ 的取值范围为 $\delta_1/2 \sim \delta_1$。

根据式（6-6）和式（6-7）可绘出推程的运动线图，如图 6-10 所示。虽然等加速段和等减速段的位移线图都为抛物线，但等加速段应为内凹的（因二阶导数大于零），而等减速段应为外凸的（因二阶导数小于零）。由图可见，在推程的始点 O、终点 B，以及等加速与等减速的转换点 A 处，其加速度都有有限值的突变，因此，从动件在瞬间也将产生有限值的惯性力而引起冲击，这种冲击称为柔性冲击。

回程等加速段的运动方程为

$$\begin{cases} s = h - 2h\dfrac{\delta^2}{\delta_3^2} \\[2mm] v = -\dfrac{4h\omega}{\delta_3^2}\delta \\[2mm] a = -\dfrac{4h\omega^2}{\delta_3^2} \end{cases} \qquad (6\text{-}8)$$

式中，δ 的取值范围为 $0 \sim \delta_3/2$。

回程等减速段的运动方程为

$$\begin{cases} s = \dfrac{2h}{\delta_3^2}(\delta_3 - \delta)^2 \\[2mm] v = -\dfrac{4h\omega}{\delta_3^2}(\delta_3 - \delta) \\[2mm] a = \dfrac{4h\omega^2}{\delta_3^2} \end{cases} \qquad (6\text{-}9)$$

式中，δ 的取值范围为 $\delta_3/2 \sim \delta_3$。

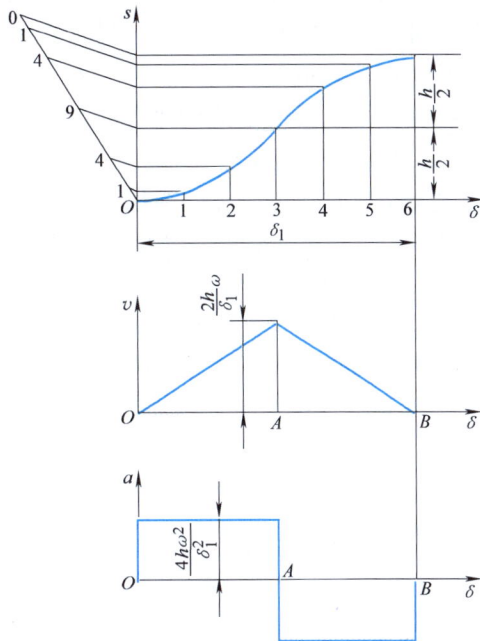

图 6-10　等加速等减速运动规律的运动线图

由于等加速等减速运动存在柔性冲击，在高速凸轮机构中也将产生较大的惯性力，引起严重的振动，加速凸轮的磨损，所以这种运动规律只适用于中速、轻载的场合。

3. 五次多项式运动规律

取式（6-1）中幂次数 $n = 5$，并取 6 个边界条件为：推程始点处（$\delta = 0$ 时）有 $s = 0$、$v = 0$、$a = 0$；终点处（$\delta = \delta_1$ 时）有 $s = h$、$v = 0$、$a = 0$。经推导可得五次多项式运动规律在推程的位移方程为

$$s = \frac{10h}{\delta_1^3}\delta^3 - \frac{15h}{\delta_1^4}\delta^4 + \frac{6h}{\delta_1^5}\delta^5 \qquad (6\text{-}10)$$

显然，式（6-10）为五次多项式，也称为 3-4-5 多项式。

这种运动规律的运动线图如图 6-11 所示。由图可见，五次多项式运动规律既无刚性冲击，也无柔性冲击，运动平稳性好，可用于高速凸轮机构。

从上面可以看出，对多项式运动规律，只需使边界条件数等于多项式中待定系数的个数，即可求出从动件的位移方程，进而经求导得出速度和加速度方程。需注意的是，如果工作中有多种要求，可将这些具体要求设为相应的边界条件；多项式的次数越高，从动件的运动性能越好。但待定系数越多，求解越复杂，而且由于高阶曲线对于加工误差很敏感，故对加工精度的要求也大大提高了。

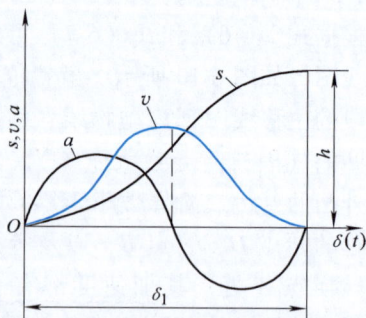

图 6-11　五次多项式运动规律的运动线图

（二）三角函数运动规律

1. 简谐运动规律（也称为余弦加速度运动规律）

如图 6-12a 所示，当点 M 从 O 点开始沿着半径为 R 的圆周做匀速顺时针运动时，M 点在坐标轴 s 上投影的变化规律称为简谐运动。因此有，$h = 2R$，推程阶段 $\theta = \frac{\pi}{\delta_1}\delta$，$s = R - R\cos\theta$，所以这种运动规律在推程的运动方程为

$$\begin{cases} s = \frac{h}{2}\left[1 - \cos\left(\frac{\pi}{\delta_1}\delta\right)\right] \\ v = \frac{\pi h \omega}{2\delta_1}\sin\left(\frac{\pi}{\delta_1}\delta\right) \\ a = \frac{\pi^2 h \omega^2}{2\delta_1^2}\cos\left(\frac{\pi}{\delta_1}\delta\right) \end{cases} \tag{6-11}$$

回程的运动方程为

$$\begin{cases} s = \frac{h}{2}\left[1 + \cos\left(\frac{\pi}{\delta_3}\delta\right)\right] \\ v = -\frac{\pi h \omega}{2\delta_3}\sin\left(\frac{\pi}{\delta_3}\delta\right) \\ a = -\frac{\pi^2 h \omega^2}{2\delta_3^2}\cos\left(\frac{\pi}{\delta_3}\delta\right) \end{cases} \tag{6-12}$$

根据式（6-11）绘出推程的运动线图，如图 6-12 所示。由图可见，加速度按余弦规律变化，因此简谐运动规律也称为余弦加速度运动规律，但只完成了半个周期。在推程的始、末两瞬间，加速度有突变，也将产生柔性冲击，故这种运动规律也只能用于中速、轻载的场合。

2. 摆线运动规律（也称为正弦加速度运动规律）

如图 6-13a 所示，当半径为 R 的圆周沿着坐标轴 s 做匀速纯滚动时，圆周上任一点 M 的轨迹为摆线。因此有，$h = 2\pi R$，推程阶段 $\theta = \frac{2\pi}{\delta_1}\delta$，推程阶段的位移 $s = \overline{OA} - \overline{AB} = \widehat{MA} - \overline{AB} = R\theta - R\sin\theta$，所以，推程的运动方程为

$$\begin{cases} s = h\left[\dfrac{\delta}{\delta_1} - \dfrac{1}{2\pi}\sin\left(\dfrac{2\pi}{\delta_1}\delta\right)\right] \\[3mm] v = \dfrac{h\omega}{\delta_1}\left[1 - \cos\left(\dfrac{2\pi}{\delta_1}\delta\right)\right] \\[3mm] a = \dfrac{2\pi h\omega^2}{\delta_1^2}\sin\left(\dfrac{2\pi}{\delta_1}\delta\right) \end{cases} \quad (6\text{-}13)$$

回程的运动方程为

$$\begin{cases} s = h\left[1 - \dfrac{\delta}{\delta_3} + \dfrac{1}{2\pi}\sin\left(\dfrac{2\pi}{\delta_3}\delta\right)\right] \\[3mm] v = -\dfrac{h\omega}{\delta_3}\left[1 - \cos\left(\dfrac{2\pi}{\delta_3}\delta\right)\right] \\[3mm] a = -\dfrac{2\pi h\omega^2}{\delta_3^2}\sin\left(\dfrac{2\pi}{\delta_3}\delta\right) \end{cases} \quad (6\text{-}14)$$

摆线运动规律的加速度为正弦函数，所以也称之为正弦加速度运动规律。

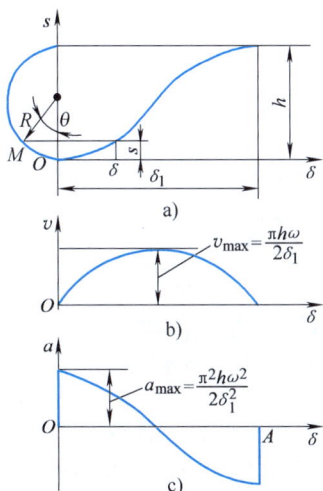

图 6-12 简谐运动规律的运动线图

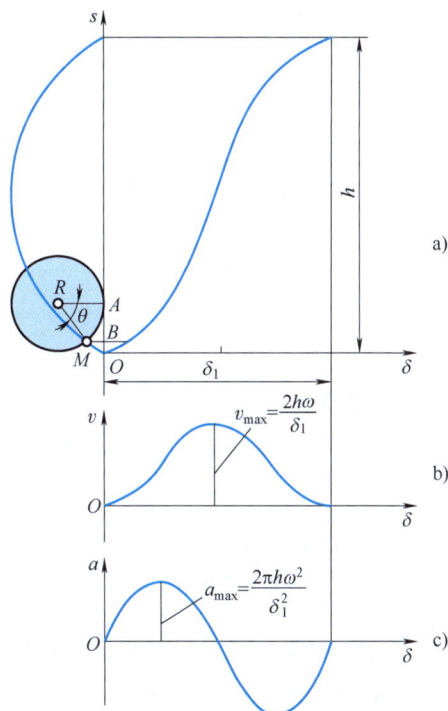

图 6-13 摆线运动规律的运动线图

根据式（6-13）可绘出推程的运动线图，如图 6-13 所示。由图可见，在整个推程中，加速度没有突变，所以不会产生冲击。故这种运动规律可用于高速凸轮机构中。

需要进一步说明，若为摆动从动件，只需将上述各种运动规律的位移方程中的位移 s 和行程 h，分别换为角位移 φ 和最大摆角 ϕ，即可得到摆动从动件的角位移方程 $\varphi = \varphi(\delta)$，例如：推程做等速运动的摆动从动件的角位移由式（6-3）得 $\varphi = \phi\delta/\delta_1$。

三、组合运动规律

除上述常用运动规律以外，根据工作需要，也可选择其他运动规律，或者为了改善从动件的运动特性，将几种运动规律组合使用，构成组合运动规律。

视频讲解

例如，完成某项工作需要从动件做等速运动，但凸轮机构的运转速度又较高。若单独选用等速运动规律则将产生刚性冲击而导致不能正常工作，此时可在等速运动规律推程的两端与其他适当的运动规律组合，构成改进型等速运动规律，图 6-14 所示为等速运动规律与正弦加速度运动规律组合的运动线图。这种组合运动规律既满足了工作需要，又避免了刚性冲击，改善了其动力性能。

再如，在等加速等减速运动规律加速度突变处，与正弦加速度运动规律组合，构成改进型等加速等减速运动规律，如图 6-15 所示。这既保留了等加速等减速运动规律的理论最大加速度 a_{max} 为最小（相比其他运动规律）的优点，又消除了柔性冲击，从而具有较好的综合性能。

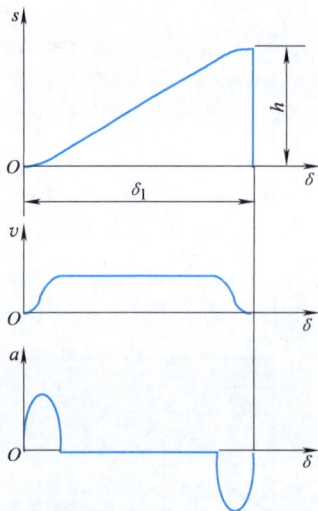

图 6-14　等速运动规律与正弦
加速度运动规律组合的运动线图

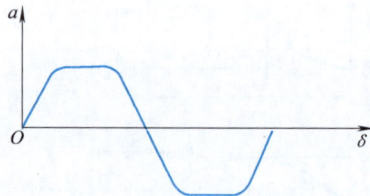

图 6-15　改进型等加速等减速
运动规律的加速度图

值得注意的是，为了避免在连接点处产生运动冲击，应保证两种运动规律的运动线图在连接点处能够光滑连接。即保证在连接点处两种运动规律的位移、速度和加速度分别相等，这是进行运动规律组合时必须满足的边界条件。

四、从动件运动规律的选择

选择从动件运动规律时，应主要考虑机械的具体工作要求，良好的动力特性，廓线便于加工等因素。

1）首先要满足工作需要。图 6-16 所示的带动刀架进给的凸轮机构，从动件带动刀架匀速进给，此时就只能选择等速运动规律。假若刀架行走规律无要求，则可将凸轮廓线设计成直线等形式，以便于加工。

2）应考虑凸轮机构的运转速度，选择适当的运动规律。例如，在高速凸轮机构中，应选择既不会产生刚性冲击也不会产生柔性冲击的运动规律。而那些产生冲击的运动规律则只能用于中速或低速凸轮机构。

3）应保证从动件的位移函数必须具有连续的一阶和二阶导数，确保良好的动力特性。

4）如果工作需要与具有良好的运动特性之间出现矛盾，或是希望得到优良的综合动力性能，则选择组合运动规律为宜。

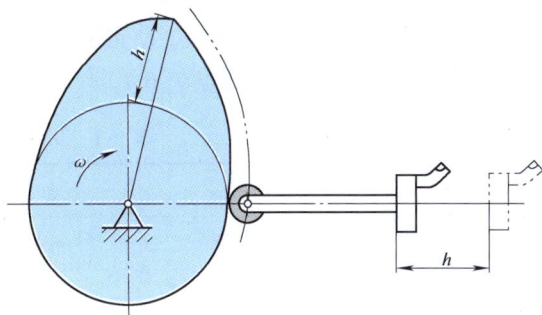

图 6-16　带动刀架进给的凸轮机构

第三节　凸轮轮廓曲线的设计

在确定了凸轮机构的类型、凸轮的转动方向，以及基圆半径 r_0、滚子半径 r_r 等基本尺寸之后，即可根据选定的从动件运动规律设计凸轮的轮廓曲线。设计方法有两种：图解法和解析法。

一、设计凸轮轮廓曲线的基本原理

图解法和解析法所依据的基本原理是相同的。下面以图 6-17 所示的对心直动从动件盘形凸轮机构为例，说明设计凸轮轮廓曲线的基本原理。

工作时，凸轮以角速度 ω 绕其转动中心 O 匀速转动，推动从动件相对机架按预期的（即之前选定的）运动规律运动。设计凸轮轮廓曲线时，需要设法使凸轮相对作图平面或建立的坐标系静止不动。为此假设给整个凸轮机构加上一个绕 O 点且角速度为 $-\omega$ 的公共转动。由相对运动原理可知，加上这样的公共转动以后，既可使凸轮相对静止，又不会改变机构中各构件之间的相对运动关系。

在图 6-17 中，在凸轮相对静止不动的同时，从动件一方面随机架一起以角速度 $-\omega$ 绕 O 点转动，另一方面又在其导路中按预期的规律往复移动。在这种复合运动中，从动件的尖顶始终与凸轮轮廓接触。可见，只需求出从动件尖顶的运动轨迹，即可得到尖顶从动件的凸轮轮廓曲线。上述设计凸轮轮廓曲线的基本原理，称为"反转法"。

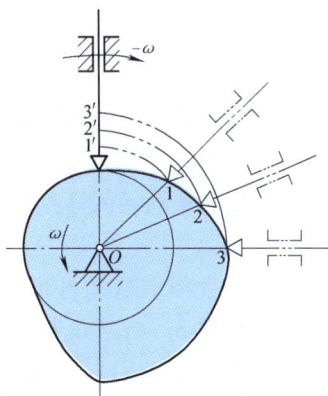

视频讲解

图 6-17　对心直动从动件盘形凸轮机构的反转法原理

二、用图解法设计凸轮的轮廓曲线

1. 对心直动尖顶从动件盘形凸轮机构

设已确定基圆半径 $r_0 = 15$ mm，凸轮沿顺时针方向匀速转动，从动件行程 $h = 18$ mm。从动件运动规律见表 6-1。

视频讲解

表 6-1　从动件运动规律

项目	推程	远休止	回程	近休止
运动角	$\delta_1 = 120°$	$\delta_2 = 60°$	$\delta_3 = 90°$	$\delta_4 = 90°$
从动件运动规律	等速运动		正弦加速度运动	

首先，将上述已知条件给出的 $h = 18$ mm、$\delta_1 = 120°$、$\delta_3 = 90°$ 代入式 (6-3) 和式 (6-14)，建立推程段的位移方程为：$s = 18 \times \dfrac{\delta}{120°}$，回程段的位移方程为：$s = 18 \times \left[1 - \dfrac{\delta}{90°} + \dfrac{1}{2\pi} \sin\left(\dfrac{2\pi}{90°} \delta \right) \right]$，并将推程运动角 δ_1 和回程运动角 δ_3 分成若干等份，凸轮精度要求越高，选取的份数应越多。根据位移方程计算出各分点（在此将 δ_1 分为 8 等份，将 δ_3 分为 6 等份）对应的位移值，见表 6-2 和表 6-3，绘制的位移线图如图 6-18b 所示。

表 6-2　推程各分点对应的位移值

推程	$\delta/(°)$	0	15	30	45	60	75	90	105	120
	s/mm	0	2.25	4.5	6.75	9	11.25	13.5	15.75	18

表 6-3　回程各分点对应的位移值

回程	$\delta/(°)$	0	15	30	45	60	75	90
	s/mm	18	17.48	14.48	9.00	3.52	0.52	0

绘制凸轮轮廓前，先选取适当的比例尺 μ_L，之后即可按如下步骤绘制凸轮的轮廓曲线。

1）画基圆和从动件的导路位置，如图 6-18a 所示，两者的交点 A 即为从动件尖顶的起始位置。

2）画反转过程中从动件的各导路位置。首先，标出凸轮的转向，从 OA 位置开始沿 $-\omega$ 方向依次量取 δ_1、δ_2、δ_3 和 δ_4，并将 δ_1、δ_3 分成与此前计算位移时相同的等份。所得各点依次标记为 1、2、3…，作射线 $O1$、$O2$、$O3$…，即为反转过程中从动件导路的各个位置。

3）画从动件尖顶在复合运动中的各个位置点。在各射线 $O1$、$O2$、$O3$…上，由基圆向外量取上表中所列各分点对应的位移值，得 A_1、A_2、A_3…各点，这些点即为从动件尖顶在复合运动中的各位置点。

4）分别将推程段和回程段尖顶的各位置点连成光滑曲线（图 6-18 中 AA_8 段和 A_9A_{15}

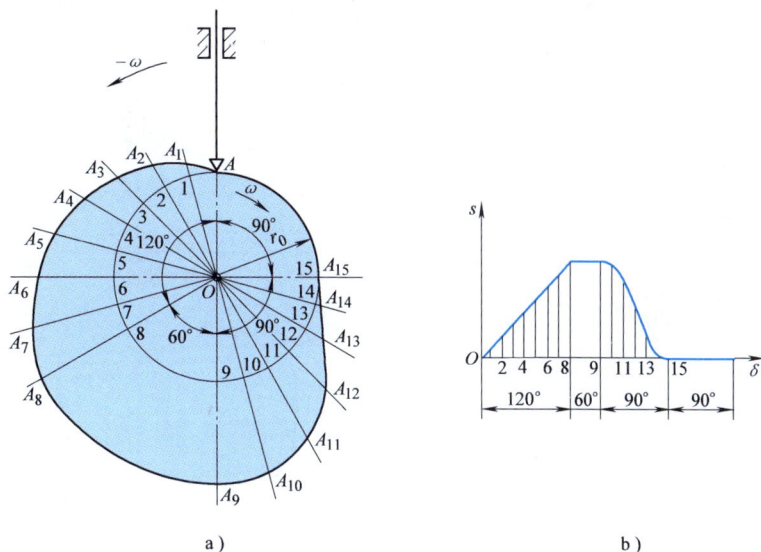

图 6-18 图解法设计对心直动尖顶从动件盘形凸轮

段），即为推程段和回程段的凸轮轮廓曲线。而远休止段的轮廓曲线是以凸轮转动中心 O 为圆心，以 OA_8（其值为 r_0+h）为半径的圆弧（图 6-18 中 A_8A_9 段）。近休止段的轮廓曲线是与基圆相重合的一段圆弧（图 6-18 中 $A_{15}A$ 段）。至此，完成了尖顶从动件盘形凸轮轮廓曲线的设计。

需要注意，同一个图上作图比例尺必须一致。在图 6-18a 中，各分点的位移与基圆应按相同比例尺量取。

其他类型凸轮机构的凸轮轮廓线绘制过程与上述作图过程基本相同，下面着重介绍各自的不同之处。

2. 偏置直动尖顶从动件盘形凸轮机构

由于结构上的需要或为了改善受力情况，实际中也常选用偏置直动从动件盘形凸轮机构，如图 6-19 所示。凸轮转动中心 O 到从动件导路的垂直距离 e 称为偏距。以 O 为圆心，e 为半径所作的圆称为偏距圆。显然，从动件导路与偏距圆相切（图 6-19 中 K 为从动件初始位置与基圆的切点）。在反转过程中，从动件导路必是偏距圆的切线。

具体作图时，需从 OK 开始，沿 $-\omega$ 方向在偏距圆上依次量取各运动角 δ_1、δ_2、δ_3 和 δ_4。等分该圆上的 δ_1 和 δ_3，以各分点为切点作偏距圆的切线，沿这些切线从基圆开始向外量取从动件的位移，得 A_1、A_2、A_3…各点。而其余作图过程与对心直动尖顶从动件盘形凸轮相同，此处不再重复。

> **思考与交流** 这里 δ_1、δ_2、δ_3 和 δ_4 是在偏距圆上从 OK 开始沿 $-\omega$ 方向量取的，可否在基圆上从 OA 开始沿 $-\omega$ 方向量取？试分析二者在对应角度处，导路是否重合。

3. 对心直动滚子从动件盘形凸轮机构

图 6-20 所示为对心直动滚子从动件盘形凸轮机构。无论是"对心"，还是"偏置"的情况，设计时，都把滚子中心 A 看作是尖顶从动件的尖顶。按前述方法先画出滚子中心在复合运动中的运动轨迹 β_0，称之为凸轮的理论廓线。再以理论廓线上各点为圆心，以滚子

半径 r_r 为半径画一系列的圆，这些圆的内包络线 β 即为凸轮的实际廓线（或称为工作廓线）。

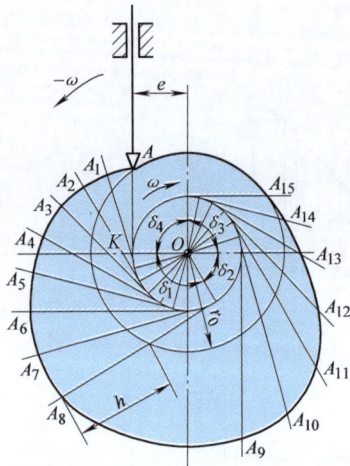

图 6-19　图解法设计偏置直动尖顶从动件盘形凸轮

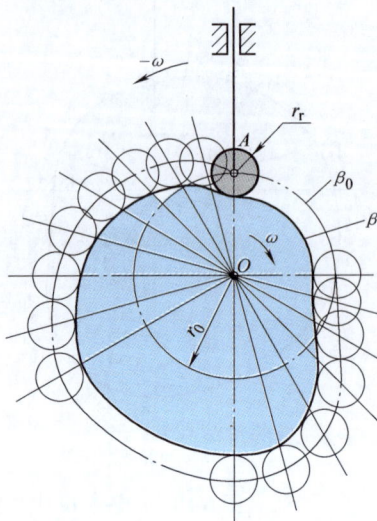

图 6-20　图解法设计对心直动滚子从动件盘形凸轮

注意：滚子从动件盘形凸轮的基圆半径是指其理论廓线的最小向径，如图 6-20 中所示的 r_0。

4. 对心直动平底从动件盘形凸轮机构

如图 6-21 所示，在设计平底从动件盘形凸轮廓线时，将从动件的导路与平底的交点 A 看作是尖顶从动件的尖顶，按前述方法，先确定出 A 点在从动件做复合运动时的各个位置点 A_1、A_2、A_3…，通过这些位置点画出从动件平底的各个位置线，然后作这些平底位置线的包络线，即为凸轮的工作廓线。在 A_{12} 处，平底与凸轮的切点到从动件导路的距离 l_{max} 是所有位置处最远的。

5. 摆动尖顶从动件盘形凸轮机构

视频讲解

设计摆动尖顶从动件盘形凸轮轮廓曲线时，依据的仍然是"反转法"。作图过程也与设计直动尖顶从动件盘形凸轮轮廓基本相同，但是，摆动从动件的位移为角位移 φ。若从动件的运动规律与前面相同，已知：从动件推程摆向为顺时针，最大摆角为 18°，摆杆的长度为 l_{AB}，凸轮的回转中心 O 与摆杆转轴 A 之间的距离 l_{OA}，凸轮逆时针转动。根据本章第二节，得推程段的角位移方程为：$\varphi = 18° \times \dfrac{\delta}{120°}$，回程段的角位移方程为：$\varphi = 18° \times \left[1 - \dfrac{\delta}{90°} + \dfrac{1}{2\pi} \sin\left(\dfrac{2\pi}{90°} \delta \right) \right]$，据此计算从动件各转角 δ 对应的角位移 φ_1、φ_2、φ_3…。

如图 6-22 所示，作图时，首先画出以凸轮转动中心 O 为圆心，以 OA 为半径的圆，称为转轴圆。再画出基圆。以 A 为圆心，以 AB 为半径画弧与基圆有两个交点，因推程摆向为顺时针，取左侧的交点 B 点，AB 即为摆动从动件的初始位置。在转轴圆上从 OA 开始沿 $-\omega$ 方向依次量取 $\delta_1 = 120°$、$\delta_2 = 60°$、$\delta_3 = 90°$ 和 $\delta_4 = 90°$，并将 δ_1 和 δ_3 分成若干等份。分点 A_1、

A_2、A_3…即为从动件转动中心 A 在反转中的各个位置点。以 A_1、A_2、A_3…各点为圆心，以摆动从动件的长度 AB 为半径画圆弧，与基圆交于 C_1、C_2、C_3…各点。显然，A_1C_1、A_2C_2、A_3C_3…为与各分点对应的从动件的初始位置。从 A_1C_1、A_2C_2、A_3C_3…开始向外量取对应的角位移 φ_1、φ_2、φ_3…在各圆弧上得 B_1、B_2、B_3…各点，即为从动件尖顶在复合运动中的各位置点。将 B、B_1、B_2、B_3…各点连成光滑曲线即为凸轮的轮廓曲线。在 $A_1B_1 \sim A_5B_5$ 五个位置中，AB 与凸轮廓线相交，应将 AB 杆做成图示的弯杆，才能保证从动件能实现各点处的摆角。

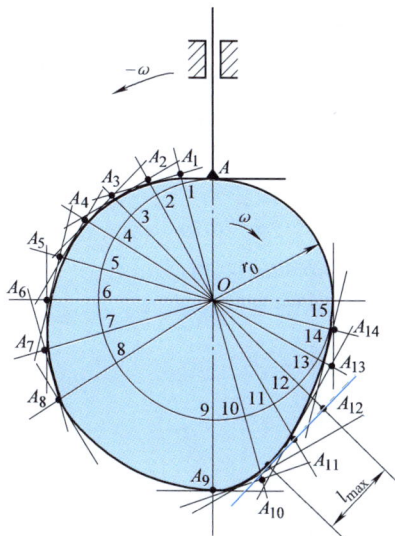

图 6-21　图解法设计对心直动平底从动件盘形凸轮

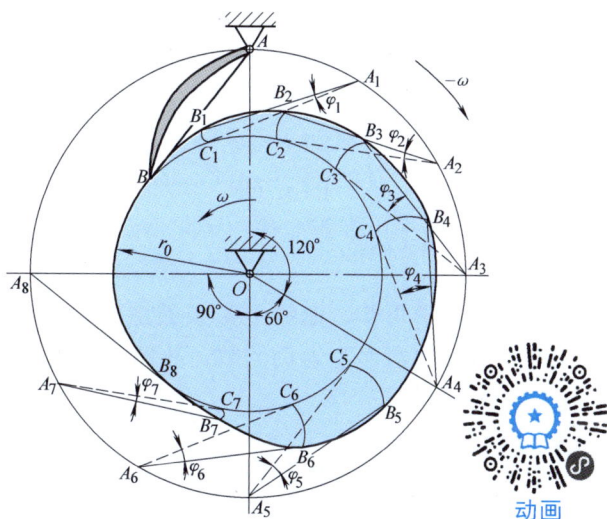

图 6-22　图解法设计摆动尖顶从动件盘形凸轮

如果是摆动滚子从动件盘形凸轮，仍按前述，将滚子中心看成尖顶从动件的尖顶，先画出凸轮的理论廓线，再画滚子的内包络线得出凸轮的实际廓线。

三、用解析法设计凸轮的轮廓曲线

用图解法设计凸轮的轮廓曲线，虽然简便、直观，但作图误差往往较大，所得凸轮廓线的精度较低。为了提高设计精度，采用解析法设计凸轮的轮廓曲线是非常必要的。采用解析法设计凸轮时，首先建立凸轮廓线方程式，然后精确计算凸轮廓线上各点的坐标值，用计算机计算非常方便。

1. 直动滚子从动件盘形凸轮机构

在图 6-23 所示的凸轮机构中，以凸轮转动中心 O 为原点建立直角坐标系 xOy。B_0 为凸轮理论廓线的起始点。根据"反转法"原理，从动件在反转过 δ 角时，滚子中心到达 B 点，位移为 s。由图可知，B 点的坐标为

$$\begin{cases} x = KH + OD = (s_0 + s)\sin\delta + e\cos\delta \\ y = BH - DK = (s_0 + s)\cos\delta - e\sin\delta \end{cases} \quad (6\text{-}15)$$

式中，$s_0 = \sqrt{r_0^2 - e^2}$，e 为偏距。

在此，e 为代数值。若从动件导路与偏距圆的切点 K_0 的速度方向与从动件的运动速度方向一致，称为正偏置，e 取 "$+$" 值；否则称为负偏置，e 取 "$-$" 值。如图 6-23 所示，凸轮沿逆时针方向转动，K_0 点速度向上，为正偏置，e 为正值。式（6-15）即为偏置直动滚子从动件盘形凸轮的理论廓线方程，也是尖顶直动从动件盘形凸轮的廓线方程。

由于凸轮的实际廓线是理论廓线的等距曲线，且两者之间的法向距离就等于滚子半径 r_r。所以，在过 B 点所作理论廓线的法线 n-n 上，取 $B'B = r_r$，$B'B$ 与 x 轴正向的夹角为 θ，则 B' 点（上、下共两个点）必为凸轮实际廓线上的点，显然，B' 点的坐标为

$$\begin{cases} x' = x \mp r_r\cos\theta \\ y' = y \mp r_r\sin\theta \end{cases} \qquad (6\text{-}16)$$

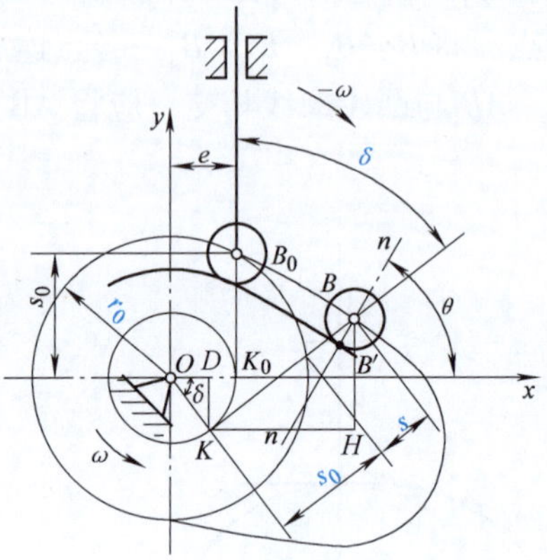

图 6-23　解析法设计直动滚子
从动件盘形凸轮

式中 "$-$" 号用于内等距曲线；"$+$" 号用于外等距曲线。

由高等数学可知，曲线上某点处法线的斜率与该点处切线的斜率互为负倒数，故图 6-23 中法线 n-n 的斜率为

$$\tan\theta = -\frac{\mathrm{d}x}{\mathrm{d}y} = \frac{\mathrm{d}x}{\mathrm{d}\delta}\Big/\left(-\frac{\mathrm{d}y}{\mathrm{d}\delta}\right) = \frac{\sin\theta}{\cos\theta} \qquad (6\text{-}17)$$

由式（6-17）整理可得

$$\begin{cases} \sin\theta = \dfrac{\mathrm{d}x/\mathrm{d}\delta}{\sqrt{(\mathrm{d}x/\mathrm{d}\delta)^2 + (\mathrm{d}y/\mathrm{d}\delta)^2}} \\[3mm] \cos\theta = -\dfrac{\mathrm{d}y/\mathrm{d}\delta}{\sqrt{(\mathrm{d}x/\mathrm{d}\delta)^2 + (\mathrm{d}y/\mathrm{d}\delta)^2}} \end{cases}$$

将上式代入式（6-16）得

$$\begin{cases} x' = x \pm r_r\dfrac{\mathrm{d}y/\mathrm{d}\delta}{\sqrt{(\mathrm{d}x/\mathrm{d}\delta)^2 + (\mathrm{d}y/\mathrm{d}\delta)^2}} \\[3mm] y' = y \mp r_r\dfrac{\mathrm{d}x/\mathrm{d}\delta}{\sqrt{(\mathrm{d}x/\mathrm{d}\delta)^2 + (\mathrm{d}y/\mathrm{d}\delta)^2}} \end{cases} \qquad (6\text{-}18)$$

式（6-18）即为凸轮的实际廓线方程。式中的加减号，上面一组用于内等距曲线，下面一组用于外等距曲线。

式中 $\mathrm{d}x/\mathrm{d}\delta$ 和 $\mathrm{d}y/\mathrm{d}\delta$ 可由式（6-15）求得如下

$$\begin{cases} \dfrac{\mathrm{d}x}{\mathrm{d}\delta} = \left(\dfrac{\mathrm{d}s}{\mathrm{d}\delta} - e\right)\sin\delta + (s_0 + s)\cos\delta \\[3mm] \dfrac{\mathrm{d}y}{\mathrm{d}\delta} = \left(\dfrac{\mathrm{d}s}{\mathrm{d}\delta} - e\right)\cos\delta - (s_0 + s)\sin\delta \end{cases} \qquad (6\text{-}19)$$

在上述各式中，取 $e=0$，则式（6-15）和式（6-18）分别为对心直动滚子从动件盘形凸轮的理论廓线方程和实际廓线方程。

2. 对心直动平底从动件盘形凸轮机构

如图 6-24 所示，从动件导路与平底垂直，并通过凸轮的转动中心 O。以 O 点为原点，并使 y 轴与从动件导路重合，建立坐标系 xOy。

根据"反转法"原理，当从动件反转过 δ 角时，其位移为 s，此时平底从动件与凸轮在 B 点相切。而图 6-24 中 P 点为此时凸轮与从动件的相对瞬心。由瞬心可知，从动件的速度为

$$v=v_P=l_{OP}\omega$$

则

$$l_{OP}=\frac{v}{\omega}=\frac{\mathrm{d}s/\mathrm{d}t}{\mathrm{d}\delta/\mathrm{d}t}=\frac{\mathrm{d}s}{\mathrm{d}\delta}$$

由图 6-24 可得 B 点坐标为

$$\begin{cases} x=(r_0+s)\sin\delta+\dfrac{\mathrm{d}s}{\mathrm{d}\delta}\cos\delta \\ y=(r_0+s)\cos\delta-\dfrac{\mathrm{d}s}{\mathrm{d}\delta}\sin\delta \end{cases} \tag{6-20}$$

式（6-20）即为凸轮工作廓线的方程。

3. 摆动滚子从动件盘形凸轮机构

如图 6-25 所示，以凸轮转动中心 O 为原点，并使 y 轴通过从动件的初始位置转动中心 A_0，建立坐标系 xOy。

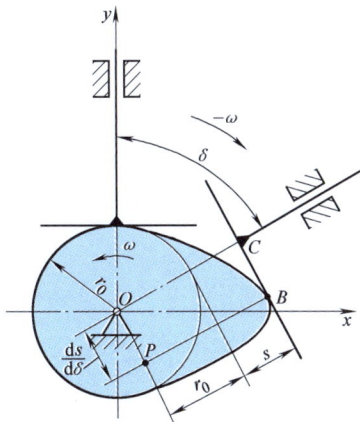

图 6-24 解析法设计对心直动平底从动件盘形凸轮

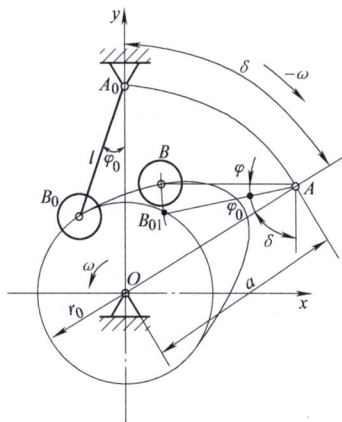

图 6-25 解析法设计摆动滚子从动件盘形凸轮

图 6-25 中 a 为凸轮与从动件两者转动中心 OA_0 之间的距离，l 为从动摆杆 AB 的长度。按"反转法"原理，当反转过 δ 角时，从动件的角位移为 φ，此时，从动件位于 AB 位置。由图 6-25 可知，B 点的坐标为

$$\begin{cases} x = a\sin\delta - l\sin(\delta+\varphi+\varphi_0) \\ y = a\cos\delta - l\cos(\delta+\varphi+\varphi_0) \end{cases} \tag{6-21}$$

式中，初位角 $\varphi_0 = \arccos\left(\dfrac{a^2+l^2-r_0^2}{2al}\right)$。

式（6-21）即为凸轮的理论廓线方程。将式（6-21）和由此式求得的 $dx/d\delta$、$dy/d\delta$ 代入式（6-18）即可得到凸轮的实际廓线方程。

【例 6-1】 用解析法设计一偏置直动滚子从动件盘形凸轮机构的凸轮廓线。已知凸轮沿逆时针方向匀速转动，正偏置，偏距 $e=15$mm，基圆半径 $r_0=50$mm，滚子半径 $r_r=12$mm，凸轮转角 $\delta=0°\sim150°$ 时，推杆以等加速等减速运动规律上升 25mm；$\delta=150°\sim180°$ 时推杆远休止；$\delta=180°\sim280°$ 时推杆按简谐运动规律返回；$\delta=280°\sim360°$ 时推杆近休止。

解：将 $h=25$mm，$\delta_1=150°$ 代入式（6-6）、式（6-7）得推程位移方程；将 $\delta_3=100°$ 代入式（6-12）得回程位移方程，则从动件在四个过程中的位移方程见表 6-4。

表 6-4 从动件在四个过程中的位移方程

过程	推程	远休止	回程	近休止
位移方程	$s=50\dfrac{\delta^2}{(150°)^2},\delta\in[0°,75°]$ $s=25-50\dfrac{(150°-\delta)^2}{(150°)^2},\delta\in[75°,150°]$	$s=25$	$s=\dfrac{25}{2}\left[1+\cos\left(\dfrac{\pi}{100°}\delta\right)\right],\delta\in[0°,100°]$	$s=0$

由式（6-15）得凸轮的理论廓线方程为

$$\begin{cases} x=(s_0+s)\sin\delta+e\cos\delta \\ y=(s_0+s)\cos\delta-e\sin\delta \end{cases}$$

其中 $e=15$mm，$r_0=50$mm，$s_0=\sqrt{r_0^2-e^2}$，s 值根据表 6-4 求得。

由式（6-18）得凸轮的实际廓线方程为

$$\begin{cases} x'=x+r_r\dfrac{dy/d\delta}{\sqrt{(dx/d\delta)^2+(dy/d\delta)^2}} \\ y'=y-r_r\dfrac{dx/d\delta}{\sqrt{(dx/d\delta)^2+(dy/d\delta)^2}} \end{cases}$$

其中 $r_r=12$mm，$dx/d\delta$、$dy/d\delta$ 由上式求得

$$\begin{cases} \dfrac{dx}{d\delta}=(s_0+s)\cos\delta+\dfrac{ds}{d\delta}\sin\delta-e\sin\delta \\ \dfrac{dy}{d\delta}=-(s_0+s)\sin\delta+\dfrac{ds}{d\delta}\cos\delta-e\cos\delta \end{cases}$$

其中，$ds/d\delta$ 依据不同阶段按表 6-4 求出。

用 Matlab 编程，凸轮转角每隔 1° 计算得到凸轮的理论廓线坐标 (x,y) 和实际廓线坐标 (x',y')，每隔 10° 计算结果见表 6-5。

表 6-5　凸轮理论廓线和实际廓线的坐标　　　　　　　　　（单位：mm）

$\delta/(°)$	x	y	x'	y'	$\delta/(°)$	x	y	x'	y'
0	15.000	47.697	11.400	36.250	180	−15.000	−72.697	−12.575	−60.945
10	23.093	44.586	18.104	33.673	190	−27.290	−68.385	−21.853	−57.688
20	30.712	40.525	24.438	30.297	200	−38.143	−60.939	−30.1334	−52.004
30	37.839	35.539	30.381	26.138	210	−46.763	−50.995	−36.793	−44.316
40	44.435	29.620	35.896	21.189	220	−52.667	−39.431	−41.420	−35.249
50	50.436	22.739	40.923	15.424	230	−55.755	−27.203	−43.874	−25.517
60	55.735	14.858	45.373	8.806	240	−56.287	−15.177	−44.302	−15.777
70	60.183	5.942	49.117	1.2995	250	−54.793	−3.980	−43.0612	−6.504
80	63.474	−4.039	51.764	−6.661	260	−51.928	6.075	−40.610	2.088
90	64.700	−15.000	52.697	−15.052	270	−48.309	15.000	−37.384	10.035
100	63.517	−26.431	51.776	−23.950	280	−44.368	23.055	−33.719	17.522
110	59.841	−37.743	48.877	−32.866	290	−39.690	30.409	−30.165	23.111
120	53.7257	−48.339	44.010	−41.295	300	−33.807	36.839	−25.693	27.998
130	45.3667	−57.648	37.31463	−48.751	310	−26.896	42.150	−20.441	32.034
140	35.0957	−65.161	29.050	−54.795	320	−19.168	46.180	−14.568	35.097
150	23.3587	−70.457	19.582	−59.067	330	−10.858	48.807	−8.252	37.093
160	10.7687	−73.443	9.028	−61.570	340	−2.218	49.951	−1.686	37.963
170	−2.1487	−74.197	−1.801	−62.202	350	6.490	49.577	4.932	37.679

根据计算结果绘制的凸轮理论廓线和实际廓线如图 6-26 所示。

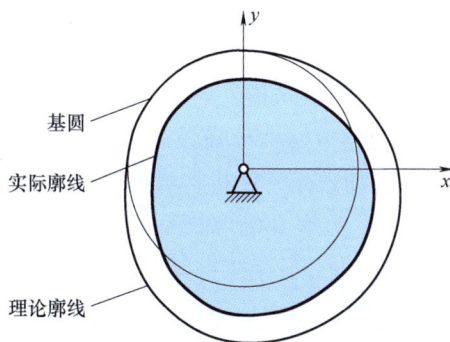

图 6-26　凸轮的理论廓线和实际廓线

第四节　凸轮机构压力角及基本尺寸的确定

在设计凸轮的轮廓曲线之前，除了根据工作要求选定从动件的运动规律以外，还需合理确定凸轮的基圆半径 r_0、滚子半径 r_r，以及偏距 e 等基本尺寸，以保证所设计的凸轮机构既具有良好的传力性能，又不发生运动失真，同时具有较紧凑的结构尺寸。

一、凸轮机构的压力角

1. 凸轮机构的受力分析和许用压力角

压力角是衡量机构传力性能的重要参数。图 6-27 所示为直动尖顶从动件在推程中任一位置的受力情况。图中 **Q** 为从动件所受的载荷（除工作阻力外，还包括从动件自重及弹簧力等）；**P** 为凸轮给从动件的总反力；F_{R1}、F_{R2} 为导轨给从动件的总反力；φ_1、φ_2 为摩擦角；α 为凸轮机构在图示位置的压力角。

从动件的力平衡条件为：$\sum \boldsymbol{F}_x = 0$，$\sum \boldsymbol{F}_y = 0$ 和 $\sum \boldsymbol{M}_B = 0$，由此可得

$$\begin{cases} (F_{R1} - F_{R2})\cos\varphi_2 - P\sin(\alpha+\varphi_1) = 0 \\ P\cos(\alpha+\varphi_1) - (F_{R1}+F_{R2})\sin\varphi_2 - Q = 0 \\ F_{R2}(l+b)\cos\varphi_2 - F_{R1}b\cos\varphi_2 = 0 \end{cases}$$

由上面三式消去 F_{R1} 和 F_{R2}，经整理可得

$$P = \frac{Q}{\cos(\alpha+\varphi_1) - (1+2b/l)\sin(\alpha+\varphi_1)\tan\varphi_2} \quad (6\text{-}22)$$

由式 (6-22) 可见，在其他条件相同的前提下，α 越大，则凸轮推动从动件运动所需的力 P 越大。当 α 增大到分母等于零时，则所需的力 P 趋近于无穷大，此时机构将发生自锁，而此时的压力角称为临界压力角 α_C，可得

$$\alpha_C = \arctan\frac{1}{(1+2b/l)\tan\varphi_2} - \varphi_1 \quad (6\text{-}23)$$

由式 (6-23) 可见，增大导轨长度 l，减小悬臂尺寸 b，可使 α_C 增大。

一般来说，凸轮廓线（推程段和回程段）上各点处的

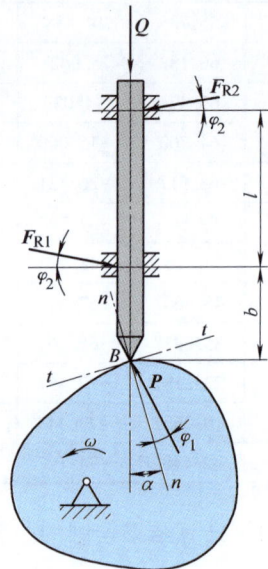

图 6-27 凸轮机构的受力分析

压力角是不同的，只要使最大压力角 α_{max} 小于临界压力角 α_C，即可避免发生自锁现象。但在实际中，为了提高凸轮机构的传动效率，使机构具有良好的传力性能，通常给凸轮机构规定出远小于 α_C 的许用压力角 $[\alpha]$，见表 6-6。对于力封闭的凸轮机构，在回程是靠外力推动（而不是靠凸轮推动）从动件运动，不存在自锁问题，故回程的许用压力角 $[\alpha']$ 可取大些。设计凸轮机构时，应保证其最大压力角不超过许用值，即

$$\alpha_{max} \leqslant [\alpha] \quad (\text{或}[\alpha']) \quad (6\text{-}24)$$

表 6-6 凸轮机构的许用压力角

从动件	推程许用压力角	回程许用压力角	
		力封闭时	形封闭时
直动从动件	$[\alpha] = 30°$	$[\alpha'] = 70° \sim 80°$	$[\alpha'] = [\alpha]$
摆动从动件	$[\alpha] = 35° \sim 45°$		

2. 非平底直动从动件盘形凸轮机构的压力角

图 6-28 所示为偏置直动滚子从动件盘形凸轮机构在推程的某一位置，压力角为 α，P 点

为凸轮与从动件在图示位置的速度瞬心，则 $l_{OP}\omega=v$，得 $l_{OP}=\dfrac{v}{\omega}=\dfrac{\mathrm{d}s}{\mathrm{d}\delta}$。

在直角 $\triangle BCP$ 中，有

$$\tan\alpha=\frac{|l_{OP}-e|}{s_0+s}=\frac{|\mathrm{d}s/\mathrm{d}\delta-e|}{\sqrt{r_0^2-e^2}+s} \tag{6-25}$$

式中，偏距 e 为代数值。正偏置（C、P 在回转中心 O 的同一侧）e 取 "+" 值，负偏置（C、P 在 O 点的两侧）e 取 "−" 值。显然，采用正偏置可使机构的推程压力角减小，使机构的传力性能变好。而负偏置将使推程压力角增大，使机构的传力性能变差。所以，应选择正偏置，尽量避免采用负偏置。

由式（6-25）可见，增大基圆半径 r_0，可使机构的压力角 α 减小，机构的效率提高，但同时会使凸轮尺寸增大。

> **思考与交流**　什么是正偏置，什么是负偏置？若为负偏置，式（6-25）有何改变？为什么要采用正偏置？

3. 摆动从动件盘形凸轮机构的压力角

图 6-29 所示为摆动滚子从动件盘形凸轮机构在推程的一个任意位置。图中 n-n 为过凸轮与滚子的接触点所作的公法线，v 为滚子中心 B 点的速度，α 为凸轮机构在图示位置的压力角。l 为从动件 AB 的长度，a 为 l_{OA}，P 点为凸轮与从动件在此位置的相对瞬心。由直角 $\triangle BDP$ 可得

$$\tan\alpha=\frac{BD}{PD}=\frac{AD-AB}{PD}=\frac{l_{AP}\cos(\varphi_0+\varphi)-l}{l_{AP}\sin(\varphi_0+\varphi)} \tag{6-26}$$

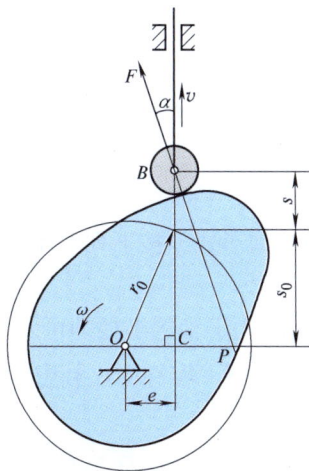

图 6-28　偏置直动滚子从动件盘形　　　　**图 6-29**　摆动滚子从动件盘形凸轮
　　　　　　凸轮机构的压力角　　　　　　　　　　　　　　机构的压力角

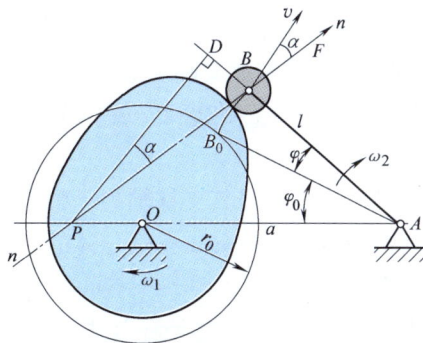

由瞬心可知　　　　　　　　　　$\omega_1 l_{OP}=\omega_2 l_{AP}$

则

$$\frac{\omega_2}{\omega_1}=\frac{\mathrm{d}\varphi/\mathrm{d}t}{\mathrm{d}\delta/\mathrm{d}t}=\frac{\mathrm{d}\varphi}{\mathrm{d}\delta}=\frac{l_{OP}}{l_{AP}}=\frac{l_{OP}}{l_{OP}+a}$$

由上式可得

$$l_{AP}=\frac{a}{1-\mathrm{d}\varphi/\mathrm{d}\delta}$$

代入式（6-26），得压力角

$$\alpha=\arctan\frac{a\cos(\varphi_0+\varphi)-l(1-\mathrm{d}\varphi/\mathrm{d}\delta)}{a\sin(\varphi_0+\varphi)} \tag{6-27}$$

应注意：如图 6-29 所示，当从动件在推程的转向与凸轮转向相同时，可直接按式（6-27）计算压力角 α；否则，按式（6-28）计算。

$$\alpha=\arctan\frac{a\cos(\varphi_0+\varphi)-l(1+\mathrm{d}\varphi/\mathrm{d}\delta)}{a\sin(\varphi_0+\varphi)} \tag{6-28}$$

二、凸轮机构基本尺寸的确定

1. 直动从动件盘形凸轮基圆半径的确定

由前述，增大凸轮的基圆半径 r_0，可减小机构的压力角，提高其传力性能，但同时会使凸轮的结构尺寸增大。设计凸轮机构时，可用下面两种方法确定基圆半径 r_0。

视频讲解

1）在满足压力角要求的前提下，应选择较小的 r_0，以获得较为紧凑的凸轮机构。

在式（6-25）中，取 $\alpha\leqslant[\alpha]$，可得满足压力角要求的基圆半径为

$$r_0\geqslant\sqrt{\left(\frac{\mathrm{d}s/\mathrm{d}\delta-e}{\tan[\alpha]}-s\right)^2+e^2} \tag{6-29}$$

用式（6-29）计算得到的基圆半径 r_0 随着各点的 s、$\mathrm{d}s/\mathrm{d}\delta$ 值的不同而不同，这些 r_0 中的最大值才能满足压力角的要求。

按 $[\alpha]$ 确定的凸轮基圆半径，是保证机构能顺利工作的凸轮最小基圆半径，仍要兼顾凸轮的实际结构，最终设计的凸轮要便于加工和安装。

2）根据凸轮的结构形式确定适当的基圆半径。

为了便于凸轮的加工制造和安装，通常可根据凸轮的结构形式，按下列经验公式初选基圆半径：

① 若将凸轮设计成与其支撑轴为一整体的结构，取 r_0 略大于轴的半径即可。

② 若将凸轮设计成与其支撑轴分体的结构，取 $r_0\geqslant0.9d+(4\sim10)\mathrm{mm}$，其中 d 为安装凸轮处轴的直径。

设计时，一般是先按上述经验公式初选 r_0，设计出凸轮廓线之后，校核是否满足 $\alpha_{\max}\leqslant[\alpha]$ 的要求。若 $\alpha_{\max}>[\alpha]$，则应增大基圆半径 r_0，重新设计凸轮廓线。

应当指出，对平底从动件盘形凸轮机构，由于其压力角为常数，不受基圆大小的影响，故其基圆半径 r_0 不能根据压力角要求来确定，而是按凸轮廓线全部外凸（凸轮廓线上各点的曲率半径 $\rho>0$）的条件来确定。

2. 滚子半径的确定

在凸轮理论廓线一定的情况下，其实际廓线的形状完全取决于滚子半径 r_r 的大小。若滚子半径选择不当，有可能使从动件的运动失真。如图 6-30 所示，a 为理论廓线，粗实线 b 为实际廓线；ρ_a 为理论廓线某点处的曲率半径，ρ_b 为实际廓线上对应点处的曲率半径。

图 6-30a 所示为内凹的凸轮廓线，由于 $\rho_b=\rho_a+r_r$，故无论滚子半径大小如何，总能得到光滑的凸轮实际廓线。

对于外凸的凸轮廓线，如图 6-30b、c、d 所示，则有 $\rho_b=\rho_a-r_r$。

如果滚子半径 $r_r>\rho_a$，则 $\rho_b<0$，此时实际廓线将出现交叉，如图 6-30c 所示。加工凸轮时，图中阴影部分将被切去，导致从动件不能实现预期的运动规律而发生运动失真现象；如果 $r_r=\rho_a$，则 $\rho_b=0$，此时实际廓线上将出现尖点（称为变尖现象），如图 6-30d 所示。工作中，尖点处极易磨损，磨损后也将导致运动失真；只有当 $r_r<\rho_a$ 时，$\rho_b>0$，才能保证实际廓线既不会变尖，又不会交叉，而得到光滑的凸轮廓线，如图 6-30b 所示。

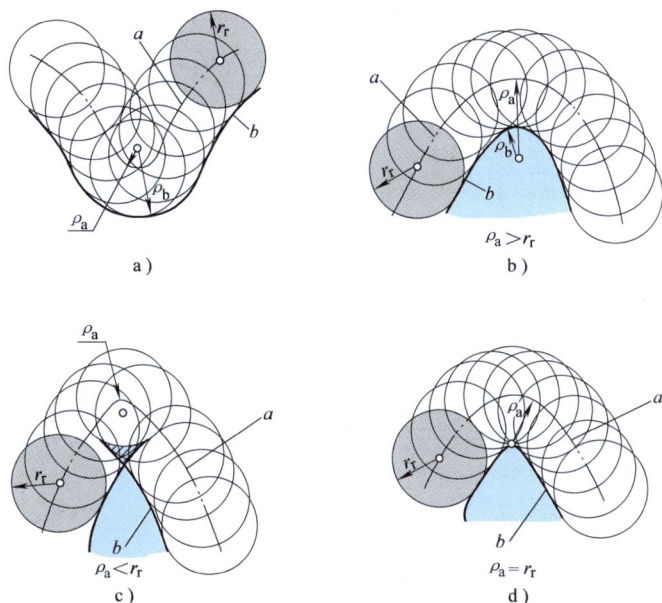

图 6-30　滚子半径的确定

为了避免发生运动失真现象，必须使滚子半径 r_r 小于凸轮理论廓线外凸部分的最小曲率半径 ρ_{amin}。通常取 $r_r \leqslant 0.8\rho_{amin}$，且需保证 $\rho_{bmin} \geqslant 3\sim5mm$。若滚子半径 r_r 过小，也可增大基圆半径，从而增大理论廓线的最小曲率半径 ρ_{amin}，进而可增大滚子半径 r_r。

另外，考虑到滚子在结构、强度等方面的要求，滚子半径 r_r 也不能太小，通常可取 $r_r=(0.1\sim0.5)r_0$，r_0 为凸轮的基圆半径。

3. 平底长度的确定

为了避免发生运动失真现象，应保证各个位置从动件平底与凸轮廓线都能接触，通常按

下式确定平底长度 L

$$L = 2l_{max} + (5 \sim 7)\,\mathrm{mm}$$

式中，l_{max} 为平底与凸轮切点到从动件导路的最远距离。

　　在用图解法设计凸轮廓线时，根据作图结果，可直接确定 l_{max} 的大小，如图 6-21 所示；也可根据从动件的位移方程 $s = s(\delta)$，通过求导计算 l_{max}，如图 6-24 所示。当从动件导路的中心线通过凸轮转动中心 O 点时，有 $l_{BC} = l_{OP} = \dfrac{\mathrm{d}s}{\mathrm{d}\delta}$，故 $l_{max} = \left| \dfrac{\mathrm{d}s}{\mathrm{d}\delta} \right|_{max}$。

视频讲解

本章知识框架图

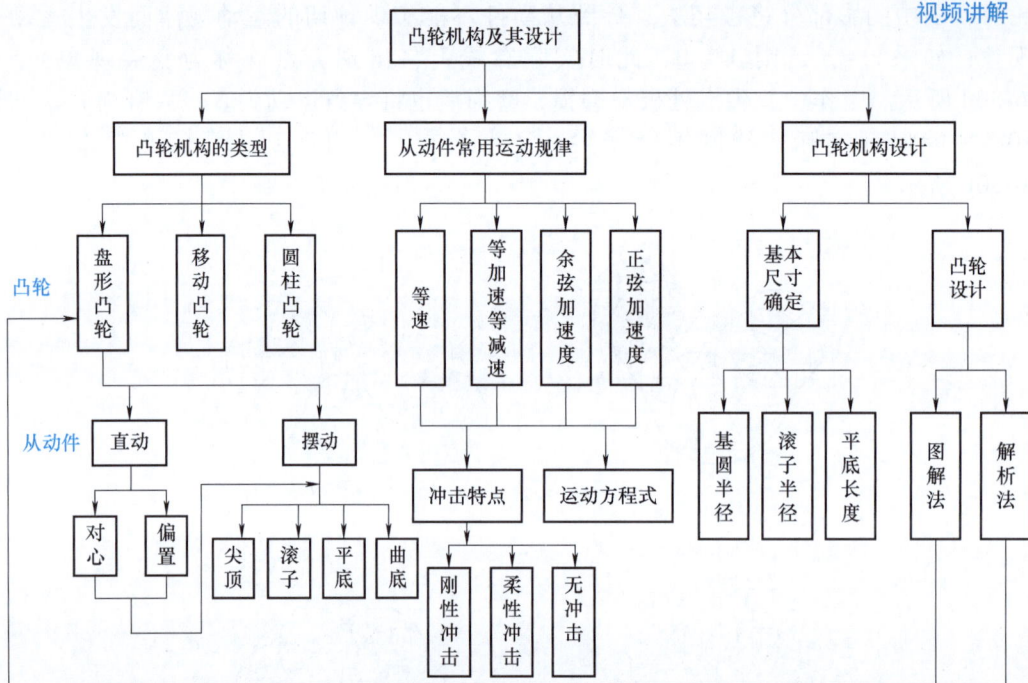

本章测试

思 考 题

6-1　凸轮机构有哪些常用的类型？简述凸轮机构的优缺点和实际应用。

6-2　什么是凸轮的基圆？滚子从动件凸轮的基圆半径如何确定？

6-3　常用的从动件运动规律有哪几种？它们各有何冲击特点？各适用于什么场合？

6-4 何谓刚性冲击？何谓柔性冲击？如何判断？在哪些运动规律中存在刚性冲击、柔性冲击？

6-5 如何选择从动件的运动规律？

6-6 何谓凸轮廓线设计的"反转法"原理？

6-7 在偏置直动滚子从动件盘形凸轮机构中，如何度量凸轮的转角和从动件的位移？

6-8 何谓机构的压力角？如何确定直动或摆动从动件盘形凸轮机构的压力角？

6-9 在盘形凸轮机构中采用偏置直动从动件的意义何在？什么是正偏置？什么是负偏置？

6-10 如何合理确定凸轮的基圆半径？

6-11 什么是运动失真？如何确定滚子半径才能避免机构的运动失真？

6-12 如何合理确定平底从动件的平底长度？

习 题

6-1 图 6-31 所示的两个盘形凸轮机构中，凸轮为一偏心圆盘。试在图中画出：

1）凸轮的基圆，标出基圆半径 r_0。

2）从动件在图示位置的位移 s、压力角 α。

3）尖顶或滚子与凸轮在 D 点接触时机构的压力角 α'、位移 s' 和相应的凸轮转角 δ。

4）从动件的行程 h。

6-2 图 6-32 所示的凸轮机构中，凸轮为一偏心圆盘。试在图中标出：

1）凸轮的基圆，标出基圆半径 r_0。

2）图示位置机构的压力角 α 和从动件的角位移 φ。

3）从图示位置到凸轮轮廓上 C 点与滚子接触时凸轮转过的角度 δ。

4）从动件的最大摆角 $\varphi_{\max}$。

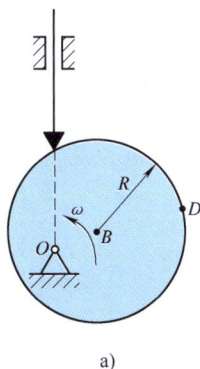

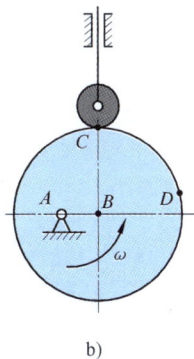

图 6-31 习题 6-1 图

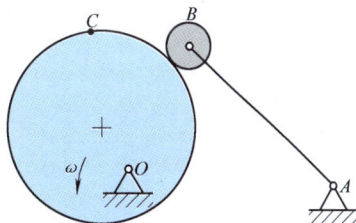

图 6-32 习题 6-2 图

6-3 图 6-33 所示为一偏置直动滚子从动件盘形凸轮机构。已知初始位置时，从动件的滚子与凸轮实际廓线的接触点为 C。试在图中确定：

1）凸轮的理论廓线，基圆半径 r_0，偏距 e。

2）从动件的行程 h；推程运动角 δ_1。

3）当从动件的滚子与凸轮实际廓线的接触点为 D 时，凸轮的转角 δ，此时机构的压力角 α。

6-4 图 6-34 所示为一凸轮机构的速度线图，判断该机构在 A、B、C、D、E、F 各点是否有冲击？是刚性冲击还是柔性冲击？

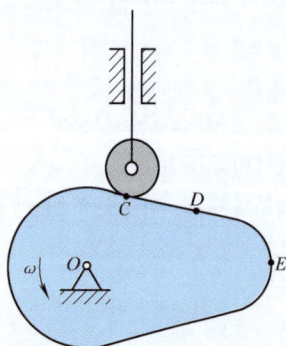

图 6-33 习题 6-3 图

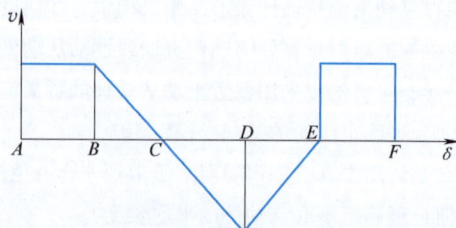

图 6-34 习题 6-4 图

6-5 用图解法设计一偏置直动滚子从动件盘形凸轮机构的凸轮轮廓曲线。已知：凸轮沿逆时针方向匀速转动，采用正偏置，偏距 $e=10\text{mm}$，基圆半径 $r_0=30\text{mm}$，滚子半径 $r_r=10\text{mm}$，凸轮转角 $\delta=0°\sim150°$ 时，推杆等速上升 16mm；$\delta=150°\sim180°$ 时推杆远休止；$\delta=180°\sim300°$ 时推杆等加速等减速返回；$\delta=300°\sim360°$ 时推杆近休止。

6-6 用图解法设计一对心直动平底从动件盘形凸轮机构的凸轮轮廓曲线。已知：平底与导路垂直，凸轮沿顺时针方向匀速转动，基圆半径 $r_0=45\text{mm}$，从动件运动规律与习题 6-5 相同。

6-7 试用图解法设计摆动滚子从动件盘形凸轮机构的凸轮轮廓曲线。已知：基圆半径 $r_0=30\text{mm}$，滚子半径 $r_r=10\text{mm}$，从动件最大摆角 $\varphi_{max}=30°$，从动件长度 $l_{AB}=40\text{mm}$，凸轮与从动件转动中心之间的距离 $l_{OA}=50\text{mm}$。凸轮沿逆时针方向匀速转动，从动件在推程沿顺时针方向按余弦加速度运动规律运动，推程运动角 $\delta_1=180°$；远休止角 $\delta_2=30°$；在回程中从动件也按余弦加速度规律运动，回程运动角 $\delta_3=120°$；近休止角 $\delta_4=30°$。

*6-8 在习题 6-5 中，改用解析法设计凸轮的轮廓曲线。要求建立凸轮理论廓线、实际廓线的方程，并编程计算凸轮实际廓线上各点的坐标（取凸轮转角 δ 的步长为 5°），借助软件绘制凸轮廓线，并进行动态仿真。

*6-9 在习题 6-7 中，改用解析法设计凸轮的轮廓曲线。试建立凸轮实际廓线的方程，并按凸轮转角 δ 的步长等于 5° 计算凸轮实际廓线上各点的坐标，借助软件绘制凸轮的轮廓曲线，并进行动态仿真。

第七章

齿轮机构及其设计

本章要点：本章重点分析渐开线直齿圆柱齿轮机构的啮合原理、尺寸计算和传动设计；在此基础上，介绍平行轴斜齿圆柱齿轮机构、锥齿轮机构和蜗杆蜗轮机构的啮合特点和基本尺寸计算。

第一节　齿轮机构的类型和应用

齿轮机构是由主动齿轮、从动齿轮和机架组成的一种高副机构，它依靠成对的轮齿依次啮合来传递任意两轴间的运动和动力，是机械中应用最广泛的一种传动机构。与其他传动机构相比，其主要优点是传递功率、适用速度和直径范围都很广，传动效率高，传动比准确，使用寿命长，工作可靠，但是对制造和安装精度要求高。

齿轮机构的类型很多。根据一对齿轮在啮合过程中的瞬时传动比（即瞬时角速度之比 $i_{12}=\omega_1/\omega_2$）是否恒定，将齿轮机构分为圆形齿轮机构（i_{12} 为常数）和非圆齿轮机构（$i_{12}\neq$ 常数）。圆形齿轮机构应用广泛，非圆齿轮机构一般用于有特殊要求的机械中。本章只研究圆形齿轮机构。按照一对齿轮传递的相对运动是平面运动还是空间运动，齿轮机构分为平面齿轮机构和空间齿轮机构两类。

一、平面齿轮机构

做平面相对运动的齿轮机构称为平面齿轮机构（图7-1），它用于传递两平行轴之间的运动和动力。轮齿分布在圆柱体的表面上的齿轮称为圆柱齿轮。根据轮齿的齿向又分为直齿、斜齿和人字齿。

常用的平面齿轮机构如图7-1所示。图7-1a所示为外啮合直齿圆柱齿轮机构，图7-1b

所示为内啮合直齿圆柱齿轮机构，图 7-1c 所示为直齿轮直齿条机构，图 7-1d 所示为平行轴外啮合斜齿圆柱齿轮机构，图 7-1e 所示为人字齿轮机构。外啮合的两个齿轮转向相反，内啮合的两个齿轮转向相同。

a)   b)   c)   d)   e)

图 7-1 平面齿轮机构

二、空间齿轮机构

做空间相对运动的齿轮机构称为空间齿轮机构，它用于传递两相交轴或空间交错轴之间的运动和动力。

1. 用于相交轴间传动的齿轮机构

图 7-2 所示为用于传递相交轴间运动的锥齿轮机构，常见的有直齿（图 7-2a）和曲齿（图 7-2b）。其中直齿锥齿轮由于设计、制造和安装均较方便，应用最广泛；而曲线齿锥齿轮机构具有重合度大，承载能力高，传动平稳，噪声小等优点（但制造成本较高），因而在汽车、飞机等设备中得到了日益广泛的应用。曲线齿锥齿轮有圆弧齿（简称弧齿，为格里森制齿轮）及长幅外摆线齿（为奥利康制齿轮）等类型。

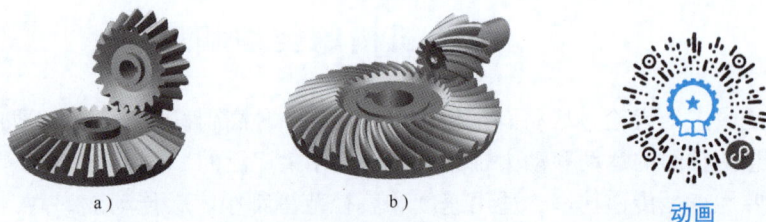

a)   b)   动画

图 7-2 两轴相交的空间齿轮机构

2. 用于交错轴间传动的齿轮机构

常见的有交错轴斜齿轮机构（图 7-3a）、蜗杆蜗轮机构（图 7-3b）、准双曲面齿轮机构（图 7-3c）。

a)   b)   c)

图 7-3 两轴交错的空间齿轮机构

第二节　齿廓啮合基本定律及渐开线齿廓

两齿轮的瞬时传动比就是主、从动轮的瞬时角速度之比，即

$$i_{12}=\frac{\omega_1}{\omega_2} \tag{7-1}$$

齿轮机构是靠主动轮的齿廓依次拨动从动轮的齿廓来传递运动和动力的，故其瞬时传动比与齿廓形状有关。本节主要分析齿廓曲线与传动比的关系，并介绍常用的渐开线齿廓及其啮合特性。

一、齿廓啮合基本定律

图 7-4 中，O_1、O_2 为两个齿轮的转动中心，两齿廓某一瞬时在点 K 接触（啮合）。设两齿廓上点 K 处的线速度分别为 v_{K1}、v_{K2}，它们沿接触点公法线 n-n 方向的分速度应相等，否则两齿廓不是彼此分离就是相互嵌入，而不能正常传动。两齿廓接触点间的相对速度 v_{K2K1} 只能沿两齿廓接触点处的公切线方向。

由第三章可知，两啮合齿廓在接触点处的公法线 n-n 与两齿轮连心线的交点 P 即为两齿轮的相对瞬心，故两轮在点 P 处具有相同的速度，即 $v_P=\omega_1\overline{O_1P}\mu_L=\omega_2\overline{O_2P}\mu_L$，由此可得齿轮的传动比为

$$i_{12}=\frac{\omega_1}{\omega_2}=\frac{\overline{O_2P}}{\overline{O_1P}} \tag{7-2}$$

式（7-2）表明，相互啮合传动的一对齿轮，在任一位置时的传动比，都与其连心线 O_1O_2 被其啮合齿廓在接触点处的公法线所分成的两线段长度成反比。这一规律称为齿廓啮合基本定律。根据这一定律可知，齿轮的瞬时传动比与齿廓形状有关，可根据齿廓曲线来确定齿轮的传动比；反之，也可以根据给定的传动比来确定齿廓曲线。

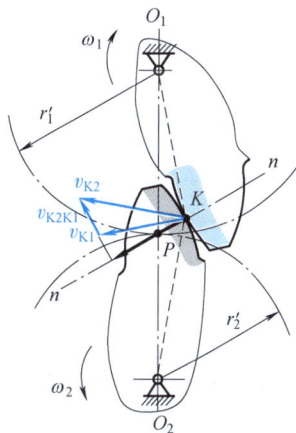

图 7-4　齿廓啮合基本定律

齿廓公法线 n-n 与两轮连心线 O_1O_2 的交点 P 称为节点。由式（7-2）可知，若要求两齿轮的传动比为常数，则应使 $\overline{O_2P}/\overline{O_1P}$ 为常数。若齿轮轴心 O_1、O_2 为定点，则应保证点 P 在连心线上也为一定点。故两齿轮做定传动比传动的条件是：无论两轮齿廓在何位置接触，过接触点所作的两齿廓公法线总与两齿轮的连心线交于一个定点。

分别以 O_1、O_2 为圆心，以 O_1P 和 O_2P 为半径所作的圆称为齿轮 1 与齿轮 2 的节圆，其半径用 r_1' 和 r_2' 表示。由上述可知，两轮的节圆相切于点 P，且在点 P 速度相等（P 是齿轮 1、2 的相对速度瞬心），即在传动过程中，两齿轮的节圆永远相切，并做纯滚动。两个齿轮的实际中心距恒等于两个齿轮的节圆半径之和，即 $a'\equiv r_1'+r_2'$。同时，只有一对齿轮相互啮合时才存在节圆，单个齿轮不存在节圆。

二、齿廓曲线的选择

凡能按预定传动比规律相互啮合传动的一对齿廓称为共轭齿廓。

一般来说，对于预定的传动比，只要给出一个齿轮的齿廓曲线，就可根据齿廓啮合基本定律求出与其共轭的另一条齿廓曲线。因此，能满足预定传动比规律的共轭齿廓曲线有很多。但是在生产实践中，选择齿廓曲线时，不仅要满足传动比的要求，还必须从设计、制造、安装和使用等多方面予以综合考虑。对于定传动比传动的齿轮来说，目前最常用的齿廓曲线是渐开线，其次是摆线和变态摆线，近年来还有圆弧齿廓和抛物线齿廓等。由于渐开线齿廓具有良好的传动性能，而且便于制造、安装、测量和互换使用，因此应用最为广泛，故本章着重介绍渐开线齿廓的齿轮。

三、渐开线齿廓

（一）渐开线的形成

如图 7-5 所示，当一直线 BK 沿一半径为 r_b 的圆周做纯滚动时，直线上任一点 K 的轨迹 AK 就是该圆的渐开线。该圆为渐开线的基圆，r_b 为基圆半径，直线 BK 为渐开线的发生线，$\theta_K = \angle AOK$ 为渐开线上点 K 的展角。当此渐开线与其共轭齿廓在点 K 处啮合时，此齿廓在该点所受正压力的方向（即法线 KB 方向）与该点的速度方向（垂直 OK）之间所夹的锐角 α_K，就是渐开线在该点的压力角。

视频讲解

（二）渐开线的性质

1）发生线沿基圆滚过的直线长度，等于基圆上被滚过的圆弧长度。由于发生线在基圆上做纯滚动，故由图 7-5 可知，$\overline{BK}=\overparen{AB}$。

2）渐开线上任一点的法线恒与其基圆相切。由于发生线 BK 在基圆上做纯滚动，故它与基圆的切点 B 即为其速度瞬心，发生线 BK 即为渐开线在点 K 处的法线，又因发生线恒切于基圆，故渐开线上任一点的法线必切于基圆。

3）渐开线上离基圆越远的位置，其曲率半径越大。发生线与基圆的切点 B 也是渐开线在点 K 处的曲率中心，线段 $\overline{BK}$ 就是渐开线在点 K 处的曲率半径，用 ρ_K 表示，显然 $\rho_K = r_K\sin\alpha_K = r_b\tan\alpha_K$，即渐开线上离基圆越远的部分，其曲率半径越大；离基圆越近的部分，其曲率半径越小；渐开线在基圆上起始点处的曲率半径为零。

4）渐开线的形状取决于基圆的大小。如图 7-6 所示，在展角均为 θ_K 的 K 处，基圆大小不同，所展渐开线的曲率半径也不同。基圆越小，其渐开线的曲率半径越小，渐开线越弯曲；基圆越大，其渐开线的曲率半径也越大，渐开线越平缓；当基圆半径为无穷大时，渐开线就变成一条直线，直线为齿条的齿廓曲线。

5）基圆以内无渐开线。渐开线是由基圆向外展开的，所以基圆以内无渐开线。

（三）渐开线的极坐标方程

在图 7-5 中，以 O 为极点，以 OA 为极轴，则渐开线上任意点 K 的极坐标用 K 的向径 r_K 和展角 θ_K 来表示。

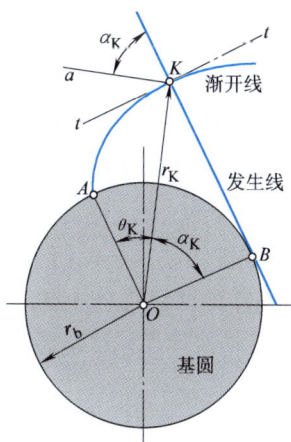

图7-5　渐开线的形成

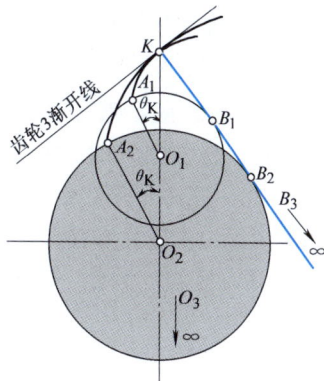

动画

图7-6　渐开线形状与基圆大小的关系

在 $\triangle BOK$ 中，

$$\cos\alpha_K = \frac{r_b}{r_K} \tag{7-3}$$

又

$$\tan\alpha_K = \frac{\overline{BK}}{r_b} = \frac{\widehat{AB}}{r_b} = \frac{r_b(\alpha_K+\theta_K)}{r_b} = \alpha_K + \theta_K$$

故得

$$\theta_K = \tan\alpha_K - \alpha_K$$

上式表明展角 θ_K 是压力角 α_K 的函数，称其为压力角 α_K 的渐开线（involute）函数。用 $\mathrm{inv}\alpha_K$ 来表示，即

$$\mathrm{inv}\alpha_K = \theta_K = \tan\alpha_K - \alpha_K \tag{7-4}$$

由式（7-3）及式（7-4）可得渐开线的极坐标方程为

$$\begin{cases} r_K = \dfrac{r_b}{\cos\alpha_K} \\[2mm] \theta_K = \mathrm{inv}\alpha_K = \tan\alpha_K - \alpha_K \end{cases} \tag{7-5}$$

由式（7-4）可以证明，θ_K 随着 α_K 的增加而增加。为了使用方便，在工程中已把不同压力角 α_K 的渐开线函数值计算出来，以备查用，见表7-1。

表7-1　渐开线函数表（$\mathrm{inv}\alpha_K = \tan\alpha_K - \alpha_K$）　　　　　　　　　　（节录）

α_K/(°)	次	0′	5′	10′	15′	20′	25′	30′	35′	40′	45′	50′	55′
14	0.00	49819	50729	51650	52582	53526	54482	55448	56427	57417	58420	59434	60460
15	0.00	61498	62548	63611	64686	65773	66873	67985	69110	70248	71398	72561	73738
16	0.0	07493	07613	07735	07857	07982	08107	08234	08362	08492	08623	08756	08889
17	0.0	09025	09161	09299	09439	09580	09722	09866	10012	10158	10307	10456	10608
18	0.0	10760	10915	11071	11228	11387	11547	11709	11873	12038	12205	12373	12543
19	0.0	12715	12888	13063	13240	13418	13598	13779	13963	14148	14334	14523	14713
20	0.0	14904	15098	15293	15490	15689	15890	16092	16296	16502	16710	16920	17132
…	…	…	…	…	…	…	…	…	…	…	…	…	…
34	0.0	81097	81760	82428	83101	83777	84457	85142	85832	86525	87223	87925	88631

四、渐开线齿轮传动的优点

（一）实现定传动比传动

设 C_1、C_2 为相互啮合的一对渐开线齿廓（图 7-7a），它们的基圆半径分别为 r_{b1}、r_{b2}。当 C_1、C_2 在任意点 K 啮合时，过点 K 作这对齿廓的公法线为 N_1N_2。根据渐开线的第二条性质可知，此公法线必同时与两齿轮的基圆相切，即 N_1N_2 为两基圆的一条内公切线。对于每个齿轮，加工完成后基圆大小是确定的，基圆为定圆，在其一侧两个定圆的内公切线只有一条。因此，无论两轮齿廓在何位置接触，过接触点作的两齿廓公法线 N_1N_2 与两齿轮的连心线 O_1O_2 都交于一定点。因此，渐开线齿轮能保证定传动比传动，这对传动的平稳性极为有利。

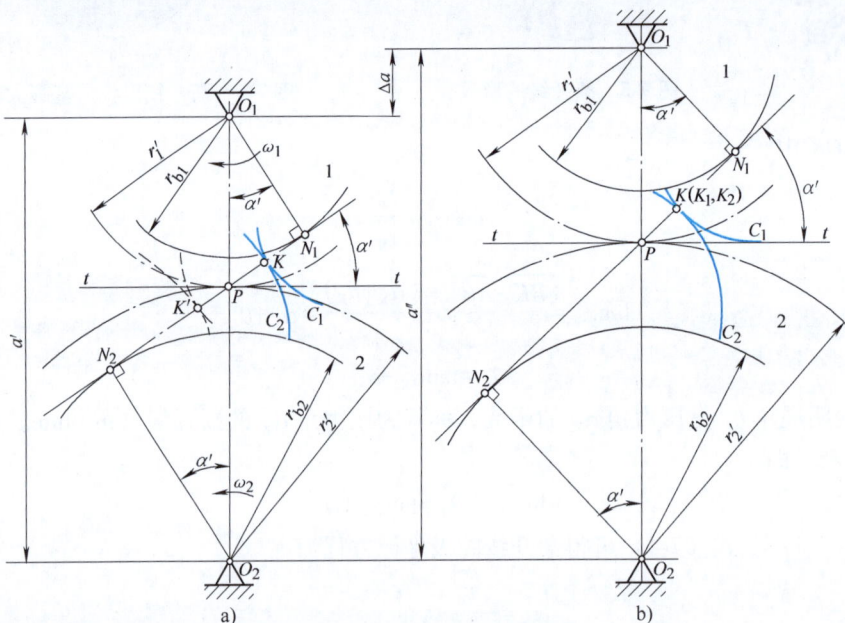

图 7-7 一对渐开线齿廓的啮合

由图 7-7a 可知，因 $\triangle O_1N_1P \backsim \triangle O_2N_2P$，故两齿轮的传动比可写成

$$i_{12} = \frac{\omega_1}{\omega_2} = \frac{\overline{O_2P}}{\overline{O_1P}} = \frac{r_2'}{r_1'} = \frac{r_{b2}}{r_{b1}} \tag{7-6}$$

（二）中心距可分性

如图 7-7b 所示，中心距由 a' 增大到 a''，此时仍有 $\triangle O_1N_1P \backsim \triangle O_2N_2P$，两齿轮的传动比仍为 $i_{12}=\omega_1/\omega_2=\overline{O_2P}/\overline{O_1P}=r_2'/r_1'=r_{b2}/r_{b1}$，因为渐开线齿轮的基圆半径不会随着齿轮位置的移动而改变，所以，当两齿轮实际安装中心距与设计中心距略有变动时，不会影响齿轮的传动比，这一特性称为渐开线齿轮传动的可分性。这对渐开线齿轮的装配和使用都是十分有利的。

（三）齿廓之间的正压力方向不变

如图 7-7a 所示，一对渐开线齿廓在任何位置啮合时，过接触点的公法线都是同一条直线 N_1N_2，这就说明一对渐开线齿廓从开始啮合到脱离啮合，所有的啮合点均在该直线上，

故直线 N_1N_2 是齿廓接触点的轨迹，称其为啮合线。啮合线 N_1N_2 与两个节圆的公切线 $t—t$ 之间的夹角为啮合角，用 α' 表示，它恒等于齿轮的节圆压力角。

当不计摩擦时，渐开线齿轮齿廓间的正压力始终沿其接触点的公法线方向，即沿啮合线 N_1N_2 方向，故其传力方向不变，这对传动的平稳性极为有利。

渐开线齿廓正是由于具有定传动比传动、中心距可分性、正压力方向不变等优点，所以得到了广泛的应用。

第三节　标准直齿圆柱齿轮的基本参数和几何尺寸计算

一、外齿轮

1. 直齿圆柱齿轮各部分的名称和符号

图 7-8 所示为一标准直齿外圆柱齿轮的一部分。除了齿轮的齿数 z、宽度 b 以外，还有 4 个圆（齿顶圆、齿根圆、分度圆、基圆），3 个高（齿顶高、齿根高、齿高）和 3 个弧段（齿厚、齿槽宽、齿距），现介绍各部分的名称和符号。

视频讲解

（1）齿顶圆　过所有轮齿顶端的圆称为齿顶圆，其上所有参数的下标为"a"，如齿顶圆半径 r_a、直径 d_a。

（2）齿根圆　过所有齿槽底部的圆称为齿根圆，其上所有参数的下标为"f"，如齿根圆半径 r_f、直径 d_f。

（3）分度圆　分度圆是设计齿轮的基准圆，其上的所有参数没有下标，如分度圆半径 r、直径 d。

（4）基圆　渐开线起始点所在的圆称为基圆，其上所有参数的下标为"b"，如基圆半径 r_b、直径 d_b。

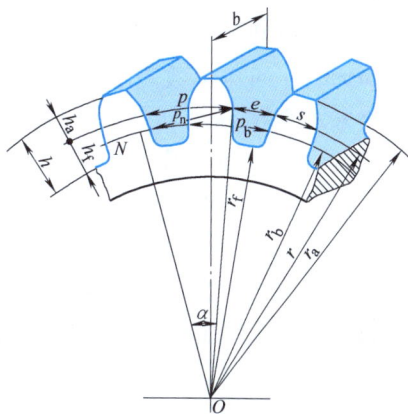

图 7-8　外齿轮各部分的名称

（5）齿顶高　轮齿介于分度圆与齿顶圆之间的部分称为齿顶，其径向高度称为齿顶高，以 h_a 表示。

（6）齿根高　轮齿介于分度圆与齿根圆之间的部分称为齿根，其径向高度称为齿根高，以 h_f 表示。

（7）齿高　齿顶圆与齿根圆之间的径向距离称为齿高，以 h 表示。显然齿高等于齿顶高与齿根高之和，即 $h=h_a+h_f$。

（8）齿厚　在任一半径为 r_i 的圆周上，一个轮齿两侧齿廓间的弧线长度称为该圆周上的齿厚，以 s_i 表示，则分度圆上的齿厚用 s 表示。

（9）齿槽宽　在任一半径为 r_i 的圆周上，相邻两轮齿之间的轮槽弧线长度称为该圆周上的齿槽宽，以 e_i 表示，则分度圆上的齿槽宽用 e 表示。

（10）齿距　沿任一半径为 r_i 的圆周上，相邻两齿同侧齿廓之间的弧线长度称为该圆周上的齿距，以 p_i 表示。显然，在同一圆周上，齿距等于齿厚与齿槽宽之和，即 $p_i=s_i+e_i$。分

度圆齿距 $p=s+e$。

（11）**法向齿距** 相邻两齿同侧齿廓之间在法线方向上的距离称为法向齿距，以 p_n 表示。根据渐开线的性质可知，法向齿距总等于基圆齿距，即 $p_n=p_b$。

2. 标准直齿圆柱齿轮的五个基本参数

（1）齿数 函数用 z 表示，齿轮的大小和渐开线齿廓的形状均与齿数 z 有关。

（2）模数 分度圆周长为 $\pi d=zp$，于是 $d=zp/\pi$，由于 π 是无理数，分度圆直径也可能是无理数，用一个无理数的尺寸作为设计基准，对设计、加工和检验均不方便。因此，人为地规定分度圆齿距 p 与 π 的比值取一个有理数数列，用 m 表示，称为模数，单位是 mm，即

$$m=\frac{p}{\pi} \qquad (7\text{-}7)$$

故齿轮的分度圆直径 d 可表示为

$$d=mz \qquad (7\text{-}8)$$

从上面分析和图 7-9 可知，齿数相同的齿轮，模数增大，齿轮各部分尺寸都相应增大，所以模数是决定齿轮大小的一个基本参数。

模数 m 已经标准化，表 7-2 为国家标准 GB/T 1357—2008 所规定的标准模数系列。在设计齿轮时，若无特殊需要，应选用标准模数。

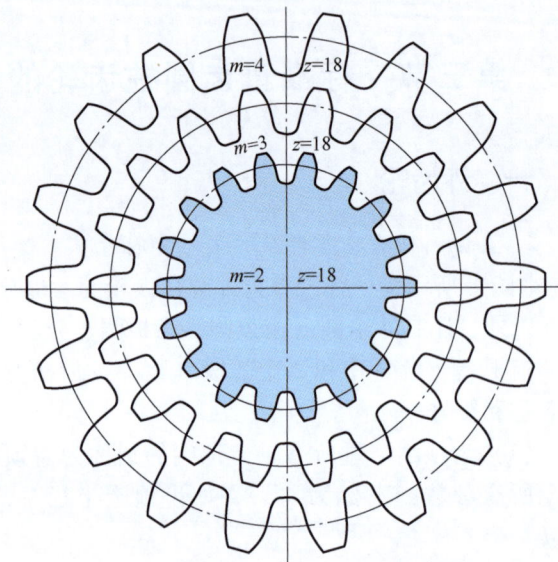

图 7-9 齿轮尺寸与模数的关系

（3）分度圆压力角 α（简称压力角） 同一渐开线齿廓各圆上的压力角不同。通常所说的齿轮压力角是指在其分度圆上的压力角，以 α 表示。根据式（7-3）有

$$\alpha=\arccos\frac{r_b}{r} \qquad (7\text{-}9)$$

表 7-2 圆柱齿轮标准模数系列表（GB/T 1357—2008） （单位：mm）

系列		系列		系列		系列		系列	
I	II	I	II	I	II	I	II	I	II
1			2.25		5.5	12		32	
	1.125	2.5		6			14		36
1.25			2.75		(6.5)	16		40	
	1.375	3			7		18		45
1.5			3.5	8		20		50	
	1.75	4			9		22		
2			4.5	10		25			
		5			11		28		

注：1. 本表适用于渐开线圆柱齿轮，对斜齿轮是指法向模数。

2. 应优先采用第一系列，其次是第二系列，括号内的模数尽可能不用。

$$r_{b} = r\cos\alpha = \frac{mz}{2}\cos\alpha \qquad (7\text{-}10)$$

当模数和齿数一定时，齿轮分度圆大小一定，若分度圆压力角 α 不同，其基圆大小就不同，渐开线齿廓的形状也就不同，因此分度圆压力角 α 是决定渐开线齿廓形状的一个重要参数。

国家标准中规定，分度圆压力角标准值 $\alpha = 20°$。在某些场合，α 也采用 $14.5°$、$15°$、$22.5°$ 和 $25°$ 等。

至此，可以给分度圆下一个明确的定义：分度圆是齿轮上具有标准模数和标准压力角的圆。任一个齿轮都有一个分度圆，且只有一个分度圆。

（4）齿顶高系数 h_a^* 标准齿顶高 h_a 等于齿顶高系数 h_a^* 与模数 m 的乘积，即 $h_a = h_a^* m$。

（5）顶隙系数 c^* 两齿轮啮合时，一个齿轮的齿顶圆和另一个齿轮的齿根圆之间的径向间隙称为顶隙，用 c 表示，如图 7-17a 所示。标准顶隙等于顶隙系数 c^* 与模数 m 的乘积，即 $c = c^* m$。两啮合的齿轮一定存在顶隙。齿根高 $h_f = (h_a^* + c^*)m$。

我国规定了齿顶高系数和顶隙系数的标准值：当 $m \geqslant 1$ 时，正常齿制 $h_a^* = 1$，$c^* = 0.25$；短齿制 $h_a^* = 0.8$，$c^* = 0.3$。

上述五个参数 z、m、α、h_a^*、c^* 确定后，齿轮各个部分的尺寸就完全确定下来了，因此称 z、m、α、h_a^*、c^* 为标准直齿圆柱齿轮的基本参数。

3. 标准直齿圆柱齿轮的几何尺寸计算

标准齿轮具有以下三个特征：

1）具有标准的模数和压力角。

2）分度圆齿厚等于齿槽宽，即 $s = e = p/2 = \pi m/2$。

3）具有标准的齿顶高和齿根高，即 $h_a = h_a^* m$，$h_f = (h_a^* + c^*)m$。

不满足上述三个特征的齿轮称为非标准齿轮。

渐开线外啮合标准直齿圆柱齿轮传动的几何尺寸计算公式见表 7-3。

表 7-3 渐开线外啮合标准直齿圆柱齿轮传动的几何尺寸计算公式

名称	符号	计算公式	
模数	m	根据齿轮受力情况和结构需要，选取表 7-2 中的标准值	
压力角	α	选取标准值，一般 $\alpha = 20°$	
分度圆直径	d	$d_1 = mz_1$	$d_2 = mz_2$
基圆直径	d_b	$d_{b1} = d_1\cos\alpha = mz_1\cos\alpha$	$d_{b2} = d_2\cos\alpha = mz_2\cos\alpha$
齿顶高	h_a	$h_a = h_a^* m$	
齿根高	h_f	$h_f = (h_a^* + c^*)m$	
齿高	h	$h = h_a + h_f = (2h_a^* + c^*)m$	
齿顶圆直径	d_a	$d_{a1} = d_1 + 2h_a = (z_1 + 2h_a^*)m$	$d_{a2} = d_2 + 2h_a = (z_2 + 2h_a^*)m$
齿根圆直径	d_f	$d_{f1} = d_1 - 2h_f = (z_1 - 2h_a^* - 2c^*)m$	$d_{f2} = d_2 - 2h_f = (z_2 - 2h_a^* - 2c^*)m$
齿距	p	$p = \pi m$	

（续）

名称	符号	计算公式
基圆齿距	p_b	$p_b = p\cos\alpha = \pi m\cos\alpha$
齿厚	s	$s = \pi m/2$
齿槽宽	e	$e = \pi m/2$
顶隙	c	$c = c^* m$
标准中心距	a	$a = (d_1+d_2)/2 = m(z_1+z_2)/2$
传动比	i	$i_{12} = \dfrac{\omega_1}{\omega_2} = \dfrac{\overline{O_2P}}{\overline{O_1P}} = \dfrac{d_2'}{d_1'} = \dfrac{d_{b2}}{d_{b1}} = \dfrac{d_2}{d_1} = \dfrac{z_2}{z_1}$

二、齿条

如图7-10所示，齿条与齿轮相比有以下三个主要特点：

1）齿条相当于齿数为无穷多的齿轮，故齿轮中的圆在齿条中都变成了直线，即齿顶线、分度线（齿条中线）、齿根线等。

2）齿条的齿廓是直线，所以齿廓上各点的法线平行，又由于齿条做直线移动，故其齿廓上各点的压力角都相同，且等于齿廓的倾斜角（齿形角）α，标准值为20°。

3）齿条上各同侧齿廓平行，所以在与分度线平行的各直线上其齿距均相等，即$p_i = p = \pi m$。只有分度线（中线）上的齿厚s等于齿槽宽e。

齿条的公称尺寸可参照外齿轮的计算公式进行计算。

三、内齿轮

图7-11所示为一内圆柱齿轮。它的轮齿分布在空心圆柱体的内表面上，与外齿轮相比具有下列不同点：

1）内齿轮的轮齿相当于外齿轮的齿槽，内齿轮的齿槽相当于外齿轮的轮齿。

2）内齿轮的齿根圆大于齿顶圆。

3）为了使内齿轮齿顶的齿廓全部为渐开线，其齿顶圆必须大于基圆。

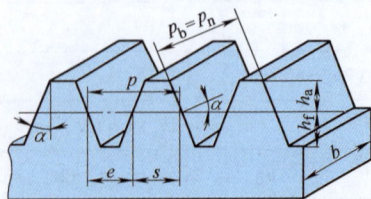

图7-10　齿条

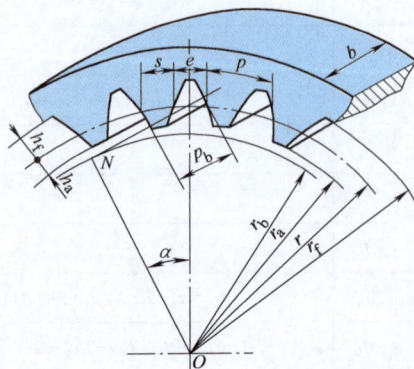

图7-11　内齿轮

第四节　渐开线直齿圆柱齿轮的啮合传动

齿轮传动是通过轮齿的依次啮合来传递运动和动力，每一对轮齿啮合一段时间后，就要脱离啮合，随后的另一对轮齿接替啮合。为了保证一对齿轮能够平稳而连续地进行啮合传动，必须满足下面的两个条件。

一、正确啮合条件

图 7-12 所示为一对渐开线直齿圆柱齿轮传动，齿轮 1 为主动轮，沿顺时针方向回转，推动从动轮 2（齿轮 2）沿逆时针方向回转，因此主动轮 1 的左侧齿廓为工作侧齿廓，而从动轮 2 的右侧齿廓为工作侧齿廓。要使两个齿轮正确啮合，应保证处于啮合线上的各对轮齿都处于啮合状态，这样两轮齿既不发生分离，也不出现干涉，即前一对轮齿在啮合线 N_1N_2 上的点 K 啮合，后一对轮齿在啮合线 N_1N_2 上的点 K' 啮合。线段 KK' 是齿轮 1、齿轮 2 的法向齿距。

由前面的分析，保证两个齿轮正确啮合的条件是两轮的法向齿距相等。根据渐开线的性质可得，法向齿距恒等于基圆齿距，因此，正确啮合条件为 $p_{b1} = p_{b2}$，因 $p_{b1} = \pi m_1\cos\alpha_1$，$p_{b2} = \pi m_2\cos\alpha_2$，于是有 $m_1\cos\alpha_1 = m_2\cos\alpha_2$，由于模数 m 和压力角 α 均已标准化，要满足上式，应使

$$\begin{cases} m_1 = m_2 = m \\ \alpha_1 = \alpha_2 = \alpha \end{cases} \tag{7-11}$$

故一对渐开线直齿圆柱齿轮传动的正确啮合条件是：两个相互啮合齿轮的模数相等、压力角相等，且均为标准值。

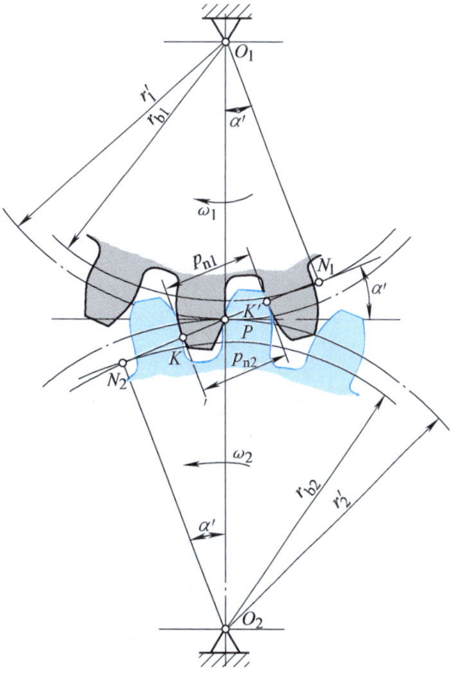

二、连续传动条件

（一）轮齿的啮合过程

图 7-13 所示为一对轮齿的啮合过程。齿轮 1 为主动轮，沿顺时针方向回转。两轮轮齿在点 B_2（从动轮 2 的齿顶圆与啮合线 N_1N_2 的交点）开始进入啮合。随着传动的进行，两齿廓的啮合点将沿着啮合线向左下方移动，当啮合进行到点 B_1（主动轮 1 的齿顶圆与啮合线 N_1N_2 的交点）时，两轮齿即将脱离啮合。故一对轮齿的啮合过程中，啮合点的实际轨迹只是啮合线 N_1N_2 上的 $\overline{B_1B_2}$ 段，称 $\overline{B_1B_2}$ 为实际啮合线段。如果两轮的齿顶圆增大，则 B_2 趋近于 N_1，B_1 趋近于 N_2，因基圆以内没有渐开线，故 $\overline{N_1N_2}$ 是理论上可能达到的最长啮合线段，称为理论啮合线段。这里的 N_1、N_2 称为啮合极限点；B_2 称为开始啮合点，B_1 称为终止啮合点。

图 7-12　直齿圆柱齿轮传动的正确啮合条件

从上面的分析可以看出，两轮齿啮合的过程中，并非全部齿廓都参加工作，而只是从齿顶到齿根的一段齿廓参与啮合，实际参与啮合的这段齿廓称为齿廓工作段，如图 7-13 中的阴影线部分所示。D 点是以 O_2 为圆心，O_2B_1 为半径的圆弧与齿廓的交点。

视频讲解

（二）齿轮连续传动条件

正确啮合是连续传动的前提，但满足正确啮合条件的一对齿轮，不一定能够连续传动。如图 7-14 所示，当前一对轮齿在点 B_1 即将脱离啮合时，其后的另一对轮齿已经在点 K 啮合，则传动就是连续的，即只要实际啮合线段 B_1B_2 的长度大于或等于齿轮的法向齿距 $p_n = p_b = \pi m \cos\alpha$，齿轮就可以连续传动。定义 B_1B_2 与 p_b 的比值为齿轮传动的重合度，用 ε_α 表示。因此，齿轮连续传动的条件是

$$\varepsilon_\alpha = \frac{l_{B_1B_2}}{p_b} \geqslant 1 \tag{7-12}$$

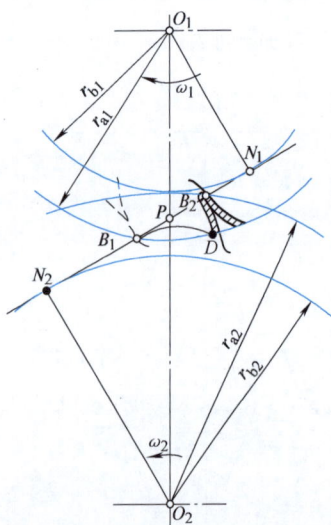

图 7-13 一对轮齿的啮合过程

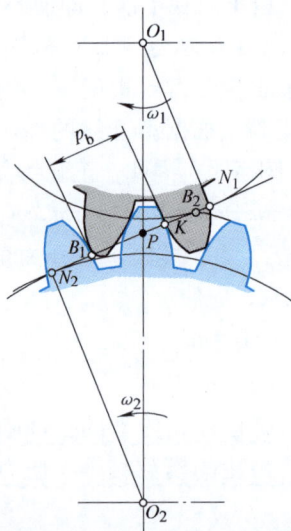

图 7-14 齿轮的连续传动条件

动画

由图 7-15 可以推导出重合度 ε_α 的准确计算公式为

$$\varepsilon_\alpha = \frac{l_{B_1B_2}}{p_b} = \frac{l_{PB_1} + l_{PB_2}}{\pi m \cos\alpha} = \frac{(l_{N_1B_1} - l_{N_1P}) + (l_{N_2B_2} - l_{N_2P})}{\pi m \cos\alpha}$$

$$= \frac{r_{b1}(\tan\alpha_{a1} - \tan\alpha') + r_{b2}(\tan\alpha_{a2} - \tan\alpha')}{\pi m \cos\alpha}$$

即

$$\varepsilon_\alpha = \frac{z_1(\tan\alpha_{a1} - \tan\alpha') + z_2(\tan\alpha_{a2} - \tan\alpha')}{2\pi} \tag{7-13}$$

式中，α' 为啮合角；z_1、z_2 为齿轮 1、2 的齿数；α_{a1}、α_{a2} 为齿轮 1、2 的齿顶圆压力角。

由式（7-13）可见，重合度 ε_α 随齿数 z 的增加而增大，对于按标准中心距安装的正常齿制标准直齿轮传动，假想当两轮的齿数趋于无穷大时，$l_{B_1P} = l_{PB_2} = \dfrac{h_a^* m}{\sin\alpha}$，则 $\varepsilon_\alpha =$

$\dfrac{2h_a^* m}{\sin\alpha(\pi m\cos\alpha)}$，可求得极限重合度 $\varepsilon_{\alpha\max}=1.981$。重合度 ε_{α} 还随啮合角 α' 的减小和齿顶高系数 h_a^* 的增大而增大，但与模数 m 无关。

重合度的大小表明同时参与啮合的轮齿对数的多少。图 7-16 所示为 $\varepsilon_{\alpha}=1.47$ 的齿轮啮合情况，当前一对齿在点 E 啮合时，与它相邻的后一对齿在点 B_2 进入啮合，而当后一对齿在点 D 啮合时，前一对齿在点 B_1 脱离啮合，因此，实际啮合线的 $\overline{B_2D}$ 和 $\overline{EB_1}$ 这两段长度上均有两对轮齿同时参与啮合；在 $\overline{DE}$ 这一段长度上只有一对轮齿参与啮合。我们把 $\overline{DE}$ 段称为一对齿啮合区（也称单齿啮合区），而把 $\overline{B_2D}$ 和 $\overline{EB_1}$ 这两段称为两对齿啮合区（也称双齿啮合区）。分析得知，重合度越大，意味着两对齿啮合区越长，传动越平稳，每对轮齿承受的载荷越小，因此重合度是衡量齿轮传动质量的重要指标之一。

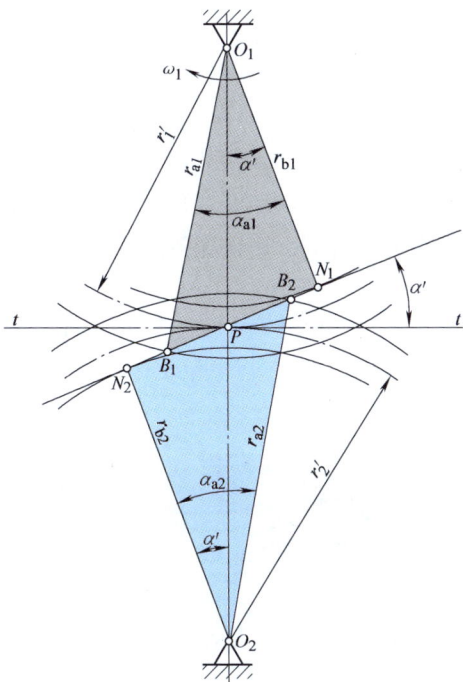

图 7-15 重合度的计算

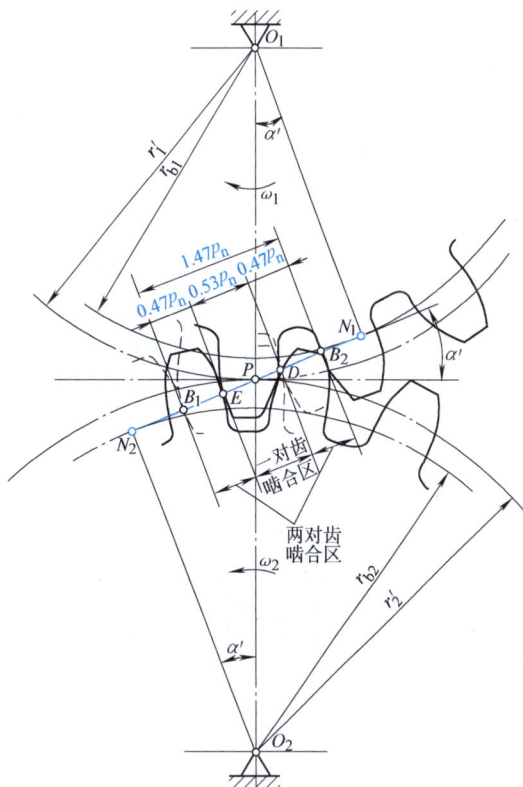

图 7-16 重合度与啮合齿对数的关系（啮合区图）

为确保齿轮传动的连续性，保证传动质量，设计时应使 $\varepsilon_{\alpha}\geqslant[\varepsilon_{\alpha}]$（许用重合度），$[\varepsilon_{\alpha}]$ 的推荐值见表 7-4。

表 7-4 $[\varepsilon_{\alpha}]$ 的推荐值

使用场合	一般机械制造业	汽车、拖拉机	金属切削机床
$[\varepsilon_{\alpha}]$	1.4	1.1~1.2	1.3

拓展与延伸 式（7-13）为外啮合直齿圆柱齿轮机构的重合度计算公式。仿照该推导过程，你能推导出内啮合直齿圆柱齿轮机构、直齿轮齿条机构的重合度计算公式吗？并证明外啮合直齿圆柱齿轮机构的极限重合度 $\varepsilon_{\alpha max} = 1.981$。

三、渐开线齿轮的标准安装与非标准安装

（一）齿轮传动中心距应满足的要求

渐开线齿轮传动具有可分性，虽然齿轮传动中心距的变化不会影响传动比的大小，但却会改变顶隙和齿侧间隙（侧隙）的大小，影响传动质量。在确定齿轮传动的中心距时，应满足以下两个条件：

（1）顶隙为标准值 相互啮合的一对齿轮，一轮的齿顶圆与另一轮的齿根圆之间的径向距离，称为顶隙，如图7-17所示。为避免一轮的齿顶与另一轮的齿槽底接触，并能有一定的空隙存储润滑油，顶隙不能为零。顶隙的标准值为 $c = c^* m$。

（2）无侧隙啮合 当两轮工作侧齿廓接触时，非工作侧齿廓间出现的间隙称为侧隙。沿着圆周方向的侧隙称为圆周侧隙，用 j_t 表示，它等于一轮节圆的齿槽宽 e' 与另一轮节圆的齿厚 s' 之差。因此，欲使一对齿轮传动的侧隙为零，须使

$$s_1' = e_2' \text{ 或 } s_2' = e_1' \tag{7-14}$$

为了避免相啮合轮齿间的冲击和噪声，理论上要求无侧隙。但是考虑齿轮的加工和安装误差、传动中轮齿的受力变形、齿面间滑动摩擦导致的热膨胀等因素，两轮非工作齿廓间总要留有很小的间隙，通常靠齿厚的负偏差来保证。在设计齿轮公称尺寸时，应按无侧隙进行。

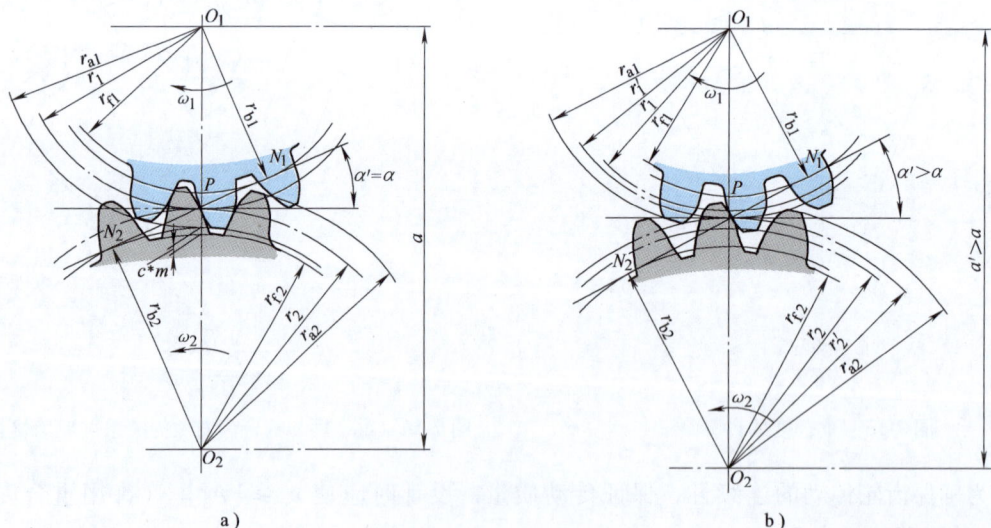

图 7-17　标准齿轮的安装
a）标准安装　b）非标准安装

（二）标准齿轮的标准安装

标准齿轮的分度圆与节圆重合的安装，称为标准齿轮的标准安装，如图7-17a所示。

因一对相互啮合的两个齿轮的节圆总是相切的，实际中心距 $a'\equiv r_1'+r_2'$，而标准安装时分度圆与节圆重合，则标准安装时，实际中心距 a' 等于标准中心距 a，即

$$a'\equiv r_1'+r_2'=r_1+r_2=a=\frac{m}{2}(z_1+z_2) \tag{7-15}$$

标准齿轮标准安装时，满足标准顶隙且为无侧隙啮合，分析如下：

（1）顶隙　图 7-17a 所示为标准安装的外啮合标准齿轮传动，此时的顶隙 c 为

$$c=a'-r_{a1}-r_{f2}=(r_1+r_2)-(r_1+h_a^*m)-(r_2-h_a^*m-c^*m)=c^*m$$

即标准齿轮按标准中心距安装时，顶隙是标准的。

（2）侧隙　标准齿轮分度圆上的齿厚等于齿槽宽，即 $s=e=\pi m/2$。因标准安装时，两轮的节圆分别与各自的分度圆重合，因此，节圆上的齿厚等于齿槽宽，有 $s_1'=e_1'=s_2'=e_2'=\pi m/2$，满足式（7-14），故标准齿轮标准安装时无齿侧间隙。

因啮合角恒等于节圆压力角。当两轮按标准中心距安装时，节圆与分度圆重合，故啮合角也等于分度圆压力角（图 7-17a）。

综上，标准齿轮标准安装时，$r'=r$，$a'=a$，$\alpha'=\alpha$，$c=c^*m$，$j_t=0$。

（三）标准齿轮的非标准安装

当两轮的实际中心距 a' 大于标准中心距 a 时，称为非标准安装，如图 7-17b 所示。这时两轮的分度圆不再相切，而是相互分离。两轮的节圆半径将大于各自的分度圆半径，啮合角 α' 也大于分度圆的压力角 α。因 $r_b=r\cos\alpha=r'\cos\alpha'$，故有

$$r_{b1}+r_{b2}=(r_1'+r_2')\cos\alpha'=(r_1+r_2)\cos\alpha$$

可得齿轮中心距与啮合角的关系式为

$$a'\cos\alpha'=a\cos\alpha \tag{7-16}$$

综上，标准齿轮非标准安装时，$r'>r$，$a'>a$，$\alpha'>\alpha$，$c'=c^*m+(a'-a)$，$j_t>0$。

四、齿轮齿条传动简介

根据前面齿轮传动的啮合线，可推及齿轮齿条传动的啮合线，它与齿轮的基圆相切且垂直于齿条的工作侧齿廓。

齿轮齿条标准安装时，齿轮分度圆与齿条分度线（中线）相切，如图 7-18 所示。此时，齿轮的分度圆与其节圆重合，齿条的分度线（中线）与节线重合，啮合角 α' 等于齿轮的分度圆压力角 α，既无侧隙，又是标准顶隙。

若将齿条从图示实线位置靠近或远离齿轮中心 O_1 一段距离 xm（如图中的虚线位置），则这时的安装称为齿轮齿条的非标准安装。由于齿轮基圆的大小和位置不变，齿条同侧齿廓上各点的法线方向相同，因此无论齿条远离或靠近

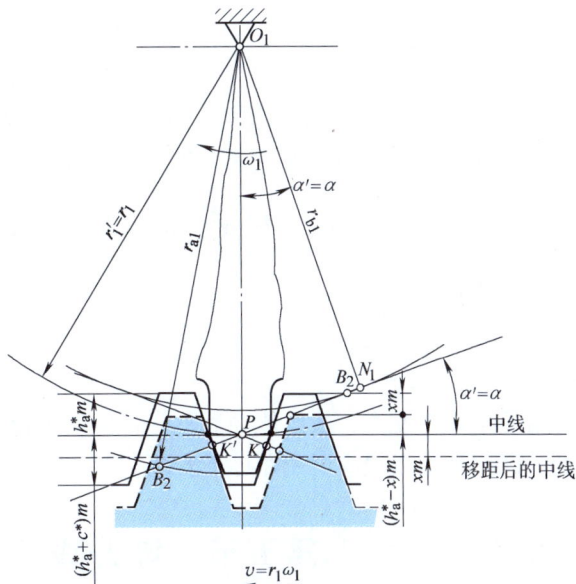

图 7-18　齿轮齿条传动的标准安装与非标准安装

齿轮中心，其啮合线为一固定直线，因此其啮合角始终不变，节点 P 位置不变，齿轮的分度圆、节圆也不变。但齿条的分度线（中线）不再与节线重合，二者之间的距离为 xm。

综上，当齿轮与齿条啮合传动时，无论是标准安装还是非标准安装，齿轮节圆始终与分度圆重合，啮合角始终等于分度圆上的压力角，但是齿条的分度线与节线的相对位置随着齿条位置的改变而改变。同时需要指出的是，标准安装时能够保证无侧隙啮合，非标准安装时却有齿侧间隙。

【例7-1】 已知一对外啮合渐开线标准直齿圆柱齿轮的参数：$z_1 = 22$，$z_2 = 93$，$\alpha = 20°$，$m = 2\text{mm}$，$h_a^* = 1$。试计算：1）按标准中心距安装时的重合度 ε_α；2）将中心距增大 1mm 时的重合度 ε_α'。

解：

1）首先计算两轮的分度圆半径、齿顶圆半径、基圆半径、齿顶圆压力角，然后计算重合度

$$r_1 = \frac{mz_1}{2} = \frac{2\times22}{2}\text{mm} = 22\text{mm}; \quad r_2 = \frac{mz_2}{2} = \frac{2\times93}{2}\text{mm} = 93\text{mm}$$

$$r_{a1} = r_1 + h_a = (22+2)\,\text{mm} = 24\text{mm}; \quad r_{a2} = r_2 + h_a = (93+2)\,\text{mm} = 95\text{mm}$$

$$r_{b1} = r_1\cos\alpha = 22\cos20°\,\text{mm} = 20.67\text{mm}; \quad r_{b2} = r_2\cos\alpha = 93\cos20°\,\text{mm} = 87.39\text{mm}$$

$$\alpha_{a1} = \arccos\frac{r_{b1}}{r_{a1}} = \arccos\frac{20.67}{24} = 30.54°; \quad \alpha_{a2} = \arccos\frac{r_{b2}}{r_{a2}} = \arccos\frac{87.39}{95} = 23.09°$$

按标准中心距安装时，$\alpha' = \alpha$。于是，由式（7-13）可得

$$\varepsilon_\alpha = \frac{z_1(\tan\alpha_{a1} - \tan\alpha') + z_2(\tan\alpha_{a2} - \tan\alpha')}{2\pi}$$

$$= \frac{1}{2\pi}\left[22(\tan30.54° - \tan20°) + 93(\tan23.09° - \tan20°)\right] = 1.714$$

2）若将中心距增大 1mm，计算重合度 ε_α'：

标准中心距为 $\qquad a = r_1 + r_2 = (22+93)\,\text{mm} = 115\text{mm}$

中心距增大 1mm，即实际中心距为 $\quad a' = a + 1 = (115+1)\,\text{mm} = 116\text{mm}$

此时啮合角不再与分度圆压力角相等，按式（7-16）计算啮合角 α'，即

$$\alpha' = \arccos\left[\frac{a}{a'}\cos\alpha\right] = \arccos\left[\frac{115}{116}\cos20°\right] = \arccos0.9316 = 21.31°$$

此时重合度为

$$\varepsilon_\alpha' = \frac{1}{2\pi}\left[22(\tan30.54° - \tan21.31°) + 93(\tan23.09° - \tan21.31°)\right] = 1.237$$

可见中心距变大，虽然传动比不变，但是重合度减小，同时顶隙和侧隙也增大，对传动不利，因此标准齿轮应避免非标准安装。

*第五节　渐开线齿轮的切削加工

齿轮加工的方法很多，如精密铸造法、冲压法、切削加工法等，最常用的是切削加工

法。就其原理来说，切削加工可分为仿形法和展成法两种。

一、齿轮切削加工的仿形法和展成法

（一）仿形法

视频讲解

仿形法是在铣床上，采用切削刃形状与被切齿轮的齿槽两侧齿廓形状相同的铣刀将所有齿槽逐个铣出来的方法。图 7-19a 所示为用盘形铣刀加工齿轮的情况，铣刀绕自身轴线回转，轮坯沿轴线移动，当铣完一个齿槽后，轮坯退回原处，借助分度头将轮坯转过 360°/z。用同样的方法铣出第二个齿槽，重复进行，直至铣出全部齿槽。图 7-19b 所示为用指状齿轮铣刀加工齿轮的情况，加工方法与盘形铣刀加工时类似，指状齿轮铣刀常用于加工大模数（$m>20\text{mm}$）的齿轮，并可铣制人字齿轮。

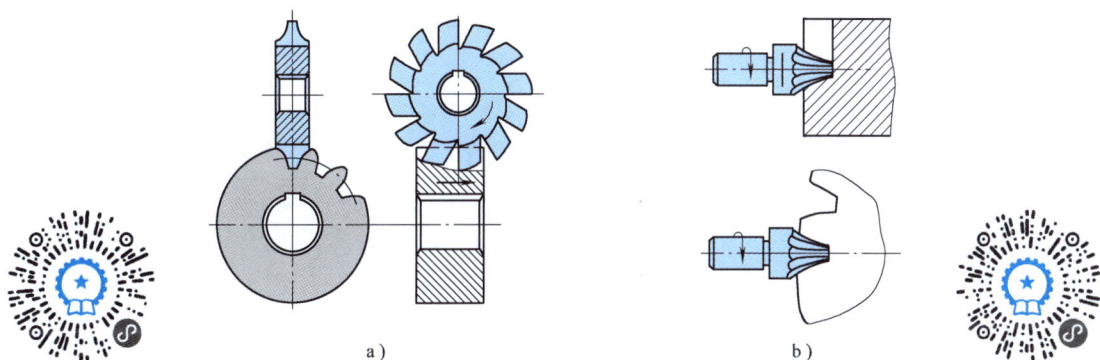

a)

b)

实物图

图 7-19　仿形法加工齿轮

a）用盘形铣刀铣齿　b）用指状齿轮铣刀铣齿

动画

用仿形法在普通铣床上即可加工齿轮，但是其生产效率低，被切齿轮精度差，适合于单件、精度要求不高或大模数的齿轮加工。

造成仿形法精度低的原因有两个方面：一是分度误差和对中误差；二是刀具的齿形误差。渐开线的形状取决于基圆半径 $r_\text{b}=\dfrac{1}{2}mz\cos\alpha$，当加工齿轮的模数 m 与压力角 α 一定时，渐开线齿廓形状随齿数 z 的增减而改变，为减少刀具的数量和便于刀具标准化，只配备 8 把一套或 15 把一套的铣刀，每把刀加工一定齿数范围的齿轮。各号铣刀的齿形都是按该组内齿数最少的齿轮制作的，以便加工出的齿轮啮合时不至于卡住，所以加工其他齿数的齿轮时必定都存在齿形误差。表 7-5 列出了 8 把一套的各号铣刀所加工的齿数范围。

表 7-5　8 把一套的铣刀刀号所加工齿数的范围

刀号	1	2	3	4	5	6	7	8
加工齿数范围	12~13	14~16	17~20	21~25	26~34	35~54	55~134	≥135

（二）展成法（范成法）

展成法是目前齿轮加工中最常用的方法，如插齿、滚齿、磨齿等都属于这种方法。展成法是利用一对齿轮（或齿条）做无侧隙啮合传动时，它们的齿廓互为包络线的原理来加工齿轮的。常用的刀具有齿轮插刀、齿条插刀和齿轮滚刀。

图 7-20a 所示为用齿轮插刀加工齿轮的情形。齿轮插刀是一个齿廓为切削刃的外齿轮，其模数和压力角均与被加工齿轮相同。插齿时，插刀沿轮坯轴线方向做往复切削运动，同时，插刀与轮坯按恒定的传动比 $i=\omega_刀/\omega_坯=z_坯/z_刀$ 做展成运动。在切削之初，插刀还需向轮坯中心做径向进给运动，以便切出全部齿高。此外，为防止插刀向上抬起时擦伤已切好的齿面，轮坯还需做小距离的让刀运动。这样，插刀齿廓的一系列位置的包络线就是被切齿轮的渐开线齿廓，如图 7-20b 所示。

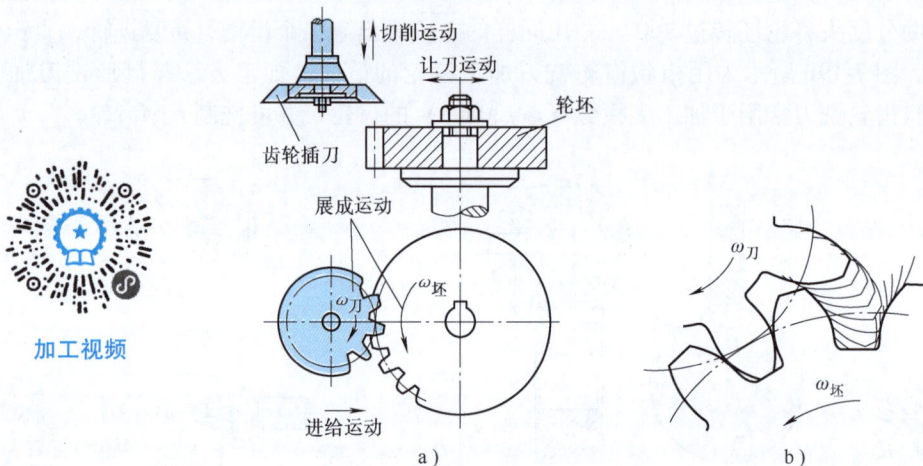

图 7-20　用齿轮插刀加工齿轮的过程

图 7-21 所示为用齿条插刀加工齿轮的情形。加工时，轮坯以角速度 ω 转动，齿条插刀以速度 $v=r\omega$ 移动（即展成运动），式中 r 为被加工齿轮的分度圆半径。其切齿原理与用齿轮插刀切齿的原理相似。

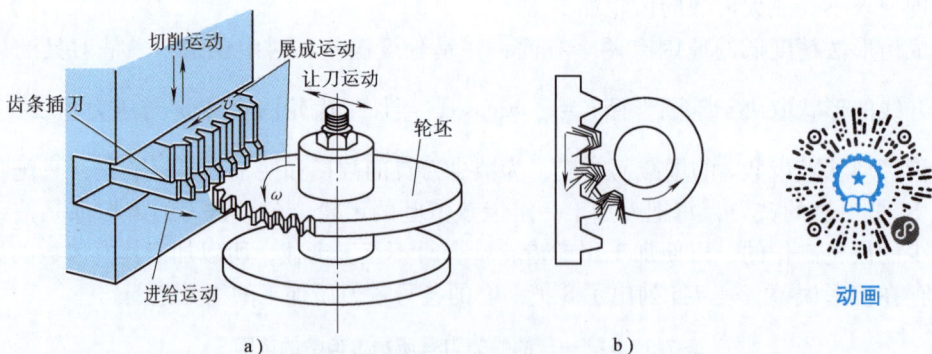

图 7-21　用齿条插刀加工齿轮的过程

无论用齿轮插刀还是齿条插刀加工齿轮，其切削都不连续，影响生产率。因此，在生产中更广泛地采用齿轮滚刀来加工齿轮（图 7-22a）。

滚刀的形状像螺杆，在与螺旋线垂直的方向上开有若干个槽，形成切削刃（图 7-22b）。用滚刀加工直齿轮时，滚刀的轴线与轮坯端面之间的夹角应等于滚刀的导程角 γ（图 7-22c），这样，在切削啮合处，滚刀螺纹的切线方向恰与轮坯的齿向相同。而滚刀在轮坯端面上的投影相当于一个齿条（图 7-22d）。滚刀转动时，一方面产生切削运动，另一方面相当于齿条在移动，从而与轮坯转动一起构成展成运动。此外，为了切制具有一定轴向宽度的齿轮，滚刀还需沿轮坯轴线方向做缓慢的进给运动。

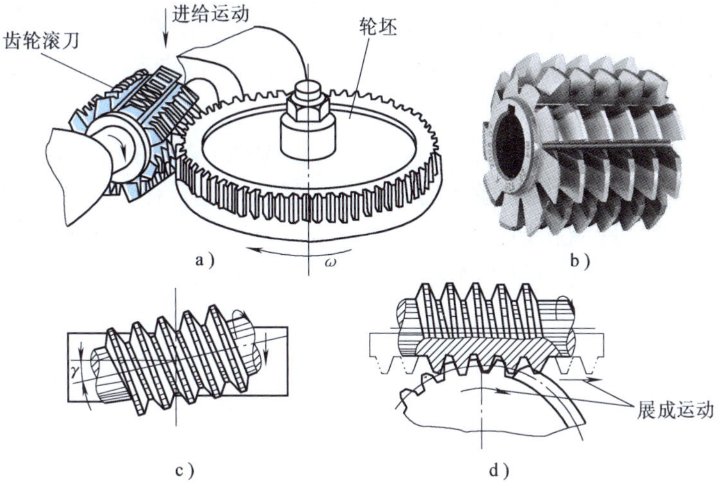

图 7-22 用齿轮滚刀加工齿轮的过程

用展成法加工齿轮时，只要刀具的模数、压力角与被切齿轮的模数、压力角分别相等，则无论被加工齿轮的齿数为多少，都可用同一把刀具来加工。展成法生产效率高，加工精度高，应用广泛。

二、展成法加工标准齿轮

图 7-23 所示为一标准齿条型刀具的齿廓及各部分的尺寸。与工作齿条相比，刀具轮齿的顶部高出 c^*m 一段，这一部分齿廓不是直线，而是半径为 ρ 的圆角切削刃，用于切制被加工齿轮靠近齿根圆的过渡曲线，不展成渐开线，故后面研究渐开线齿轮加工时不再提及这段高度。

用展成法加工标准齿轮时，所用标准齿条型刀具的分度线必须与被切齿轮的分度圆相切并做纯滚动（图 7-24）。由于标准齿条型刀具分度线上的齿厚与齿槽宽相等，故被加工齿轮的分度圆齿槽宽与齿厚也相等。

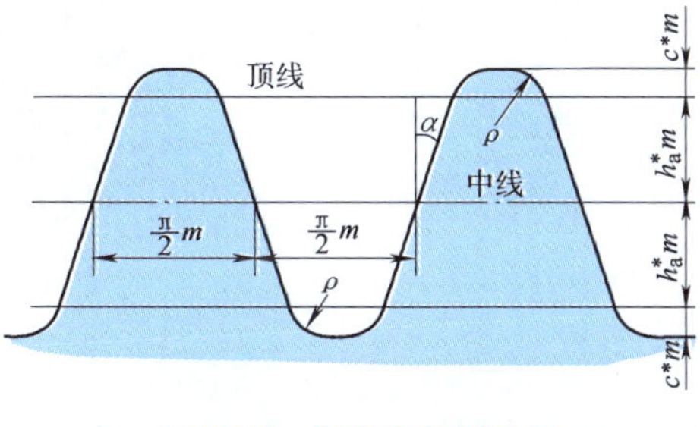

图 7-23 标准齿条型刀具

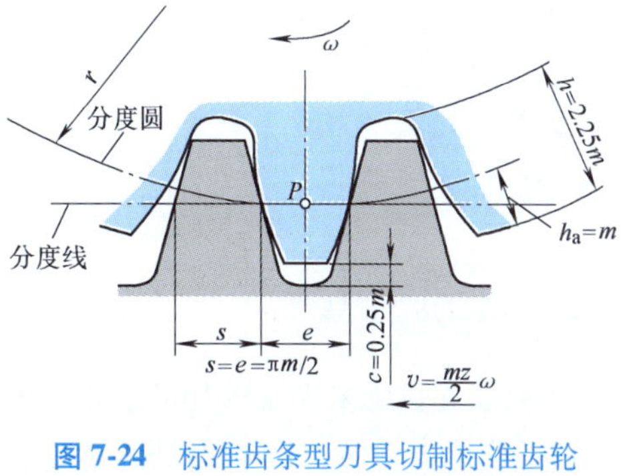

图 7-24 标准齿条型刀具切制标准齿轮

三、渐开线齿廓的根切现象及其避免方法

（一）根切现象及其产生原因

用展成法切制齿轮时，轮齿的根部渐开线被切去一部分的现象称为根切，如图 7-25 所示。严重根切的齿轮，轮齿的抗弯强度降低，减小使用寿命并且实际工作齿廓段变短，传递运动的平稳性降低，所以严重根切是不允许的。

根切现象是因为刀具齿顶线（齿条型刀具）或齿顶圆（齿轮插刀）超过了啮合极限点 N_1 而产生的，现分析如下。图 7-26 所示为齿条型刀具的齿顶线超过啮合极限点 N_1 的情况，图中刀具的分度线与被切齿轮的分度圆相切，$B_1 B_2$ 为啮合线。刀具位于位置 I 时，刀具的切削刃将从啮合线上点 B_1 处开始切削被切齿轮的渐开线齿廓。当刀具位于位置 II 时，刀具的切削刃已经从啮合线上点 B_1 切至啮合线与被切齿轮基圆的切点 N_1（啮合极限点），被切齿轮齿廓的渐开线部分已被全部切出。当展成运动继续进行时，切削刃将继续进行切削，当刀具位于位置 III 时，刀具的切削刃与啮合线交于点 K，此时齿条移动的距离为 s，齿轮转过的角度为 φ，其分度圆转过的弧长为 s。故有

$$\overline{N_1 K} = s\cos\alpha = r\varphi\cos\alpha = \varphi r_b = \overset{\frown}{N_1 N_1'}$$

上式表明，自同一点 N_1 出发的直线 $\overline{N_1 K}$ 为刀具两位置之间的法向距离，$\overset{\frown}{N_1 N_1'}$ 则为齿轮基圆上转过的弧长，二者的长度相等，因而渐开线齿廓上的点 N_1' 必然落在切削刃上点 K 的左边，即点 N_1' 附近的渐开线必然被切削刃切掉（图 7-26 中斜线阴影部分）而产生根切。由此得出结论：用展成法加工齿轮时，若刀具的齿顶线超过啮合极限点 N_1，则被切齿轮必产生根切。

（二）避免根切的方法

由前所述，为了避免产生根切，啮合极限点 N_1 必须位于刀具齿顶线之上。避免根切的方法有两种：一是使啮合极限点 N_1 上移，此时，必须保证齿数大于或等于标准直齿轮不发生根切的最小齿数；二是使刀具齿顶线下移，即变位修正，此时，必须保证变位系数大于或等于标准直齿轮不发生根切的最小变位系数。

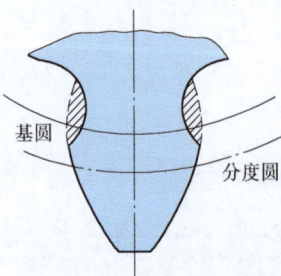

图 7-25 齿廓的根切现象　　　图 7-26 产生根切的原因　　　动画

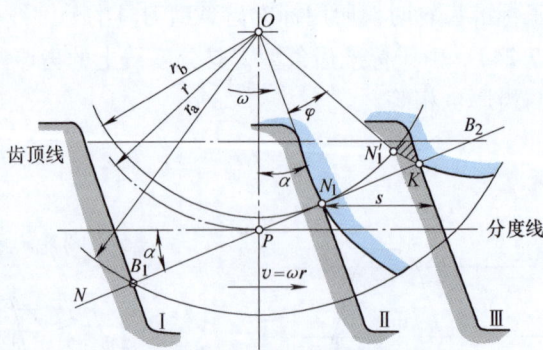

1. 标准直齿轮不发生根切的最小齿数

加工标准齿轮时，齿条型刀具分度线（中线）与齿轮分度圆相切，如图 7-27 所示。当

刀具的齿顶线不超过 N_1 点时则不会发生根切，即 $\overline{PN_1}\sin\alpha \geq h_a^* m$，得 $\dfrac{1}{2}mz\sin\alpha\sin\alpha \geq h_a^* m$，由此可求得标准直齿轮不产生根切的最少齿数为

$$z_{\min} = \frac{2h_a^*}{\sin^2\alpha} \tag{7-17}$$

当 $h_a^* = 1$、$\alpha = 20°$ 时，$z_{\min} = 17$。

2. 直齿轮不发生根切的最小变位系数

当加工齿数少于 17 的齿轮时，可将齿条型刀具由标准位置相对于轮坯中心向外移出一段距离 xm（由图 7-27 中的虚线位置移至实线位置），从而使刀具的齿顶线不超过 N_1 点，这样就不会再发生根切。这种用改变刀具与轮坯的相对位置来切制齿轮的方法，称为变位修正法。这里，齿条型刀具移动的距离 xm 称为径向变位量（简称变位量），其中 m 为模数，x 称为径向变位系数（简称变位系数）。

采用变位修正法加工齿轮时，必须保证将刀具移动 xm 后，刀具的齿顶线不超过啮合极限点 N_1，所以不根切的条件为

$$\overline{NN_1} \geq h_a^* m - xm$$

故有

$$\frac{1}{2}mz\sin^2\alpha \geq h_a^* m - xm$$

从而得

$$x \geq h_a^* - \frac{1}{2}z\sin^2\alpha$$

不发生根切的最小变位系数为

$$x_{\min} = h_a^* - \frac{1}{2}z\sin^2\alpha$$

当 $h_a^* = 1$、$\alpha = 20°$ 时，

$$x_{\min} = \frac{17-z}{17} \tag{7-18}$$

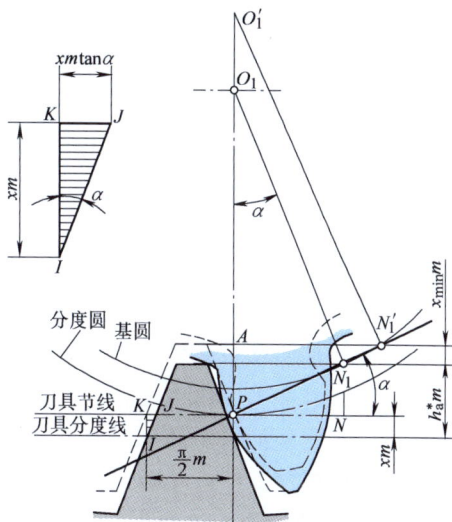

图 7-27 标准齿条型刀具加工正变位齿轮

四、变位齿轮的概念和变位齿轮的几何尺寸

（一）变位及变位齿轮

采用变位修正法加工齿轮时，刀具的分度线与齿轮轮坯的分度圆不再相切，这样加工出来的齿轮由于 $s \neq e$ 已不再是标准齿轮，而为变位齿轮。当把刀具由齿轮轮坯中心移远时，

称为正变位，$x>0$，这样加工出来的齿轮称为正变位齿轮；把刀具靠近被切齿轮的中心的变位，称为负变位，$x<0$，这样加工出来的齿轮称为负变位齿轮。

由式（7-18）可知，对于 $h_a^*=1$、$\alpha=20°$ 的正常齿轮，当其齿数 $z<17$ 时，x_{min} 为正值，这说明为了避免根切，要采用正变位，其变位系数 $x>x_{min}$；当其齿数 $z>17$ 时，x_{min} 为负值，这说明该齿轮在 $x\geq x_{min}$ 的条件下采用负变位也不会根切。但是，不能错误地认为，为了避免根切，齿数多的齿轮一定要采用负变位。

标准齿轮设计简单、互换性好，但随着现代机器的使用条件越来越多样化、复杂化，变位齿轮也得到了更广泛的应用。变位齿轮的应用主要表现在以下几个方面：

（1）避免轮齿根切　为使齿轮传动的结构紧凑，应尽量减少小齿轮的齿数。当齿轮的齿数 z 小于 17 时，可采用正变位以避免根切。

（2）配凑中心距　标准齿轮不适用于中心距 $a'\neq a=m(z_1+z_2)/2$ 的场合。因为当 $a'<a$ 时，标准齿轮无法安装；而当 $a'>a$ 时，虽能安装但会产生过大的齿侧间隙，影响传动的平稳性，且重合度也随之降低。而采用变位齿轮，在实际中心距不等于标准中心距时，依然能实现无侧隙啮合。

（3）提高承载能力　在一对相互啮合的标准齿轮传动中，由于小齿轮参与啮合的次数多，且齿廓渐开线的曲率半径较小，齿根厚度也较薄，所以小齿轮的弯曲强度较低，影响到整个齿轮传动的承载能力。将小齿轮设计成正变位齿轮，能使齿根厚度增大，使大小齿轮的弯曲强度接近；小齿轮的齿廓曲率半径增大，提高接触强度；若两轮的变位系数 x_1、x_2 选取合适，还可以降低滑动速度系数，提高齿轮的耐磨损和抗胶合能力。

（4）修复旧齿轮　齿轮传动中，一般小齿轮磨损严重，大齿轮磨损较轻。利用负变位可以修复磨损较轻的大齿轮，重新配制一个正变位的小齿轮，可以节省一个大齿轮的材料及制造费用，同时改善其传动性能。

（二）变位齿轮传动的几何尺寸计算

由齿条与齿轮啮合特点可知，无论其是否标准安装，齿轮分度圆总是等于节圆，所以齿条刀切制的齿轮分度圆与节圆重合，其上的模数和压力角分别等于刀具的模数和压力角，因此变位齿轮与同参数的标准齿轮的分度圆、基圆、齿距、基圆齿距都相同，它们的齿廓曲线是同一个基圆上的渐开线，只是所选取的部位不同而已。图 7-28 所示是相同模数、压力角及齿数的变位齿轮与标准齿轮的尺寸比较，可以看出变位齿轮的齿顶高、齿根高、齿顶圆、齿根圆、分度圆齿厚和齿槽宽等参数都相应地发生了变化。

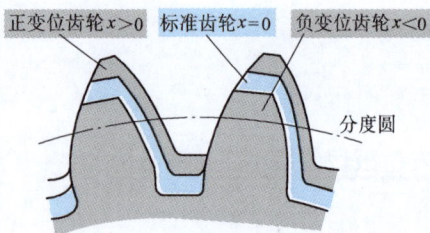

图 7-28　变位齿轮与标准齿轮的渐开线齿廓比较

1. 分度圆上的齿厚 s 和齿槽宽 e

图 7-27 实线所示为标准齿条刀加工正变位齿轮的情况，刀具中线远离轮坯中心移动了 xm 的距离。从图 7-27 中可以看出，刀具节线上的齿槽宽比分度线上的齿槽宽增大了 $2\overline{KJ}$。由于用展成法加工齿轮的过程相当于齿轮齿条做无侧隙啮合传动，轮坯分度圆与刀具节线做纯滚动，故知被加工齿轮的齿厚增大了 $2\overline{KJ}$；由于齿条型刀具的齿距恒等于 πm，故

知正变位齿轮的齿槽宽减少了 $2\overline{KJ}$。由 $\triangle IJK$ 可知，$\overline{KJ}=xm\tan\alpha$。因此，变位齿轮的分度圆齿厚为

$$s=\frac{\pi m}{2}+2\overline{KJ}=\left(\frac{\pi}{2}+2x\tan\alpha\right)m \qquad (7\text{-}19)$$

变位齿轮的分度圆齿槽宽为

$$e=\frac{\pi m}{2}-2\overline{KJ}=\left(\frac{\pi}{2}-2x\tan\alpha\right)m \qquad (7\text{-}20)$$

2. 无侧隙啮合方程式、中心距变动系数 y

（1）任意圆上的齿厚　图 7-29 中任意半径 r_i 圆上的齿厚为 s_i，其所对的中心角为 φ_i，θ_i 是渐开线上点 K 的展角，α_i 是渐开线上点 K 的压力角。分度圆上的齿厚、渐开线展角、压力角分别为 s、θ 和 α。由图 7-29 可知

$$s_i=r_i\varphi_i$$

$$\varphi_i=\angle BOB'-2\angle BOK=\frac{s}{r}-2(\theta_i-\theta)=\frac{s}{r}-2(\text{inv}\alpha_i-\text{inv}\alpha)$$

所以

$$s_i=s\frac{r_i}{r}-2r_i(\text{inv}\alpha_i-\text{inv}\alpha) \qquad (7\text{-}21)$$

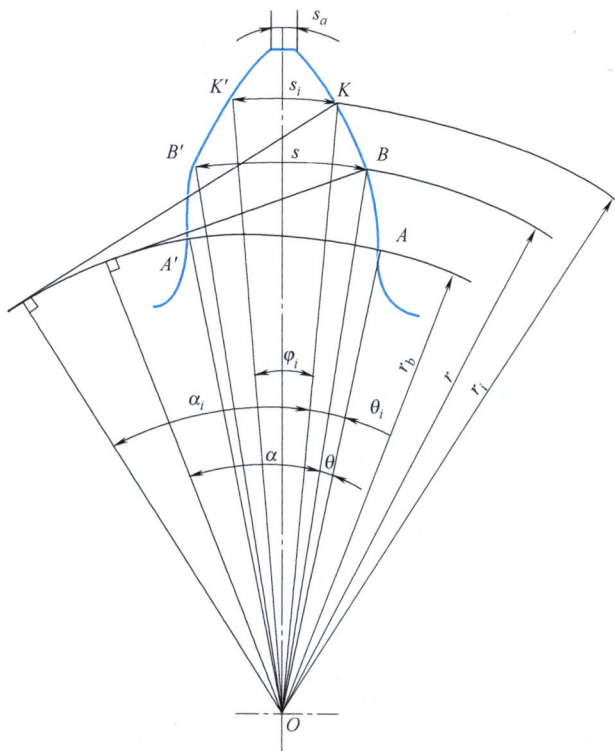

图 7-29　任意圆上的齿厚

应用式（7-21）可以计算任意圆上的齿厚，只要把式中的 r_i、α_i 分别换成对应圆的半径和其上的压力角即可。例如，齿顶圆上的齿厚 $s_a = s\dfrac{r_a}{r} - 2r_a(\mathrm{inv}\alpha_a - \mathrm{inv}\alpha)$。

（2）无侧隙啮合方程式 一对相啮合的齿轮为了实现无侧隙啮合，则其一轮在节圆上的齿厚应等于另一轮在节圆上的齿槽宽，即 $s_1' = e_2'$ 及 $s_2' = e_1'$，此时两轮的节圆齿距 $p' = s_1' + e_1' = s_2' + e_2' = s_1' + s_2'$，由式（7-21）得两轮的节圆齿厚为

$$s_1' = s_1\frac{r_1'}{r_1} - 2r_1'(\mathrm{inv}\alpha' - \mathrm{inv}\alpha), \quad s_2' = s_2\frac{r_2'}{r_2} - 2r_2'(\mathrm{inv}\alpha' - \mathrm{inv}\alpha)$$

式中，两轮的分度圆齿厚 $s_1 = \left(\dfrac{\pi}{2} + 2x_1\tan\alpha\right)m$，$s_2 = \left(\dfrac{\pi}{2} + 2x_2\tan\alpha\right)m$

两轮的节圆半径 $\qquad r_1' = r_1\dfrac{\cos\alpha}{\cos\alpha'}, \quad r_2' = r_2\dfrac{\cos\alpha}{\cos\alpha'}$

两轮的节圆齿距 $\qquad p_1' = \dfrac{2\pi r_1'}{z_1} = \dfrac{2\pi r_1}{z_1} \cdot \dfrac{\cos\alpha}{\cos\alpha'} = p\dfrac{\cos\alpha}{\cos\alpha'} = p_2' = p'$

综合上述各式，整理可得

$$\mathrm{inv}\alpha' = \frac{2(x_1 + x_2)\tan\alpha}{z_1 + z_2} + \mathrm{inv}\alpha \tag{7-22}$$

式（7-22）称为无侧隙啮合方程式，它反映了一对相啮合齿轮的变位系数之和（$x_1 + x_2$）与啮合角 α' 之间的关系。该式表明，若两轮变位系数之和（$x_1 + x_2$）不等于零，则其啮合角 α' 将不等于分度圆压力角 α。此时，两轮的实际中心距不等于标准中心距。

（3）中心距变动系数 y 一对变位齿轮无侧隙啮合时，其实际中心距 a' 与标准中心距 a 之差用 ym 表示，其中 m 为模数，y 称为中心距变动系数，则

$$ym = a' - a \tag{7-23}$$

故

$$y = \frac{z_1 + z_2}{2}\left(\frac{\cos\alpha}{\cos\alpha'} - 1\right) \tag{7-24}$$

3. 齿顶高 h_a、齿根高 h_f 和齿顶高降低系数 Δy

（1）齿顶高 h_a、齿根高 h_f 齿根圆由齿条刀具的齿顶线切制出来，当刀具采取正变位移动 xm 后，切出的正变位齿轮的齿根圆半径增大了 xm，齿根高减小了 xm，即

$$h_f = (h_a^* + c^*)m - xm$$

同时正变位齿轮的齿顶圆半径增大了 xm，齿顶高也增大了 xm，即

$$h_a = h_a^* m + xm$$

此时，轮齿的齿高不变，依旧为

$$h = h_a + h_f = (2h_a^* + c^*)m$$

（2）齿顶高降低系数 Δy 变位齿轮啮合传动时，与标准齿轮一样，必须满足正确啮合条件、无侧隙啮合条件和连续传动条件，另外，也要保证标准顶隙。

为了保证无侧隙啮合传动，由式（7-23）可知实际中心距为 $a' = a + ym$。

为了保证两轮之间具有标准顶隙 $c=c^* m$，两轮的中心距 a'' 应为

$$a''=r_{a1}+c+r_{f2}=r_1+(h_a^*+x_1)m+c^* m+r_2-(h_a^*+c^*-x_2)m=a+(x_1+x_2)m$$

由上面两式可以看出，如果 $y=x_1+x_2$，就可同时满足无侧隙啮合和标准顶隙两个条件。但经证明，只要 $x_1+x_2\neq0$，总是 $x_1+x_2>y$，即 $a''>a'$。工程上为了解决这一矛盾，采用如下办法：两轮按无侧隙中心距 $a'=a+ym$ 安装，而将两轮的齿顶高各减短 Δym，以满足标准顶隙要求。Δy 称为齿顶高降低系数，其值为

$$\Delta y=(x_1+x_2)-y \tag{7-25}$$

这时，齿轮的齿顶高为

$$h_a=h_a^* m+xm-\Delta ym=(h_a^*+x-\Delta y)m \tag{7-26}$$

这时，其齿顶圆半径为

$$r_a=\frac{mz}{2}+(h_a^*+x-\Delta y)m \tag{7-27}$$

对于负变位齿轮，上述公式同样适用，只需将式中的变位系数 x 取负值即可。

第六节　渐开线直齿圆柱齿轮传动的设计

一、齿轮传动的类型及其特点

按照相互啮合两齿轮的变位系数和（x_1+x_2）之值的不同，可将齿轮传动分为四种基本类型。

1. 标准齿轮传动

标准齿轮传动的 $x_1+x_2=0$，且 $x_1=x_2=0$。为避免根切，要求每个齿轮的齿数 $z>z_{min}$。这类齿轮传动设计简单，互换性好，但是小齿轮的齿根强度较弱且易磨损。

2. 等变位齿轮传动

等变位齿轮传动的 $x_1+x_2=0$，且 $x_1=-x_2\neq0$，又称高度变位齿轮传动。

根据式（7-22）、式（7-16）、式（7-23）和式（7-25），由于 $x_1+x_2=0$，故

$$\alpha'=\alpha,\ a'=a,\ y=0,\ \Delta y=0$$

即其啮合角 α' 等于分度圆压力角 α，中心距 a' 等于标准中心距 a，节圆与分度圆重合，齿顶高不需要降低即可实现无侧隙和标准顶隙。

等变位齿轮传动的变位系数是一正一负，通常小齿轮应采用正变位，大齿轮采用负变位，使大、小齿轮的强度趋于接近，从而使该对齿轮的承载能力相对提高。另外，采用正变位可以制造 $z<z_{min}$ 而不根切的齿轮，能获得中心距较小的齿轮机构。

3. 正传动

$x_1+x_2>0$ 的齿轮传动称为正传动。

由于 $x_1+x_2>0$，根据式（7-22）、式（7-16）、式（7-23）和式（7-25），可知

$$\alpha'>\alpha,\ a'>a,\ y>0,\ \Delta y>0$$

即在正传动中，其啮合角 α' 大于分度圆压力角 α，中心距 a' 大于标准中心距 a，两轮的分度圆分离，齿顶高需降低。

正传动的优点是可以减小齿轮机构的尺寸，减轻轮齿的磨损，提高接触强度，还可以配凑中心距；缺点是重合度减小。

4. 负传动

$x_1+x_2<0$ 的齿轮传动称为负传动。由于 $x_1+x_2<0$，根据式（7-22）、式（7-16）、式（7-23）和式（7-25），可知

$$\alpha'<\alpha,\ a'<a,\ y<0,\ 但\ \Delta y>0$$

即在负传动中，其啮合角 α' 小于分度圆压力角 α，中心距 a' 小于标准中心距 a，两轮的分度圆相割，齿顶高需降低。

负传动的优缺点正好与正传动的优缺点相反，即其重合度略有增加，但轮齿的强度有所下降，所以负传动一般只用于配凑中心距这种特殊需要的场合中。

综上所述，当 $a'>a$ 时，应采用正传动；$a'<a$ 时，应采用负传动；$a'=a$，且 $z_1 \geqslant 17$ 时，可采用标准齿轮传动；$a'=a$，且 $z_1<17$ 时，应采用等变位齿轮传动。

二、变位齿轮传动的设计步骤

原始数据不同，齿轮传动的设计步骤也有所不同。按照实际（安装）中心距 a' 的设计最常见，这时的已知条件是 z_1、z_2、m、a'，其设计步骤如下：

1）计算标准中心距。

2）根据中心距与啮合角关系式（7-16）确定啮合角 $\alpha'=\arccos\dfrac{a\cos\alpha}{a'}$。

3）按无侧隙啮合方程式（7-22）确定变位系数和 $x_1+x_2=\dfrac{(\text{inv}\alpha'-\text{inv}\alpha)(z_1+z_2)}{2\tan\alpha}$。

4）按不根切等确定分配变位系数 x_1、x_2，并按表7-6计算齿轮的几何尺寸。

5）校核重合度和正变位齿轮的齿顶圆齿厚。

表 7-6 外啮合直齿圆柱齿轮传动的几何尺寸计算公式

名称	符号	标准齿轮传动	等变位齿轮传动	正传动和负传动
变位系数	x	$x_1=0,\ x_2=0$	$x_1=-x_2$	$x_1+x_2\neq0$
分度圆直径	d	$d=mz$		
啮合角	α'	$\alpha'=\alpha$		$\text{inv}\alpha'=\dfrac{2(x_1+x_2)\tan\alpha}{z_1+z_2}+\text{inv}\alpha$
实际中心距	a'	$a'=a=\dfrac{d_1+d_2}{2}=\dfrac{m(z_1+z_2)}{2}$		$a'=\dfrac{\cos\alpha}{\cos\alpha'}a$
节圆直径	d'	$d'=d$		$d'=\dfrac{\cos\alpha}{\cos\alpha'}d$
中心距变动系数	y	$y=0$		$y=\dfrac{a'-a}{m}$
齿顶高降低系数	Δy	$\Delta y=0$		$\Delta y=(x_1+x_2)-y$
齿顶高	h_a	$h_a=h_a^* m$	$h_a=(h_a^*+x)m$	$h_a=(h_a^*+x-\Delta y)m$

（续）

名称	符号	标准齿轮传动	等变位齿轮传动	正传动和负传动
齿根高	h_f	$h_f = (h_a^* + c^*) m$		$h_f = (h_a^* + c^* - x) m$
齿高	h	$h = h_a + h_f = (2h_a^* + c^*) m$		$h = h_a + h_f = (2h_a^* + c^* - \Delta y) m$
齿顶圆直径	d_a	$d_a = d + 2h_a$		
齿根圆直径	d_f	$d_f = d - 2h_f$		
重合度	ε_α	$\varepsilon_\alpha = \dfrac{1}{2\pi} [z_1 (\tan\alpha_{a1} - \tan\alpha') + z_2 (\tan\alpha_{a2} - \tan\alpha')]$		
分度圆齿厚	s	$s = \dfrac{\pi m}{2}$		$s = \dfrac{\pi}{2} m + 2xm\tan\alpha$
齿顶圆齿厚	s_a	$s_a = s \dfrac{r_a}{r} - 2r_a (\mathrm{inv}\alpha_a - \mathrm{inv}\alpha) \geqslant 0.4m$		

思考与交流 正传动、负传动、等变位齿轮传动、标准齿轮标准安装及非标准安装时，各齿轮的节圆与分度圆之间、啮合角与分度圆压力角之间各存在怎样的关系？

第七节 平行轴斜齿圆柱齿轮机构

一、齿廓曲面的形成过程与啮合特点

视频讲解

前面在研究直齿圆柱齿轮时，仅就齿轮的<u>端面（垂直于齿轮轴线的平面）</u>进行讨论。考虑到齿轮的宽度，基圆扩展成基圆柱，发生线扩展成发生面，直齿轮的齿廓曲面是发生面在基圆柱上做纯滚动时，发生面上一条与齿轮轴线相平行的直线 KK 所展成的渐开线曲面，称为渐开面，如图 7-30a 所示。当两直齿圆柱齿轮啮合时，两齿廓曲面的接触线是与齿轮轴线平行的直线，如图 7-30b 所示。因此直齿轮在理论上是沿整个齿宽进入和退出啮合，相当于突然加载和突然卸载，故传动平稳性较差，冲击、振动和噪声也较大。

动画

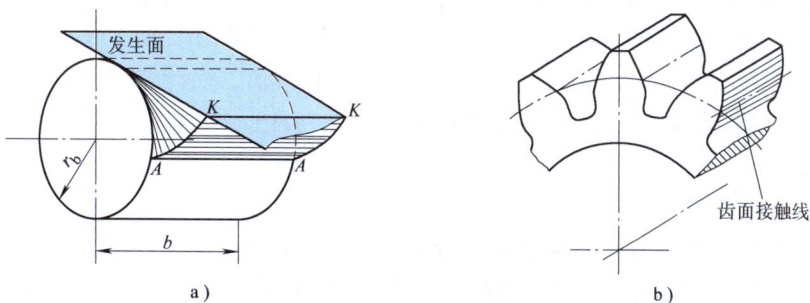

a)   b)

图 7-30 渐开线直齿圆柱齿轮的齿廓曲面

a）直齿圆柱齿轮齿廓曲面的形成 b）直齿圆柱齿轮传动的接触线

斜齿圆柱齿轮齿廓曲面的形成原理与直齿圆柱齿轮相似，如图 7-31a 所示，但是发生面上的直线 KK 不平行于基圆柱的轴线，而是与其之间有一个角度 β_b。当发生面沿着基圆柱做纯滚动时，直线 KK 的轨迹就是斜齿圆柱齿轮的齿廓曲面，称为渐开螺旋面。该齿廓曲面与基圆柱面的交线 AA 是一条螺旋线，其螺旋角就等于 β_b，称为斜齿轮基圆柱上的螺旋角。

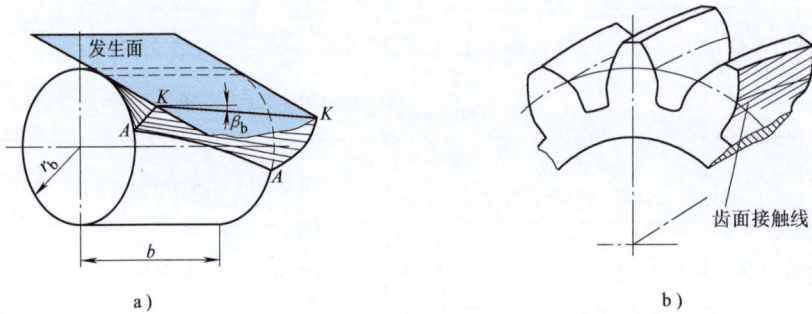

图 7-31　斜齿圆柱齿轮的齿廓曲面
a）斜齿圆柱齿轮齿廓曲面的形成　b）斜齿圆柱齿轮传动的接触线

两个斜齿圆柱齿轮的啮合过程是在从动轮齿顶的一点开始接触，然后沿齿向接触线由短变长，再由长变短，最后在后端面上靠近齿根的某一点脱离接触，如图 7-31b 所示。也就是说，斜齿圆柱齿轮的轮齿是在全齿宽方向逐渐进入啮合逐渐退出啮合，故传动较平稳，冲击、振动和噪声较小，适于高速、重载传动。

轮齿的旋向有左旋、右旋之分，如图 7-32 所示。旋向的判断方法是：沿其轴线方向观察，若螺旋线向右上方倾斜（轴线的右边高），则为右旋；反之，若螺旋线向左上方倾斜（轴线的左边高），则为左旋。该方法不仅可以判断斜齿轮的旋向，也可以判断螺杆、蜗杆、蜗轮的旋向。

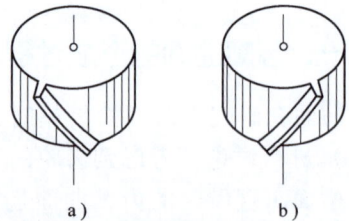

图 7-32　斜齿圆柱齿轮的旋向
a）左旋　b）右旋

二、斜齿轮的基本参数

斜齿轮齿廓曲面为一渐开螺旋面，其端面（垂直于轴线）和法向（垂直于螺旋线方向）的齿形是不相同的，因而斜齿轮的端面参数与法向参数也不相同。制造斜齿轮时，刀具沿着齿轮的螺旋线方向进刀，所以齿轮的法向参数与刀具的参数一样，即斜齿轮法向上的参数（模数、压力角、齿顶高系数、顶隙系数）为标准值，而计算斜齿轮的几何尺寸时却需按端面的参数进行计算，因此必须建立法向参数与端面参数之间的换算关系，它们与螺旋角有关。

（一）螺旋角 β

如图 7-33a 所示，把斜齿轮的分度圆柱面展开成一个长方形，长方形的长度为分度圆周长 πd，宽度为斜齿轮的轴向宽度 b，其中阴影线部分表示轮齿，空白部分表示齿槽。斜齿轮的齿廓曲面与其分度圆柱面相交的螺旋线上任一点的切线与齿轮轴线之间所夹的锐角为斜齿轮分度圆柱上的螺旋角，简称斜齿轮的螺旋角，以 β 表示。螺旋线展开后为一斜直线，图

中 β、β_b 分别为斜齿轮分度圆柱、基圆柱上的螺旋角。P_z 为螺旋线的导程。

对于同一个斜齿轮，任一圆柱面上螺旋线的导程 P_z 都相同，但是不同圆柱面的直径不同，导致各圆柱面上的螺旋角也不相等。由图 7-33b 可知

$$\tan\beta = \frac{\pi d}{P_z}$$

$$\tan\beta_b = \frac{\pi d_b}{P_z}$$

所以有

$$\tan\beta_b = \tan\beta\cos\alpha_t \qquad\qquad (7\text{-}28)$$

式中，α_t 为斜齿轮的端面压力角。

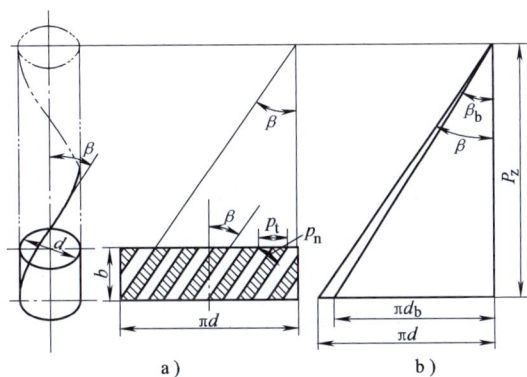

图 7-33 斜齿轮的螺旋角

a）斜齿轮的展开图 b）斜齿轮不同圆柱上的螺旋角

（二）端面参数和法向参数之间的关系

1. 模数

图 7-33a 中，法向齿距 p_n 和端面齿距 p_t 之间的关系为

$$p_n = \pi m_n = p_t\cos\beta = \pi m_t\cos\beta$$

所以，法向模数 m_n 与端面模数 m_t 之间的关系为

$$m_n = m_t\cos\beta \qquad\qquad (7\text{-}29)$$

2. 压力角

为便于分析，以斜齿条为例来说明法向压力角 α_n 与端面压力角 α_t 之间的关系。图 7-34 所示为斜齿条的一个齿，$\triangle ACC'$ 在法向上，$\triangle ABB'$ 在端面上。由图可见

$$\tan\alpha_t = \frac{\overline{AB}}{\overline{BB'}}, \quad \tan\alpha_n = \frac{\overline{AC}}{\overline{CC'}}, \quad \overline{AC} = \overline{AB}\cos\beta, \quad \overline{BB'} = \overline{CC'}$$

故得

$$\tan\alpha_n = \tan\alpha_t\cos\beta \qquad\qquad (7\text{-}30)$$

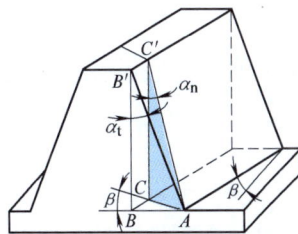

图 7-34 端面压力角与法向压力角的关系

3. 齿顶高系数和顶隙系数

法向齿顶高与端面齿顶高是相等的，法向顶隙与端面顶隙也是相等的，即

$$h_a = h_{an}^* m_n = h_{at}^* m_t , \quad c = c_n^* m_n = c_t^* m_t$$

又因为 $m_n = m_t \cos\beta$，所以

$$\begin{cases} h_{at}^* = h_{an}^* \cos\beta \\ c_t^* = c_n^* \cos\beta \end{cases} \tag{7-31}$$

式中，h_{an}^* 和 c_n^* 分别为法向齿顶高系数和法向顶隙系数（标准值）；h_{at}^* 和 c_t^* 分别为端面齿顶高系数和端面顶隙系数。

4. 变位系数

斜齿轮也可借助于变位修正的办法来满足各种不同的要求，其法向变位量与端面变位量是相等的，即 $x_n m_n = x_t m_t$，故有

$$x_t = x_n \cos\beta \tag{7-32}$$

式中，x_t 为端面变位系数；x_n 为法向变位系数。

三、正确啮合条件

斜齿轮的端面齿廓是精确的渐开线，故一对斜齿轮从端面上看与一对直齿轮的啮合情况完全相同，应该满足端面的模数及压力角分别相等（$m_{t1} = m_{t2}$，$\alpha_{t1} = \alpha_{t2}$），同时其螺旋角还应相互匹配，以保证两轮啮合处的齿廓螺旋面相切，即外啮合时螺旋角大小相等，旋向相反，即 $\beta_1 = -\beta_2$；内啮合时螺旋角大小相等，旋向相同，即 $\beta_1 = \beta_2$。故一对平行轴斜齿圆柱齿轮传动的正确啮合条件是

$$\begin{cases} m_{n1} = m_{n2} = m_n \\ \alpha_{n1} = \alpha_{n2} = \alpha_n \\ \beta_1 = \mp \beta_2 \end{cases} \tag{7-33}$$

式中，β_2 前面的 "–" 号用于外啮合，"+" 号用于内啮合。

四、几何尺寸计算

将斜齿轮的端面参数代入直齿轮的计算公式，就可以求得斜齿轮的几何尺寸，如斜齿轮的分度圆直径为

$$d = m_t z = \frac{m_n z}{\cos\beta} \tag{7-34}$$

视频讲解

则斜齿轮传动的标准中心距为

$$a = \frac{1}{2}(d_1 + d_2) = \frac{m_n (z_1 + z_2)}{2\cos\beta} \tag{7-35}$$

由式（7-35）可知，可以改变螺旋角 β 来调整斜齿轮传动的中心距。

外啮合标准斜齿圆柱齿轮各参数及几何尺寸计算公式见表 7-7，变位斜齿轮传动的几何尺寸计算可参阅《机械设计手册》。

表 7-7　外啮合标准斜齿圆柱齿轮各参数及几何尺寸计算公式

名称	符号	计算公式	
螺旋角	β	$\beta_1 = -\beta_2$（一般取 $\beta = 8° \sim 20°$）	
法向模数	m_n	根据齿轮受力情况和结构需要确定，选取标准值	
端面模数	m_t	$m_t = m_n / \cos\beta$	
法向压力角	α_n	标准值，一般 $\alpha_n = 20°$	
端面压力角	α_t	$\tan\alpha_t = \tan\alpha_n / \cos\beta$	
法向齿顶高系数	h_{an}^*	标准值，一般 $h_{an}^* = 1$	
端面齿顶高系数	h_{at}^*	$h_{at}^* = h_{an}^* \cos\beta$	
法向顶隙系数	c_n^*	标准值，一般 $c_n^* = 0.25$	
端面顶隙系数	c_t^*	$c_t^* = c_n^* \cos\beta$	
分度圆直径	d	$d_1 = m_t z_1 = m_n z_1 / \cos\beta$	$d_2 = m_t z_2 = m_n z_2 / \cos\beta$
齿顶高	h_a	$h_a = h_{at}^* m_t = h_{an}^* m_n$	
齿根高	h_f	$h_f = (h_{at}^* + c_t^*) m_t = (h_{an}^* + c_n^*) m_n$	
齿顶圆直径	d_a	$d_{a1} = d_1 + 2h_a$	$d_{a2} = d_2 + 2h_a$
齿根圆直径	d_f	$d_{f1} = d_1 - 2h_f$	$d_{f2} = d_2 - 2h_f$
基圆直径	d_b	$d_{b1} = d_1 \cos\alpha_t$	$d_{b2} = d_2 \cos\alpha_t$
标准中心距	a	$a = (d_1 + d_2)/2 = \dfrac{m_n}{2\cos\beta}(z_1 + z_2)$	
传动比	i	$i_{12} = \omega_1 / \omega_2 = z_2 / z_1$	

注：1. m_t 应计算到小数点后第四位，其余长度尺寸应计算到小数点后三位。

　　2. 螺旋角 β 的计算应精确到小数点后第四位，然后换算成 ××°××′××″。

五、重合度

从端面看，斜齿轮的啮合与直齿轮完全一样，但是斜齿轮啮合时两个齿廓曲面的接触线是与齿轮轴线成 β_b 角的直线，啮合情况与直齿轮就有所不同。

为了便于分析斜齿轮的重合度，将端面参数相同的直齿轮与斜齿轮进行比较。图 7-35a 所示为直齿轮传动的啮合区，直线 B_2B_2 为一对轮齿刚开始进入啮合的位置，直线 B_1B_1 为一对轮齿开始脱离啮合的位置。L 为其啮合区长度，故直齿轮传动的重合度为

$$\varepsilon_\alpha = L / p_b$$

图 7-35b 所示为斜齿轮的啮合情况，轮齿也是在 B_2B_2 位置进入啮合，在 B_1B_1 位置脱离啮合。当轮齿前端面到达位置 1 时开始进入啮合，随着齿轮转动，直到到达位置 2 时全齿宽才全部进入啮合，当到达位置 3 时前端面开始脱离啮合，直到到达位置 4 时这对齿轮才完全脱离啮合。显然，斜齿轮传动的实际啮合区比直齿轮增大了 $\Delta L = b\tan\beta_b$，因此斜齿轮传动的重合度比直齿轮传动大。增加部分的重合度用 ε_β 表示，称为纵向重合度，其值为

$$\varepsilon_\beta = \frac{\Delta L}{p_{bt}} = \frac{b\tan\beta_b}{\pi m_t \cos\alpha_t}$$

由于 $\tan\beta_b = \tan\beta\cos\alpha_t$，$m_t = m_n / \cos\beta$，故

$$\varepsilon_{\beta}=\frac{b\sin\beta}{\pi m_n}\tag{7-36}$$

斜齿轮啮合区长为 $L+\Delta L$，其总的重合度 ε_{γ} 为

$$\varepsilon_{\gamma}=\frac{L+\Delta L}{p_{bt}}=\varepsilon_{\alpha}+\varepsilon_{\beta}\tag{7-37}$$

式中，ε_{α} 为端面重合度，类似于直齿轮传动的重合度计算公式，但要用端面啮合角 α_t' 代替 α'，用端面齿顶圆压力角 α_{at} 代替齿顶圆压力角 α_a，可得其计算公式为

$$\varepsilon_{\alpha}=\frac{1}{2\pi}\left[z_1(\tan\alpha_{at1}-\tan\alpha_t')+z_2(\tan\alpha_{at2}-\tan\alpha_t')\right]\tag{7-38}$$

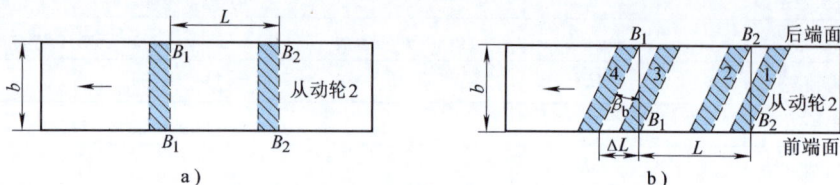

图 7-35　齿轮传动的实际啮合线段
a）直齿轮　b）斜齿轮

六、当量齿轮和当量齿数

用仿形法加工斜齿轮时，刀具沿齿槽的螺旋线方向进刀，所以刀具的齿形应与齿轮的法面齿形相同（近）。另外，对齿轮进行弯曲强度校核时，由于力作用在法平面内，所以也应研究其法面齿形。

图 7-36 所示为实际齿数为 z 的斜齿轮分度圆柱，过分度圆柱面上的一点 C 作轮齿的法平面 n-n，截斜齿轮的分度圆柱得到一椭圆剖面，若斜齿轮的分度圆柱半径为 r，则椭圆的长半轴 $a=r/\cos\beta$，短半轴 $b=r$。椭圆剖面上 C 点的齿形就是斜齿轮的法向齿形，C 点位于曲率半径为 ρ 的圆弧上。

现以椭圆上 C 点的曲率半径 ρ 为分度圆半径，以斜齿轮的法向模数 m_n 为模数，以法向压力角 α_n 为压力角，作一假想的直齿圆柱齿轮，则此直齿轮的齿形就是斜齿轮的法向近似齿形，称此直齿轮为斜齿轮的当量齿轮，其齿数称为当量齿数，以 z_v 表示。

动画

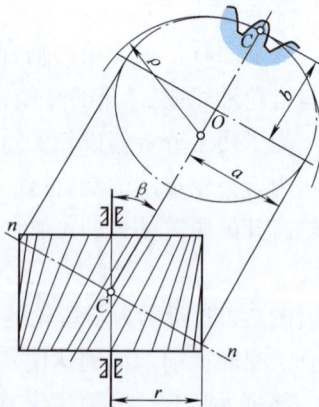

图 7-36　斜齿轮的当量齿轮

由高等数学可知，椭圆上 C 点的曲率半径 ρ 为

$$\rho=\frac{a^2}{b}=\left(\frac{r}{\cos\beta}\right)^2\frac{1}{r}=\frac{r}{\cos^2\beta}$$

故得

即

$$z_v=\frac{2\rho}{m_n}=\frac{2r}{m_n\cos^2\beta}=\frac{m_t z}{m_n\cos^2\beta}=\frac{m_n z}{m_n\cos^3\beta}$$

$$z_\text{v} = \frac{z}{\cos^3\beta} \tag{7-39}$$

因当量齿数不真实存在，不必圆整。在弯曲强度计算和仿形法加工选取刀号时，都要用到当量齿数。

由式（7-39）可得，渐开线标准斜齿圆柱齿轮不发生根切的最少齿数

$$z_\text{min} = z_\text{vmin}\cos^3\beta = 17\cos^3\beta < 17 \tag{7-40}$$

七、斜齿轮传动的优缺点

与直齿轮传动相比，斜齿轮传动具有下列主要优点：

1）啮合性能好。斜齿轮传动的接触线是斜直线，轮齿是逐渐进入啮合和逐渐退出啮合的，故传动平稳，噪声小。

2）重合度大，传动平稳，降低了每对轮齿的载荷，提高了齿轮的承载能力。

3）可以获得更为紧凑的机构。由于标准斜齿轮不产生根切的最少齿数比直齿轮少，所以采用斜齿轮可以获得更为紧凑的机构。

4）制造成本与直齿轮相同。

斜齿轮传动的主要缺点是在运转时会产生轴向力，如图 7-37a 所示，齿轮为主动轮，其轴向力 $F_\text{x} = F_\text{t}\tan\beta$，当圆周力 F_t 一定时，轴向力 F_x 随螺旋角 β 的增大而增大。为了既发挥斜齿轮的优点，又不致产生过大的轴向力，一般取 $\beta = 8° \sim 20°$。

为了充分利用斜齿轮的优点，克服其缺点，可采用人字齿轮（图 7-37b），其所产生的轴向力相互抵消，其螺旋角可取 $\beta = 25° \sim 40°$。但人字齿轮制造比较困难，一般只用于高速重载传动中。

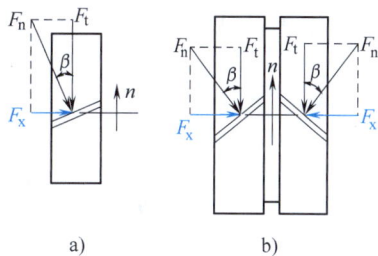

图 7-37　斜齿轮、人字齿轮的轴向力
a）斜齿轮　b）人字齿轮

【例 7-2】　一对外啮合直齿圆柱齿轮机构的 $m = 4\text{mm}$，$\alpha = 20°$，$h_\text{a}^* = 1$，$c^* = 0.25$，$z_1 = 23$，$z_2 = 72$，用于中心距为 194mm 的两平行轴之间传递运动，试设计这对直齿圆柱齿轮机构。若采用相同模数、齿数的外啮合标准斜齿圆柱齿轮机构，请计算该对斜齿圆柱齿轮的几何尺寸及重合度。

解：

1）采用直齿圆柱齿轮机构。

标准中心距　　$a = \frac{1}{2}(d_1 + d_2) = \frac{m(z_1 + z_2)}{2} = \frac{4\times(23+72)}{2}\text{mm} = 190\text{mm}$

因实际中心距为 $a' = 194\text{mm} > a$，所以必须采用正传动。

啮合角　　$\alpha' = \arccos\left(\frac{a\cos\alpha}{a'}\right) = \arccos\left(\frac{190\cos20°}{194}\right) = \arccos0.9203 = 23.030°$

由 $\text{inv}\alpha' = \frac{2(x_1+x_2)\tan\alpha}{z_1+z_2} + \text{inv}\alpha$ 求变位系数的和。

查表 7-1 或由计算可得

$$\text{inv}\alpha = \text{inv}20° = 0.014904$$

$$\text{inv}\alpha' = \tan\alpha' - \alpha' = \tan 23.030° - \frac{23.030°}{180°}\pi = 0.02314$$

所以 $x_1 + x_2 = \dfrac{(z_1+z_2)(\text{inv}\alpha'-\text{inv}\alpha)}{2\tan\alpha} = \dfrac{(23+72)(0.02314-0.014904)}{2\tan20°} = 1.0748$

变位系数的分配可以采用封闭图法（参考《机械设计手册》），确定 x_1 和 x_2 后，即可计算两轮的几何尺寸，最后需要校核重合度和齿顶圆齿厚。（具体计算略）

2）采用标准斜齿圆柱齿轮机构。

由标准中心距 $a = \dfrac{m_n(z_1+z_2)}{2\cos\beta}$，得分度圆螺旋角 $\beta = \arccos\dfrac{m_n(z_1+z_2)}{2a} = \arccos\dfrac{4\times(23+72)}{2\times194} = $

$11.6555°$，在 $8°\sim20°$ 范围内。

斜齿圆柱齿轮的端面模数 $m_t = \dfrac{m_n}{\cos\beta} = \dfrac{4}{\cos11.6555°}\text{mm} = 4.084\text{mm}$

端面压力角 $\alpha_t = \arctan\left(\dfrac{\tan\alpha_n}{\cos\beta}\right) = \arctan\left(\dfrac{\tan20°}{\cos11.6555°}\right) = 20.387°$

分度圆半径 $r_1 = \dfrac{m_t z_1}{2} = \dfrac{4.084\times23}{2}\text{mm} = 46.966\text{mm}$

$$r_2 = \dfrac{m_t z_2}{2} = \dfrac{4.084\times72}{2}\text{mm} = 147.024\text{mm}$$

齿顶圆半径 $r_{a1} = r_1 + h_a = r_1 + h_{an}^* m_n = (46.966+1\times4)\text{mm} = 50.966\text{mm}$

$$r_{a2} = r_2 + h_a = r_2 + h_{an}^* m_n = (147.024+1\times4)\text{mm} = 151.024\text{mm}$$

基圆半径 $r_{b1} = r_1\cos\alpha_t = 46.966\cos20.387°\text{mm} = 44.026\text{mm}$

$$r_{b2} = r_2\cos\alpha_t = 147.024\cos20.387°\text{mm} = 137.822\text{mm}$$

端面齿顶圆压力角 $\alpha_{at1} = \arccos\left(\dfrac{r_{b1}}{r_{a1}}\right) = \arccos\left(\dfrac{44.026}{50.966}\right) = \arccos0.8638 = 30.254°$

$$\alpha_{at2} = \arccos\left(\dfrac{r_{b2}}{r_{a2}}\right) = \arccos\left(\dfrac{137.822}{151.024}\right) = \arccos0.9125 = 24.147°$$

取齿宽 $b = 50\text{mm}$，则重合度

$$\varepsilon_\gamma = \varepsilon_\alpha + \varepsilon_\beta = \frac{1}{2\pi}\left[z_1(\tan\alpha_{at1}-\tan\alpha_t') + z_2(\tan\alpha_{at2}-\tan\alpha_t')\right] + \frac{b\sin\beta}{\pi m_n}$$

$$= \frac{1}{2\pi}\left[23(\tan30.254°-\tan20.387°) + 72(\tan24.147°-\tan20.387°)\right] + \frac{50\times\sin11.6555°}{\pi\times4}$$

$$= 1.653 + 0.804 = 2.457$$

该例题表明，既可以采用直齿圆柱齿轮机构变位传动配凑中心距，也可以采用标准斜齿圆柱齿轮机构，通过改变螺旋角来配凑中心距。而且斜齿轮机构可以获得较大的重合度，有利于提高承载能力和传动平稳性。

第八节　锥齿轮机构

一、锥齿轮机构概述

锥齿轮机构用来传递任意两相交轴之间的运动和动力（图7-38），在一般机械中，锥齿轮两轴之间的交角 $\Sigma=90°$。锥齿轮的轮齿分布在圆锥面上，故对应于圆柱齿轮中的各有关圆柱，均变成了圆锥，如齿顶圆锥、分度圆锥和齿根圆锥等。显然，锥齿轮的齿形从大端到小端逐渐变小，导致锥齿轮大端和小端的参数不同。为方便计算和测量，通常取锥齿轮大端参数为标准值，如锥齿轮的大端模数为标准值，按表7-8选取；压力角一般为20°，齿顶高系数 h_a^* 和顶隙系数 c^* 如下：

正常齿制　当 $m \geqslant 1\text{mm}$ 时，$h_a^*=1$，$c^*=0.2$

　　　　　当 $m<1\text{mm}$ 时，$h_a^*=1$，$c^*=0.25$

短齿制　$h_a^*=0.8$，$c^*=0.3$

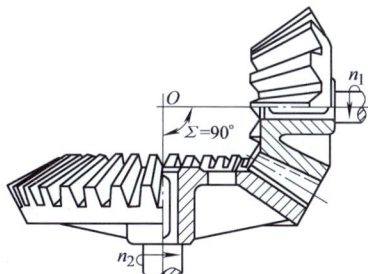

图 7-38　直齿锥齿轮机构

表 7-8　锥齿轮标准模数系列（摘自 GB/T 12368—1990）　　　　（单位：mm）

0.10	0.35	0.9	1.75	3.25	5.5	10	20	36
0.12	0.4	1	2	3.5	6	11	22	40
0.15	0.5	1.125	2.25	3.75	6.5	12	25	45
0.2	0.6	1.25	2.5	4	7	14	28	50
0.25	0.7	1.375	2.75	4.5	8	16	30	—
0.3	0.8	1.5	3	5	9	18	32	

锥齿轮有直齿和曲齿等形式，本节仅介绍直齿锥齿轮机构。

二、背锥、当量齿轮和当量齿数

直齿锥齿轮的齿廓曲面为球面渐开线。因球面不能展开成平面，给设计和制造带来困难，不得不采用一种近似的方法来研究锥齿轮的齿廓曲面。

图 7-39 所示为一锥齿轮的轴向半剖视图。OAB 代表其分度圆锥，$\overset{\frown}{eA}$ 和 $\overset{\frown}{fA}$ 为轮齿在球面上的齿顶高和齿根高。过点 A 作直线 $AO_1 \perp AO$，与圆锥齿轮轴线交于点 O_1。设想以 OO_1 为轴

线、O_1A 为母线作一圆锥 O_1AB，该圆锥称为直齿锥齿轮的背锥。由图 7-39 可见点 A、B 附近背锥面与球面非常接近，因此将锥齿轮大端上的球面渐开线齿形投影到背锥上，用背锥上的齿形来研究直齿锥齿轮大端上的球面齿形。

如图 7-40 所示，OAP 和 OBP 分别为齿轮 1、齿轮 2 的分度圆锥，O_1AP 和 O_2BP 分别为齿轮 1、齿轮 2 的背锥，用背锥上的齿形近似代替锥齿轮的大端齿形。将两个背锥展成平面后得到两个扇形齿轮，该扇形齿轮的参数（例如模数、压力角、齿顶高和齿根高）就是锥齿轮大端的参数，其齿数就是锥齿轮的实际齿数 z_1 和 z_2，其分度圆半径 r_{v1} 和 r_{v2} 就是背锥的锥距 O_1A 和 O_2B。将扇形齿轮补足成完整的假想直圆柱齿轮，称为该锥齿轮的当量齿轮，其上的齿数为锥齿轮的当量齿数，用 z_v 表示。

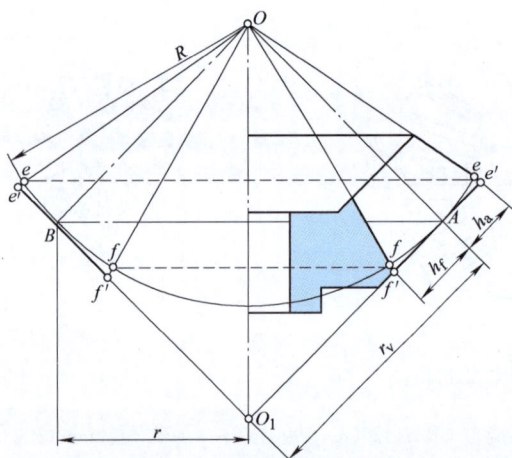

图 7-39　直齿锥齿轮的背锥

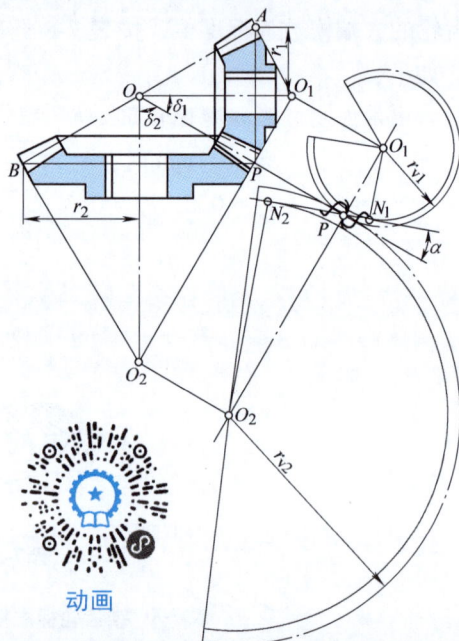

动画

图 7-40　锥齿轮的当量齿轮

锥齿轮的当量齿数 z_v 和实际齿数 z 的关系可以由图 7-40 求出，齿轮 1 的当量齿轮的分度圆半径为

$$r_{v1} = \frac{r_1}{\cos\delta_1} = \frac{mz_1}{2\cos\delta_1}$$

又知

$$r_{v1} = \frac{1}{2}mz_{v1}$$

故得 $z_{v1} = z_1 / \cos\delta_1$，所以，锥齿轮的当量齿数为

$$z_v = \frac{z}{\cos\delta} \qquad (7\text{-}41)$$

因一对锥齿轮的啮合等价于一对当量齿轮的啮合，所以可以把前面直齿圆柱齿轮机构的

一些结论直接应用于锥齿轮机构。例如，由一对圆柱齿轮的正确啮合条件可知，一对锥齿轮的正确啮合条件为两轮大端的模数和压力角分别相等，且两轮的锥距相等、锥顶重合；一对锥齿轮传动的重合度可以近似地按其当量齿轮传动的重合度来计算；为了避免轮齿的根切，锥齿轮的齿数应大于最少齿数 $z_{min} = z_{vmin}\cos\delta$。

三、几何尺寸计算

为便于度量，锥齿轮的尺寸以大端为准。如图 7-41 所示，两锥齿轮的分度圆直径分别为

$$d_1 = 2R\sin\delta_1, d_2 = 2R\sin\delta_2 \tag{7-42}$$

式中，R 为分度圆锥锥顶到大端的距离，称为锥距；δ_1、δ_2 分别为两锥齿轮的分度圆锥角。

两轮的传动比为

$$i_{12} = \frac{\omega_1}{\omega_2} = \frac{z_2}{z_1} = \frac{d_2}{d_1} = \frac{\sin\delta_2}{\sin\delta_1} \tag{7-43}$$

当 $\delta_1 + \delta_2 = 90°$ 时，式（7-43）变为

$$i_{12} = \frac{\omega_1}{\omega_2} = \frac{z_2}{z_1} = \tan\delta_2 = \cot\delta_1 \tag{7-44}$$

在设计锥齿轮传动时，可根据给定的传动比 i_{12}，按式（7-44）确定两轮的分度圆锥角。

至于锥齿轮齿顶圆锥角和齿根圆锥角的大小，则与两锥齿轮啮合传动时对其顶隙的要求有关。根据国家标准（GB/T 12369—1990，GB/T 12370—1990）规定，现多采用等顶隙锥齿轮传动，其两轮的顶隙由齿轮大端到小端都是相等的，如图 7-41 所示。两轮的分度圆锥及齿根圆锥的锥顶重合于一点。但两轮的齿顶圆锥，因其母线各自平行于与之啮合传动的另一锥齿轮的齿根圆锥的母线，故其锥顶就不再与分度圆锥锥顶相重合。这种锥齿轮相当于降低了轮齿小端的齿顶高，从而减小了齿顶过尖的可能性；且齿根圆角半径较大，有利于提高轮齿的承载能力，延长刀具寿命和提高储油润滑性。

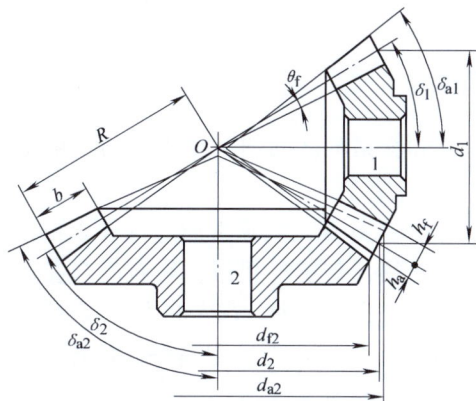

图 7-41　等顶隙锥齿轮机构

$\Sigma = 90°$的标准直齿锥齿轮机构的主要几何尺寸计算公式见表 7-9。

表 7-9　$\Sigma = 90°$的标准直齿锥齿轮机构的主要几何尺寸计算公式（$m \geq 1$）

名称	符号	计算公式	
		小齿轮	大齿轮
分度圆锥角	δ	$\delta_1 = \arctan \dfrac{z_1}{z_2}$	$\delta_2 = 90 - \delta_1$
齿顶高	h_a	$h_{a1} = h_{a2} = h_a^* m = m$	
齿根高	h_f	$h_{f1} = h_{f2} = (h_a^* + c^*) m = 1.2m$	
分度圆直径	d	$d_1 = mz_1$	$d_2 = mz_2$
齿顶圆直径	d_a	$d_{a1} = d_1 + 2h_a\cos\delta_1$	$d_{a2} = d_2 + 2h_a\cos\delta_2$
齿根圆直径	d_f	$d_{f1} = d_1 - 2h_f\cos\delta_1$	$d_{f2} = d_2 - 2h_f\cos\delta_2$
锥距	R	$R = \dfrac{m}{2}\sqrt{z_1^2 + z_2^2}$	
齿根角	θ_f	$\tan\theta_f = \dfrac{h_f}{R}$	
顶锥角（等顶隙时）	δ_a	$\delta_{a1} = \delta_1 + \theta_f$	$\delta_{a2} = \delta_2 + \theta_f$
根锥角（等顶隙时）	δ_f	$\delta_{f1} = \delta_1 - \theta_f$	$\delta_{f2} = \delta_2 - \theta_f$
顶隙	c	$c = c^* m = 0.2m$	
分度圆齿厚	s	$s = \dfrac{\pi m}{2}$	
当量齿数	z_v	$z_{v1} = \dfrac{z_1}{\cos\delta_1}$	$z_{v2} = \dfrac{z_2}{\cos\delta_2}$
齿宽	b	$b \leq \dfrac{R}{3}$（取整数）	

第九节　蜗杆蜗轮机构

一、蜗杆蜗轮机构简介

蜗杆蜗轮机构用来传递空间交错轴之间的运动和动力。最常用的是两轴交错角 $\Sigma = 90°$的减速传动。

如图 7-42 所示，在分度圆柱上具有完整螺旋齿的构件 1 称为蜗杆，而与蜗杆相啮合的轮 2 称为蜗轮。蜗杆与螺杆相似，有右旋与左旋之分，通常多用右旋。根据头数，蜗杆又可分为单头、双头和多头蜗杆，并且蜗杆的齿数就是蜗杆的头数，即单头蜗杆的 $z_1 = 1$；蜗轮形似斜齿轮，但是蜗轮的母线是弧线而不是直线，以便部分包住蜗杆，使两者齿面之间为线接触。

蜗杆的类型很多，其中应用最广泛的是阿基米德圆柱蜗杆，如图 7-43a 所示。加工阿基米德圆柱蜗杆时，梯形车刀的切削刃放于水平位置，并与蜗杆轴线在同一水平面内。其轴面

视频讲解

齿形如图中的 I—I 剖面所示，相当于齿条；端面齿形为阿基米德螺旋线，如图 7-43b 所示。本节只介绍阿基米德蜗杆与蜗轮组成的蜗杆蜗轮机构。

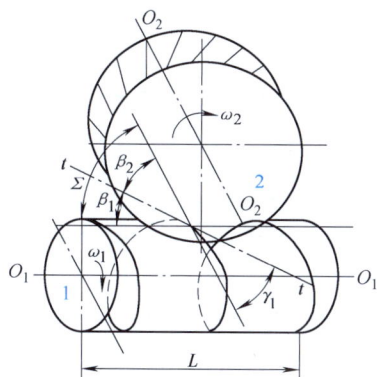

图 7-42　蜗杆传动

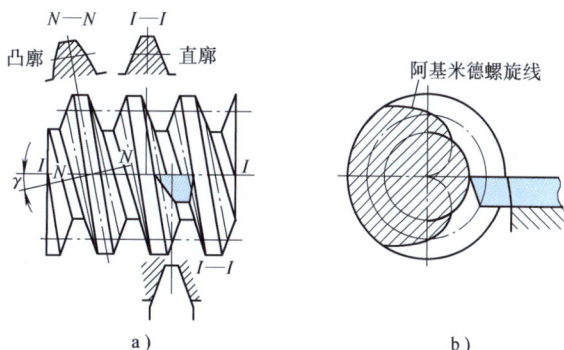

图 7-43　阿基米德圆柱蜗杆

二、蜗杆蜗轮机构的正确啮合条件

图 7-44 所示为蜗轮与阿基米德蜗杆啮合的情况。过蜗杆的轴线且垂直于蜗轮轴线的平面，称为蜗杆传动的中间平面，也称为主平面。中间平面对于蜗杆是轴面，对于蜗轮是端面。在中间平面内蜗杆相当于齿条，蜗轮相当于齿轮，蜗杆与蜗轮的啮合相当于齿条与齿轮的啮合。因此，蜗杆的轴面模数 m_{x1} 和轴面压力角 α_{x1} 分别等于蜗轮的端面模数 m_{t2} 和端面压力角 α_{t2}，且均取为标准值 m 和 α。当蜗杆与蜗轮的轴线交错角 $\Sigma = 90°$ 时，还需保证蜗杆的导程角等于蜗轮的螺旋角，且两者螺旋线的旋向相同，即蜗杆蜗轮机构的正确啮合条件为

$$m_{x1} = m_{t2} = m, \quad \alpha_{x1} = \alpha_{t2} = \alpha, \quad \gamma_1 = \beta_2 \tag{7-45}$$

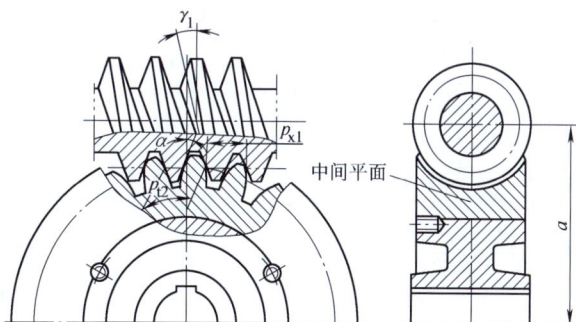

图 7-44　蜗杆蜗轮在中间平面的啮合情况

三、蜗杆蜗轮机构的主要参数及几何尺寸

（一）模数

蜗杆模数系列与齿轮模数系列有所不同。国家标准 GB/T 10088—2018 中对蜗杆模数做

了规定，表 7-10 为部分摘录，供设计查用。

表 7-10 蜗杆模数系列（$m \geqslant 1$，摘自 GB/T 10088—2018）　　　（单位：mm）

第一系列	1, 1.25, 1.6, 2, 2.5, 3.15, 4, 5, 6.3, 8, 10, 12.5, 16, 20, 25, 31.5, 40
第二系列	1.5, 3, 3.5, 4.5, 5.5, 6, 7, 12, 14

注：优先采用第一系列。

（二）压力角

国家标准 GB/T 10088—2018 规定，阿基米德蜗杆的压力角 $\alpha = 20°$。

（三）蜗杆的导程角 γ_1 及分度圆柱直径 d_1

与螺杆相似，如图 4-4 所示，将蜗杆的螺旋线沿直径为 d_1 的分度圆柱展开，以 p_x 表示其轴向齿距，则其螺旋线导程 $P_z = z_1 p_x = z_1 \pi m$，蜗杆的导程角 γ_1 可由下式求出

$$\tan\gamma_1 = \frac{P_z}{\pi d_1} = \frac{z_1 \pi m}{\pi d_1} = \frac{z_1 m}{d_1} \tag{7-46}$$

因蜗轮是用与配对蜗杆形状相似的滚刀来加工的，滚刀的分度圆直径必须与工作蜗杆的分度圆直径相同，只是滚刀的外径略大于蜗杆的顶圆直径，以便加工出二者啮合时的顶隙。因此，为了限制蜗轮滚刀的数目，国家标准 GB/T 10088—2018 中将蜗杆的分度圆直径 d_1 标准化，且与其模数、头数相对应，部分摘录见表 7-11。

表 7-11 蜗杆的模数 m，头数 z_1 和分度圆柱直径 d_1（摘自 GB/T 10085—2018）

m	z_1	d_1	m	z_1	d_1	m	z_1	d_1	m	z_1	d_1
1	1	18	3.15	1, 2, 4	(28)	6.3	1, 2, 4	(50)		1, 2, 4	(90)
1.25	1	20		1, 2, 4, 6	35.5		1, 2, 4, 6	63	12.5	1, 2, 4	112
		22.4		1, 2, 4	(45)		1, 2, 4	(80)			(140)
1.6	1, 2, 4	20	4	1	56		1	112		1	200
	1	28		1, 2, 4	(31.5)	8	1, 2, 4	(63)		1, 2, 4	(112)
2	1, 2, 4	(18)		1, 2, 4, 6	40		1, 2, 4, 6	80	16	1, 2, 4	140
	1, 2, 4, 6	22.4		1, 2, 4	(50)		1, 2, 4	(100)			(180)
	1, 2, 4	(28)		1	71		1	140		1	250
	1	35.5	5	1, 2, 4	(40)	10	1, 2, 4	71		1, 2, 4	(140)
2.5	1, 2, 4	(22.4)		1, 2, 4, 6	50		1, 2, 4, 6	90	20	1, 2, 4	160
		28		1, 2, 4	(63)		1, 2, 4	(112)			(224)
		(35.5)		1	90		1	160		1	315
	1	45									

注：括号内的数尽可能不使用。

（四）标准中心距 a

蜗杆传动的中心距指蜗杆轴线与蜗轮轴线之间的垂直距离，其标准中心距为

$$a = \frac{1}{2}(d_1 + d_2) = \frac{1}{2}m\left(\frac{z_1}{\tan\gamma_1} + z_2\right) \tag{7-47}$$

令 $\dfrac{z_1}{\tan\gamma_1} = q$，称 q 为蜗杆的直径系数，则 $d_1 = mq$。

蜗杆机构的标准中心距 a 是标准值，其标准系列见 GB/T 10085—2018。

蜗杆蜗轮的其他几何尺寸计算请参见《机械设计手册》。

四、传动比计算及蜗轮转向的确定

蜗杆蜗轮机构的传动比仍等于齿数的反比，即

$$i = \frac{\omega_1}{\omega_2} = \frac{z_2}{z_1} \neq \frac{d_2}{d_1} \tag{7-48}$$

式中，蜗杆的齿数 z_1 推荐取 1、2、4、6。当要求传动比大或反行程具有自锁性时，常取 $z_1 = 1$，即单头蜗杆；当要求具有较高的传动效率时，则 z_1 应取大值。对于动力传动，一般推荐蜗轮的齿数 $z_2 = 28 \sim 80$。

蜗轮的转向取决于旋向和蜗杆的转向。蜗杆蜗轮的相对运动等同于螺杆与螺母的相对运动，可根据左、右手定则来判定，即蜗杆左旋用左手，右旋用右手，握紧的四指表示蜗杆的转动方向，大拇指伸直方向为蜗杆的轴向力方向，也是啮合点处蜗轮线速度的反方向。

在图 7-45 所示的蜗杆蜗轮机构中，已知蜗杆的旋向为右旋，转向如图中 ω_1 所示，经右手定则，判断出蜗轮的线速度 v_2 的方向，由此确定出蜗轮的转向 ω_2 如图所示。

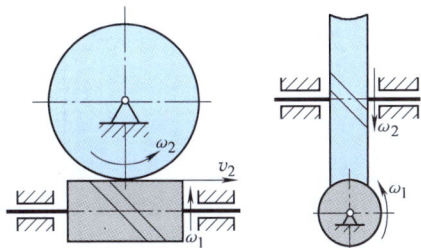

图 7-45　蜗轮转动方向的判断

五、蜗杆蜗轮机构的特点

1）传动平稳，噪声小。由于蜗杆的轮齿是连续不断的螺旋齿，故传动平稳，啮合冲击小。

2）传动比大，结构紧凑。由于蜗杆的齿数（头数）少，故单级传动可获得较大的传动比，且结构紧凑。在做减速动力传动时，传动比可达 80，在分度机构中传动比可达 1000。

3）反行程具有自锁性。当蜗杆的导程角 γ_1 小于啮合轮齿间的当量摩擦角 φ_v 时，机构反行程具有自锁性。在此情况下，只能由蜗杆带动蜗轮转动，而不能由蜗轮带动蜗杆转动，在起重设备中，常利用反行程能够自锁的蜗杆传动来增强机械的安全性。

4）传动效率较低，材料成本高。由于蜗杆蜗轮啮合轮齿间的相对滑动速度较大，故摩擦磨损大，传动效率较低，发热量大，易胶合，所以常用较贵的减摩耐磨材料来制造蜗轮，成本较高。

视频讲解

本章知识框架图

本章测试

思 考 题

7-1 试叙述齿廓啮合基本定律。设选定某一条光滑曲线作为齿廓，试问该曲线上的任何部分都有相应的共轭齿廓吗？

7-2 一对齿轮的齿廓曲线应该满足什么条件才能使其传动比为常数？

7-3 渐开线具有哪些重要的性质？试列出渐开线方程。渐开线齿轮传动具有哪些优点？

7-4 渐开线齿廓上某点的压力角是如何确定的？渐开线上各点的压力角是否相同？

7-5 何谓模数？为什么要规定模数的标准系列？

7-6 渐开线直齿圆柱齿轮的基本参数有哪几个？这些基本参数是否有标准？若有，其标准值是多少？

7-7 什么是标准齿轮传动的标准安装，它具有哪些特点？

7-8 分度圆与节圆有什么区别？何时两者重合？

7-9 啮合角与压力角有什么区别？何时两者相等？

7-10 何谓法向齿距与基圆齿距？它们之间有什么关系？

7-11 渐开线直齿圆柱齿轮机构、斜齿圆柱齿轮机构、直齿锥齿轮机构、蜗杆蜗轮机构的正确啮合条件是什么？它们各自的标准参数在哪个平面？

7-12 齿轮齿条啮合传动有何特点？为什么说无论齿条是否为标准安装，啮合线的位置都不会改变？非标准安装时，齿轮的节圆会不会改变？齿条的节线会不会改变？重合度会不会改变？

7-13 何谓重合度？重合度的大小与齿数 z、模数 m、齿顶高系数 h_a^* 及中心距 a' 之间有何关系？

7-14 何谓根切？根切的原因是什么？根切有什么危害？应如何避免？

7-15 齿轮为什么要进行变位修正？z、m、α 相同的正变位齿轮和标准齿轮比较，尺寸 h_a、h_f、d、d_a、d_f、d_b、s、e、p 有什么变化？

7-16 变位齿轮的传动类型有哪几种？各用在什么场合？各自有哪些优缺点？

7-17 变位齿轮传动的设计步骤有哪些？

7-18 斜齿轮的螺旋角 β 对传动有哪些影响？β 常用的取值范围是多少？为什么？

7-19 什么是斜齿轮的当量齿轮？为什么要提出当量齿轮的概念？当量齿数与实际齿数的关系怎样？

7-20 斜齿轮传动具有哪些优点？可用哪些方法来调整斜齿轮传动的中心距？

7-21 什么是直齿锥齿轮的背锥和当量齿轮？其当量齿数如何计算？

7-22 何谓蜗杆机构的中间平面？

7-23 蜗杆传动可用作增速传动吗？为什么？

7-24 如何确定蜗轮的转向？为什么蜗杆分度圆柱的直径为标准系列值？

习 题

7-1 图 7-46 所示的 C、C'、C'' 为由同一基圆所生成的三条渐开线。试证明其任意两条渐开线（不论是同向的还是反向的）沿公法线方向对应两点之间的距离处处相等。

7-2　在图 7-47 中，已知基圆半径 $r_b = 50\text{mm}$，试求：

1）当 $r_K = 65\text{mm}$ 时，渐开线的展角 θ_K、渐开线的压力角 α_K 和曲率半径 ρ_K。

2）当 $\theta_K = 5°$ 时，渐开线的压力角 α_K 及向径 r_K。

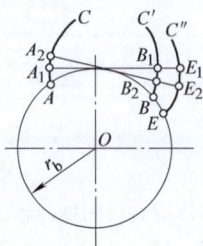

图 7-46　习题 7-1 图　　　　　图 7-47　习题 7-2 图

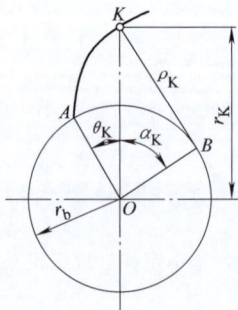

7-3　齿轮加工过程中，常测量齿轮的公法线长度，如图 7-48 所示。试推导跨 K 个齿的公法线长度的计算公式

$$W_K = (K-1)p_b + s_b = m\cos\alpha\left[(K-0.5)\pi + z\,\text{inv}\alpha\right]$$

式中，K 为跨齿数，对于标准直齿圆柱齿轮，其计算公式为

$$K = z\frac{\alpha}{180°} + 0.5，\text{取整}$$

动画

7-4　已知一对渐开线外啮合标准直齿圆柱齿轮传动的模数 $m = 5\text{mm}$，压力角 $\alpha = 20°$，中心距 $a = 300\text{mm}$，传动比 $i_{12} = 4.0$，试求两轮的齿数、分度圆直径、齿顶圆直径、齿根圆直径、基圆直径、基圆齿距、分度圆上的齿厚和齿槽宽。

7-5　当渐开线标准直齿轮的齿根圆与基圆重合时，其齿数应为多少？又当齿数大于以上求得的齿数时，基圆与齿根圆哪个大？

7-6　有一对外啮合渐开线标准直齿圆柱齿轮，已知 $z_1 = 18$，$z_2 = 66$，$\alpha = 20°$，$m = 5\text{mm}$，$h_a^* = 1$，试求：

1）按标准中心距安装时，这对齿轮传动的重合度 ε_α。

2）保证这对齿轮能连续传动，其容许的最大中心距 a'。

3）刚好连续传动时的啮合角 α'，此时两齿轮的节圆半径 r_1'、r_2'。

图 7-48　习题 7-3 图

7-7　已知一对渐开线外啮合标准直齿圆柱齿轮传动的参数为：$m = 4\text{mm}$，$\alpha = 20°$，$h_a^* = 1$，$c^* = 0.25$，$z_1 = 18$，$z_2 = 62$，试求：

1）两轮的分度圆直径、齿顶圆直径、基圆直径。

2）标准中心距，标准中心距安装时的节圆直径、啮合角和重合度；根据重合度参考图 7-16 画出啮合区图，并说明当有一对轮齿在节点 P 处啮合时，是否有其他轮齿也处于啮合状态？而当一对轮齿在 B_1 点啮合时，情况又怎样？

3）若由于加工误差，中心距加工成 $a' = 162\text{mm}$，将这对齿轮装入，此时的节圆直径、啮合角各为多少？这时，这对齿轮的顶隙为多少？有侧隙吗？

4）当 $a' = 162\text{mm}$ 时，若在模数、齿数不变的前提下，要实现无侧隙并保证标准顶隙，应把这对直齿轮设计成什么传动类型？说明确定过程。

7-8　有一齿条插刀，$m = 2\text{mm}$，$\alpha = 20°$，$h_a^* = 1$。刀具在切制齿轮时的移动速度 $v_{刀} = 1\text{mm/s}$。试求：

1）用这把刀切制 $z = 14$ 的标准齿轮时，刀具中线离轮坯中心的距离 L 为多少？

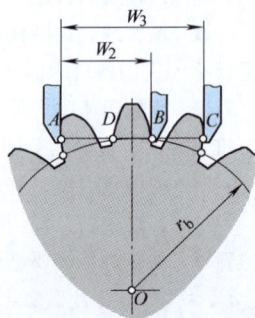

2）用这把刀切制 $z=14$ 的变位齿轮时，其变位系数 $x=0.3$，则刀具中线离轮坯中心的距离 L 为多少？轮坯每分钟的转数应为多少？计算所加工齿轮的分度圆半径及分度圆齿厚。此时的啮合角 α' 为多大？并判断齿轮是否根切。

7-9　已知一对渐开线外啮合变位齿轮传动的参数为：$z_1=z_2=12$，$m=10\text{mm}$，$\alpha=20°$，$h_a^*=1$，$a'=130\text{mm}$，试设计这对齿轮（取 $x_1=x_2$）。

7-10　有一个渐开线直齿圆柱齿轮，其齿数 $z=36$，经测量，齿顶圆直径 $d_a=194.03\text{mm}$，齿根圆直径 $d_f=172.53\text{mm}$，跨5个齿的公法线长度 $W_5=70.665\text{mm}$，跨4个齿的公法线长度 $W_4=55.904\text{mm}$。试求该齿轮的基本参数（m，α，h_a^*，c^*），并分析是否为标准齿轮？若不是，变位系数 x 为多少？

7-11　在某牛头刨床中，有一对外啮合渐开线直齿圆柱齿轮传动。已知 $z_1=17$，$z_2=83$，$m=5\text{mm}$，$\alpha=20°$，$h_a^*=1$，$a'=250\text{mm}$。检修时发现小齿轮已严重磨损，必须报废。大齿轮磨损较轻，沿分度圆齿厚两侧的磨损量为 0.75mm，可以修复使用，仍用原来的箱体（即中心距不变），试设计这对齿轮。

7-12　如图 7-49 所示，已知互相啮合的三个齿轮的齿数分别为：$z_1=20$，$z_2=15$，$z_3=50$，模数 $m=4\text{mm}$，$\alpha=20°$，$h_a^*=1$，$c^*=0.25$，实际中心距 $a'_{23}=130\text{mm}$。为了使齿轮3的基圆与齿根圆重合，又使齿轮1和齿轮2的分度圆齿厚相等，试计算这三个齿轮的变位系数 x_1、x_2、x_3 和实际中心距 a'_{12}；分别求齿轮1、齿轮3的分度圆直径 d、齿顶圆直径 d_a、齿根圆直径 d_f、分度圆齿厚 s。

7-13　在图 7-50 所示的齿轮变速箱中，两轴的中心距为 $a=80\text{mm}$，各轮齿数分别为：$z_1=35$，$z_2=45$，$z_3=24$，$z_4=55$，$z_5=19$，$z_6=59$，模数均为 $m=2\text{mm}$，试确定 z_1-z_2，z_3-z_4，z_5-z_6 各对齿轮的传动类型。（不要求计算各轮的几何尺寸）

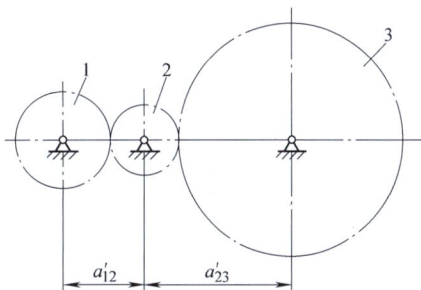

图 7-49　习题 7-12 图

7-14　在图 7-51 所示的回归轮系中，已知各轮齿数分别为：$z_1=27$，$z_2=60$，$z_2'=63$，$z_3=25$，模数均为 $m=4\text{mm}$，压力角 $\alpha=20°$。试问有几种设计方案？哪一种方案较合理，为什么？（提示：从传动类型来分析，不要求计算各轮几何尺寸）

7-15　设已知一对渐开线标准斜齿圆柱齿轮机构的参数：$z_1=20$，$z_2=85$，$m_n=4\text{mm}$，$\alpha_n=20°$，$\beta=15°$（初选值），$b=30\text{mm}$，$h_{an}^*=1$。试求标准中心距 a（应圆整为 0 或 5 结尾的整数，并精确重算 β），两个齿轮的分度圆直径、齿顶圆直径、齿根圆直径、基圆直径、当量齿数，这对齿轮传动的重合度 ε_γ。

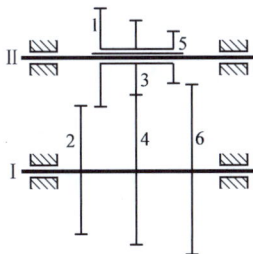

图 7-50　习题 7-13 图

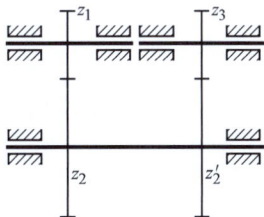

图 7-51　习题 7-14 图

7-16　已知一对直齿锥齿轮机构的 $z_1=16$，$z_2=63$，$m=4\text{mm}$，$\alpha=20°$，$h_a^*=1$，$\Sigma=90°$。试求两个锥齿轮的：1）分度圆直径、齿顶圆直径、齿根圆直径；2）锥距、传动比；3）当量齿数。

7-17　一蜗轮的齿数 $z_2=40$，$d_2=200\text{mm}$，与一单头蜗杆啮合，试求：1）蜗轮端面模数 m_{t2} 及蜗杆轴面模数 m_{x1}；2）蜗杆的轴面齿距 p_{x1} 及导程 p_z；3）传动比 i_{12} 和标准中心距 a；4）蜗杆的导程角 γ_1、蜗轮的螺旋角 β_2，说明两者轮齿的旋向是相同还是相反。

7-18 试确定图 7-52a 中蜗轮的转向、图 7-52b 中蜗杆和蜗轮的旋向。

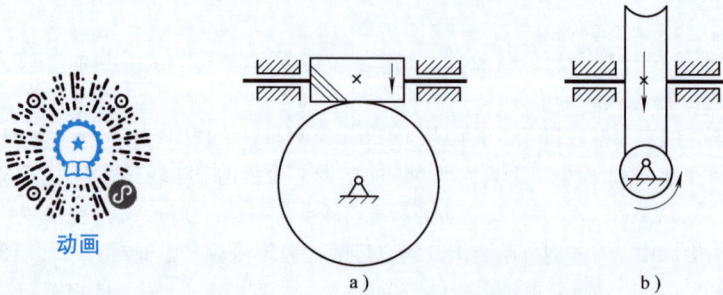

动画

图 7-52 习题 7-18 图

7-19* 一对渐开线标准直齿圆柱齿轮，$z_1 = 25$，$z_2 = 115$，标准中心距 $a = 280mm$，安装中心距 $a' = 283mm$，齿轮 1 为主动轮，沿逆时针方向转动。试求：1）两齿轮的模数 m。

2）两齿轮的分度圆直径、节圆直径、齿顶圆直径、齿根圆直径、基圆直径。

3）两齿轮的基圆齿距、分度圆齿距。

4）按比例作图，在图上标出节点 P、啮合极限点 N_1 及 N_2、开始啮合点 B_2、终止啮合点 B_1，并量取 B_1B_2 的长度，估算重合度 ε_α，判断这对齿轮能否连续传动。

5）借助于三维软件准确建立齿轮的三维模型，按安装中心距装配，并观察其运动，检验其连续传动情况。

6）计算重合度 ε_α，并在图上标出单齿啮合区和双齿啮合区。

第八章

轮系及其设计

本章要点：轮系的类型及功能，定轴轮系、周转轮系和复合轮系的传动比计算，行星轮系中各轮齿数的确定方法。

第一节　轮系及其分类

第七章所讲的由两个齿轮啮合组成的齿轮机构是齿轮传动最简单的形式。在实际中，为满足各种不同的工作需要，如要求较大的传动比，一种输入多种输出，实现分路传动等情况时，只采用一对齿轮传动是不能满足要求的，通常需要采用一系列互相啮合的齿轮进行传动，这种由一系列齿轮所组成的齿轮传动系统称为轮系。它通常置于原动机和执行机构之间，把原动机的运动和动力传递给执行机构。

视频讲解

根据轮系运转时各个齿轮的轴线位置是否都是固定的，将基本轮系分为两种类型：定轴轮系和周转轮系。

一、定轴轮系

在轮系运转过程中，所有齿轮的几何轴线位置都是固定不变的轮系称为定轴轮系，如图 8-1 所示。所有齿轮轴线都平行的定轴轮系称为平面定轴轮系，如图 8-1a 所示；反之，称为空间定轴轮系，如图 8-1b 所示。

二、周转轮系

在轮系运转过程中，至少有一个齿轮的轴线位置发生变化的轮系称为周转轮系。

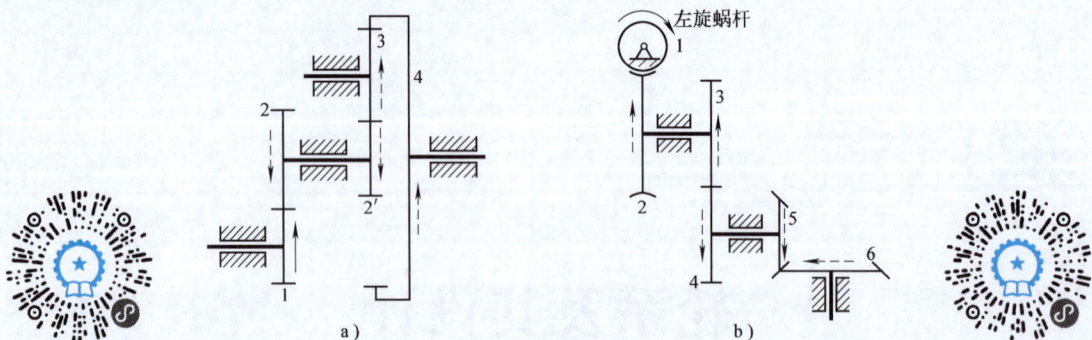

动画

动画

a)

b)

图 8-1 定轴轮系

a) 平面定轴轮系 b) 空间定轴轮系

（一）周转轮系的组成

图 8-2a 所示为一个周转轮系，它由外齿轮 1、2，内齿轮 3 和构件 H 组成。其中，齿轮 1、3 和构件 H 均绕固定轴线 OO 转动，齿轮 2 的轴线位置是变化的。齿轮 2 一方面绕自身的几何轴线 O_1 做自转，同时又绕构件 H 的轴线 OO 做公转，就像行星绕太阳的运动一样，故齿轮 2 称为行星轮；直接与行星轮 2 相啮合且轴线位置固定的齿轮 1、3 称为太阳轮（也叫中心轮），支持并带动行星轮转动的构件 H 称为行星架，又称转臂或系杆。行星架可能是杆、齿轮或蜗轮等。

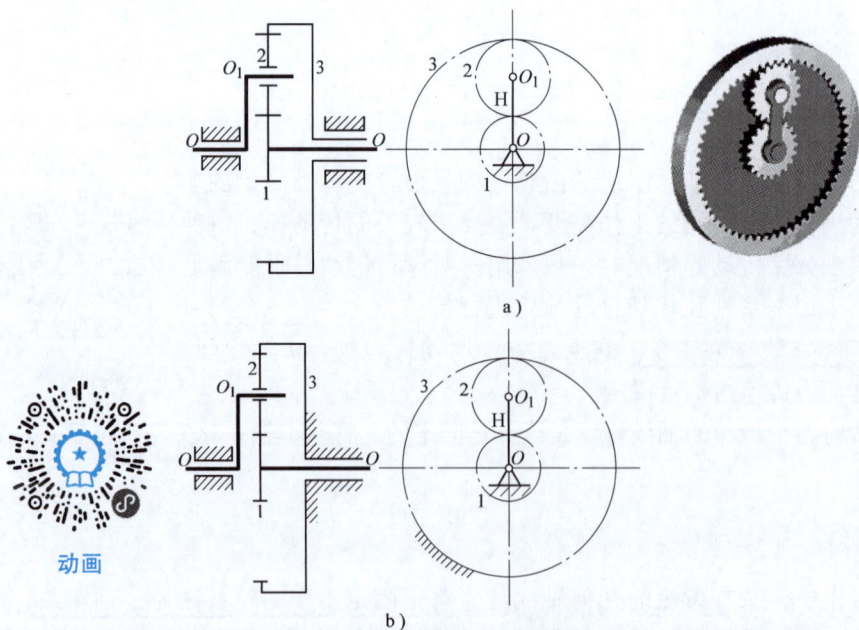

动画

a)

b)

图 8-2 周转轮系

a) 差动轮系 b) 行星轮系

通常，每个基本的周转轮系都由三种构件组成，即行星轮、太阳轮和行星架。一般太阳轮和行星架 H 绕同一轴线回转。凡轴线与主轴线 OO 重合，并且作为输入和输出的构件称为周转轮系的基本构件。一般常以太阳轮（用 K 表示）和行星架（用 H 表示）作为输入和输出构件，故常称它们为周转轮系的基本构件。

由上述可知，一个基本周转轮系必含有一个行星架、铰接在行星架上的若干个行星轮、与行星轮直接啮合的若干个太阳轮。

（二）周转轮系的分类

1. 按自由度分类

按自由度的数目不同，周转轮系分为差动轮系和行星轮系。

自由度为 2 的周转轮系称为差动轮系，其特征是太阳轮都是运动的。图 8-2a 所示的周转轮系中，太阳轮 1 和 3 均转动，其自由度 $F=3n-2P_L-P_H=3\times4-2\times4-2=2$，该周转轮系为差动轮系。根据机构具有确定运动的条件，差动轮系需要 2 个原动件，机构的运动才是确定的。

自由度为 1 的周转轮系称为行星轮系，其特征是有一个太阳轮是固定的。如果将图 8-2a 所示差动轮系的太阳轮 3 固定，则成为图 8-2b 所示的行星轮系，其自由度 $F=3n-2P_L-P_H=3\times3-2\times3-2=1$。对于行星轮系，只需给定 1 个原动件，机构的运动便是确定的。

2. 按基本构件分类

按基本构件的不同，周转轮系可分为 2K-H 型周转轮系、3K 型周转轮系、K-H-V 型周转轮系等。

图 8-2 所示为含有 2 个太阳轮的 2K-H 型周转轮系。

图 8-3 所示为含有 3 个太阳轮的 3K 型周转轮系，其基本构件为三个太阳轮 1、3、4。行星架 H 支撑着行星轮 2、2′使其与太阳轮保持啮合，并不作为输入或输出构件，故这种轮系为 3K 型，而不是 3K-H 型。

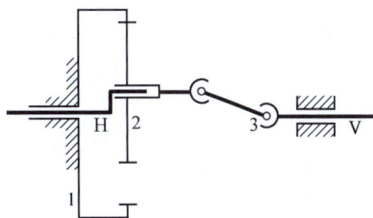

图 8-4 所示为 K-H-V 型周转轮系，其中 H 为行星架，2 为行星轮，内齿轮 1 为太阳轮，V 为输出构件，3 是用来保证齿轮 2 和输出轴 V 同速转动的双万向联轴器。

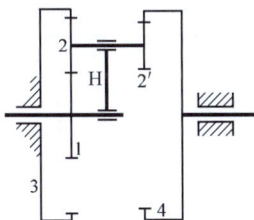

图 8-3　3K 型周转轮系　　　　图 8-4　K-H-V 型周转轮系

三、复合轮系

在实际机械中，除了上述两种基本轮系外，还大量用到由定轴轮系和周转轮系组成或由几个基本周转轮系组成的复杂轮系，称为复合轮系。图 8-5a 是由定轴轮系 3′、4、5 和周转轮系 1、2、3、H 组成的复合轮系，而图 8-5b 是由两个基本周转轮系 1、2、3、H_1 和 4、5、6、H_2 组成的复合轮系。

本章重点是各种轮系传动比的计算方法。一对齿轮的传动比是指该对齿轮的角速度之

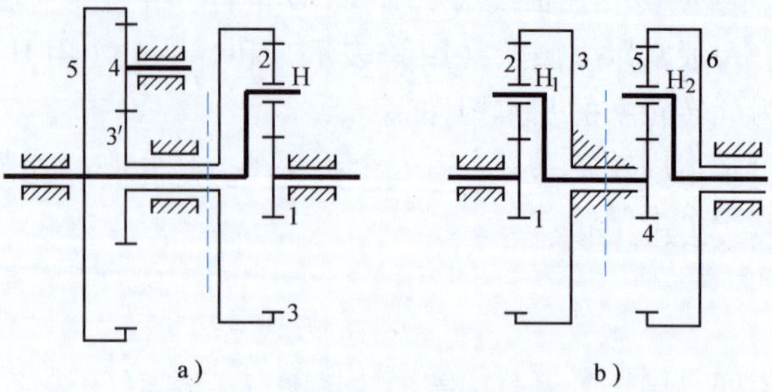

图 8-5 复合轮系

比,而轮系的传动比则是指轮系中两构件的角速度之比,通常在计算传动比大小的同时,还要说明从动件的转向。

第二节 定轴轮系传动比的计算

一、一对齿轮的传动比

相互啮合的齿轮1对齿轮2的传动比大小表示为:$i_{12} = \dfrac{\omega_1}{\omega_2} = \dfrac{n_1}{n_2} = \dfrac{z_2}{z_1}$。

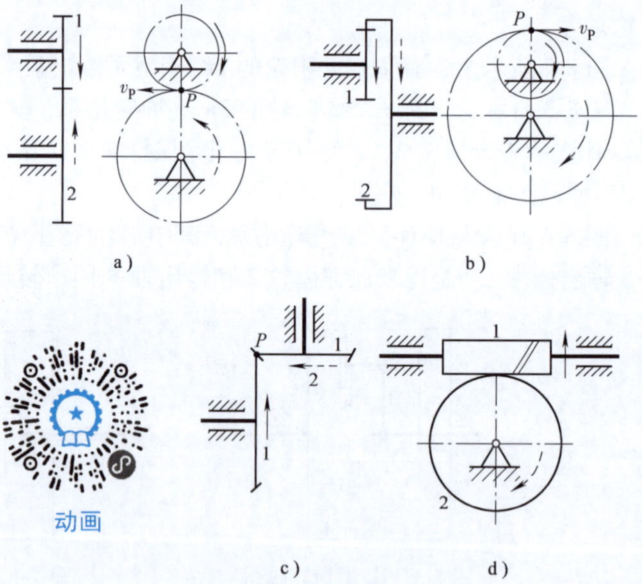

图 8-6a 所示为一对外啮合的圆柱齿轮,它们的转向相反。

图 8-6b 所示为一对内啮合的圆柱齿轮,它们的转向相同。

锥齿轮机构(图8-6c),因节点 P 处两个锥齿轮圆周速度的大小、方向均相同,故表示两个锥齿轮转向的箭头总是同时指向节点(箭头对箭头),或同时背离节点(箭尾对箭尾)。

如图 8-6d 所示的蜗杆蜗轮机构,已知蜗杆的转向和旋向时,可用左右手定则来判断蜗轮的转向,第七章已讲过。

图 8-6 一对啮合齿轮的转向关系
a)外啮合的圆柱齿轮机构 b)内啮合的圆柱齿轮机构
c)锥齿轮机构 d)蜗杆蜗轮机构

二、定轴轮系传动比大小的计算

如图 8-1a 所示,已知轮系中各齿轮的齿数 z_1、z_2……,求齿轮1对齿轮4的传动比 i_{14}。

为了推导定轴轮系的传动比计算公式，我们首先分析此轮系中各对齿轮的啮合情况，确定各对齿轮的传动比大小。

每对齿轮的传动比大小分别为

$$i_{12} = \omega_1/\omega_2 = z_2/z_1$$
$$i_{2'3} = \omega_2'/\omega_3 = z_3/z_2'$$
$$i_{34} = \omega_3/\omega_4 = z_4/z_3$$

将以上各式两边相乘得

$$i_{12}i_{2'3}i_{34} = \frac{\omega_1\omega_2'\omega_3}{\omega_2\omega_3\omega_4} = \frac{z_2z_3z_4}{z_1z_2'z_3}$$

因为 2 和 2′ 固装在同一根轴上，所以 $\omega_2' = \omega_2$，化简后得

$$i_{14} = \frac{\omega_1}{\omega_4} = \frac{z_2\ z_3\ z_4}{z_1\ z_2'\ z_3}$$

上式表明：

1）定轴轮系的传动比等于轮系中各对啮合齿轮中所有从动轮齿数的连乘积除以所有主动轮齿数的连乘积，其值也等于各对齿轮传动比的连乘积。

2）齿轮 3 既是前一对齿轮 2′ 和 3 中的从动轮，又是后一对齿轮 3 和 4 中的主动轮，其齿数对总的传动比没有影响，但却改变了从动轮的转向，这种齿轮称为惰轮（过轮或介轮）。

上式用一个通式表示为

$$i_{AB} = \frac{\omega_A}{\omega_B} = \frac{n_A}{n_B} = \frac{\text{从 A 到 B 各对啮合齿轮中从动轮齿数的连乘积}}{\text{从 A 到 B 各对啮合齿轮中主动轮齿数的连乘积}} \qquad (8\text{-}1)$$

式（8-1）即为定轴轮系中齿轮 A 对齿轮 B 的传动比大小的计算公式。

三、定轴轮系中首末轮转向关系的确定

若首末两轮轴线平行，则两轮的转向要么相同，要么相反，因此在式（8-1）的齿数比前给出"＋""－"号来表达它们的转向关系。当两轮转向相同时齿数比前加"＋"号，当两轮转向相反时齿数比前加"－"号。例如，$i_{AB} = -5$，则表明齿轮 A 和齿轮 B 的转向相反，转速之比为 5。

若首末两轮轴线不平行，则两轮的转向既不相同，也不相反，因此在式（8-1）的齿数比前不能加"＋""－"号，只需将从动轮的转向用箭头画在图上即可。

无论是平面定轴轮系还是空间定轴轮系，从动轮的转向均可用画箭头的方法来确定。画箭头时，从已知（或假定）首轮的转向开始，循着运动传递路线，逐对对啮合传动进行转向判断，并用箭头表示出各主、从动轮的转向，直至确定出末轮的转向。

在图 8-1a 中，画箭头确定出各轮的转向，如图中虚线箭头所示，可见，齿轮 1 和齿轮 4 的转向相同，所以 $i_{14} = \frac{\omega_1}{\omega_4} = +\frac{z_2z_3z_4}{z_1z_2'z_3}$。

在图 8-1b 中，锥齿轮 6 的转向确定过程如图中虚线箭头所示。因为蜗杆 1 和锥齿轮 6 的轴线不平行，所以 $i_{16} = \frac{n_1}{n_6} = \frac{z_2z_4z_6}{z_1z_3z_5}$，齿数比前面不能有符号。

对于平面定轴轮系，其首末轮的转向关系也可以用 $(-1)^m$ 来确定，这里 m 为外啮合的齿轮对数。因为内啮合的两轮转动方向相同，而外啮合的两轮转动方向相反。从首轮到末轮，若经过 m 次外啮合，则末轮的转动方向会经历 m 次改变。在图 8-1a 中，从齿轮 1 到齿轮 4 历经两次外啮合，即 $m=2$，所以齿轮 1 和齿轮 4 的转向相同。i_{14} 也可以写为 $i_{14}=\dfrac{\omega_1}{\omega_4}=$

$(-1)^2\dfrac{z_2z_3z_4}{z_1z_2'z_3'}$。

【例 8-1】　在图 8-7 所示的定轴轮系中，已知 $z_1=18$，$z_2=54$，$z_2'=16$，$z_3=32$，$z_3'=2$（双头右旋），$z_4=40$，$n_1=3000\text{r/min}$，转向如图 8-7 所示，箭头向下。求蜗轮的转速 n_4，并判断其转向。

解：这是一个空间定轴轮系，因齿轮 1 和蜗轮 4 的轴线不平行，所以传动比不能有符号，由式（8-1）有

$$i_{14}=\frac{n_1}{n_4}=\frac{z_2z_3z_4}{z_1z_2'z_3'}=\frac{54\times32\times40}{18\times16\times2}=120$$

得

$$n_4=\frac{n_1}{i_{14}}=\frac{3000}{120}\text{r/min}=25\text{r/min}$$

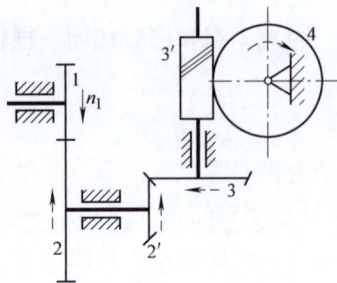

图 8-7　例 8-1 图

画箭头确定出蜗杆 3' 的转向，然后用右手定则确定出蜗轮 4 沿顺时针方向转动。转向确定过程如图 8-7 中的虚线箭头所示。

第三节　周转轮系及其传动比的计算

一、周转轮系传动比的计算方法及注意事项

（一）周转轮系传动比的计算方法

比较定轴轮系和周转轮系，二者的本质差别就在于周转轮系中有一个转动的行星架，使得行星轮既做自转又做公转，因此，周转轮系的传动比不能直接按定轴轮系的传动比公式来计算，而是先将它转化为定轴轮系（即设法使行星架固定不动）再计算。通常采用反转法：给整个周转轮系（图 8-8a）加一个绕固定轴线转动的公共转速（$-n_H$），机构各构件间的相对运动关系不变。这样行星架 H 就静止不动了，从而各轮的轴线位置都固定了，原周转轮系便转化为一个假想的定轴轮系（图 8-8b），称这个定轴轮系为原周转轮系的转化轮系。

各构件转化前后的转速见表 8-1。

视频讲解

表 8-1　各构件转化前后的转速

构件	1	2	3	H
原周转轮系中各构件的转速	n_1	n_2	n_3	n_H
转化轮系中各构件的转速	$n_1^H=n_1-n_H$	$n_2^H=n_2-n_H$	$n_3^H=n_3-n_H$	$n_H^H=n_H-n_H=0$

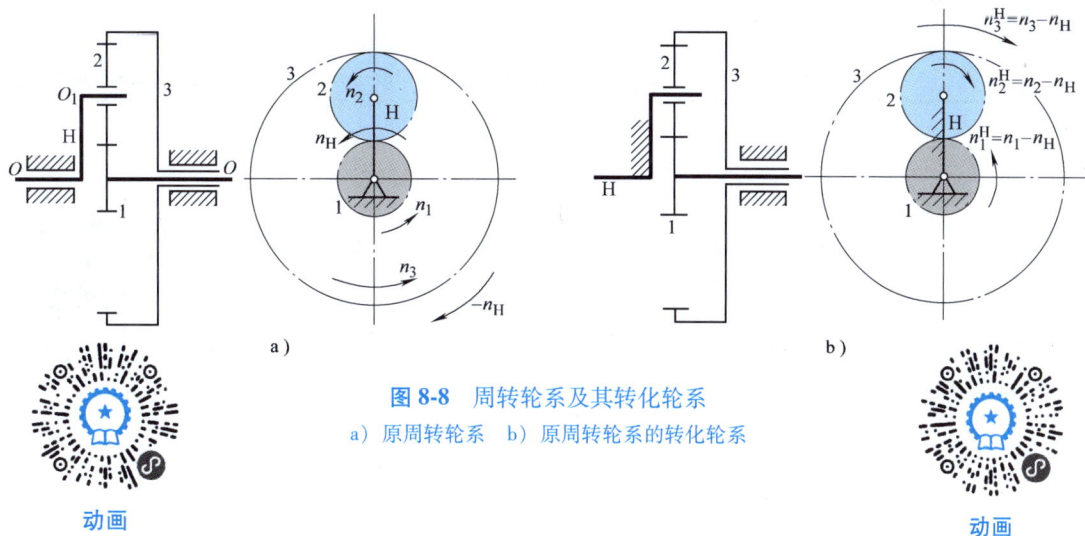

图 8-8 周转轮系及其转化轮系
a) 原周转轮系 b) 原周转轮系的转化轮系

表中的 n_1、n_2、n_3、n_H 分别表示齿轮 1、2、3 及行星架 H 在周转轮系中的转速，而 n_1^H、n_2^H、n_3^H、n_H^H 是各构件在转化轮系中的转速，即各构件相对于行星架 H 的转速。

将周转轮系转化为定轴轮系后，即可用计算定轴轮系传动比的计算公式，列出周转轮系的转化轮系中各构件的转速与齿轮齿数之间的关系，进而得到周转轮系中各构件的真实传动比。

在图 8-8b 所示的转化轮系中，齿轮 1 对齿轮 3 的传动比为

$$i_{13}^H = \frac{n_1^H}{n_3^H} = \frac{n_1 - n_H}{n_3 - n_H} = -\frac{z_2 z_3}{z_1 z_2}$$

式中，齿数比前的 "$-$" 号表示在转化轮系中齿轮 1 与齿轮 3 的转向相反。

推广到一般表达式为

$$i_{GK}^H = \frac{n_G^H}{n_K^H} = \frac{n_G - n_H}{n_K - n_H} = \pm \frac{\text{从 G 到 K 所有各对啮合齿轮中从动轮齿数的连乘积}}{\text{从 G 到 K 所有各对啮合齿轮中主动轮齿数的连乘积}} \qquad (8-2)$$

这里，G 和 K 是周转轮系中与行星架 H 轴线平行的两个齿轮，i_{GK}^H 是转化轮系中齿轮 G 对齿轮 K 的传动比。

（二）周转轮系传动比计算时的注意事项

1）式（8-2）中，由于 G、H、K 的转速直接相减，故该式只适用于 G、K、H 的轴线互相平行的场合。

2）式（8-2）齿数比前面一定有 "$+$" 号或 "$-$" 号。至于应该取 "$+$" 号还是 "$-$" 号，与 G、K 两轮的真实转向无关，而取决于转化轮系中 G、K 两轮的转向关系，当转向相同时为 "$+$" 号，转向相反时为 "$-$" 号。

3）若已知 n_G、n_H、n_K 中任意两个转速，则可求得第三个转速。需注意的是，这里的各转速均为代数值，在计算时要带有相应的正、负号。

4）由于行星轮系中有一个太阳轮固定，如太阳轮 K 固定，则 $n_K = 0$，代入式（8-2）得：$i_{GK}^H = \dfrac{n_G - n_H}{0 - n_H} = 1 - i_{GH}$，此时 $i_{GH} = 1 - i_{GK}^H$，这就是行星轮系的传动比计算公式。

5) $i_{GK}^H = \dfrac{n_G - n_H}{n_K - n_H} \neq i_{GK}$，$i_{GK} = \dfrac{n_G}{n_K}$。

6) 周转轮系中，构件的真实转向只能根据计算结果来确定，而不能用画箭头来确定。

二、周转轮系传动比计算举例

【例8-2】 在图8-9所示的轮系中，已知 $z_1 = 100$，$z_2 = 101$，$z_2' = 100$，$z_3 = 99$，求传动比 i_{H1}。

视频讲解

解：这是一个 2、2′ 为行星轮，H 为行星架，1、3 为太阳轮的行星轮系。其转化轮系的传动比为

$$i_{13}^H = \frac{n_1 - n_H}{n_3 - n_H} = \frac{n_1 - n_H}{0 - n_H} = +\frac{z_2 z_3}{z_1 z_2'} = \frac{101 \times 99}{100 \times 100}$$

$$i_{1H} = 1 - i_{13}^H = 1 - \frac{101 \times 99}{100 \times 100} = \frac{1}{10000}$$

则 $i_{H1} = 10000$，结果表明，若太阳轮 1 转 1 圈，则行星架 H 同方向转 10000 圈。

> **找准方法 事半功倍** 该行星轮系仅仅使用 4 个齿轮，却获得了 10000 的传动比。若采用定轴轮系实现 10000 的传动比，就会使用很多齿轮，造成结构笨重，成本提高。所以，在日常做事或从事设计工作时，要找准方法，选择最佳方案，就可以达到事半功倍的理想效果。

> **思考与交流** 该行星轮系中若将齿轮 3 的齿数增加 1，即 $z_3 = 100$，其余不变，求此时的传动比 i_{H1}，由此分析说明 i_{H1} 的大小及符号的变化情况，并思考若是定轴轮系，改变其中齿轮的齿数，会引起轮系中齿轮的转向变化吗？

【例8-3】 在图8-10所示的轮系中，已知 $z_1 = z_3$，$n_1 = 10\text{r/min}$，$n_3 = 50\text{r/min}$，分别求下列两种情况下行星架 H 的转速 n_H 的大小和方向。

1) n_1 和 n_3 的转动方向相反；2) n_1 和 n_3 的转动方向相同。

解：这是一个 2 为行星轮，H 为行星架，1、3 为太阳轮的差动轮系。

$$i_{13}^H = \frac{n_1 - n_H}{n_3 - n_H} = -\frac{z_2 z_3}{z_1 z_2} = -\frac{z_3}{z_1} = -1 \qquad (8-3)$$

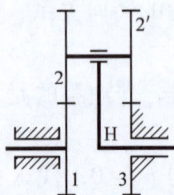

图8-9 【例8-2】图

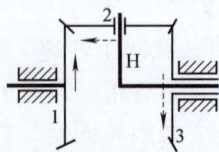

图8-10 【例8-3】图

动画

1）当 n_1 和 n_3 的转动方向相反时，设 n_1 为正，则 $n_1 = 10\text{r/min}$，$n_3 = -50\text{r/min}$，代入数值得

$$\frac{10 - n_H}{(-50) - n_H} = -1 , \quad n_H = -20\text{r/min}$$

结果表明行星架 H 的转向与齿轮 1 的转向相反。

2）当 n_1 和 n_3 的转动方向相同时，设 n_1 为正，则 $n_1 = 10\text{r/min}$，$n_3 = +50\text{r/min}$，代入数值得

$$\frac{10 - n_H}{(+50) - n_H} = -1 , \quad n_H = 30\text{r/min}$$

结果表明行星架 H 的转向与齿轮 1 的转向相同。

对该例题进行以下两点说明：

1）因为齿轮 2 的轴线与行星架 H 的轴线不平行，$n_2^H \neq n_2 - n_H$，所以不能列 $i_{12}^H = \dfrac{n_1 - n_H}{n_2 - n_H}$。

2）式（8-3）中的"−"号表示转化轮系中轮 1 与轮 3 的转向相反，与 n_1 和 n_3 的真实转向无关。

第四节　复合轮系的传动比计算

一、复合轮系传动比的计算方法

视频讲解

如前所述，复合轮系可能由定轴轮系部分和周转轮系部分组成，也可能由几个基本周转轮系组成。对于既包含定轴轮系又包含周转轮系的复合轮系，既不能将整个轮系视为定轴轮系按式（8-1）来计算传动比，也不能将其视为周转轮系按式（8-2）来计算传动比；对于包含几个基本周转轮系的复合轮系，由于各行星架的转速并不相等，若将整个轮系附加一个（$-n_H$）并不能将其转化为定轴轮系，因此，不能按式（8-2）试图将整个轮系附加一个（$-n_H$）转化为定轴轮系来计算传动比。故复合轮系传动比计算的方法是：正确划分出基本轮系单元，然后对每个基本轮系单元分别列传动比的计算公式，再联立求解。

正确划分轮系是计算复合轮系传动比的关键。建议先找出具有动轴线的行星轮和支撑着行星轮的行星架，再找出与行星轮直接啮合的太阳轮。这样，就拆出一个基本周转轮系，然后再找是否还有其他行星架对应的周转轮系，在逐个找出所有基本周转轮系后，最后剩下定轴轮系。

二、复合轮系传动比计算举例

【例 8-4】　在图 8-11 所示的轮系中，已知 $z_1 = 20$，$z_2 = 30$，$z_3 = 80$，$z_4 = 20$，$z_5 = 40$，求传动比 i_{15}。

视频讲解

解：这是一个含有两个基本轮系的复合轮系。一部分是以 2 为行星轮，1、3 为太阳轮，H 为行星架的行星轮系；另一部分是由齿轮 4、5 和机架

组成的定轴轮系。

行星轮系中，$i_{13}^{H} = \dfrac{n_1 - n_H}{n_3 - n_H} = -\dfrac{z_2 z_3}{z_1 z_2} = -\dfrac{z_3}{z_1}$，有 $\dfrac{n_1 - n_H}{0 - n_H} = -\dfrac{80}{20} = -4$

定轴轮系中，$i_{45} = \dfrac{n_4}{n_5} = -\dfrac{z_5}{z_4}$，代入数值，有 $\dfrac{n_4}{n_5} = -\dfrac{40}{20} = -2$，又 $n_H = n_4$

解得
$$i_{15} = \frac{n_1}{n_5} = -10$$

【例 8-5】 图 8-12 所示为滚齿机中的复合轮系，已知各轮齿数为：$z_1 = 30$，$z_2 = 26$，$z_2' = z_3 = z_4 = 21$，$z_4' = 30$，蜗杆 5 为右旋双头；且齿轮 1 的转速 $n_1 = 260$r/min，蜗杆 5 的转速 $n_5 = 600$r/min，转向如图 8-12 中的实线箭头所示，求 H 的转速 n_H 的大小和方向。

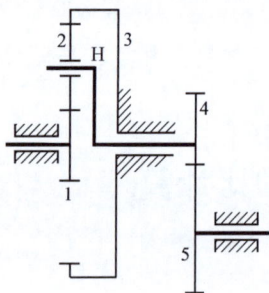

图 8-11　例 8-4 图

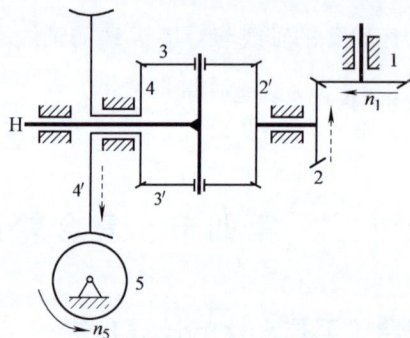

图 8-12　例 8-5 图

解：这是一个复合轮系，由三部分组成：3、3′、4、2′、H 和机架组成差动轮系；锥齿轮 1、2 和机架组成定轴轮系；蜗杆 5、蜗轮 4′ 和机架组成定轴轮系。

定轴轮系中，$i_{12} = \dfrac{n_1}{n_2} = \dfrac{z_2}{z_1}$，则 $n_2 = n_1 \dfrac{z_1}{z_2} = 260 \times \dfrac{30}{26}$r/min $= 300$r/min $= n_2'$

方向如图，箭头向上。

定轴轮系中，$i_{4'5} = \dfrac{n_4'}{n_5} = \dfrac{z_5}{z_4'}$，则 $n_4' = n_5 \dfrac{z_5}{z_4'} = 600 \times \dfrac{2}{30}$r/min $= 40$r/min $= n_4$

根据蜗杆的旋向和转向确定出蜗轮的转动方向，如图 8-12 所示，箭头向下。

差动轮系中，$i_{42'}^{H} = \dfrac{n_4 - n_H}{n_2' - n_H} = -\dfrac{z_3 z_2'}{z_4 z_3} = -\dfrac{z_2'}{z_4}$，设 n_2 为正，则 n_4 应为负，代入数值得

$$\frac{(-40) - n_H}{300 - n_H} = -1$$

解得，$n_H = 130$r/min，n_H 的值为正，说明 H 的转向与齿轮 2 的转向相同，即箭头向上。

第五节　轮系的功用

轮系被广泛应用在各种机械中，其主要功用可概括为以下几个方面。

一、实现大传动比传动

对于单级齿轮传动，为避免两轮齿数相差悬殊导致小齿轮过早损坏等问题，一般传动比 $i<7$，若采用定轴轮系来获得大传动比，需用很多对齿轮，使得机构复杂笨重。而采用行星轮系或复合轮系可获得很大的传动比，如【例8-2】的行星轮系 $i_{H1}=10000$。图8-13所示为一个大传动比复合轮系，蜗杆1和5均为单头右旋，各轮齿数为：$z_1'=101$，$z_2=99$，$z_2'=z_4$，$z_4'=100$，$z_5'=100$，可求得其传动比 $i_{1H}=1980000$。

二、用于传递相距较远的两轴间的运动和动力

当两轴的轴线相距较远时，如果只用一对齿轮1、2传动（如图8-14所示的点画线），则所需齿轮直径很大，使得齿轮的制造、安装均不方便，同时又费材料，占用较大空间。而采用图8-14所示 a、b、c、d 组成的轮系传动，则可有效减小齿轮的直径，既能保证传动比的大小和符号不变，又能克服上述缺点。

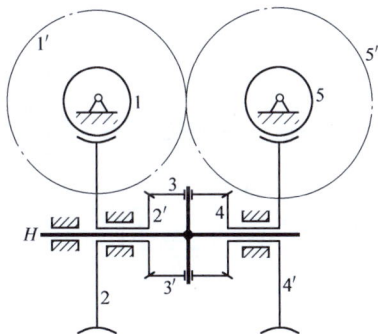

图8-13　大传动比复合轮系

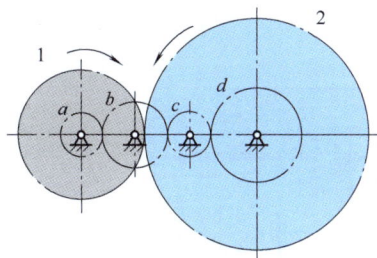

图8-14　大中心距传动

三、实现变速和换向传动

在主动轴转速和转向不变的情况下，利用轮系可以使从动轴获得不同的转速和转向，这就是变速和换向传动。

图8-15所示为汽车上广泛使用的某种变速器的示意图。轴Ⅰ为动力输入轴，轴Ⅱ为输出轴，双联齿轮4、6用花键与输出轴Ⅱ相连，A-B为牙嵌式离合器。各轮齿数为：$z_1=19$，$z_2=38$，$z_3=31$，$z_4=26$，$z_5=21$，$z_6=36$，$z_7=14$，$z_8=12$，设 $n_1=1000$ r/min。当拨动双联齿轮4、6到不同的位置时，便得到四种不同的转速（即四挡）。

第一档：当向左拨动双联齿轮使A与B接合时，$n_Ⅱ=n_Ⅰ=1000$ r/min，汽车以高速行驶。

第二档：当向右拨动双联齿轮使4与3啮合时，则 $n_Ⅱ=\dfrac{z_1z_3}{z_2z_4}n_Ⅰ=\dfrac{19\times31}{38\times26}\times1000$ r/min=596.2r/min，汽车以中速行驶。

第三档：当继续向右拨动双联齿轮使 6 与 5 啮合时，则 $n_{\mathrm{II}}=\dfrac{z_1 z_5}{z_2 z_6}n_{\mathrm{I}}=\dfrac{19\times21}{38\times36}\times1000\mathrm{r/min}=$

$291.7\mathrm{r/min}$，汽车以中低速行驶。

第四档（倒挡）：当继续向右拨动双联齿轮使 6 与 8 啮合时，则 $n_{\mathrm{II}}=-\dfrac{z_1 z_7}{z_2 z_6}n_{\mathrm{I}}=$

$-\dfrac{19\times14}{38\times36}\times1000\mathrm{r/min}=-194.4\mathrm{r/min}$，汽车以最低速倒车。

可见，该变速器具有三个前进挡，一个倒挡。

四、实现分路传动

利用轮系可以使一根主动轴带动若干根从动轴同时转动，即把一根轴的运动分成多路。图 8-16 所示为某航空发动机附件传动系统示意图，它把主轴的运动传给 I ~ Ⅶ轴，分成 7 路传出。

再如，钟表（见习题 8-2），将原动件发条盘的运动分成 3 路传出，分别带动时针、分针和秒针，三个指针共同完成走时的动作。

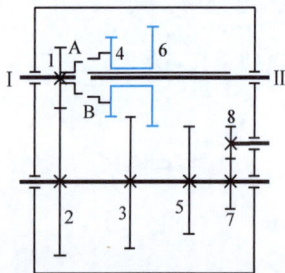

图 8-15　汽车变速器

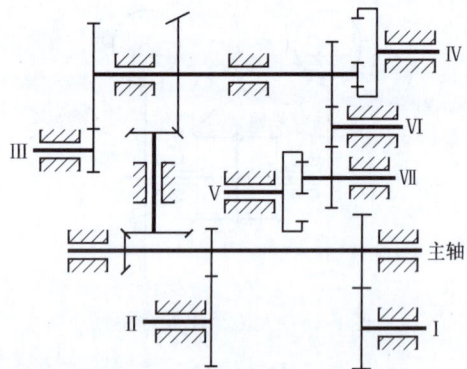

图 8-16　某航空发动机附件传动系统示意图

五、实现运动的合成和分解

由于差动轮系的自由度为 2，即必须给定轮系中两个构件的运动，第三个构件才能获得确定的相对运动。也就是说，差动轮系可以把两个原动件的运动合成为一个从动件的输出运动，即运动的合成。

差动轮系也可以把一个原动件的运动按需要分解成两个从动件的输出运动，即运动的分解。图 8-17 所示的汽车后桥差速器是一个典型的实例。

发动机通过传动轴驱动锥齿轮 5，锥齿轮 5 带动锥齿轮 4 转动，锥齿轮 4 上固连着行星架 H，锥齿轮 2、2′为行星轮，与左右车轮固连的锥齿轮 1 和 3 为太阳轮，且锥齿轮 1、2、2′、3 大小相等。

锥齿轮 1、2、2′、3，行星架 H（锥齿轮 4）和机架组成差动轮系，则有

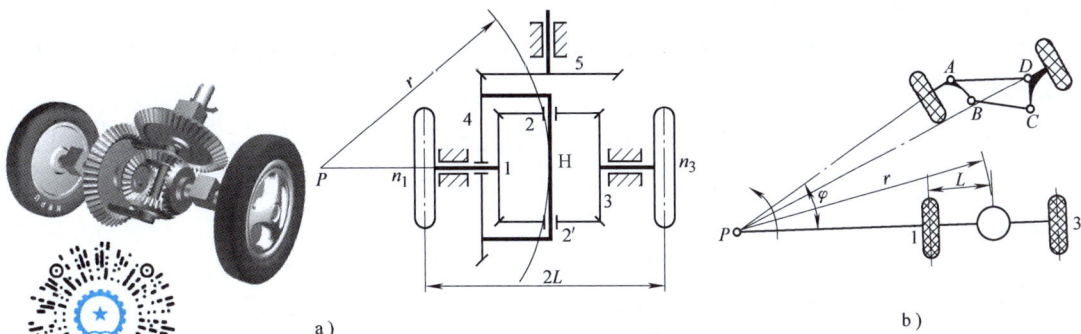

图 8-17　汽车后桥差速器及转弯示意图

a）汽车后桥差速器　b）汽车转弯示意图

$$i_{13}^{H}=\frac{n_1-n_H}{n_3-n_H}=-\frac{z_3}{z_1}=-1,则\ n_1+n_3=2n_H=2n_4 \tag{8-4}$$

当汽车直线行驶时，因左右两轮行走的距离相等，所以 $n_1=n_3$，都等于 n_4，也就是说此时锥齿轮 1、3 和行星架 H 之间没有相对运动，它们成为一个整体在转动。

当汽车转弯时，前后四个车轮应绕后轴延长线上的点 P 做纯滚动，图 8-17b 所示为汽车向左转弯的情况。此时，由于两个后轮所走的路程不相等，则两后轮的转速一定不同，即 $n_1\neq n_3$，锥齿轮 2、2′除了随着锥齿轮 4（行星架 H）公转外，还绕自己的轴线自转。两个后轮的转速应与弯道半径成正比，即

$$\frac{n_1}{n_3}=\frac{r-L}{r+L} \tag{8-5}$$

联立式（8-4）和式（8-5）得

$$n_1=\frac{r-L}{r}n_4,\quad n_3=\frac{r+L}{r}n_4$$

式中，r 为弯道平均半径；L 为轮距的一半。

上述表明，转弯时，该差动轮系将输入轴的转速 n_4 分解为两个后轮的不同转速 n_1 和 n_3，且外面车轮比里面车轮转动得快一些。

第六节　行星轮系的设计

行星轮系由于具有传动比大、效率高、传递功率大等优点，被日益广泛地应用于冶金、矿山、水泥、起重、化工、食品等机械上，下面讨论行星轮系设计中的几个问题。

一、行星轮系的类型及选择

行星轮系的类型很多，如前所述，按基本构件可分为 2K-H 型、3K 型等。在相同的传动比和载荷条件下，选用不同的类型，可使行星轮系在外廓尺寸、重量和效率等方面产生很大的差别。因此，在设计轮系时，必须合理地选择确定轮系的类型。

（一）行星轮系的类型

图 8-18 所示为 2K-H 型行星轮系的几种常见形式，以它们为例来分析各自的特点，供选择类型时参考。

图 8-18a、b、c、d 的传动比 $i_{13}^{H}<0$，像这些转化轮系的传动比为 "−" 的周转轮系称为负号机构；而图 8-18e、f 的传动比 $i_{13}^{H}>0$，像这些转化轮系的传动比为 "+" 的周转轮系称为正号机构。

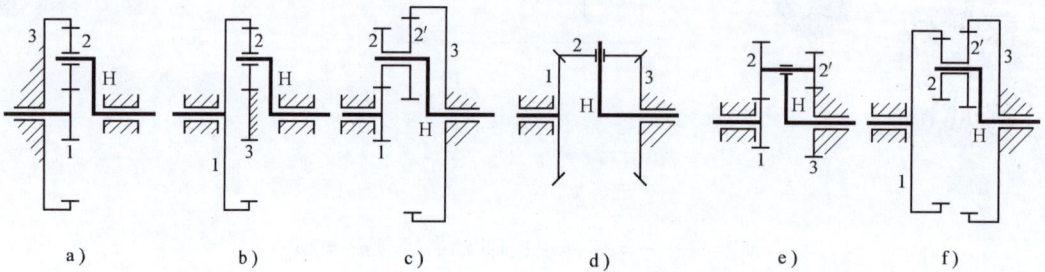

图 8-18 2K-H 型行星轮系的常见类型

（二）行星轮系类型的选择

选择行星轮系的类型，主要应从传动比范围、效率高低、结构复杂程度、外廓尺寸大小等几个方面综合考虑。

选择确定轮系类型时，首先要满足传动比的要求。图 8-18a、b、c、d 中，因 $i_{13}^{H}<0$，所以 $i_{1H}=1-i_{13}^{H}>1$，因此当以太阳轮 1 为主动件时是减速传动，输出件 H 的转向与太阳轮 1 的转向相同。图 8-18a 的传动比 $i_{1H}>2$，常用范围为 $i_{1H}=2.8\sim13$；图 8-18b 的传动比 $1<i_{1H}<2$，常用范围为 $i_{1H}=1.14\sim1.56$；图 8-18c 由于采用双联行星齿轮，其传动比较大，常用范围为 $i_{1H}=8\sim16$；图 8-18d 的传动比 $i_{1H}=2$（图中 $z_1=z_3$）。图 8-18e、f 中，$i_{13}^{H}>0$，所以 $i_{1H}=1-i_{13}^{H}$ 可能小于零也可能大于零，i_{1H} 的绝对值既可能大于 1，也可能小于 1，因此当以太阳轮 1 为主动件时既可能是减速传动，也可能是增速传动，输出件 H 的转向可能与太阳轮 1 的转向相同，也可能相反。总体来说，负号机构的传动比较小，正号机构的传动比较大。

从机械效率的角度来看，无论是减速传动还是增速传动，负号机构都具有较高的效率，（轮系的效率计算可查阅参考文献［3］）。因此，当设计的轮系主要用于传递动力时，应选用负号机构；若所设计的轮系除了传递动力外，还要求具有较高的传动比，而单级负号机构不能满足传动比要求时，可将几个负号机构串联起来，以获得很大的传动比，如水泥搅拌车的减速器就采用双级行星齿轮传动。但是，随着串联级数的增多，效率将会有所降低，机构的外廓尺寸和重量都有所增加。正号机构一般用于传动比大，对效率要求不高的场合，如磨床的进给机构，轧钢机的指示器等。

从尺寸来看，内啮合齿轮传动的径向尺寸小，空间利用率高。

总之，选择轮系的类型时，通常应根据上述因素，选择一种或几种传动类型，并进行分析比较，最后确定合理的类型方案。

二、行星轮系中各轮齿数的选择确定

为了平衡行星轮的惯性力、传递大功率，常采用几个完全相同的行星轮，并且均布在太阳轮的四周。行星轮系的输出轴线和输入轴线重合，因此，在设计行星轮系时，其各轮齿数和行星轮个数必须满足下列四个条件才能装配起来，以正常运转和实现预定的传动比。现以图 8-18a 为例说明如下。

（一）行星轮系中各轮齿数应满足的条件

1. 传动比条件

即所设计的行星轮系要实现给定的传动比。由 $i_{1H} = 1 - i_{13}^{H} = 1 + \dfrac{z_3}{z_1}$，得

$$z_3 = z_1(i_{1H} - 1) \tag{8-6}$$

2. 同心条件

为了保证行星轮系能够正常运转，行星轮系的三个基本构件的轴线必须重合，即行星架 H 与太阳轮 1、3 共轴线，也就是齿轮 1 和 2 的实际中心距应等于齿轮 2 和 3 的实际中心距，即同心条件为：$a'_{12} = r'_1 + r'_2 = a'_{23} = r'_3 - r'_{2\circ}$ 若采用标准齿轮传动或等变位齿轮传动，则实际中心距等于标准中心距，则有

$$a_{12} = r_1 + r_2 = \frac{1}{2} m(z_1 + z_2) = a_{23} = r_3 - r_2 = \frac{1}{2} m(z_3 - z_2)$$

整理得

$$z_2 = \frac{z_3 - z_1}{2} = \frac{z_1(i_{1H} - 2)}{2} \tag{8-7}$$

上式表明，两个太阳轮的齿数 z_3 和 z_1 应同时为奇数或偶数。

3. 装配条件

如果周转轮系中只有一个行星轮，只要满足上述同心条件就能够装配，但对于常见的几个行星轮均布在太阳轮四周的情况（图 8-19a），还必须满足装配条件。

如图 8-19b 所示，设 k 为行星轮的个数，则相邻两个行星轮间的圆心角为 $2\pi/k$。现将第一个行星轮 2 在位置 I 装入后，太阳轮 1 与 3 的轮齿之间的相对位置已经由齿轮 2 确定，若齿数等设计不当，可能在与位置 I 相隔 $2\pi/k$ 的 II 处无法装入第二个行星轮。为了在位置 II 处顺利装入第二个行星轮，设齿轮 3 固定，使行星架 H 连同齿轮 2 沿逆时针方向转过 $\varphi_H = 2\pi/k$ 达到位置 II，此时太阳轮 1 转过的角度 φ_1 如何计算呢？

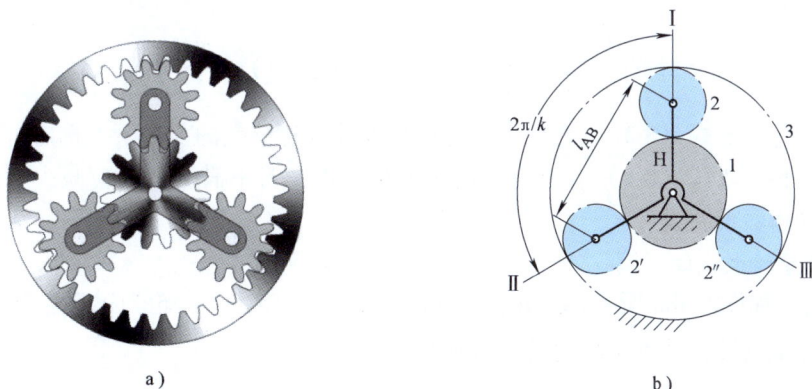

a)　　　　　　　　　　　　　b)

图 8-19　行星轮系

由于 $i_{1H} = \dfrac{\omega_1}{\omega_H} = \dfrac{\varphi_1}{\varphi_H} = 1 - i_{13}^{H} = 1 + \dfrac{z_3}{z_1}$，则 $\varphi_1 = \left(1 + \dfrac{z_3}{z_1}\right)\dfrac{2\pi}{k}$。

此时，若在空出的位置 I 处，齿轮 1 与齿轮 3 的轮齿相对位置关系与装入第一个行星轮时完全相同，则在该位置处一定能顺利装入第二个行星轮。为此，φ_1 角应恰好对应着整数个齿。设 φ_1 角对应于 N 个齿，因每个齿所对的中心角为 $\dfrac{2\pi}{z_1}$，所以

$$\varphi_1 = \left(1 + \frac{z_3}{z_1}\right)\frac{2\pi}{k} = N\frac{2\pi}{z_1}$$

整理得

$$N = \frac{z_1 + z_3}{k} = \frac{z_1 i_{1H}}{k} \tag{8-8}$$

> **精准** 对于含有多个行星轮的行星轮系，第一个行星轮的装入必须精准，稍有误差则可能导致其他行星齿轮无法装入。精准是一种务实的工作作风，同学们要树立远大理想和奋斗目标，对准目标，精准发力，成为德智体美劳全面发展的高素质人才，为实现质量强国、美丽中国贡献更大的智慧和力量。

4. 邻接条件

行星轮的数目越多，所能传递的功率越大。为了保证行星轮系能够正常运动，相邻两个行星轮的齿顶不能碰撞，这就是邻接条件。由图 8-19 可知，应使两个行星轮的中心之间的距离大于两个行星轮的齿顶圆半径之和，即 $l_{AB} > d_{a2}$，对于标准齿轮传动，则有

$$2(r_1 + r_2)\sin\frac{\pi}{k} > 2(r_2 + h_a^* m)$$

即，邻接条件为：

$$(z_1 + z_2)\sin\frac{\pi}{k} > z_2 + 2h_a^* \tag{8-9}$$

在设计 2K-H 型行星轮系时，为了便于选择各轮的齿数，通常把前三个条件合并为一个总的配齿公式，即

$$z_1 : z_2 : z_3 : N = z_1 : \frac{i_{1H} - 2}{2}z_1 : (i_{1H} - 1)z_1 : \frac{i_{1H}}{k}z_1 \tag{8-10}$$

设计时，先根据式（8-10）在保证 z_2、z_3 和 N 均为正整数的前提下，选定 z_1 和 k，得到各轮齿数后，再代入式（8-9）验算是否满足邻接条件。若不满足，则应减少行星轮个数 k 或增加齿轮的齿数重新设计。

（二）行星轮系设计举例

【例 8-6】 如图 8-18a 所示行星轮系的传动比 $i_{1H} = 24/5$，各齿轮为正常齿制标准直齿圆柱齿轮且为标准安装，试确定各轮的齿数和行星轮的个数。

解：

（1）初定参数 将 $i_{1H} = 24/5$ 代入式（8-10）得

$$z_1 : z_2 : z_3 : N = z_1 : \frac{7}{5}z_1 : \frac{19}{5}z_1 : \frac{24}{5k}z_1$$

为了使上式右边各项均为正整数，且各轮齿数大于不根切的最小齿数 17，可取 $z_1 = 20$，$k = 3$，则 $z_2 = 28$，$z_3 = 76$，$N = 32$。

（2）验算邻接条件 将初定参数代入式（8-9），$(z_1 + z_2) \sin \dfrac{\pi}{k} = (20 + 28) \sin \dfrac{\pi}{3} = 41.569$，$z_2 + 2h_a^* = 28 + 2 = 30$，显然满足邻接条件。

因此，行星轮系各轮的齿数为：$z_1 = 20$，$z_2 = 28$，$z_3 = 76$，行星轮的个数 $k = 3$。

三、行星轮系的均载装置

行星轮系由于采用了均布在太阳轮周围的多个行星轮来分担载荷，所以在传递动力时具有承载能力高和单位功率大、重量小等优点。但实际上，由于各构件的制造误差、安装误差和受力后的变形等，会造成各个行星轮分担的载荷不均衡，致使行星轮系的承载能力和使用寿命降低。为了尽可能避免行星轮上载荷分配不均的现象，必须设计均载装置。

目前普遍采用的均载方法是在结构设计上采取措施，使各个构件间能够自动补偿各种误差，为此，常把行星轮系中的某些构件设计成可以浮动的结构，当轮系运转过程中各行星轮的受力不均时，这些构件就能在一定范围内自由浮动，以达到受载均衡。具体的均载装置请参阅相关文献。

> **拓展与延伸** 除上述轮系之外，工程实际中出现了一些新型减速器，以满足承载大、减速比大、寿命长、噪声低、体积小等实际需求，常用的有摆线针轮减速器、谐波减速器、RV 减速器等，请查阅资料，弄清楚它们的结构、原理、特点及应用。

本章知识框架图

视频讲解

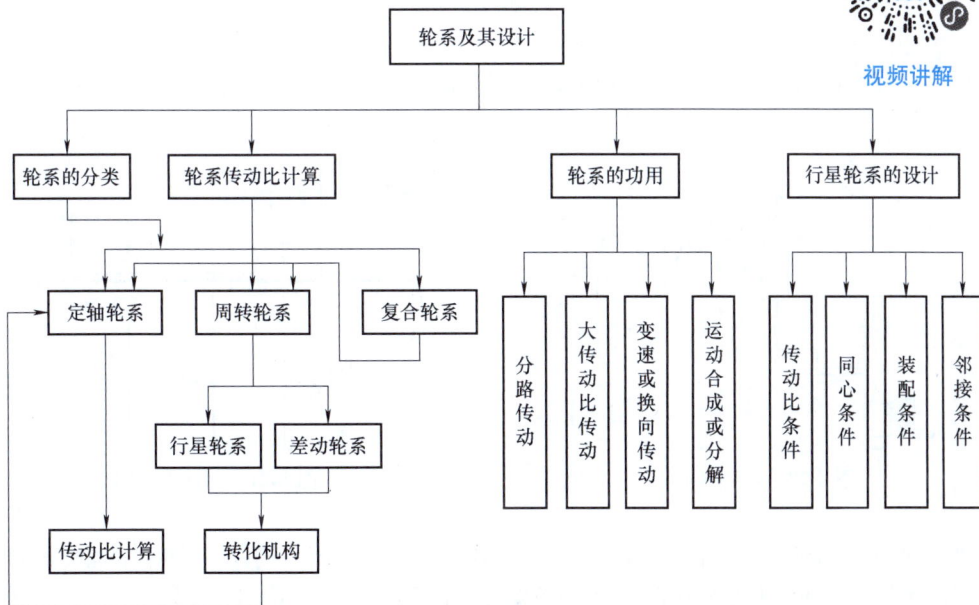

专题测试

思　考　题

8-1　指出定轴轮系与周转轮系的区别。

8-2　在给定主动轮的转向后，可用什么方法确定定轴轮系中从动轮的转向？周转轮系中从动轮的转向又用什么方法来确定？

8-3　何谓惰轮？它在轮系中有何作用？

8-4　行星轮系和差动轮系有何区别？各需要给定几个转速，才能求得轮系中其他构件的转速？

8-5　何谓周转轮系的转化轮系？i_{AB}^H 和 i_{AB} 的含义相同吗？在什么前提下，$i_{AH}=1-i_{AB}^H$？若 $i_{AB}^H>0$，是不是说明 A 和 B 两轮的转向相同？传动比 $i_{AB}=-0.5$ 表示什么含义？

8-6　如何把复合轮系分解为简单的基本轮系？怎样计算复合轮系的传动比？

8-7　设计行星轮系时，轮系中各轮的齿数应满足哪些条件？解释其中的同心条件。如何确定各轮齿数和行星轮的个数？

8-8　什么是正号机构？什么是负号机构？

习　　题

8-1　图 8-20 所示为一手摇提升装置，各轮齿数为 $z_1=20$，$z_2=50$，$z_2'=15$，$z_3=30$，$z_3'=1$，$z_4=40$，$z_4'=18$，$z_5=52$，卷筒的半径 $R=520$mm，求当提升重物上升 9mm 时手柄转过的角度，并确定此时手柄的转向。

8-2　图 8-21 所示为一钟表传动系统简图。已知各齿轮的齿数 $z_1=72$，$z_2=12$，$z_2'=64$，$z_2''=z_3=z_4=8$，$z_3'=60$，$z_5=z_6=24$，$z_5'=6$。求分针 m 和秒针 s 之间的传动比 i_{ms}，时针 h 和分针 m 之间的传动比 i_{hm}。

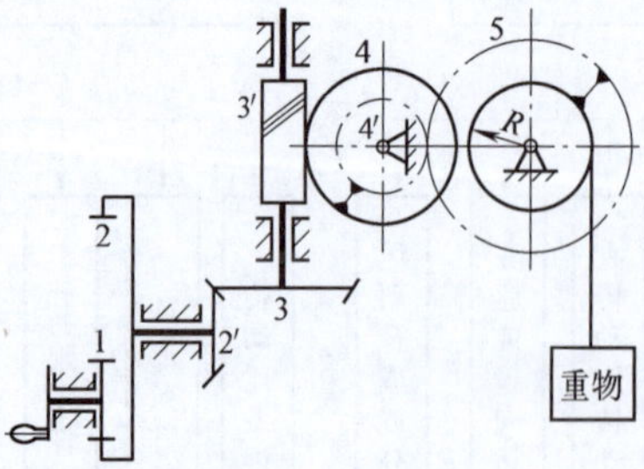

图 8-20　习题 8-1 图

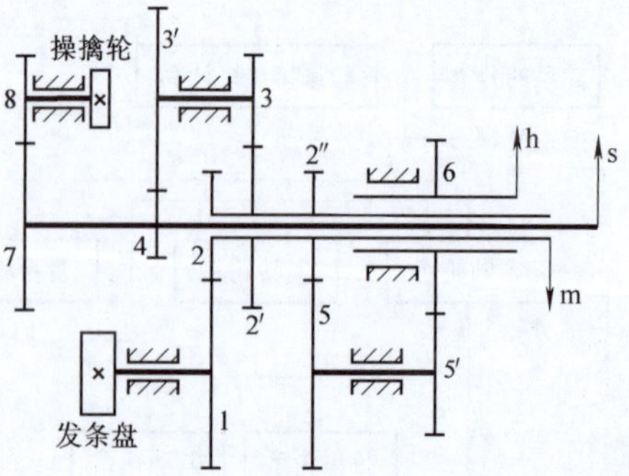

图 8-21　习题 8-2 图

8-3　图 8-22 所示为一滚齿机工作台的传动机构，工作台与蜗轮 5 固连，已知：各轮齿数为 $z_1=15$，$z_2=35$，$z_1'=15$，$z_5=40$，4′为单头（$z_4'=1$）右旋蜗杆，滚刀 6 为单头（$z_6=1$）左旋，$z_7=28$。要加工一个 $z_5'=60$ 的齿轮，试确定应如何选配交换齿轮组的齿数 z_2'、z_3 和 z_4，并说明惰轮 3 的作用，去掉它可以吗？

思考与交流　这是利用定轴轮系实现分路传动的又一个实例。分析图中通过哪两条传递路线，将电动机的转动传递给滚刀 6 和轮坯 5′，从而使二者之间具有确定的对滚关系。

8-4　图 8-23 所示轮系中，已知 $z_1=12$，$z_2=28$，$z_2'=14$，$z_3=54$。求传动比 i_{1H}。

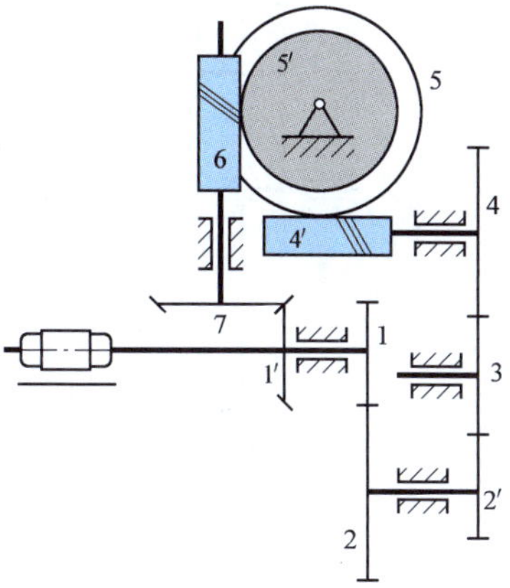

图 8-22　习题 8-3 图

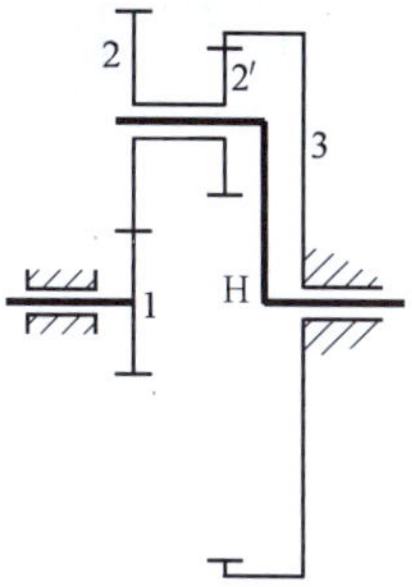

图 8-23　习题 8-4 图

8-5　图 8-24 所示为纺织机中的差动轮系，已知各轮的齿数分别为：$z_1=30$，$z_2=25$，$z_3=z_4=24$，$z_5=18$，$z_6=121$，轮 1 的转速 $n_1=48\sim200\text{r/min}$，$n_H=316\text{r/min}$，求 n_6 的大小。

8-6　图 8-25 所示的车床电动自定心卡盘的减速器中，当电动机带动齿轮 1 按图中实线箭头方向转动时，通过一个 3K 型行星轮系带动内齿轮 4 转动，从而使固连在齿轮 4 右端面上的阿基米德螺旋槽转动，驱使 3 个卡爪快速径向靠近，以夹紧工件；当齿轮 1 反方向转动时，3 个卡爪快速径向远离，以放松工件，如虚线箭头所示。已知各轮齿数为：$z_1=6$，$z_2=z_2'=25$，$z_3=57$，$z_4=56$。求传动比 i_{14}，并计算该轮系的自由度。

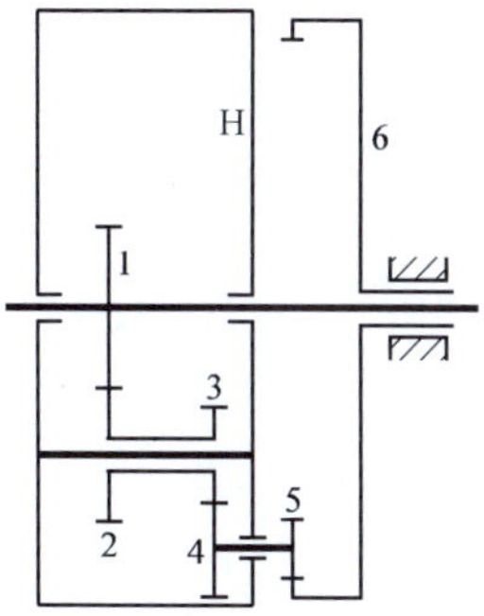

图 8-24　习题 8-5 图

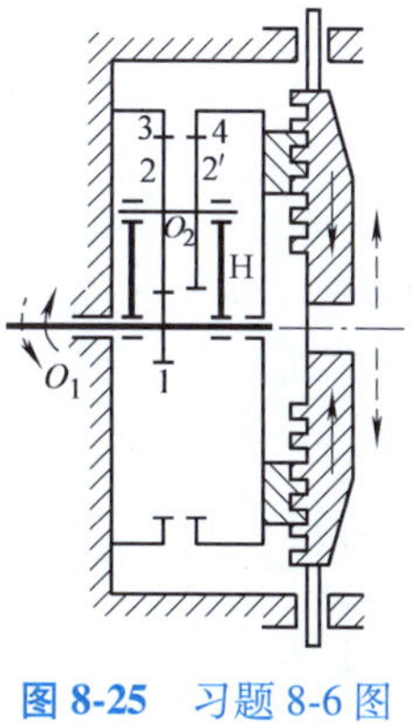

图 8-25　习题 8-6 图

8-7　图 8-26 所示的自行车里程表机构中，C 为车轮轴（图中车轮未画出），P 为里程表指针。已知各轮齿数为：$z_1=17$，$z_3=23$，$z_4=19$，$z_4'=20$，$z_5=24$。设轮胎受压变形后车轮的有效直径为 0.7m，当自行车行驶 1km 时，表上的指针刚好回转一周。试求齿轮 2 的齿数 z_2。

8-8　图 8-27 所示为电动卷扬机的传动装置，已知各轮齿数 $z_1=24$，$z_2=33$，$z_2'=21$，$z_3=78$，$z_3'=18$，$z_4=30$，$z_5=78$，求传动比 i_{15}。

8-9　图 8-28 所示的复合轮系中，已知齿轮 1 的转速 $n_1=1500\text{r/min}$，转向如图，$z_1=69$，$z_2=31$，$z_3=131$，$z_4=94$，$z_5=36$，$z_6=166$，求 H 的转速 n_H 的大小和方向。

8-10 图 8-29 所示为某起重设备减速装置，已知各轮的齿数分别为 $z_1 = z_2 = 20$，$z_3 = 60$，蜗杆 4 为双头（$z_4 = 2$）右旋，蜗轮 5 的齿数 $z_5 = 50$，轮 1 的转向如图所示。

1）求传动比 i_{15}，并说明蜗杆 4 的转动方向。

2）说明此时重物是上升还是下降，为什么？

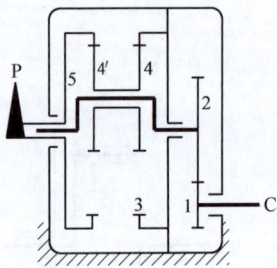

图 8-26 习题 8-7 图

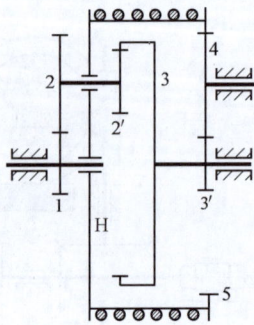

图 8-27 习题 8-8 图

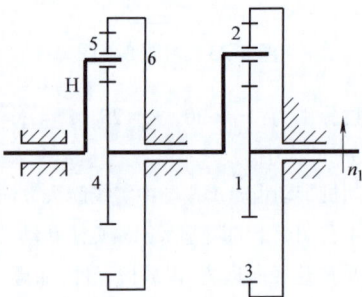

图 8-28 习题 8-9 图

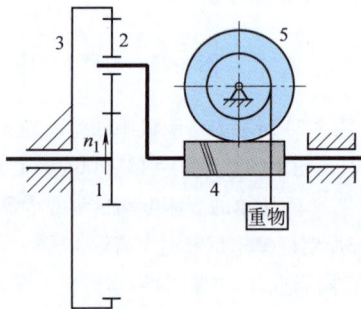

图 8-29 习题 8-10 图

8-11 图 8-30 中，已知蜗杆 1 为双头右旋，蜗轮齿数 $z_2 = 40$，各齿轮的齿数分别为 $z_3 = 40$，$z_4 = 20$，$z_5 = 20$，$z_6 = 18$；蜗杆的转速 $n_1 = 1000 \text{r/min}$，方向为顺时针，试求：

1）若各齿轮均为标准齿轮且为标准安装，各齿轮的模数相同，求齿轮 7 的齿数 z_7。

2）行星架 H 的转速 n_H 的大小和方向。

8-12 图 8-31 所示的轮系中，已知 $n_1 = 100 \text{r/min}$，方向如图所示，各轮齿数分别为：$z_1 = z_3 = 25$，$z_2 = 20$，$z_4 = z_5 = 45$，$z_6 = 30$，$z_7 = 60$。

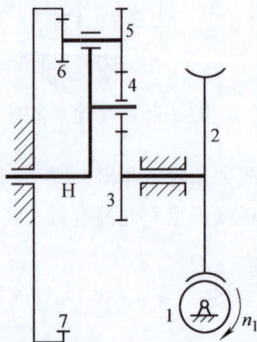

图 8-30 习题 8-11 图

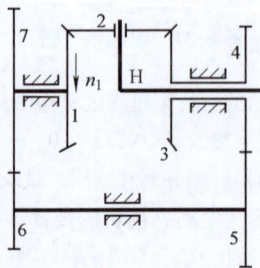

图 8-31 习题 8-12 图

1）求 H 的转速 n_H 的大小和方向。

2）在不改变轮系类型的前提下对该机构进行修改，以使 $n_H = 0$。

8-13　图 8-32 所示行星轮系中，已知传动比 $i_{1H} = 4.5$，试确定该轮系中各齿轮的齿数 z_1、z_2、z_3 和均布的行星轮个数 k。

8-14　图 8-33 所示为一小型起重机，一般工作情况下，单头蜗杆 5 不转，动力由电动机 M 输入，带动卷筒 N 转动；当电动机发生故障或慢速起吊重物时，电动机停机并制动，用蜗杆传动。已知齿数分别为：$z_1 = 53$，$z_1' = 44$，$z_2 = 42$，$z_2' = 53$，$z_3 = 58$，$z_3' = 44$，$z_4 = 87$。试分析并求解：

1）一般工作情况下，该轮系由哪几个基本轮系单元组成？求此时的传动比 i_{M4}。

2）慢速起重时，该轮系是哪种轮系？求此时的传动比 i_{54}。

8-15　图 8-34 所示轮系中，已知各轮齿数分别为：$z_1 = 18$，$z_1' = 80$，$z_2 = 20$，$z_3 = 36$，$z_3' = 24$，$z_4 = 70$，$z_4' = 80$，$z_5 = 50$，蜗杆 6 为双头左旋，蜗轮 $z_7 = 58$。求：

1）齿轮 1 与蜗轮 7 的传动比 i_{17}。

2）若齿轮 1 的转向如图所示，试确定蜗轮 7 的转向。

*8-16　图 8-35 所示减速装置中，齿轮 1 固定于电动机的轴上，已知各轮齿数为 $z_1 = 20$，$z_2 = 20$，$z_3 = 60$，$z_4 = 90$，$z_5 = 210$；电动机转速（齿轮 1 相对于齿轮 3 的转速）$n_1^3 = 1440 \text{r/min}$，求齿轮 3 的转速 n_3。

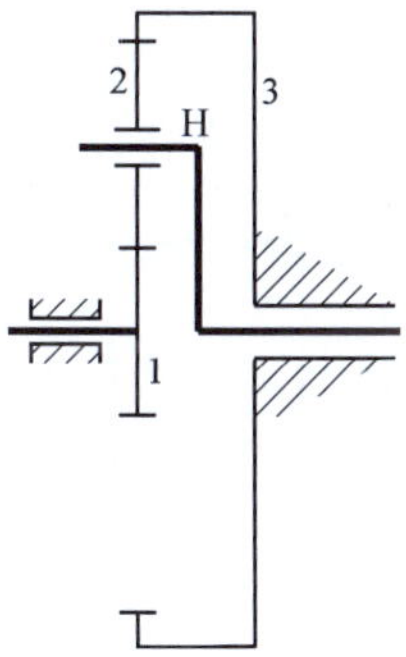

图 8-32　习题 8-13 图

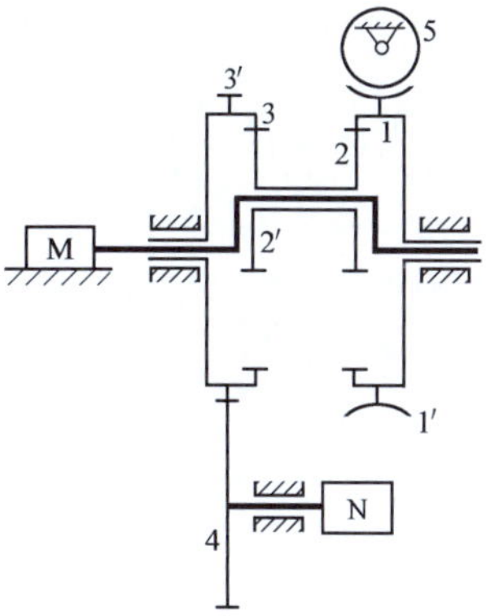

图 8-33　习题 8-14 图

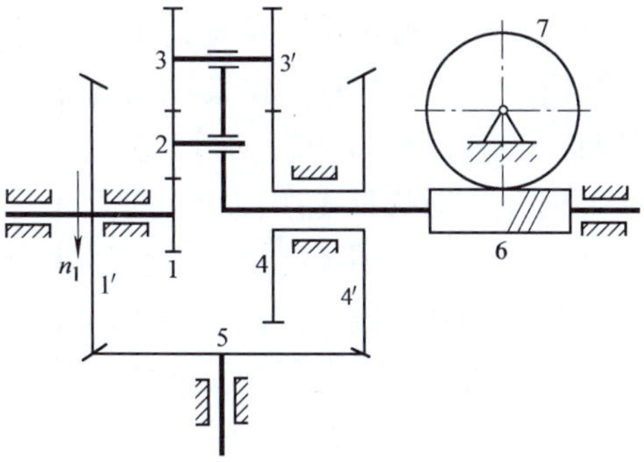

图 8-34　习题 8-15 图

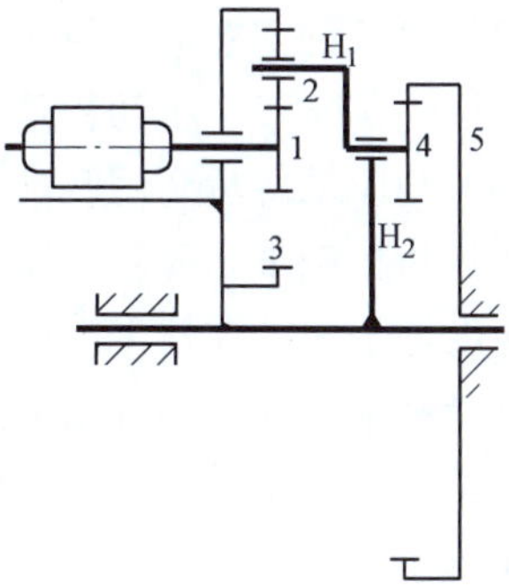

图 8-35　习题 8-16 图

第九章

其他常用机构

本章要点：各类间歇运动机构（棘轮机构、槽轮机构、不完全齿轮机构、凸轮式间歇运动机构）、万向联轴器、螺旋机构的工作原理、特点和应用。

第一节　棘轮机构

一、棘轮机构的组成及工作原理

棘轮机构是一种间歇运动机构。图9-1所示为常见的外啮合齿式棘轮机构，由主动摇杆1、驱动棘爪2、棘轮3、止动棘爪4、弹簧5和机架6组成。主动摇杆1空套在与棘轮3固连的轴上，并与驱动棘爪2用转动副相连。当主动摇杆1沿逆时针方向转动时，驱动棘爪2插入棘轮3的齿槽中推动棘轮3同向转过一定角度，此时，止动棘爪4在棘轮3的齿背上滑过同样的角度。当主动摇杆1沿顺时针方向转动时，止动棘爪4阻止棘轮3发生反向转动，这时棘轮静止不动，而驱动棘爪2在棘轮3的齿背上滑过并回到原位。因此，当原动件做连续的往复摆动时，棘轮做单向的间歇转动。为保证棘爪工作可靠，常利用弹簧5使止动棘爪4压紧齿面。

二、棘轮机构的类型

1. 按结构分类

按结构不同可分为齿式棘轮机构和摩擦式棘轮机构。

图9-1所示为外啮合齿式棘轮机构。

图 9-2 所示为摩擦式棘轮机构。该机构是用偏心扇形楔块 2、4 代替齿式棘轮机构中的两个棘爪，以无齿摩擦轮代替棘轮，图中 5、6 为弹簧。

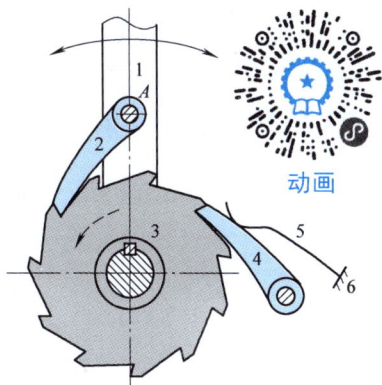

图 9-1　外啮合齿式棘轮机构
1—主动摇杆　2—驱动棘爪　3—棘轮
4—止动棘爪　5—弹簧　6—机架

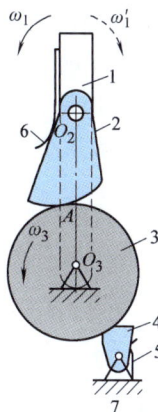

图 9-2　摩擦式棘轮机构
1—主动摇杆　2—驱动楔块　3—（从动）摩擦轮
4—止动楔块　5、6—弹簧　7—机架

2. 按啮合方式分类

按啮合方式不同可分为外啮合棘轮机构和内啮合棘轮机构。

图 9-1、图 9-2 所示为外啮合棘轮机构。外啮合棘轮机构的棘爪或楔块均安装在棘轮的外部，由于加工、安装和维修方便，应用较广。

图 9-3 所示为内啮合棘轮机构。内啮合棘轮机构的棘爪或楔块均安装在棘轮内部。其特点是结构紧凑，外形尺寸小。

3. 按从动件运动形式分类

按从动件运动形式不同可分为单动式棘轮机构、双动式棘轮机构、双向式棘轮机构。

图 9-1、图 9-4 所示为单动式棘轮机构，它们均装有一个驱动棘爪。当主动摇杆 1 往复摆动时，带动棘爪 2 推动从动件棘轮 3 做单向间歇转动（图 9-1）或从动棘齿条 3 做单向间歇移动（图 9-4）。

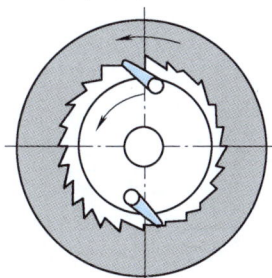

图 9-3　内啮合棘轮机构

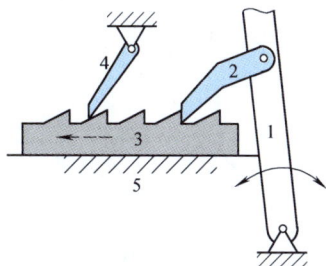

图 9-4　单向间歇移动的棘条机构
1—主动摇杆　2、4—棘爪　3—从动棘齿条　5—机架

图 9-5 所示为双动式棘轮机构，主动摇杆 1 上装有两个驱动棘爪 2 和 2′。主动摇杆往复摆动时，分别带动两个驱动棘爪 2 和 2′，两次推动棘轮转动。双动式棘轮机构常用于载荷较

大，且棘轮尺寸受限、齿数较少，而主动摇杆的摆角小于棘轮齿距角的场合。

图 9-6 所示为两种双向式棘轮机构。可通过改变棘爪的位置，实现棘轮两个方向的转动。如图 9-6a 所示，当棘爪在实线位置 O_2B 时，棘轮按逆时针方向做间歇转动；当棘爪翻转到图示虚线位置 O_2B' 时，棘轮按顺时针方向做间歇转动，双向式棘轮机构的齿形必须采用对称齿形。图 9-6b 所示的双向式棘轮机构中，棘轮齿形为矩形，棘爪齿形为楔形斜面，只需拔出销子，提起棘爪绕自身轴线转 180°，即可改变棘轮的间歇转动方向。

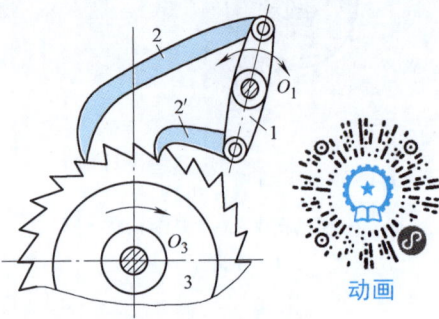

图 9-5　双动式棘轮机构
1—主动摇杆　2、2′—驱动棘爪　3—棘轮

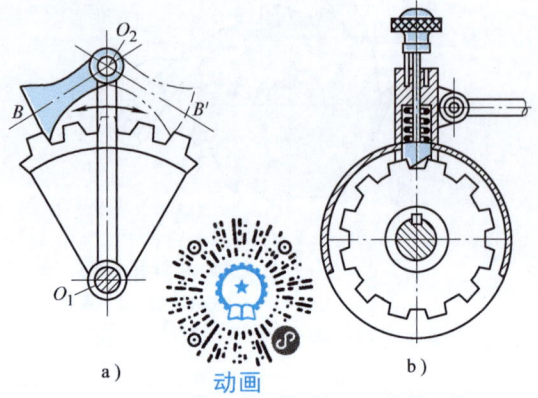

a)　动画　b)

图 9-6　双向式棘轮机构

三、棘轮机构的特点

1. 齿式棘轮机构的特点

优点是结构简单，制造方便，运动可靠；缺点是棘爪在棘轮齿背上的滑行会引起噪声、冲击和磨损，且棘轮的转角必须以棘轮齿数为单位有级调节，故齿式棘轮机构不宜用于高速场合。

棘轮转角可用下列方法调节：

1）通过改变摇杆摆角大小来调节棘轮转角。如图 9-7a 所示，利用螺旋机构改变曲柄 AB 的长度，即可改变摇杆 CD 的摆角，从而改变棘轮的转角。

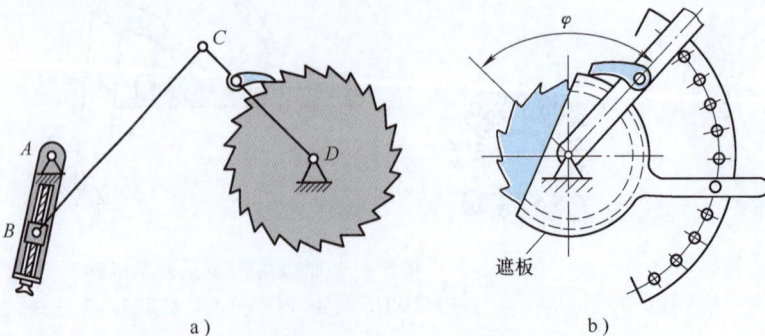

a)　b)

图 9-7　棘轮转角的调节方法

2）利用遮罩调节棘轮转角。如图 9-7b 所示，在棘轮机构上加装遮板，可把摇杆摆角范

围内的部分棘齿遮住，使棘爪在运动中从遮板上滑过这部分轮齿。改变遮板的位置，摇杆摆角范围内被遮挡的轮齿数目就会改变，从而调节棘轮转角的大小。

2. 摩擦式棘轮机构的特点

传动平稳、无噪声，动程可无级调节，因靠摩擦力传动，所以会出现打滑现象，虽然可起到安全保护作用，但是传动精度不高，故适用于低速轻载和运动精度要求不高的场合。

四、棘轮机构的应用

在实际中，棘轮机构可用于实现间歇送进、制动、转位、分度和超越等工艺要求，分别举例如下。

1. 间歇送进

图 9-8 所示为牛头刨床，刨削工件时，工作台需做间歇横向进给。进给的实现方法是：曲柄 1 转动，经连杆 2 带动摇杆做往复摆动；双向式棘轮机构的棘爪 3 装在摇杆上，这样棘爪 3 带动棘轮 4 做单方向间歇转动，棘轮 4 与丝杠固连，从而使工作台 5 做间歇进给运动。若改变摇杆的摆角，可以调节进给量的大小；改变棘爪 3 的位置（绕自身轴线转过 180° 后固定），可改变进给的方向。

2. 制动

图 9-9 所示为提升机中使用的棘轮制动器。它广泛应用于卷扬机、提升机及运输机械中。

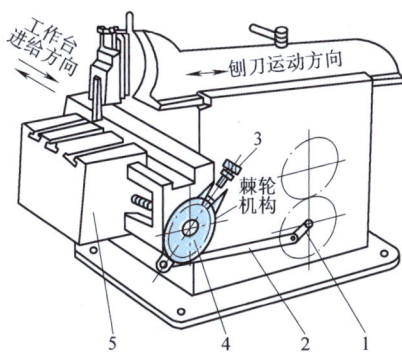

图 9-8　牛头刨床

1—曲柄　2—连杆　3—棘爪　4—棘轮　5—工作台

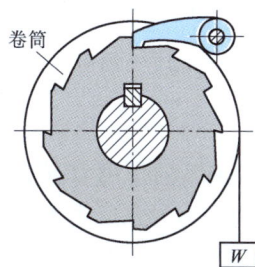

图 9-9　棘轮制动器

3. 转位、分度

图 9-10 所示为手枪盘分度机构。滑块 1 沿导轨 d 向上运动时，棘爪 4 使棘轮 5 转过一个齿距，并使与棘轮固结的手枪盘 3 绕 A 轴转过一个角度，此时挡销 a 上升，棘爪 2 在压缩弹簧 b 的作用下进入手枪盘 3 的槽中使手枪盘静止并防止反向转动。当滑块 1 向下运动时，棘爪 4 从棘轮 5 的齿背上滑过，在弹簧力的作用下进入下一个齿槽中，同时挡销 a 使棘爪 2 克服弹簧力绕 B 轴沿逆时针方向转动，手枪盘 3 解脱止动状态。

4. 超越

棘轮机构除了实现上述间歇运动外，还能实现超越运动，即从动件可以超越主动件而转动。如图 9-11 所示的自行车后轴上的棘轮机构便是一种超越机构，当脚蹬踏板时，经链轮

1、链条 2 带动内圈具有棘齿的链轮 3 沿顺时针方向转动，通过棘爪 4 的作用，使后轮轴 5 沿顺时针方向转动，从而驱使自行车前进。当下坡时，自行车前行，脚不蹬踏板时，后轮轴 5 可以超越链轮 3 而转动，让棘爪 4 在棘轮齿背上滑过，从而实现不蹬踏板的自由滑行。

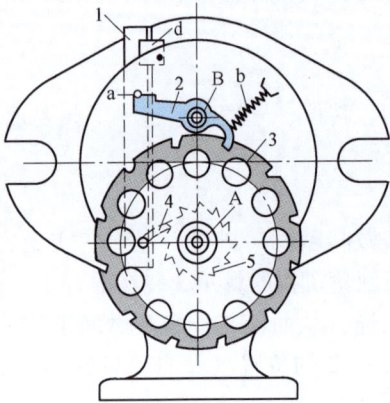

图 9-10　手枪盘分度机构

1—滑块　2、4—棘爪　3—手枪盘　5—棘轮

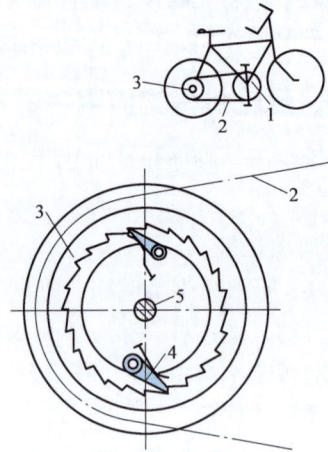

图 9-11　棘轮超越机构在自行车中的应用

1、3—链轮　2—链条　4—棘爪　5—后轮轴

五、棘爪顺利滑入棘轮齿根部的条件

如图 9-12 所示，棘爪轴心 O_1 与棘轮齿顶 A 的连线 O_1A 与过 A 点棘轮齿面法线 n-n 的夹角 β，称为棘爪轴心位置角。为使棘爪受力尽可能小，通常使 $O_1A \perp O_2A$。因此，棘爪轴心位置角 β 等于齿面倾斜角 α，即

$$\beta = \alpha \tag{9-1}$$

棘轮齿对棘爪的作用力有正压力 F_n 和摩擦力 F_f，二者的合力为总反力 F_R。为保证棘轮机构工作的可靠性，在工作行程中，棘爪滑行到棘轮齿顶 A 后必须能始终顺利滑入棘轮齿槽根部，为此 F_f 对 O_1 点的力矩应小于 F_n 对 O_1 点的力矩，即满足

$$F_f L\cos\beta < F_n L\sin\beta，即$$

$$\tan\beta > \frac{F_f}{F_n} = \frac{fF_n}{F_n} = f = \tan\varphi$$

故　　　　　$\beta > \varphi$ 　　　　(9-2)

式中，f 和 φ 分别为棘爪与棘轮齿面间的摩擦系数和摩擦角。

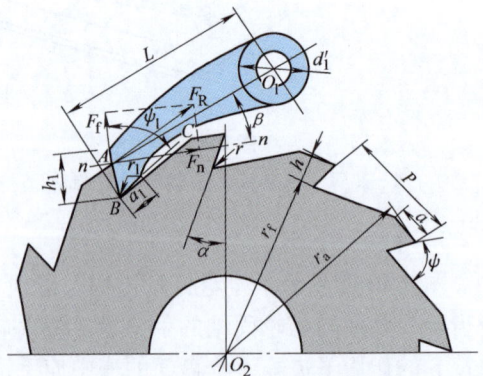

图 9-12　棘轮和棘爪的尺寸

由此可见，棘爪能顺利滑入棘轮齿根部的条件是：齿面倾斜角 α（$\beta = \alpha$）必须大于摩擦角 φ。

图 9-12 中，有关棘轮齿顶圆直径 d_a、齿根圆直径 d_f、齿数 z、模数 m、齿距 p、齿高 h 等尺寸的设计可参阅《机械设计手册》。

第二节　槽　轮　机　构

槽轮机构在各种自动机械中应用很广泛。如在轻工、食品机械中常用槽轮机构实现分度、转位动作。

一、槽轮机构的组成及工作原理

槽轮机构由主动拨盘、从动槽轮及机架组成，可将主动拨盘的连续转动变换为槽轮的间歇转动。

图 9-13 所示为一外啮合槽轮机构，主动拨盘 1 上装有圆销 A，从动槽轮 2 具有 4 个径向槽。主动拨盘 1 以等角速度做连续回转，当拨盘上的圆销 A 未进入径向槽时，从动槽轮 2 因其内凹锁止弧 $\overarc{nn}$ 被主动拨盘 1 的外凸锁止弧 $\overarc{mm'm}$ 卡住而静止不动；当圆销 A 开始进入槽轮径向槽时（图示位置），外凸圆弧的终点 m 正好在主动拨盘 1 和从动槽轮 2 的中心连线上，因而失去锁止作用，锁止弧 $\overarc{nn}$ 开始被松开，这样槽轮在圆销 A 的驱动下反向转动；当圆销 A 在另一边离开径向槽时，槽轮下一个内凹锁止弧又被主动拨盘 1 的外凸锁止弧卡住而静止不动。通过重复上述的运动将拨盘的连续转动转变为槽轮的单向间歇转动。

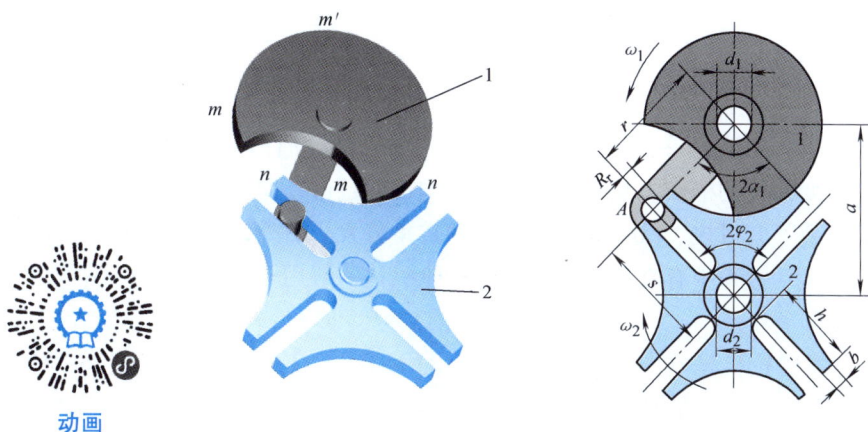

动画

图 9-13　外啮合槽轮机构

1—主动拨盘　2—从动槽轮

二、槽轮机构的类型

槽轮机构主要分为传递平行轴运动的平面槽轮机构和传递相交轴运动的空间槽轮机构两大类。

平面槽轮机构有外啮合和内啮合两种形式。图 9-13 所示为外啮合槽轮机构，主动拨盘与从动槽轮转向相反；图 9-14 所示为内啮合槽轮机构，主动拨盘与从动槽轮转向相同。

图 9-15 所示为空间槽轮机构。从动槽轮 2 呈半球形，槽 a、槽 b 和锁止弧 $\widehat{\beta\beta}$ 均分布在球面上，主动构件 1 和销 A 的轴线与从动槽轮 2 的回转轴线汇交于槽轮球心 O，故又称为球面槽轮机构。主动构件 1 做连续转动，从动槽轮 2 做间歇转动。

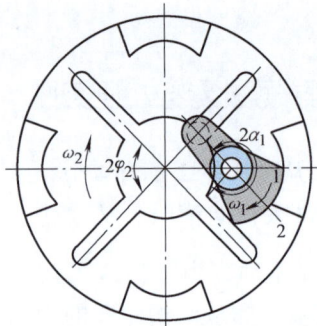

图 9-14　内啮合槽轮机构
1—主动拨盘　2—从动槽轮

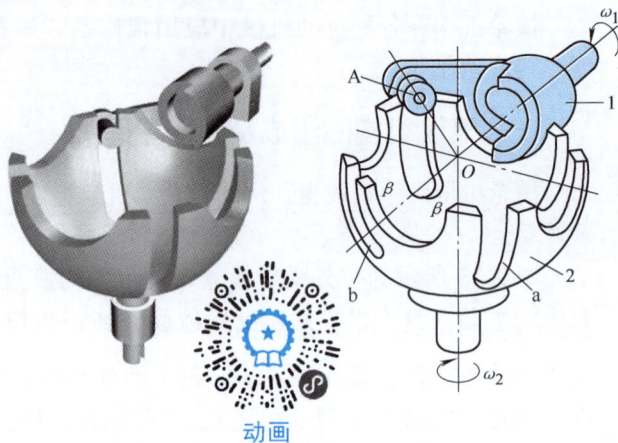

图 9-15　空间槽轮机构
1—主动构件　2—从动槽轮

另外，在某些机械中还用到一些特殊形式的槽轮机构，如不等臂长的多销槽轮机构等，这里不再赘述。

三、槽轮机构的特点和实际应用

槽轮机构结构简单、制造容易、工作可靠、机械效率较高。但槽轮转角大小不能调节，要改变转角，需要改变槽轮的槽数，重新设计槽轮机构，而且由于制造工艺、机构尺寸等条件的限制，槽轮的槽数不宜过多，故槽轮机构每次的转角较大。另外，在槽轮转动的始末位置加速度变化较大，运动过程中存在柔性冲击，故槽轮机构一般用于转速不高、不需要经常调整转动角度的分度装置中。

图 9-16 所示为外槽轮机构在冷霜自动灌装机中的应用。工作台 2 与槽轮 6 固装于同一轴上，拨盘 5 拨动槽轮 6 即带动工作台 2 做间歇转动。在工作台 2 停歇位完成对冷霜罐的灌装、贴锡纸、压平锡纸和盖合等工艺动作。已经完成灌装盖合的冷霜罐在转送到下一个工位后，由输送带 3 将冷霜罐 4 运走。在该机构中，槽轮 6 的槽数等于工作台 2 的工位数。

图 9-17 所示为外槽轮机构在电影放映机中的应用。由槽轮带动胶片得以进行间歇移动，从而形成动态画面。

图 9-18 所示为槽轮机构（6 个槽）在单轴转塔车床刀架的转位机构中的应用情况，转塔刀架处装有六种刀具，按工艺要求，每转过 60°，自动改变需用的刀具进行加工。

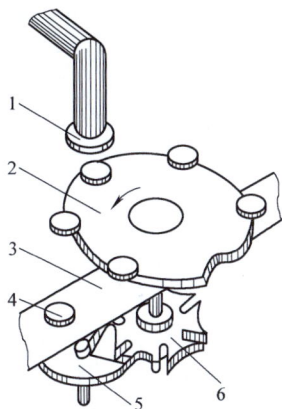

图 9-16　冷霜自动灌装机

1—冷霜出料管　2—工作台　3—输送带　4—冷霜罐　5—拨盘　6—槽轮

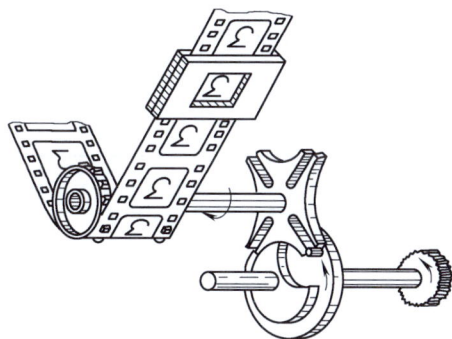

图 9-17　电影放映机

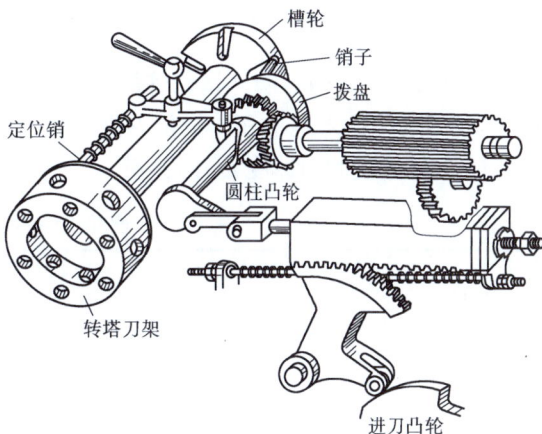

图 9-18　单轴转塔车床刀架的转位机构

四、槽轮机构的运动系数 k

现以图 9-13 所示的单圆销外槽轮机构为例讨论其运动系数。

当主动拨盘 1 回转一周时，从动槽轮 2 的运动时间 t_2 与主动拨盘 1 的运动时间 t_1 之比，称为槽轮机构的运动系数，用 k 表示。当主动拨盘 1 为等速转动时，上述时间的比值可用转角的比值来表示。时间 t_2 与 t_1 所对应的拨盘转角分别为 $2\alpha_1$ 与 2π，为了避免圆销 A 和径向槽发生刚性冲击，圆销开始进入或退出径向槽的瞬时，其线速度方向应沿着径向槽的中心线。由图可知，$2\alpha_1 = \pi - 2\varphi_2$，其中 $2\varphi_2$ 为槽轮槽间角。设槽轮有 z 个均布槽，则 $2\varphi_2 = 2\pi/z$，所以有

$$k = \frac{t_2}{t_1} = \frac{2\alpha_1}{2\pi} = \frac{\pi - 2\varphi_2}{2\pi} = \frac{\pi - (2\pi/z)}{2\pi} = \frac{1}{2} - \frac{1}{z} \tag{9-3}$$

为了保证槽轮运动，运动系数应大于零，所以外槽轮的槽数 $z \geqslant 3$。由式（9-3）可知，其运动系数总小于 0.5，故单销外槽轮机构的运动时间总小于静止时间。

如果在主动拨盘 1 上均匀地分布 n 个圆销，则当拨盘转动一周时，槽轮将被拨动 n 次，故运动系数是单销的 n 倍，即

$$k = n\left(\frac{1}{2} - \frac{1}{z}\right) \tag{9-4}$$

又因 k 值应小于或等于 1，即

$$n\left(\frac{1}{2} - \frac{1}{z}\right) \leqslant 1$$

由此得

$$n \leqslant 2z/(z-2) \tag{9-5}$$

由式（9-5）可知槽数与圆销个数的关系，见表 9-1。

表 9-1 槽数 z 和圆销个数 n 的关系

槽数 z	3	4	5 或 6	$\geqslant 7$
圆销个数 n	1~6	1~4	1~3	1~2

表 9-2 列出了不同槽数的外槽轮的最大角速度 ω_{2max}、最大角加速度 ε_{2max} 和转位始末的角加速度 ε_{02}（因为构件 1 进槽和出槽位置是对称于中心连线的，所以槽轮转位始末的角加速度数值相同）与拨盘的角速度 ω_1 的关系。

表 9-2 外槽轮机构的动力特性数值

槽数 z	$\dfrac{\omega_{2max}}{\omega_1}$	$\dfrac{\varepsilon_{2max}}{\omega_1^2}$	$\dfrac{\varepsilon_{02}}{\omega_1^2}$
3	6.46	31.44	1.73
4	2.41	5.41	1.00
5	1.43	2.30	0.73
6	1.00	1.35	0.58
7	0.62	0.70	0.41

由表 9-2 可知，随着槽数 z 的增加，角加速度变化较小，运动趋于平稳，动力特性也将得到改善。因此设计时槽轮的槽数不应太少，但槽数也不宜过多，槽数过多，将使槽轮尺寸过大，转动时的惯性力矩也增大。一般设计中，槽数选 4~8。

需要说明，槽轮机构中的锁止弧能使槽轮在停歇过程中保持静止，但定位精度不高。为精确定位，自动化机床、精密机械和仪表中应设计专门精确的定位装置。

五、槽轮机构几何尺寸计算

以机械中最常用的径向槽均匀分布的外槽轮机构为例。设计计算时，首先应根据工作要求确定槽轮的槽数 z 和主动拨盘的圆销数 n，再按受力情况和实际机械所允许的安装尺寸，确定中心距 a 和圆销半径 R_r，最后可按图 9-13 所示的几何关系求出其他尺寸。

$$r = a\sin\varphi_2 = a\sin(\pi/z) \tag{9-6}$$
$$s = a\cos\varphi_2 = a\cos(\pi/z) \tag{9-7}$$

$$h \geqslant s-(a-r-R_r) \qquad (9-8)$$

拨盘轴的直径 d_1 及槽轮轴的直径 d_2 受以下条件限制：

$$d_1 \leqslant 2(a-s) \qquad (9-9)$$

$$d_2 < 2(a-r-R_r) \qquad (9-10)$$

第三节　不完全齿轮机构

一、不完全齿轮机构的组成及工作原理

不完全齿轮机构是从普通齿轮机构演变而得到的一种间歇运动机构，它将主动轮的连续回转运动转化为从动轮的间歇回转运动。与一般齿轮机构相比，主动轮上的轮齿只有几个且未布满整个圆周，其余部分为外凸锁止弧，从动轮上有与主动轮轮齿相应的齿间和内凹锁止弧相间布置。当主动轮的有齿部分作用时，从动轮就转动；当主动轮的圆弧部分作用时，从动轮则停歇。

不完全齿轮机构的主要形式有外啮合（图 9-19）与内啮合（图 9-20）两种形式。在图 9-19 中，主动轮 1 上有 4 个齿，从动轮 2 上有 4 个运动段和 4 个停歇段，主动轮转一周，从动轮只转 1/4 周。在图 9-20 中，主动轮 1 上只有 1 个齿，从动轮 2 上有 12 个齿，故主动轮转一周，从动轮转 1/12 周。

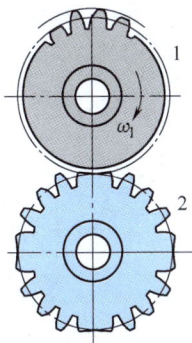

图 9-19　外啮合不完全齿轮机构

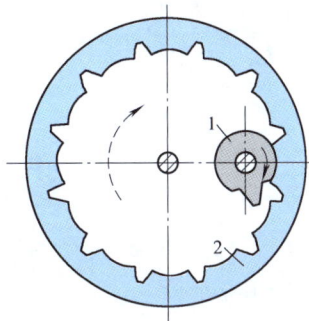

图 9-20　内啮合不完全齿轮机构

值得注意的是，在不完全齿轮机构中，为了保证主动轮的首齿能顺利地进入啮合状态而不与从动轮的齿顶相碰，需将首齿齿顶高做适当地削减。同时，为了保证从动轮停歇在预定的位置，主动轮的末齿齿顶高也需要做适当的修改，其余各齿保持标准齿高。

二、不完全齿轮机构的工作特点和实际应用

与棘轮、槽轮等间歇运动机构相比，不完全齿轮机构有以下主要工作特点：

1）较易满足不同停歇规律要求。不完全齿轮机构设计时可调整参数较多，如两轮圆周上的齿数 z_1、z_2，主、从动轮上锁止弧的数目 M、N，以及锁止弧间的齿数 z_1'、z_2'等，因而设计时机构的运动特性参数，如从动轮每转一周停歇的次数、每次运动转过的角度、动停时间比等，更容易调整获得。

2）当主动轮等速转动时，不完全齿轮机构的从动轮在运动期间也保持匀速运动，但在首齿进入啮合及末齿退出啮合过程中存在刚性冲击。因此，不完全齿轮机构不宜用于高速传动，只适应于低速和轻载场合。

为了减小冲击从而改善不完全齿轮机构的受力情况，可在两轮上加装瞬心线附加板，如图 9-21 所示。附加板 K、L 分别固定在轮 1 和轮 2 上。此附加板的作用是：在首齿接触传动之前，让 K 板和 L 板先行接触，使从动轮的角速度从一个尽可能小的角速度逐渐过渡到所需的等角速度值。在设计 K 板和 L 板时，要保证它们的接触点 P 总位于中心线 O_1O_2 上，从而成为构件 1、2 的瞬心 P_{12}，且点 P 将随着附加板的运动沿着中心线 O_1O_2 逐渐远离中心 O_1 向两轮节点移动。同样，又可借助于另一对附加板的作用，使主动轮末齿在啮合线上退出啮合时从动轮的角速度由常数 ω_2 逐渐减小，从而减小冲击。由于从动轮开始啮合时的冲击比终止啮合时严重，所以有时只在开始啮合处加装一对瞬心线附加板。

图 9-22 所示为蜂窝煤压制机工作台的间歇转位机构示意图。工作台 7 完成煤粉的装填、压制、退煤等五个工位动作，因此工作台需间歇转动，每转动 1/5 周需要停歇一次。齿轮 3 是不完全齿轮，当它做连续转动时，通过齿轮 6 使工作台 7（其外周是一个大齿圈）获得预期的间歇运动。此外，为使工作比较平稳，在齿轮 3 和齿轮 6 上加装了一对瞬心线附加板 4 和 5，还分别装设了凸形和凹形的圆弧板，以起锁止弧的作用。

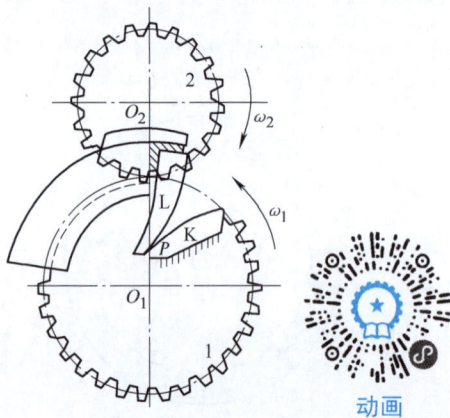

图 9-21 带有瞬心线附加板的不完全齿轮机构

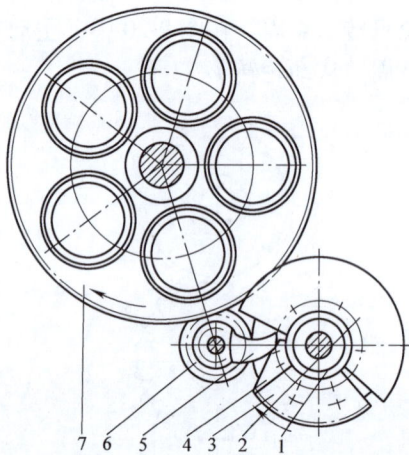

图 9-22 蜂窝煤压制机工作台的间歇转位机构示意图
1—固定板 2—圆弧板 3、6—不完全齿轮 4、5—瞬心线附加板 7—工作台

3）主、从动轮不能互换。

基于以上工作特点，不完全齿轮机构常用于低速多工位、多工序的自动机械或生产线上，实现工作台的间歇转位和进给运动。

第四节 凸轮式间歇运动机构

一、凸轮式间歇运动机构的组成

图 9-23 所示为两种凸轮式间歇运动机构，它由主动凸轮 1、从动转盘 2 和机架组成。主

动凸轮 1 做连续转动，从动盘 2 做间歇转动。

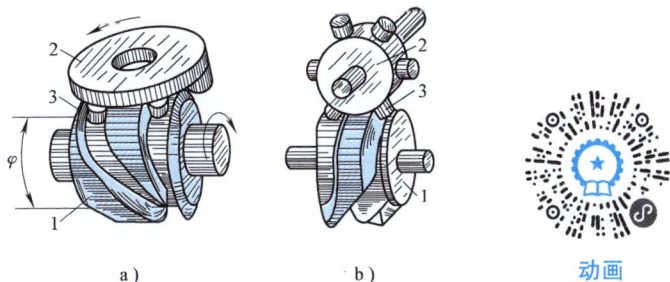

a)　　　　　b)　　　　动画

图 9-23　凸轮式间歇运动机构
1—凸轮　2—转盘　3—滚子

二、凸轮式间歇运动机构的类型及应用

1. 圆柱凸轮间歇运动机构

图 9-23a 所示为圆柱凸轮间歇运动机构。凸轮 1 为圆柱凸轮，滚子 3 均匀分布在转盘 2 的端面上。当凸轮 1 转过推程运动角 δ_1 时，转盘 2 以某种运动规律转过角度 $\alpha = 2\pi/z$（z 为转盘 2 上的滚子数）；当凸轮 1 继续转过其余角度（$2\pi-\delta_1$）时，转盘 2 静止不动。当凸轮 1 继续转动时，第二个滚子与凸轮槽接触，重复上述过程。这样，凸轮 1 的连续转动转变为转盘 2 的单向间歇转动。

凸轮曲线的设计可按摆动推杆圆柱凸轮设计方法进行。设计时，通常取凸轮的槽数为 1，转盘的圆柱销数取 $z \geq 6$。

2. 蜗杆凸轮间歇运动机构

图 9-23b 所示为蜗杆凸轮间歇运动机构，其原动件 1 为圆弧面蜗杆式的凸轮，从动盘 2 为具有周向均布柱销的圆盘。当凸轮 1 转动时，推动从动盘 2 做间歇转动。设计时，蜗杆凸轮通常也采用单头，从动盘上的柱销数一般也取 $z \geq 6$。

这种凸轮机构可以通过调整凸轮与转盘的中心距来消除滚子与凸轮接触面间的间隙以补偿磨损。

三、凸轮式间歇运动机构的特点

凸轮式间歇运动机构与前面的几种间歇运动机构相比，具有如下特点：

1）通过从动盘运动规律的合理设计，就可使动载荷小、无冲击，因此，它的运转速度比棘轮、槽轮机构高得多。

2）运转可靠，转位精确，工作平稳，具有高的定位精度，机构结构紧凑。

3）分度凸轮机构的分度数决定了滚子数目，而动停比则取决于凸轮廓线设计，它们没有直接关系，设计方便。

4）凸轮要使用数控机床加工，加工精度要求高，对装配、调整要求严格。

凸轮式间歇运动机构当前被认为是一种较理想的高速、高精度的分度机构，它在许多场合正逐渐代替棘轮、槽轮机构，可在高速下承受较大的载荷，在高速压力机、多色印刷机、包装机等高速、高精度的分度转位机械中得到应用。

目前已有专业厂家从事系列化设计和生产。机器的设计者只要根据分度数、动停比和其他要求选用或订货即可。

第五节　万向联轴器

万向联轴器主要用于传递两相交轴之间的运动和动力，而且在传动过程中两轴之间的夹角可以有较大的改变，是一种常用的变角传动机构。它广泛用于汽车、机床、冶金机械等传动系统中。

一、单万向联轴器

图 9-24 所示为单万向联轴器的示意图，它由端部有叉的主动轴 1、从动轴 2，中间的十字形构件 3 和机架组成。轴 1、2 的叉形端部与十字形构件 3 组成转动副 B、C，轴 1、2 与机架 4 组成转动副 A、D。中心 O 位于两轴的交点处，而轴 1 和轴 2 所夹的锐角为 α。

由图 9-24 可见，当轴 1 转一周时，轴 2 也必然转一周，根据理论推导，可得两轴瞬时传动比为

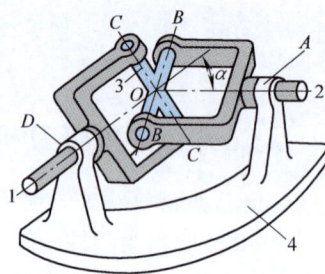

图 9-24　单万向联轴器
1—主动轴　2—从动轴
3—十字形构件　4—机架

$$i_{21} = \frac{\omega_2}{\omega_1} = \frac{\cos\alpha}{1 - \sin^2\alpha\cos^2\varphi_1} \tag{9-11}$$

式中，φ_1 为主动轴 1 的转角。式（9-11）表明，传动比是两轴夹角 α 和主轴转角 φ_1 的函数。即当轴 1 以等角速度 ω_1 转动时，轴 2 做变角速度转动。

当 $\alpha = 0°$ 时，传动比恒为 1，它相当于两轴刚性连接；当 $\alpha = 90°$ 时，传动比恒为 0，两轴不能进行传动。

若两轴夹角 α 值不变，则当 $\varphi_1 = 0°$ 或 $180°$ 时，传动比最大，$\omega_{2\max} = \omega_1/\cos\alpha$；当 $\varphi_1 = 90°$ 或 $270°$ 时，传动比最小，$\omega_{2\min} = \omega_1\cos\alpha$，即从动轴 2 的角速度 ω_2 将在下式范围内变化，即

$$\omega_1\cos\alpha \leqslant \omega_2 \leqslant \omega_1/\cos\alpha \tag{9-12}$$

式（9-12）说明，ω_2 的变化幅度取决于两轴之间夹角 α 的大小，α 越大，ω_2 的变化幅度越大。为了保证传动的平稳性，要求两轴之间的夹角不能过大，通常不应超过 $30°$。

二、双万向联轴器

由于单万向联轴器从动轴的角速度发生周期性变化，因而在传动中将会产生附加动载荷，使轴发生振动。为了消除从动轴变速转动的缺点，常将单万向联轴器成对使用。图 9-25 所示为双万向联轴器，常用来传递平行轴或相交轴的转动。

为使主、从动轴的角速度始终保持相等，双万向联轴器必须满足以下两个条件：
1）主动轴 1、从动轴 3 的轴线与中间轴 2 轴线之间的夹角相等，图中均为 α。
2）中间轴 2 两端的叉面应位于同一平面内。

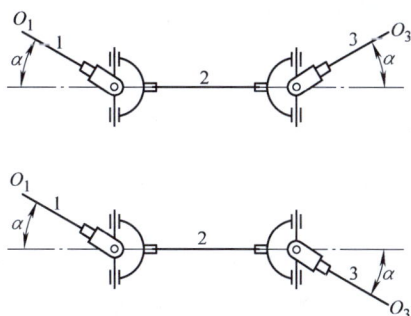

图 9-25 双万向联轴器

三、万向联轴器的应用

万向联轴器径向尺寸小，对制造和安装的精度要求不高。尤其适用于在工作过程中，主、从动轴间夹角和轴间距发生变化的场合，因此被广泛地应用于各种机械设备的传动系统中。

图 9-26 所示为轧钢机轧辊传动中的双万向联轴器。由于在轧钢过程中，需要经常调节轧辊的上下位置，所以齿轮轴线与轧辊轴线之间的距离要经常变化，故用双万向联轴器作为齿轮与轧辊之间的中间传动装置。

图 9-27 所示的汽车传动轴也是双万向联轴器的典型应用实例。装在汽车底盘前部的发动机变速器，通过双万向联轴器带动后桥中的差速器，驱动后轮转动。汽车行驶中，由于道路等原因使变速器输出轴和差速器输入轴的相对位置时时有变动，这时双万向联轴器的中间轴（也称传动轴）与它们的倾角也有相应的变化，但变速器输出轴和差速器输入轴的速度总相等。

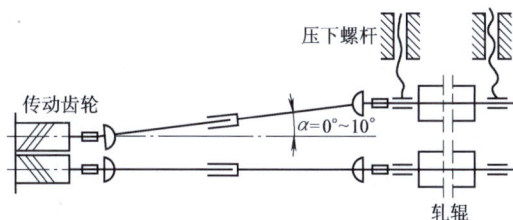

图 9-26 轧钢机轧辊传动中的双万向联轴器

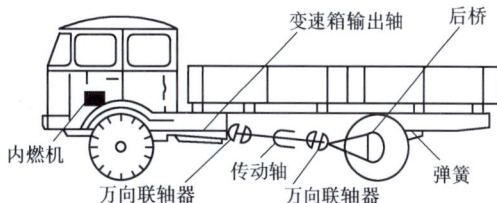

图 9-27 双万向联轴器在汽车上的应用

第六节 螺 旋 机 构

一、螺旋机构的组成和类型

螺旋机构是一种利用螺旋副传递运动和动力的常用机构，它由螺杆、螺母和机架组成。一般情况下，它将旋转运动转换成直线运动。

（一）单螺旋副机构

图 9-28 所示为单螺旋副螺旋机构，它由螺杆 1、螺母 2 和机架 3 组成。图中，A 为转动

副，B 为螺旋副，C 为移动副，螺旋的导程为 l，当螺杆 1 转过 φ 角时，螺母 2 将沿螺杆的轴向移动一段距离 s，其值为

$$s = l\frac{\varphi}{2\pi} \tag{9-13}$$

单螺旋副机构常用于螺旋千斤顶、螺旋式轴承拆卸器、机床横向进给机构等。

（二）双螺旋副机构

图 9-29 所示为双螺旋副螺旋机构，螺杆上有两段螺旋 A、B，设两段的导程分别为 l_A、l_B。螺旋 A 在固定的螺母 3 中转动，螺旋 B 在不转动但移动的螺母 2 中转动。

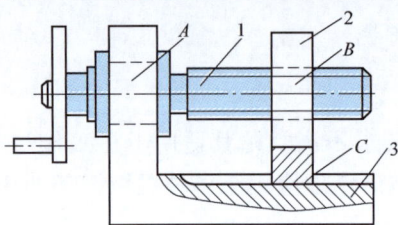

图 9-28 单螺旋副螺旋机构
1—螺杆 2—螺母 3—机架

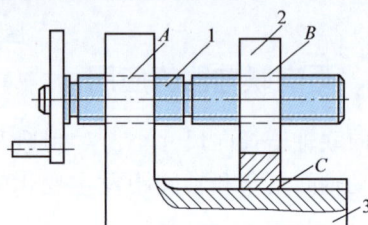

图 9-29 双螺旋副螺旋机构
1—螺杆 2—螺母 3—机架

1. 复式螺旋机构

图 9-29 中，若两段螺旋 A、B 的旋向相反时，螺母 2 可产生快速移动，螺杆 1 转过 φ 角时，螺母 2 产生的位移为

$$s = (l_A + l_B)\frac{\varphi}{2\pi} \tag{9-14}$$

这种螺旋机构称为复式螺旋机构。复式螺旋机构可使被连接的两构件快速地接近或分开。

2. 微（差）动螺旋机构

在图 9-29 中，若两段螺旋 A、B 的旋向相同时，则当螺杆 1 转过 φ 角时，螺母 2 的移动距离 s 为

$$s = (l_A - l_B)\frac{\varphi}{2\pi} \tag{9-15}$$

由式（9-15）可知，若 l_A、l_B 相差很小时，则螺母 2 的位移 s 可以很小，这种螺旋机构称为差（微）动螺旋机构，常用于测微计、分度机构及调节机构中。

二、各种螺旋机构的运动特点及应用

螺旋机构结构简单、制造方便、运动准确、可获得很大的减速比和增力比等；此外，当螺旋导程角小于等于当量摩擦角时，机构将具有自锁功能，其效率一般低于 50%。因此，螺旋机构主要应用于压力机，以及功率不大的进给系统和微调装置中。

图 9-30 所示为用于调节镗刀进给量的微动螺旋机构。镗刀 4 与外套 2 组成移动副 C，螺杆 1 与外套 2 组成螺旋副 A，螺杆 1 与镗刀 4 组成螺旋副 B，且螺旋副 A、B 的旋向相同而导程相差很小。当转动调整螺杆 1 时，可微量调整镗刀 4 在外套 2 内的进刀量。

图 9-31 所示为用于夹紧装置中的复式螺旋机构。当转动螺杆 1 时，便可以使左旋螺母

2、右旋螺母3向相反方向移动，同时带动左右两个夹爪5各绕支点*A*、*B*摆动，可迅速夹紧或放松工件。

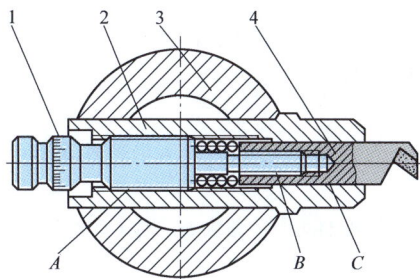

图 9-30 用于调节镗刀进
给量的微动螺旋机构
1—螺杆 2—外套 3—机架 4—镗刀

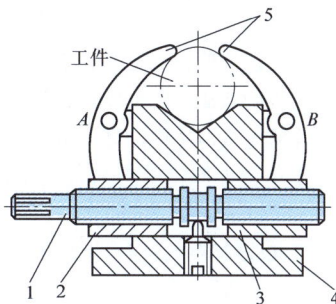

图 9-31 用于夹紧装置中
的复式螺旋机构
1—螺杆 2—左旋螺母 3—右旋螺母
4—底座（机架） 5—夹爪

本章知识框架图

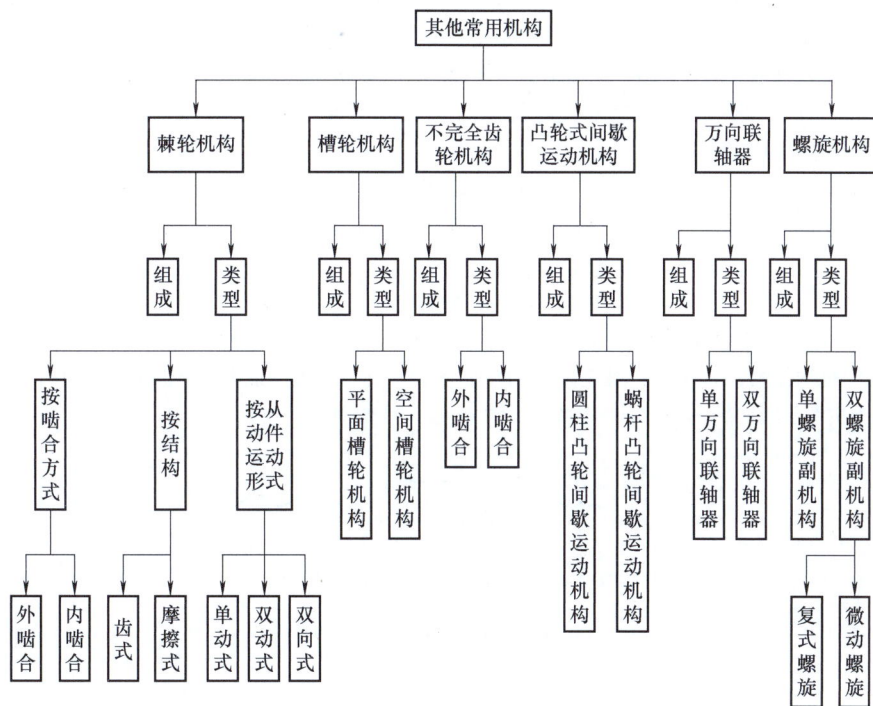

本章测试

思 考 题

9-1 能使执行构件获得间歇运动的机构有哪些？试说明各自的工作特点和适用场合。

9-2 棘轮机构除常用来实现间歇运动的功能外，还常用来实现什么功能？

9-3 齿式棘轮机构棘轮转角大小的调节方法有几种？

9-4 对于单销外槽轮机构来说，槽轮的槽数应大于几？为什么槽轮机构的运动特性系数不能大于 1？

9-5 单万向联轴器中，当主动轴 1 以匀角速度 ω_1 回转时，若两轴间的夹角为 α，则从动轴 2 的角速度 ω_2 的变化范围为多大？

9-6 为什么不完全齿轮机构主动轮首、末两轮的轮齿齿高需要削减？加瞬心线附加板的作用是什么？

9-7 要使主、从动轴的角速度时时相等，双万向联轴器必须满足哪些条件？

9-8 什么是复式螺旋机构？什么是差动螺旋机构？举例说明它们的现场应用。

习 题

9-1 某牛头刨床工作台的横向进给丝杠，其导程为 $l = 5\text{mm}$，与丝杠轴联动的棘轮齿数 $z = 40$，棘爪与棘轮之间的摩擦因数为 $f = 0.15$。试求：1）该刨床的最小横向进给量；2）棘轮齿面倾斜角。

9-2 一外槽轮机构，槽数 $z = 4$，拨盘上有一个圆销，则该机构的运动特性系数是多大？

9-3 某自动机床上装有一个六槽外槽轮机构，已知槽轮停歇时进行工艺工作，所需工艺时间为 30s，试确定槽轮机构主动轮的转速。

9-4 某加工自动线上有一工作台要求有 5 个转动工位。为了完成加工任务，要求每个工位停歇的时间为 $t_{2t} = 12\text{s}$。如果设计者选用单销外槽轮机构来实现工作台的转位，试求：1）槽轮机构的运动系数 k；2）拨盘的转速 n_1；3）槽轮的运动时间 t_{2d}。

9-5 外槽轮机构中，已知圆销数为 2，运动特性系数 $k = 0.5$，主动轮转速 $n_1 = 50\text{r/min}$。试求：1）槽轮的槽数 z；2）槽轮的运动时间 t_2；3）槽轮的静止时间 t'_2。

9-6 螺旋机构如图 9-32 所示，螺旋副 A、B、C 均为右旋，导程分别为 $l_A = 6\text{mm}$，$l_B = 4\text{mm}$，$l_C = 24\text{mm}$。试求当构件 1 按图示方向转 1 周时，构件 2 的轴向位移 s_2 及转角 φ_2。

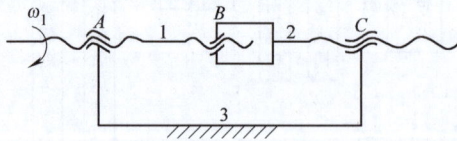

图 9-32 习题 9-6 图

9-7 在机电产品中，常采用电动机作为动力源，现要求把电动机的旋转运动变换为直线运动，请列出 5 种可以实现这种运动变换的传动形式，并画出机构示意图。若要求机构的输出件能实现复杂的直线运动规律，则应采用何种传动形式？

9-8 在图 9-24 所示的单万向联轴器中，轴 1 以 $\omega_1 = 157.08\text{rad/s}$ 匀速回转，轴 2 以变速回转，轴 2 的最大瞬时角转速 $\omega_{2max} = 181.28\text{rad/s}$，求轴 2 的最低转速 n_{2min} 及 1、2 两轴线的夹角 α。

第十章

机械的平衡

本章要点：平衡的目的和分类；刚性转子静平衡和动平衡的计算法和实验法；平面机构惯性力的完全平衡和部分平衡方法。

第一节　机械平衡概述

视频讲解

一、机械平衡的目的

图 10-1 中的砂轮质量 $m = 12.5\text{kg}$，砂轮的质心在 S 点，质心 S 偏离其回转轴线的距离 $e = 1\text{mm}$，砂轮的转速 $n = 1000\text{r/min}$，砂轮关于轴承 A、B 对称。在砂轮运转时，会产生远离回转中心向外的离心惯性力，其大小为 $F_{\mathrm{I}} = me\omega^2 = 12.5 \times 1 \times 10^{-3} \times \left(\dfrac{1000}{30}\pi\right)^2 \text{N} = 137.01\text{N}$，其方向随着砂轮的转动发生周期性的变化。该离心惯性力作用于轴承 A、B 的支反力 $F_{\mathrm{A}} = F_{\mathrm{B}} = 68.5\text{N}$，该支反力是由于砂轮不平衡引起的运动副中的附加动压力。

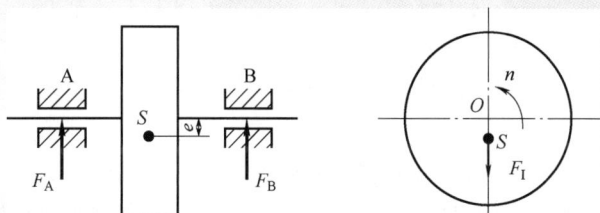

图 10-1　不平衡的砂轮

由上面的分析得知，不平衡惯性力不仅会增大运动副中的摩擦、磨损和构件中的内应力,降低机械效率和使用寿命,而且由于不平衡惯性力随着机械的运转而发生周期性变化,所以必将引起机械及其基础产生强迫振动。若其频率接近于机械的固有频率,可能引起共振,这不仅会影响到机械本身,还会使附近的工作机械及厂房建筑受到影响甚至破坏。

机械平衡的目的就是设法将构件的不平衡惯性力和惯性力矩加以平衡,以消除或减小其不良影响,改善机械的工作性能,延长机械的使用寿命,改善现场工作环境等。机械的平衡是现代机械尤其是高速机械及精密机械中的一个重要问题。

但应指出,有一些机械却是利用振动来工作的,如蛙式打夯机、按摩机、震实机、振动打桩机、振动运输机、振动台等。对于这类机械,则是如何合理利用不平衡惯性力的问题。图10-2所示为用于夯实地基的蛙式夯土机,由电动机1通过2、3两级带传动,使带有偏心块5的带轮4回转。当偏心块5回转至一定角度时,在离心惯性力的作用下,夯头6被抬起,夯头6被提升到一定高度,同时整台机器向前移动一定距离;当偏心块5转到一定位置后,在离心惯性力的作用下,夯头6开始下落,下落速度逐渐增大,并以较大的冲击力夯实地基。

动画

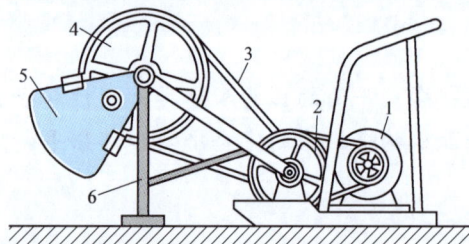

图10-2 蛙式夯土机
1—电动机 2、3—带传动 4—带轮 5—偏心块 6—夯头

二、机械平衡的分类

机械中的构件有三种运动形式:绕定轴转动、往复移动、平面复合运动,由于各构件的运动形式和结构不同,其所产生的惯性力和平衡方法也不同。机械的平衡问题可分为下述两类。

1. 转子的平衡

绕固定轴转动的构件称为转子。如汽轮机、发电机、电动机以及离心机等机器,都以转子作为工作的主体。这类构件的不平衡惯性力可利用在该构件上增加或除去一部分质量的方法予以平衡。取一根钢制转轴将其置于试验台上使其转速逐渐增加,当轴的转速接近某一转速时,通过测量仪可以观察到轴会产生强烈的振动和相当大的挠曲变形,转子越细长,产生强烈振动和出现较大挠曲变形的转速越低,我们把轴在第一次产生强烈振动的转速称为轴的一阶临界转速 n_{c1}。同时还可以观察到,当转子转速越过一阶临界转速以后,轴的振动又逐渐平息下去,但当转速继续升高到某一数值时,轴又会发生第二次、第三次强烈振动……我们把轴再次产生强烈振动的转速依次称为:二阶临界转速、三阶临界转速……依此类推。转子分为刚性转子和挠性转子两种。

(1) 刚性转子的平衡 一般机械中的转子刚性较好,其共振转速较高,当转子的工作转速 $n < (0.6 \sim 0.75) n_{c1}$ 时,转子产生的弹性变形较小,可忽略不计,称之为刚性转子,其平衡按理论力学中的力系平衡问题来解决。如果只要求其惯性力平衡,则称为转子的静平衡;如果同时要求其惯性力和惯性力矩平衡,则称为转子的动平衡。刚性转子的平衡是本章介绍的主要内容。

（2）挠性转子的平衡　有些机械（如航空涡轮发动机、汽轮机、发电机等）中的大型转子，其共振转速较低，而工作转速 n 又往往很高。对于 $n \geqslant (0.6 \sim 0.75) n_{c1}$ 的转子，在工作过程中将产生较大的弯曲变形，其变形量不能忽略，这类转子称为挠性转子。挠性转子的平衡问题比较复杂，目前已有大量专著研究这类转子的平衡问题，可参考相关的专题文献，本章不再介绍。

2. 机构的平衡

做往复移动或平面复合运动的构件，其所产生的惯性力无法在构件本身上平衡，而必须就整个机构加以研究，设法使各运动构件惯性力的合力和合力矩得到完全或部分平衡，以消除或降低最终传到机械基础上的不平衡惯性力，故又称这类平衡为机构在机座上的平衡。

三、机械平衡的方法

1. 计算法

在机械的设计阶段，除了要保证其满足工作要求及制造工艺外，还要在结构上采取措施以消除或减少产生有害振动的不平衡惯性力，即进行平衡计算，也叫平衡设计。

2. 试验法

经过平衡设计的机械，虽然从理论上已经达到平衡，但由于加工制造的误差、材质的不均匀、安装的不准确等原因，实际仍存在不平衡，这种不平衡通过计算法是无法确定和消除的，必须通过平衡试验加以平衡。

第二节　刚性转子的平衡计算

为了使转子得到平衡，在设计时常须通过计算使转子达到静、动平衡。下面分别加以讨论。

一、刚性转子的静平衡计算

视频讲解

如图 10-3 所示的盘形凸轮，其轴向宽度为 b，径向最大尺寸为 D。对于这种轴向尺寸 b 与其径向最大尺寸 D 之比 $b/D < 0.2$ 的盘状转子，如齿轮、盘形凸轮、带轮、叶轮、螺旋桨等，由于轴向尺寸较小，它们的质量可以近似认为分布在垂直于其回转轴线的同一平面内，故只需要平衡惯性力，即进行静平衡。若其质心不在回转轴线上，当其转动时，偏心质量就会产生离心惯性力。因这种不平衡现象在转子静态时即可表现出来，故称其为静不平衡。对这类转子进行静平衡时，可在转子上增加或除去一部分质量，使其质心与回转轴心重合，即可得以平衡。

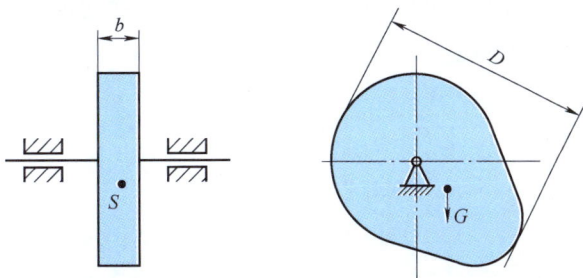

图 10-3　轴向尺寸 b 和径向最大尺寸 D

图 10-4a 所示为一盘形凸轮，按结构估算出其上有两个不平衡质量：一个是凸轮的质量 $m_1 = 50\text{kg}$，另一个是其上凸台的质量 $m_2 = 10\text{kg}$，各自的质心到回转中心的距离（矢径）分别为 $r_1 = 4\text{mm}$，$r_2 = 30\text{mm}$，方位如图，与 x 轴正向的夹角分别为 $\alpha_1 = 30°$，$\alpha_2 = 120°$，凸轮以等角速度 ω 旋转，则各偏心质量所产生的离心惯性力为

$$F_i = m_i r_i \omega^2, i = 1, 2 \tag{10-1}$$

离心惯性力的方向为远离回转中心向外，将其抽象为一个数学模型，如图 10-4b 所示。

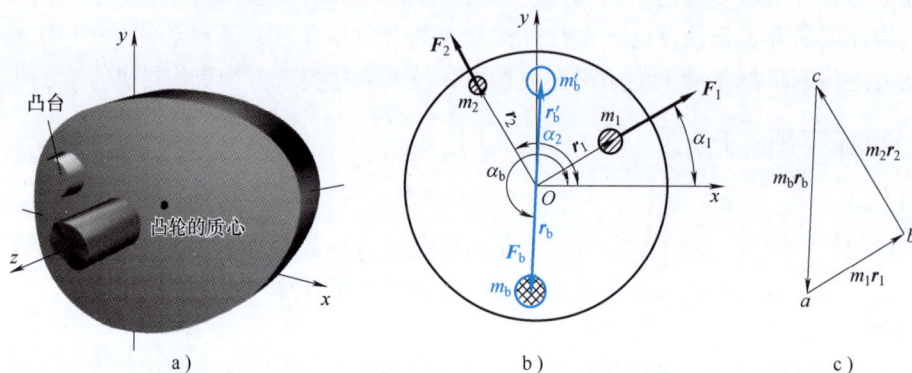

图 10-4 刚性转子的静平衡计算
a）实物 b）计算模型 c）质径积多边形

为了平衡这些离心惯性力，可在凸轮上加一平衡质量 m_b，使其产生的离心惯性力 $\boldsymbol{F}_b$ 与两个偏心质量的离心惯性力 $\boldsymbol{F}_1$、$\boldsymbol{F}_2$ 相平衡，$\boldsymbol{F}_b$、$\boldsymbol{F}_1$、$\boldsymbol{F}_2$ 是汇交于回转中心 O 的平面汇交力系，故静平衡的条件为各质量引起的离心惯性力的合力为零，即

$$\sum \boldsymbol{F} = \sum \boldsymbol{F}_i + \boldsymbol{F}_b = 0 \tag{10-2}$$

设平衡质量 m_b 的矢径为 $\boldsymbol{r}_b$，转子的总质量为 m，总质心的矢径为 $\boldsymbol{e}$，则上式为

$$\sum m \boldsymbol{e} \omega^2 = \sum m_i \boldsymbol{r}_i \omega^2 + m_b \boldsymbol{r}_b \omega^2 = 0 \tag{10-3}$$

消掉 ω^2，则式（10-3）转化为

$$\sum m \boldsymbol{e} = \sum m_i \boldsymbol{r}_i + m_b \boldsymbol{r}_b = 0 \tag{10-4}$$

式中，$m_i \boldsymbol{r}_i$、$m_b \boldsymbol{r}_b$ 都是质量和矢径的乘积，称为质径积。质径积为矢量，其方向就是离心惯性力的方向。式（10-4）表明

1）静平衡后，$e = 0$，说明转子的总质心与回转轴线重合，转子可在任何位置静止。

2）静平衡的条件也可表述为各质量引起的质径积的矢量和为零。

现以上面的盘形凸轮为例，分别说明如何用解析法、图解法进行转子的静平衡计算，求得平衡质径积 $m_b \boldsymbol{r}_b$ 的大小和方位。

1. 解析法

1）计算原理。由 $\sum F_x = 0$，$\sum F_y = 0$，得

$$\begin{aligned}(m_b r_b)_x &= -\sum m_i r_i \cos \alpha_i \\ (m_b r_b)_y &= -\sum m_i r_i \sin \alpha_i\end{aligned} \tag{10-5}$$

则平衡质径积的大小为

$$m_b r_b = \sqrt{(m_b r_b)_x^2 + (m_b r_b)_y^2} \qquad (10\text{-}6)$$

而其相位角 α_b 为

$$\alpha_b = \arctan \frac{(m_b r_b)_y}{(m_b r_b)_x} \qquad (10\text{-}7)$$

式（10-7）中，α_b 所在象限根据分子、分母的正负号来确定。

2）计算实例。将上述凸轮的数值代入，得

$$(m_b r_b)_x = -(50\times4\cos30° + 10\times30\cos120°)\,\text{kg·mm} = -23.205\,\text{kg·mm}$$

$$(m_b r_b)_y = -(50\times4\sin30° + 10\times30\sin120°)\,\text{kg·mm} = -359.808\,\text{kg·mm}$$

则平衡质径积的大小为

$$m_b r_b = \sqrt{(-23.205)^2 + (-359.808)^2} = 360.56\,\text{kg·mm}$$

其相位角

$$\alpha_b = \arctan \frac{(m_b r_b)_y}{(m_b r_b)_x} = \arctan \frac{-359.808}{-23.205} = 266.31°$$

2. 图解法

图 10-4c 所示为用图解法求平衡质径积 $m_b \boldsymbol{r}_b$。由

$$m_1 \boldsymbol{r}_1 \qquad + \qquad m_2 \boldsymbol{r}_2 \qquad + \qquad m_b \boldsymbol{r}_b = 0$$

大小：200kg·mm　　　　300kg·mm　　　　　　？

方向：沿 r_1 向外　　　　沿 r_2 向外　　　　　　？

任取质径积比例尺 μ_W，如取 $\mu_W = 10$kg·mm/mm，则 $m_1 \boldsymbol{r}_1$ 的线段长为 20mm。从 a 点开始依次作矢量 $\boldsymbol{ab}$、$\boldsymbol{bc}$ 分别代表 $m_1 \boldsymbol{r}_1$、$m_2 \boldsymbol{r}_2$，则多边形的封闭矢量 $\boldsymbol{ca}$ 即为 $m_b \boldsymbol{r}_b$，其大小 $m_b r_b = \mu_W \overline{ca}$，方向为 $c \rightarrow a$。

根据转子结构选定 $\boldsymbol{r}_b$（一般尽量选大一些）后，即可求出平衡质量 m_b，可在 $\boldsymbol{r}_b$ 的方向加上平衡质量 m_b，也可以在 $\boldsymbol{r}_b$ 的反方向 $\boldsymbol{r}_b'$ 处除去质量 m_b' 来使转子达到平衡，但要保证 $m_b r_b = m_b' r_b'$，如图 10-4b 所示。

根据以上分析可见，对于静不平衡的转子，无论它有多少个不平衡质量，都只需要在同一个平衡面内增加或除去一个平衡质量即可获得平衡，故又称为单面平衡。

> 研究方法　依据实际转子的不平衡质量分布，做适当的简化、假设等处理，抽象出具体的数学模型，然后进行理论分析求解，通常还要经试验验证、修正求解结果，这是工程上常用的研究方法及研究过程。

二、刚性转子的动平衡计算

对于轴向尺寸 b 与其径向最大尺寸 D 之比 $b/D \geqslant 0.2$ 的转子，如内燃机曲轴、电动机转子和机床主轴等，由于轴向尺寸较大，各偏心质量不能再认为分布在同一平面内，而应认为分布在若干个不同的回转

视频讲解

平面内，如图 10-5 所示的曲轴即为一例。因此，对 $b/D \geq 0.2$ 的转子既需要平衡惯性力，又需要平衡惯性力矩，即进行动平衡。因为各偏心质量产生的离心惯性力形成一空间力系，故转子动平衡的条件是：各偏心质量（包括平衡质量）产生的离心惯性力的矢量和为零，同时这些惯性力所构成的力矩矢量和也为零。即

$$\sum \boldsymbol{F} = 0, \quad \sum \boldsymbol{M} = 0 \qquad (10\text{-}8)$$

如图 10-6 所示，转子的质心 S' 在回转轴线上，满足 $\sum \boldsymbol{F} = 0$，因此是静平衡的。但由于各偏心质量所产生的离心惯性力不在同一回转平面内，因而将形成惯性力偶，所以运动过程中仍然是不平衡的。而且该力偶的作用方向是随转子的回转而变化的，故也会引起机械设备的振动。这种不平衡现象只有在转子运转时才能显示出来，故称其为动不平衡。可见，满足静平衡的转子不一定是动平衡的，而动平衡的转子一定是静平衡的。

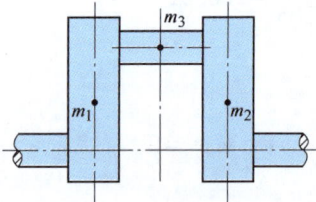

图 10-5　曲轴的质量分布

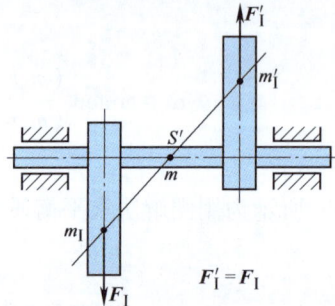

图 10-6　静平衡与动平衡的关系

图 10-7a 所示为一长转子，根据其结构，分布在三个平面内的三个凸轮各存在一个偏心质量，质心分别位于 S_1、S_2、S_3 处，齿轮的质心与回转轴线重合。把该转子抽象为图 10-7b 所示的数学模型，其偏心质量 m_1、m_2、m_3 分别位于回转平面 1、2、3 内，它们的矢径分别为 r_1、r_2、r_3，方向如图所示。

对转子进行动平衡时，一般选择两个相距尽量远的平衡基面进行。图中，选定垂直于转子回转轴线的平面 Ⅰ（齿轮所在平面）及 Ⅱ 作为平衡基面。当该转子以角速度 ω 回转时，各偏心质量产生的离心惯性力分别为 $\boldsymbol{F}_1$、$\boldsymbol{F}_2$、$\boldsymbol{F}_3$，将它们分别分解到两个平衡基面上，即用分力 $\boldsymbol{F}_{1\mathrm{I}}$、$\boldsymbol{F}_{2\mathrm{I}}$、$\boldsymbol{F}_{3\mathrm{I}}$（在平衡基面 Ⅰ 内）和 $\boldsymbol{F}_{1\mathrm{II}}$、$\boldsymbol{F}_{2\mathrm{II}}$、$\boldsymbol{F}_{3\mathrm{II}}$（在平衡基面 Ⅱ 内）替代 $\boldsymbol{F}_1$、$\boldsymbol{F}_2$、$\boldsymbol{F}_3$，究竟各分力为多少呢？

如图 10-8 所示，偏心质量 m 产生离心惯性力 $\boldsymbol{F}$，将 $\boldsymbol{F}$ 分解成平面 Ⅰ、Ⅱ 上的两个与 $\boldsymbol{F}$ 方向一致的分力 $\boldsymbol{F}_\mathrm{I}$、$\boldsymbol{F}_\mathrm{II}$，由理论力学的平行力分解，可得其大小分别为

$$F_\mathrm{I} = F \frac{L_1}{L}, \quad F_\mathrm{II} = F \frac{L - L_1}{L}$$

将上式中的力替换为"质径积"，则将质径积 mr 分解到平面 Ⅰ、Ⅱ 上，各质径积的大小分别为

$$(mr)_\mathrm{I} = mr \frac{L_1}{L}, \quad (mr)_\mathrm{II} = mr \frac{L - L_1}{L} \qquad (10\text{-}9)$$

当质量 m 位于平面Ⅰ、Ⅱ之间时，式（10-9）的结果可以作为结论直接使用。

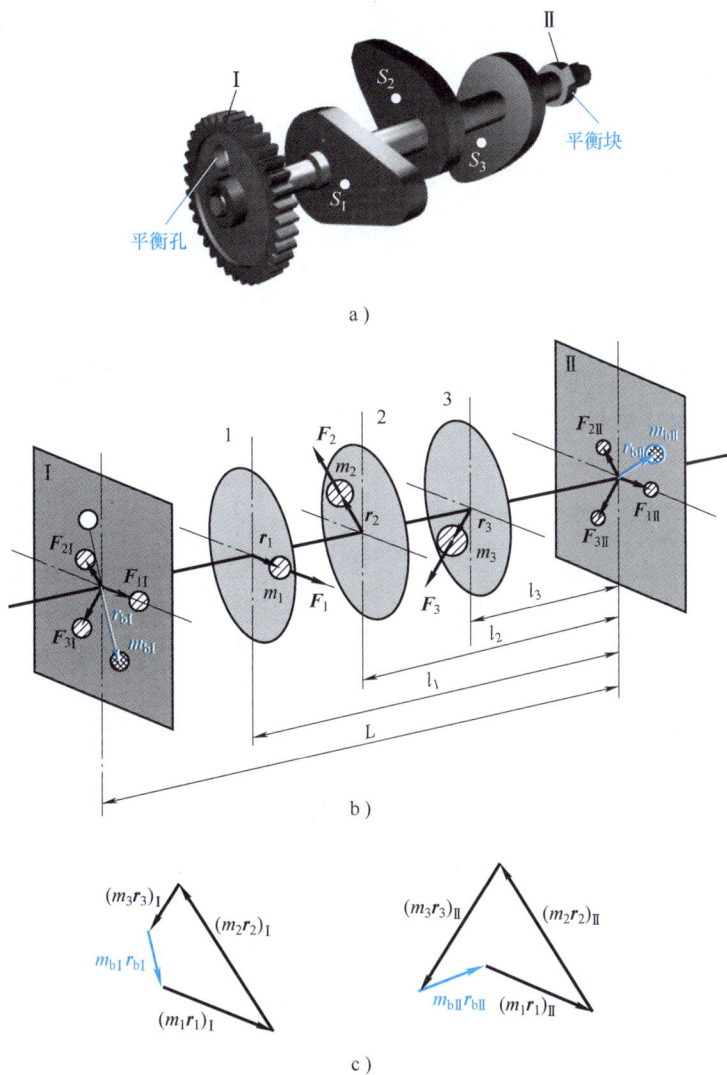

a）

b）

c）

图 10-7　刚性转子的动平衡计算

a）动不平衡的刚性转子　b）动平衡计算数学模型　c）质径积矢量图

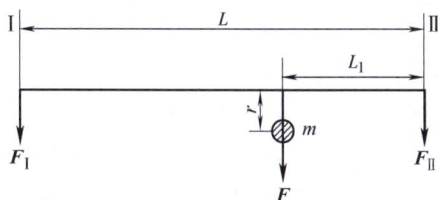

图 10-8　平行力的分解

思考与交流　若偏心质量 m 不是位于平面 I、II 之间，而是位于平面 I、II 的一侧，如下图所示，则分解到两个平面 I、II 上的质径积各为多大？

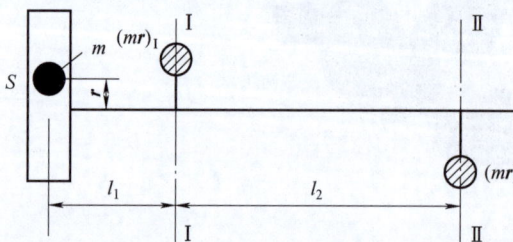

结论为

$$(mr)_I = \frac{l_1+l_2}{l_2}mr , \quad (mr)_{II} = -\frac{l_1}{l_2}mr$$

分解到平面 II 上的质径积为负值，说明其方位在 mr 的反方向。

下面研究前面的长转子的动平衡计算。根据式（10-9），将质径积 m_1r_1、m_2r_2、m_3r_3 分别分解到平衡基面 I、II 上，得

平衡基面 I 内的不平衡质径积为
$$\begin{cases} (m_1r_1)_I = m_1r_1\dfrac{l_1}{L} \\[2mm] (m_2r_2)_I = m_2r_2\dfrac{l_2}{L} \\[2mm] (m_3r_3)_I = m_3r_3\dfrac{l_3}{L} \end{cases}$$
它们产生的离心惯性力依次为

F_{1I}、F_{2I} 和 F_{3I}，标在图 10-7b 的 I 平面上。

平衡基面 II 内的不平衡质径积为
$$\begin{cases} (m_1r_1)_{II} = m_1r_1\dfrac{L-l_1}{L} \\[2mm] (m_2r_2)_{II} = m_2r_2\dfrac{L-l_2}{L} \\[2mm] (m_3r_3)_{II} = m_3r_3\dfrac{L-l_3}{L} \end{cases}$$
它们产生的离心惯性力分别为

F_{1II}、F_{2II} 和 F_{3II}，标在图 10-7b 的 II 平面上。

这样，刚性转子的动平衡问题就转化为两个平衡基面 I、II 内的静平衡问题了。只要在平衡基面 I、II 内各加一适当的平衡质量 m_{bI}、m_{bII}，使两个平衡基面内的惯性力（或质径积）的矢量和均为零，这个转子即可得以动平衡，那么，应加的平衡质量 m_{bI}、m_{bII} 的大小和方向如何确定呢？

由式（10-4），平面 I 内 $m_{bI}r_{bI} + (m_1r_1)_I + (m_2r_2)_I + (m_3r_3)_I = 0$，可用图解法或解析法求出应加的平衡质径积 $m_{bI}r_{bI}$ 的大小和方位。图 10-7c 所示为采用图解法画出的质径积矢量图。同样，可求得平面 II 内应加的平衡质径积 $m_{bII}r_{bII}$，这里就不再赘述了。

根据求得的两个平衡基面上应加的平衡质径积 $m_{bI}r_{bI}$、$m_{bII}r_{bII}$，选定向径 r_{bI}、r_{bII}，即可求出应加的平衡质量 m_{bI}、m_{bII}，将 m_{bI}、m_{bII} 画在图 10-7b 上。在图 10-7a 的实物图中，在平衡基面 I 内 r_{bI} 的反方向去掉了平衡质量，即图中的平衡孔，而在平衡基面 II 内 r_{bII} 的方向上加上了平衡块 m_{bII}。

由以上分析可知，对于任何动不平衡的刚性转子，无论有多少个偏心质量，分布在多少

个平面内，都只要在两个平衡基面内分别各加上或除去一个适当的平衡质量，即可得到完全平衡。故动平衡又称为双面平衡。

平衡基面的选取需要考虑转子的结构和安装空间。考虑到力矩平衡的效果，两平衡基面间的距离应适当大一些。

【例 10-1】　图 10-9 所示转子有两个不平衡质量 m_1、m_2，$m_1 = m_2 = 30\text{kg}$，矢径长度 $r_1 = r_2 = 10\text{mm}$，方向如图，现已选定两个平衡基面 Ⅰ、Ⅱ，且 $l_1 = 3l_2$，试：1）判断该转子的平衡状态；2）确定在两个平衡基面上应加的平衡质径积 $(m_b r_b)_\text{I}$、$(m_b r_b)_\text{II}$ 的大小和方向。

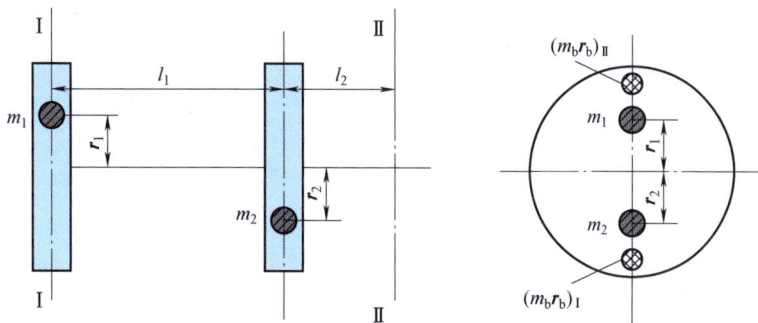

图 10-9　【例 10-1】图

解：

1）判断转子的平衡状态。因 $m_1 r_1 = m_2 r_2 = 30 \times 10 \text{kg} \cdot \text{mm} = 300 \text{kg} \cdot \text{mm}$，且 $m_1 r_1$ 铅垂向上，$m_2 r_2$ 铅垂向下，故质径积的矢量和为零，但合力矩不为零，因此该转子处于静平衡状态，但动不平衡。

2）求平衡质径积。因 $m_1 r_1$ 位于平衡基面 Ⅰ 内，故不需要分解。只需将 $m_2 r_2$ 分解到两个平衡基面上，大小分别为

$$(m_2 r_2)_\text{I} = \frac{l_2}{l_1 + l_2} m_2 r_2 = \frac{1}{4} \times 30 \times 10 \text{kg} \cdot \text{mm} = 75 \text{kg} \cdot \text{mm}$$

$$(m_2 r_2)_\text{II} = \frac{l_1}{l_1 + l_2} m_2 r_2 = \frac{3}{4} \times 30 \times 10 \text{kg} \cdot \text{mm} = 225 \text{kg} \cdot \text{mm}$$

在平衡基面 Ⅰ 内，有两个不平衡质径积 $m_1 r_1$、$(m_2 r_2)_\text{I}$，因此 $m_1 r_1 + (m_2 r_2)_\text{I} + (m_b r_b)_\text{I} = 0$，则 $(m_b r_b)_\text{I} = -225 \text{kg} \cdot \text{mm}$，方向为铅垂向下。

在平衡基面 Ⅱ 内，只有一个铅垂向下的不平衡质径积 $(m_2 r_2)_\text{II} = 225 \text{kg} \cdot \text{mm}$，因此 $(m_2 r_2)_\text{II} + (m_b r_b)_\text{II} = 0$，则 $(m_b r_b)_\text{II} = 225 \text{kg} \cdot \text{mm}$，方向为铅垂向上。

第三节　刚性转子的平衡试验

经过平衡设计的刚性转子，由于制造和装配的不精确、材质的不均匀等原因，又会产生新的不平衡。这时，由于不平衡量的大小和方向未知，故只能用试验的方法来平衡。下面就静、动平衡试验分别加以介绍。

视频讲解

一、静平衡试验

对转子进行静平衡试验的目的是使转子的质心落在其回转中心上，为此可采用图 10-10 所示的装置。把转子支承在两水平放置的摩擦很小的导轨（图 10-10a）或滚轮（图 10-10b）上，当转子存在偏心质量时，就会在支承上转动，直至质心处于最低位置时停止，这时可在质心相反的方向上加上校正平衡质量，再重新使转子转动，反复增减平衡质量或位置，直至转子可在任何位置保持静止，即说明转子已达到静平衡。

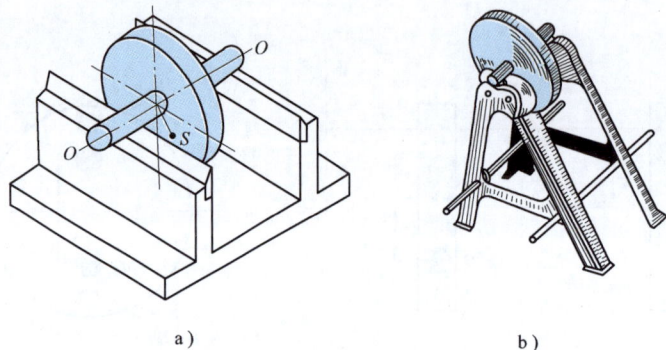

a)   b)

图 10-10   试验用静平衡架
a）导轨式   b）滚轮式

图 10-10a 所示的导轨式静平衡架只能平衡转子两端轴径相同的转子；图 10-7b 所示的滚轮式静平衡架，由于其一端支承的高度可调节，所以也可以平衡两端轴径不同的转子，但滚轮式静平衡架摩擦阻力较大，故平衡精度低于导轨式静平衡架。

二、动平衡试验

转子的动平衡试验一般需在专用的动平衡机上进行。动平衡机有各种不同的类型，各种动平衡机的构造及工作原理也不尽相同，有通用平衡机、专用平衡机（如陀螺平衡机、曲轴平衡机、传动轴平衡机等），但其作用都是用来测定需加于两个平衡基面中的平衡质量的大小及方向，并进行校正。动平衡试验机主要由驱动系统、支承系统、测量指示系统和校正系统等部分组成。当前工业上使用较多的动平衡机是根据振动原理设计的，测振传感器将因转子转动所引起的振动转换成电信号，通过电子线路加以处理和放大，最后用电子仪器显示出被试转子的不平衡质径积的大小和方向。

图 10-11 所示是动平衡试验机的工作原理示意图。

待平衡转子 4 放在两弹性支承上，由电动机 1 通过带传动 2 和双万向联轴器 3 驱动。试验时，转子上的偏心质量使弹性支承产生振动。此振动通过传感器 5 与 6 转变为电信号，两电信号同时传到解算电路 7，它对信号进行处理，以消除两平衡基面之间的相互影响。用选择开关选择平衡基面 I 或 II，再经选频放大器 8，将信号放大，并由仪表 9 显示出该基面上的不平衡质径积的大小。而放大后的信号又经过整形放大器 10 转变为脉冲信号，送到鉴相器 11 的一端。鉴相器的另一端接收来自光电头 12 和整形放大器 13 的基准信号，它的相位与转子上的标记 14 相对应。鉴相器两端信号的相位差由表 15 读出。可以标记 14 为基准，

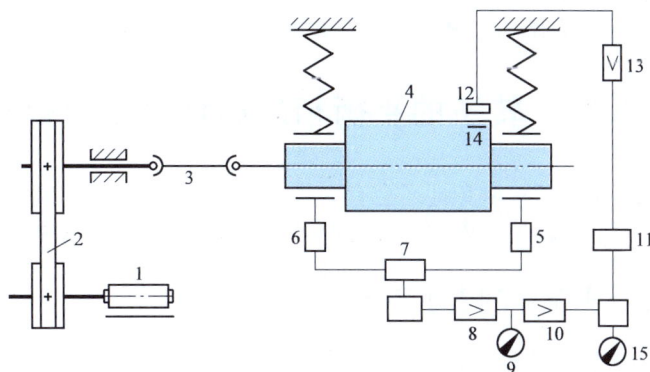

图 10-11 动平衡试验机的工作原理示意图

1—电动机 2—带传动 3—双万向联轴器 4—待平衡转子 5、6—传感器 7—解算电路
8—选频放大器 9、15—仪表 10、13—整形放大器 11—鉴相器 12—光电头 14—标记

确定出偏心质量的相位。用选择开关可对另一平衡基面进行平衡。

随着汽车行驶速度和对乘坐舒适性要求的日益提高，对车轮动平衡的要求已列入工艺规范。图 10-12 所示为汽车车轮动平衡机示意图，汽车 4S 店基本都有类似的车轮动平衡机。将待平衡车轮 3 整体（包括轮胎和轮毂）安装在心轴 5 上，支承心轴的两个轴承 6 装于传感器 2 的悬架上。推动杠杆使驱动电动机 1 靠在轮胎上并拖动轮胎旋转，到达预定转速后脱开电动机，轮胎自由旋转，这时力传感器输出信号给计算机，计算机即可计算出两平衡基面 7（校正面）上所需加的平衡质径积的大小和方向。

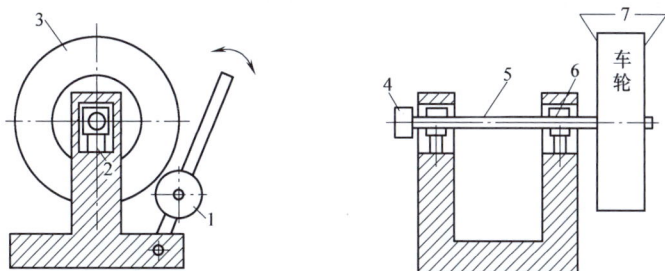

现场视频

图 10-12 汽车车轮动平衡机示意图

1—驱动电动机 2—传感器 3—待平衡车轮 4—挡块 5—心轴 6—轴承 7—平衡基面

在轮毂两侧的边缘处，加上适当的平衡块，即可使车轮达到动平衡。在更换轮胎、车轮受到过大的撞击等情况时，应该对车轮做动平衡，否则会造成轮胎的异常磨损，汽车高速行驶时转向盘可能抖动，车轮可能会出现有节奏的异常响声等。

三、现场平衡

前面提到的转子平衡试验都是在专用的平衡机上进行的，而对于一些尺寸很大的转子，如几十吨重的大型发电机转子等，要在试验机上进行平衡是很困难的。另外，有些高速转子，虽然在制造期间已经过平衡，但由于装运、蠕变和工作温度过高或电磁场的影响等原因，又会发生微小变形而造成不平衡。在这些情况下，一般可进行现场平衡，即在现场通过

直接测量机器中转子支架的振动，来确定不平衡量的大小及方位，进而进行平衡。

第四节　转子的平衡精度和许用不平衡量

经过平衡试验的转子，不可避免地还会有一些残存的不平衡。欲减小残存的不平衡量，势必要提高平衡成本。因此，根据工作要求，对转子规定适当的许用不平衡量是很有必要的。

一、转子许用不平衡量的表示方法

转子的许用不平衡量有两种表示方法，即质径积表示法和偏心距表示法。若设转子的质量为 m，其质心至回转轴线的许用偏心距为 $[e]$，而转子的许用不平衡质径积以 $[mr]$ 表示，则两者的关系为

$$[e] = \frac{[mr]}{m} \tag{10-10}$$

偏心距是一个与转子质量无关的绝对量，而质径积则是与转子质量有关的一个相对量。通常，对于具体给定的转子，用许用不平衡质径积较好，因为它比较直观，便于平衡操作。而在衡量转子平衡的优劣或平衡的检测精度时，则用许用偏心距较好，因为便于比较。

二、刚性转子的平衡精度

关于转子的许用不平衡量，目前我国尚未制订标准，表 10-1 是国际标准化组织制定的各种典型转子的平衡精度等级和许用不平衡量，可供参考使用。表中转子的不平衡量以平衡精度 A 的形式给出。

表 10-1　各种典型转子的平衡精度等级和许用不平衡量

平衡等级 G	平衡精度 $A = \dfrac{[e]\omega^{①}}{1000}$ （单位为 mm/s）	典型转子举例
G4000	4000	刚性安装的具有奇数个气缸的低速[②]船用柴油机曲轴传动装置[③]
G1600	1600	刚性安装的大型二冲程发动机曲轴传动装置
G630	630	刚性安装的大型四冲程发动机曲轴传动装置；弹性安装的船用柴油机曲轴传动装置
G250	250	刚性安装的高速四缸柴油机曲轴传动装置
G100	100	六缸和六缸以上高速柴油机曲轴传动装置；汽车、机车用发动机整体（汽油机或柴油机）
G40	40	汽车车轮、轮缘、轮组、传动轴；弹性安装的六缸或六缸以上高速四冲程发动机（汽油机或柴油机）曲轴传动装置；汽车、机车用发动机曲轴传动装置
G16	16	特殊要求的传动轴（螺旋桨轴、万向联轴器轴）；破碎机械的零件；农业机械的零件；汽车和机车发动机（汽油机和柴油机）部件；特殊要求的六缸或六缸以上的发动机曲轴传动装置

（续）

平衡等级 G	平衡精度 $A=\dfrac{[e]\omega^{①}}{1000}$ （单位为 mm/s）	典型转子举例
G6.3	6.3	作业机械的回转零件；船用主汽轮机齿轮（商船用）；离心机鼓轮；风扇；装配好的航空燃气轮机；泵转子；机床和一般的机械零件；普通电机转子；特殊要求的发动机部件
G2.5	2.5	燃气轮机和汽轮机，包括船用主汽轮机（商用船）；刚性汽轮发电机转子；透平压缩机；机床传动装置；特殊要求的中型和大型电动机转子，小型电动机转子；透平驱动泵
G1	1	磁带录音仪和录音机的传动装置；磨床传动装置；特殊要求的小型电动机转子
G0.4	0.4	精密磨床主轴、砂轮盘及电动机转子；陀螺仪

① ω 为转子的角速度（rad/s），$[e]$ 为许用偏心距（μm）。

② 按国际标准，低速柴油机的活塞速度小于 9m/s，高速柴油机的活塞速度大于 9m/s。

③ 曲轴传动装置是曲轴、飞轮、离合器、带轮、减振器等的组合件。

在使用表 10-1 的推荐数值时，应注意下列不同情况：

1）对于静不平衡的转子，根据精度等级计算许用不平衡量 $[e]=1000A/\omega$，单位为 μm。

2）对于动不平衡的转子，由表中求出的许用偏心距 $[e]$ 是针对转子质心而言的。所以应根据式（10-10）求出许用不平衡质径积 $[mr]=m[e]$ 后，再将其分配到两个平衡基面上。如图 10-13 所示，两平衡基面的许用不平衡质径积为

$$[mr]_{\text{I}}=[mr]\frac{b}{a+b}$$

$$[mr]_{\text{II}}=[mr]\frac{a}{a+b} \qquad (10\text{-}11)$$

图 10-13 质径积向平衡基面的分配计算图

式中，a 和 b 分别为平衡基面 I、II 至转子质心 S 的轴向距离。

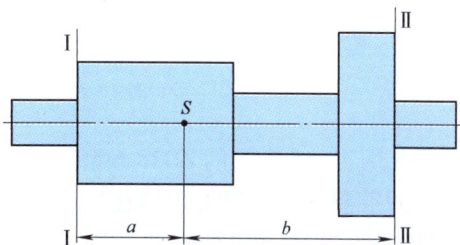

＊第五节 平面机构的平衡

如前所述，做往复运动或平面复合运动的构件，其在运动中产生的惯性力不可能像转子那样在构件本身上予以平衡，而必须就整个机构进行研究。具有往复运动构件的机械是很多的，如汽车发动机、高速柱塞泵、活塞式压缩机、振动剪床等，这些机械的速度又较高，所以平衡问题常成为产品质量的关键问题之一。

当机构运动时，其各运动构件所产生的惯性力可以合成为一个通过机构质心的总惯性力

和一个总惯性力偶矩,该总惯性力和总惯性力偶矩全部由基座承受。为了消除机构在基座上引起的动压力,就必须设法平衡此总惯性力和总惯性力偶矩。机构平衡的条件是机构的总惯性力 $\boldsymbol{F}_I$ 和总惯性力偶矩 $\boldsymbol{M}_I$ 分别为零,即

$$F_I = 0, M_I = 0 \tag{10-12}$$

不过,在平衡计算中,总惯性力偶矩对基座的影响应当与外加的驱动力矩和阻抗力矩一并研究(因这三者都将作用到基座上),但是由于驱动力矩和阻抗力矩与机械的工况有关,单独平衡惯性力偶矩往往没有意义。故这里只讨论总惯性力的平衡问题。

设机构的总质量为 m,其质心 S' 的加速度为 $\boldsymbol{a}_{S'}$,则机构的总惯性力 $\boldsymbol{F}_I = -m\boldsymbol{a}_{S'}$。由于质量 m 不可能为零,所以欲使总惯性力 $\boldsymbol{F}_I = 0$,必须使 $\boldsymbol{a}_{S'} = 0$,即应使机构的质心静止不动。平面机构惯性力的平衡可分为惯性力的完全平衡和部分平衡。

一、惯性力的完全平衡

惯性力的完全平衡是指总惯性力为零,为达到完全平衡,可采取下述措施。

1. 利用对称机构平衡

如图 10-14 所示,由于左、右两部分关于 A 点完全对称,故可使机构的总惯性力得到完全平衡,如某些型号的摩托车的发动机就采用了这种布置方式。显然,利用对称机构可得到很好的平衡效果,但使机构的结构复杂,体积大大增加。

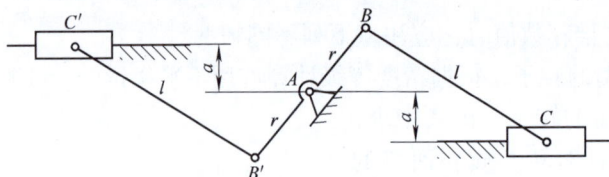

图 10-14 利用对称机构完全平衡

又如在图 10-15 所示的 ZG12-6 型高速冷镦机中的平衡机构,利用了与此类似的方法获得了较好的平衡效果,使机器转速提高到 350r/min,而振动仍较小。它的主传动机构为曲柄滑块机构 ABC,平衡装置为四杆机构 $AB'C'D'$,由于杆 $C'D'$ 较长,C' 点的运动近似于直线,加在 C' 点处的平衡质量 m' 即相当于 C 处滑块的质量 m。

2. 利用平衡质量平衡

通过在机构的某些构件上加适当的平衡质量,以调节运动构件质心的位置,使机构得到完全平衡。

在图 10-16 所示的铰链四杆机构中,设构件 1、2、3 的质量分别为 m_1、m_2、m_3,其质心分别位于 S_1'、S_2'、S_3' 处。为了进行平衡,先将构件 2 的质量 m_2 用分别集中于 B、C 两点的两个集中质量 m_{2B} 及 m_{2C} 代换,即

$$m_{2B} = m_2 \frac{l_{CS_2'}}{l_{BC}}, m_{2C} = m_2 \frac{l_{BS_2'}}{l_{BC}} \tag{10-13}$$

然后,可在构件 1 的延长线上加一平衡质量 m' 来平衡构件 1 的质量 m_1 和 m_{2B},使构件 1 的质心移到固定轴 A 处,即 m' 为

$$m' = \frac{m_{2B}l_{AB} + m_1 l_{AS'_1}}{r'} \qquad (10\text{-}14)$$

同理，可在构件 3 的延长线上加一平衡质量 m'' 来平衡质量 m_3 和 m_{2C}，使构件 3 的质心移至固定轴 D 处，即 m'' 为

$$m'' = \frac{m_{2C}l_{DC} + m_3 l_{DS'_3}}{r''} \qquad (10\text{-}15)$$

在加上平衡质量 m' 及 m'' 后，机构的总质心 S' 应位于 AD 线上一固定点，即 $a_{S'} = 0$，所以机构的惯性力已得到平衡。

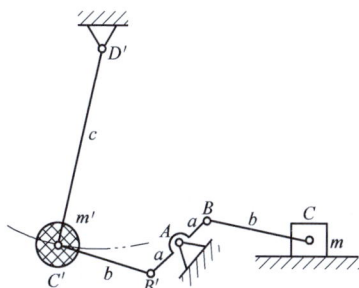

图 10-15　ZG12-6 型高速冷镦机中的平衡机构

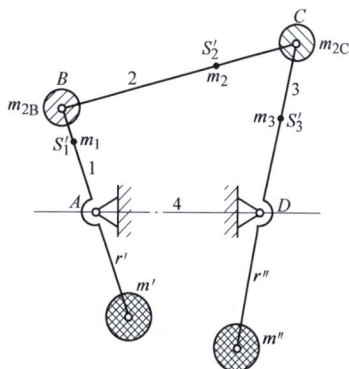

图 10-16　利用平衡质量完全平衡铰链四杆机构

运用同样的方法，可以对图 10-17 所示的曲柄滑块机构进行平衡。为使机构的总质心位于固定轴 A 处，m' 及 m'' 为

$$m' = \frac{m_2 l_{BS'_2} + m_3 l_{BC}}{r'}$$
$$m'' = \frac{(m' + m_2 + m_3)l_{AB} + m_1 l_{AS'_1}}{r''} \qquad (10\text{-}16)$$

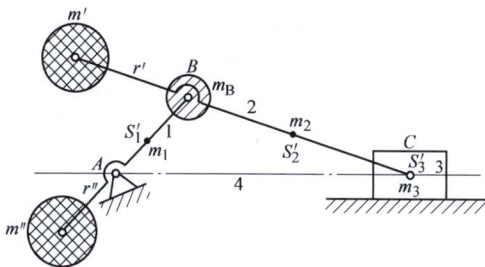

图 10-17　利用平衡质量完全平衡曲柄滑块机构

据研究，完全平衡 n 个构件的单自由度机构的惯性力，应至少加 $n/2$ 个平衡质量，这将使机构的总质量大大增加，尤其是将平衡质量装在做一般平面复合运动的连杆上时，对结构极为不利。所以，工程实际上很多机构往往不采用这种方法，而采用后文的部分平衡法。

二、惯性力的部分平衡

部分平衡是指平衡掉机构总惯性力的一部分，常采用下列方法进行部分平衡。

1. 利用近似对称机构平衡

在图 10-18a 所示的机构中，当曲柄 AB 转动时，滑块 C 和 C′ 的加速度方向相反，它们的惯性力方向也相反，故可以相互抵消。但由于两滑块运动规律不完全相同，所以只是部分平衡。

在图 10-18b 所示的机构中，当曲柄 AB 转动时，两摇杆 CD、C′D 的角加速度方向相反，故它们的惯性力方向相反，也可以部分平衡。

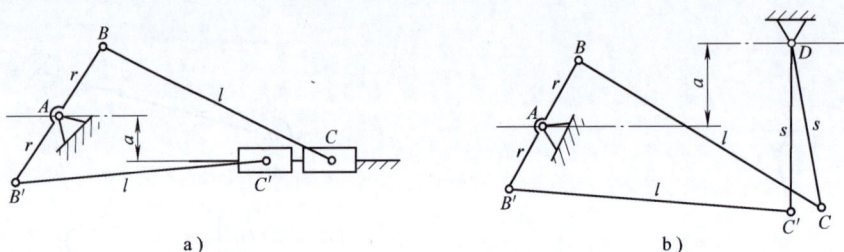

图 10-18 利用近似对称机构部分平衡惯性力

2. 利用平衡质量平衡

对图 10-19 所示的曲柄滑块机构进行平衡时，先将连杆 2 的质量 m_2 用集中于 B、C 两点的质量 m_{2B}、m_{2C} 来代换；将曲柄 1 的质量 m_1 用集中于 B、A 两点的质量 m_{1B}、m_{1A} 来代换。此时，机构产生的惯性力只有两部分，即集中在 B 点的质量 $m_B = m_{2B} + m_{1B}$ 所产生的离心惯性力 F_{IB} 和集中于 C 点的质量 $m_C = m_{2C} + m_3$ 所产生的往复惯性力 F_{IC}。为了平衡离心惯性力 F_{IB}，只要在曲柄的延长线上加一平衡质量 m' 即可，则

$$m' = m_B \frac{l_{AB}}{r} \tag{10-17}$$

而往复惯性力 F_{IC} 的大小随曲柄 AB 的转角 φ 发生变化，所以平衡往复惯性力 F_{IC} 就不像平衡离心惯性力 F_{IB} 那样简单。下面介绍往复惯性力的平衡方法。

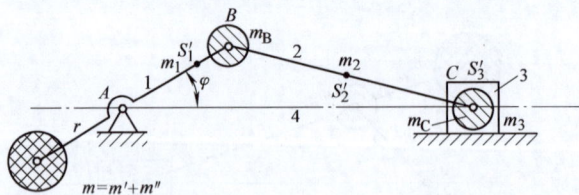

图 10-19 利用平衡质量进行曲柄滑块机构的部分平衡

由运动分析可得滑块 C 的加速度方程为

$$a_C \approx -\omega^2 l_{AB} \cos\varphi \tag{10-18}$$

因而集中质量 m_C 所产生的往复惯性力为

$$F_{IC} \approx m_C \omega^2 l_{AB} \cos\varphi \tag{10-19}$$

为了平衡惯性力 F_{IC}，可在曲柄的延长线上距 A 为 r 处再加上一个平衡质量 m''，并使

$$m'' = m_C \frac{l_{AB}}{r} \tag{10-20}$$

将平衡质量 m'' 产生的离心惯性力 $\boldsymbol{F}''_I$ 分解为一水平分力 $\boldsymbol{F}''_{Ih}$ 和一铅垂分力 $\boldsymbol{F}''_{Iv}$，则有

$$F''_{Ih} = m''\omega^2 r\cos(180°+\varphi) = -m_C\omega^2 l_{AB}\cos\varphi$$

$$F''_{Iv} = m''\omega^2 r\sin(180°+\varphi) = -m_C\omega^2 l_{AB}\sin\varphi$$

由于 $\boldsymbol{F}''_{Ih} = -\boldsymbol{F}_{IC}$，故 $\boldsymbol{F}''_{Ih}$ 已与往复惯性力 $\boldsymbol{F}_{IC}$ 平衡。不过，此时又增加了一个新的不平衡惯性力 $\boldsymbol{F}''_{Iv}$，此铅垂方向的惯性力对机械的工作也很不利。为了减小此不利因素，可取

$$m'' = \left(\frac{1}{3} \sim \frac{1}{2}\right)m_C \cdot \frac{l_{AB}}{r} \tag{10-21}$$

即只平衡往复惯性力的一部分。这样，既可减小往复惯性力 $\boldsymbol{F}_{IC}$ 的不良影响，又可使在铅垂方向的不平衡惯性力 $\boldsymbol{F}''_{Iv}$ 不致太大，同时所需增加的配重也较小，这对机械的工作较为有利。

对于四缸、六缸、八缸发动机来说，若各活塞和连杆的质量取得一致，在各缸适当排列下，往复质量之间即可自动达到力与力矩的完全平衡。为此，对同一台发动机，应选用相同质量的活塞，各连杆的质量、质心位置也应保持一致。故在一些高质量发动机的生产中，采用了全自动连杆质量调整机、全自动活塞质量分选机等先进设备。

本章知识框架图

视频讲解

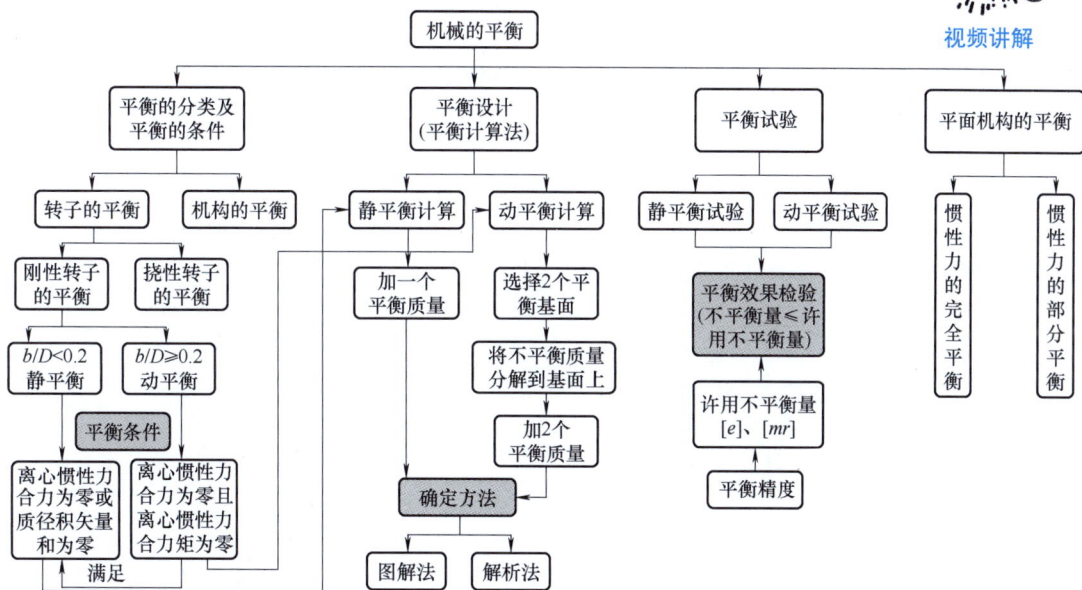

本章测试

思 考 题

10-1　什么是静平衡？什么是动平衡？平衡时各至少需要几个平衡基面？静平衡、动平衡的力学条件各是什么？两者的关系怎样？

10-2　在图 10-20 所示各曲轴中，设各曲拐的偏心质径积均相等，各曲拐沿轴向均布，且各曲拐均在同一轴平面上。试判断各曲轴处于何种平衡状态？

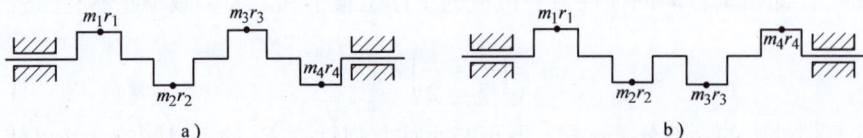

图 10-20　思考题 10-2 图

10-3　为什么做往复运动的构件和做平面复合运动的构件不能在构件内获得平衡，而必须在基座上平衡？机构在基座上平衡的实质是什么？

10-4　机构总惯性力的完全平衡、部分平衡方法有哪些？各有何特点？

10-5　何谓"质径积"？其方向如何？

10-6　对什么样的转子进行静平衡？对什么样的转子必须进行动平衡？

习　　题

10-1　图 10-21 所示为一钢制圆盘，盘厚 $b = 50mm$。位置 Ⅰ 处有一直径 $\phi = 50mm$ 的通孔，位置 Ⅱ 处有一质量 $m_2 = 0.5kg$ 的重块。为了使圆盘平衡，拟在圆盘上 $r = 200mm$ 处制一通孔，试求此孔的直径与位置。（钢的密度 $\rho = 7.8g/cm^3$）

10-2　图 10-22 所示为一风扇叶轮。已知其各偏心质量为 $m_1 = 2m_2 = 600g$，其矢径大小为 $r_1 = r_2 = 200mm$，方向如图。今欲对此叶轮进行静平衡，试求所需的平衡质量的大小及方向（取 $r_b = 200mm$）。（注：平衡质量只能加在叶片上，必要时可将平衡质量分解到相邻的两个叶片上。）

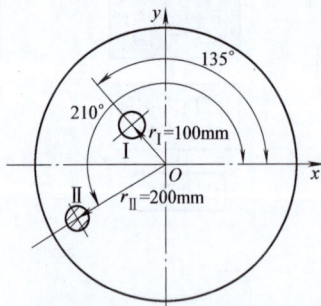

图 10-21　习题 10-1 图

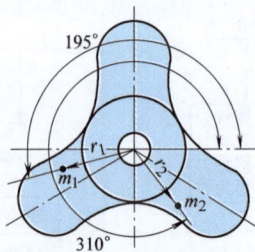

图 10-22　习题 10-2 图

10-3　在图 10-23 所示的转子中，已知各偏心质量 $m_1 = 10kg$，$m_2 = 15kg$，$m_3 = 20kg$，$m_4 = 10kg$，它们的回转半径大小分别为 $r_1 = 40mm$，$r_2 = r_4 = 30mm$，$r_3 = 20mm$，方向如图所示。若置于平衡基面 Ⅰ 及 Ⅱ 中的平衡质量 $m_{bⅠ}$ 及 $m_{bⅡ}$ 的回转半径均为 $50mm$，试求 $m_{bⅠ}$ 及 $m_{bⅡ}$ 的大小和方向。图中，$l_{12} = l_{23} = l_{34}$。

10-4　已知一用于一般机器的盘形转子的质量为 $30kg$，其转速 $n = 6000r/min$，试确定其许用不平衡量。

10-5　有一中型电动机转子，其质量 $m = 50kg$，转速 $n = 3000r/min$，已测得其不平衡质径积 $mr =$

300g·mm，试问其是否满足平衡精度要求？

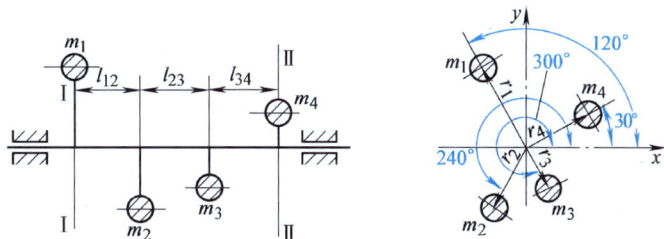

图 10-23 习题 10-3 图

10-6 在图 10-24 所示的曲柄滑块机构中，已知各构件的尺寸为 $l_{AB} = 100mm$，$l_{BC} = 400mm$；连杆 2 的质量 $m_2 = 12kg$，质心在 S_2 处，$l_{BS_2} = 400/3mm$；滑块 3 的质量 $m_3 = 20kg$，质心在 C 点处；曲柄 1 的质心与 A 点重合。今欲利用平衡质量法对该机构进行平衡，取 $l_{BC'} = l_{AC''} = 50mm$，试求下列两种情况下各需加多大的平衡质量 $m_{C'}$ 和 $m_{C''}$。

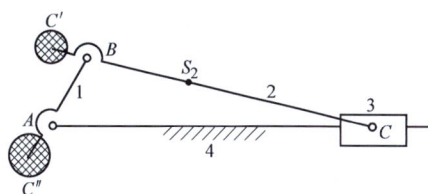

图 10-24 习题 10-6 图

1）对机构进行完全平衡。

2）只平衡掉滑块 3 处往复惯性力的 50% 的部分平衡。

10-7 在同一根轴上装有滚筒和带轮。现已测知带轮有一偏心质量 $m_1 = 1kg$。根据滚筒的结构，知其有两个偏心质量 $m_2 = 3kg$，$m_3 = 4kg$，各偏心质量的方向如图 10-25 所示，各矢径 $r_1 = 250mm$，$r_2 = 300mm$，$r_3 = 200mm$。若将平衡基面选在滚筒的两个端面上，两平衡基面上平衡质量的矢径均为 400mm，试求在两个平衡基面上所加平衡质量的大小和方位。若将平衡基面 Ⅱ 改在带轮宽度的中截面上，其他条件不变，那么两个平衡质量的大小和方向有何改变？

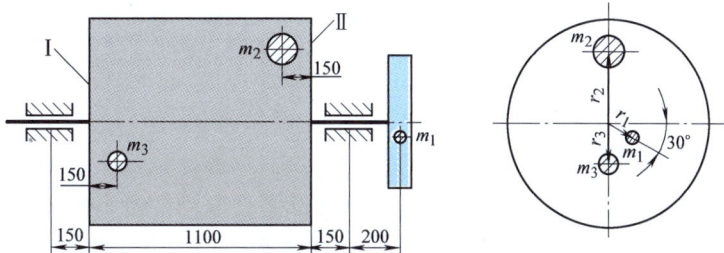

图 10-25 习题 10-7 图

10-8 如图 10-26 所示，刚性转子绕 z 轴旋转，其上有两个不平衡质量，位置及方向如图所示，不平衡质量 $m_1 = 2m_2 = 30kg$，向径 $r_1 = 500mm$，$r_2 = 160mm$。为使该转子达到动平衡，求在两个平衡基面 Ⅰ 和 Ⅱ 内应加的平衡质径积的大小和方向。

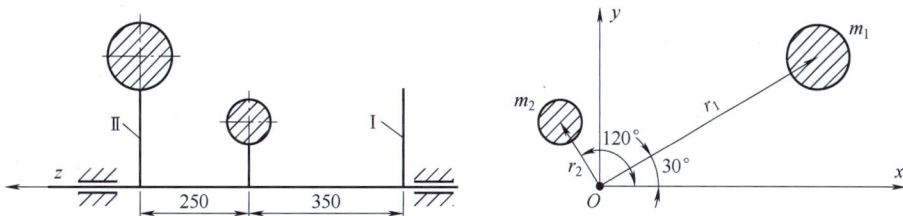

图 10-26 习题 10-8 图

第十一章

机械系统的运转及其速度波动的调节

本章要点： 机械的运转过程，单自由度机械系统的等效动力学模型、等效量的计算，机器运动方程式，速度波动产生的原因，飞轮调节周期性速度波动的基本原理、飞轮转动惯量的计算和飞轮的设计。

第一节　概　　述

视频讲解

一、本章研究内容

在前面研究机构的运动分析及力分析时，一般都假设原动件做等速运动，然而实际上机构原动件的运动规律是由其各构件的质量、转动惯量和作用于其上的驱动力（矩）与阻抗力（矩）等因素决定的。在一般情况下，原动件的速度和加速度是随时间而变化的，因此为了对机构进行精确的运动分析和力分析，就需要首先确定机构原动件的真实运动规律，这对于高速度、高精度和重载荷的机械是十分重要的。因此，本章首先要研究在外力作用下机械的真实运动规律。

由于在一般情况下，机械原动件并非做等速运动，即机械速度有波动，速度波动将在运动副中产生附加的动压力，并引起机械振动，从而降低机械的寿命、效率，影响工作精度，所以应设法将机械运转速度波动的程度限制在许可的范围之内。因此，本章第二个主要的研究内容是机械运转的速度波动及其调节方法。

二、机器运转的三个阶段

机器的运转一般分为三个阶段，即起动阶段、稳定运转阶段和停车阶段，如图 11-1 所示。下面分析机器在其各运转阶段的运动状态及作用在机器上的驱动功和阻抗功的关系。

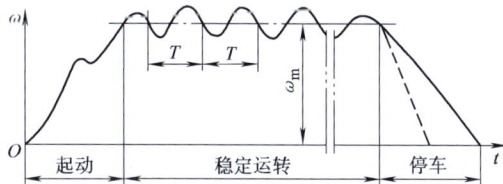

图 11-1　机器运转的三个阶段

根据能量守恒定律，在任一时间间隔内，作用在机械系统上的力做的功，应等于机械系统的动能增量，即

$$W_d-(W_r+W_f)=W_d-W_c=E_2-E_1=\Delta E \tag{11-1}$$

式中，W_d 为驱动力所做的功，即驱动功，也叫输入功；W_r 为克服工作阻力所需功，即输出功；W_f 为克服有害阻力所需功，即损耗功。输出功与损耗功之和为总耗功，即 $W_c=W_r+W_f$；E_1、E_2 为机械系统在该时间间隔开始和结束时的动能。

1. 起动阶段

在起动阶段，机器原动件的角速度 ω 由零逐渐上升，直至达到正常运转的平均角速度 ω_m 为止。此阶段驱动功 W_d 大于总耗功 W_c，多余的功增加了系统的动能。其功能关系表示为

$$W_d-W_c=\Delta E>0 \tag{11-2}$$

在起动阶段，为了缩短起动时间，常使机械在空载下起动。

2. 稳定运转阶段

继起动阶段之后，机器进入稳定运转阶段，它是机器的真正工作阶段。在这一阶段，原动件的瞬时角速度 ω 通常会有两种情况。

1）周期性变速稳定运转。原动件的瞬时角速度 ω 在其平均角速度 ω_m 上下做周期性波动，称之为周期性变速稳定运转，这种速度波动称为周期性速度波动。如曲柄压力机、刨床等机器，在稳定运转阶段，其角速度即属于此类。机器原动件角速度变化的一个周期 T 又称为机器的一个运动循环。每个运动周期的末速度总等于初速度，所以，就一个周期而言，机器的驱动功与总耗功是相等的，而在周期 T 中任意时间间隔内，驱动功与总耗功不一定相等。即

$$W_d=W_c \text{（周期 } T \text{ 为时间间隔）}$$
$$W_d \neq W_c \text{（周期 } T \text{ 中任意一段时间间隔）} \tag{11-3}$$

2）匀速稳定运转。原动件的瞬时角速度 ω 恒定不变，即 $\omega=$ 常数，称之为匀速稳定运转。在任意时间间隔内，机器的驱动功与总耗功总相等。如鼓风机、风扇等即属于此类。

3. 停车阶段

停车阶段一般驱动功 $W_d=0$，机器上不再作用有工作阻力，当阻抗功将机器具有的动能消耗完时，机器便停止运转。其功能关系通常为

$$W_d-W_c=0-W_f=E_2-E_1=-E_1<0 \tag{11-4}$$

在停车阶段，为了缩短停车所需的时间，常在机器上安装有制动装置。安装制动器后的停车阶段角速度与时间的关系如图 11-1 中的虚线所示。

起动阶段与停车阶段统称为机器运转的过渡阶段，在起动、停车阶段会产生较大的载

荷，对于频繁起停的机械，过渡阶段的动力学分析非常重要。

多数机器是在稳定运转阶段进行工作的，但也有少量机器（如起重机等），其工作过程却有相当一部分是在过渡阶段进行的。

三、驱动力（矩）和工作阻力的特性

从前述可见，驱动力（矩）所做的功和工作阻力所做的功与机器的运转状况密切相关，因此，有必要对驱动力（矩）和工作阻力的特点进行简单的讨论。

1. 驱动力（矩）

驱动力（矩）是原动机提供的。原动机不同，驱动力（矩）的特性也不同。常用的原动机有电动机、内燃机等，在一些控制系统中，也常用弹簧、电磁铁等来提供驱动力。原动机提供的驱动力（矩）与其运动参数（位移、速度等）之间的关系称为原动机的机械特性。

如用重锤的重量作为驱动力时，其值为常数，其机械特性曲线如图11-2a所示；用弹簧作为原动件时，驱动力是位移的线性函数，其机械特性曲线如图11-2b所示；三相交流异步电动机的驱动力矩是速度的非线性函数，其机械特性曲线如图11-2c所示。

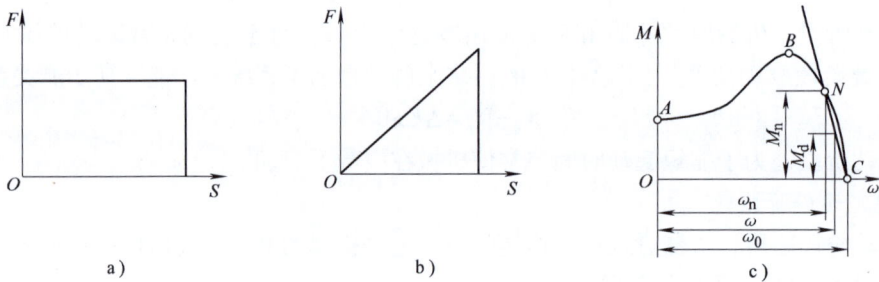

图11-2 不同原动件的机械特性曲线
a）原动件为重锤 b）原动件为弹簧 c）原动件为三相交流异步电动机

当用解析法研究机械在外力作用下的运动时，原动件的驱动力（矩）必须以解析式表达。为了简化计算，常将原动机的机械特性曲线用简单的代数式来近似地表示。如三相交流异步电动机的机械特性曲线的 BC 段是工作段，曲线 BC 常近似地以通过 N 点和 C 点的直线来代替。N 点的转矩 M_n 为电动机的额定转矩，角速度 ω_n 为电动机的额定角速度。C 点的角速度 ω_0 为电动机的同步角速度。直线 NC 上任意角速度为 ω 的点处驱动力矩 M_d 为

$$M_d = \frac{M_n(\omega_0 - \omega)}{\omega_0 - \omega_n} \tag{11-5}$$

式中，M_n、ω_0、ω_n 可从电动机铭牌中查到。

2. 工作阻力

工作阻力是机械正常工作时必须克服的作用在执行构件上的工作载荷。不同机械，其工作阻力的变化规律可能也不相同。如：

1）起重机、车床的工作阻力近似为常数，即 F_r=常数。

2）空气压缩机的工作阻力是位移的函数，即 $F_r = f(s)$。

3）鼓风机、搅拌机的工作阻力是角速度的函数，即 $F_r = f(\omega)$。

4）揉面机、球磨机的工作阻力是时间的函数，即 $F_r = f(t)$。

驱动力（矩）和工作阻力的确定涉及许多专业知识，已不属于本课程的范围。本章在讨论机械在外力作用下的运动时，认为外力是已知的。

四、速度波动产生的原因及波动类型

若在任意时间段里驱动力（矩）所做的功都等于阻抗力（矩）所做的功，则动能的增量为零，机器将保持匀速运动。但实际上，对于大多数机器，在任一时间段内，其驱动功并不是总与总耗功相等。当驱动功大于总耗功时，动能增加；反之，则动能减小，因而导致机器运转的速度发生波动。

速度波动一般分为两类，即周期性速度波动和非周期性速度波动。

第二节　机械系统的等效动力学模型和机器运动方程式

一、建立等效动力学模型的目的

当研究在已知外力（力矩）作用下机器的运动时，需要研究作用在它的所有构件上各力所做的功以及所有运动构件的动能变化，求解过程十分复杂。对于具有一个自由度的机械系统，只要知道其中一个构件的运动规律，其余所有构件的运动规律是确定的、可求的。所以可以将整个机器的运动问题转化为它的某一构件的运动问题来研究，这样就可以大大简化求解过程。这里的"某一构件"称为等效构件，以等效构件建立的动力学模型称为等效动力学模型。需要将机械系统上的所有力和力矩、所有构件的质量和转动惯量，都向等效构件转化。在转化时，要保证等效构件的运动和原机械系统中该构件的运动相同。

等效构件的引入、等效动力学模型的建立和求解，使得单自由度机械系统真实运动的研究大为简化。

二、等效构件、等效动力学模型及等效量的计算

（一）等效构件和等效动力学模型

理论上，可以选取系统中任意构件作为等效构件，但由于选取做平面复合运动的构件作为等效构件时，计算麻烦，故常选定轴转动、往复移动的构件作为等效构件。

当研究机器在已知力作用下的运动时，我们用作用在机器某一构件（等效构件）上的一个假想力或假想力矩来代替作用在该机器上的所有已知外力和力矩，用转化到等效构件上的一个假想质量或假想转动惯量来代替机器中所有构件的质量和转动惯量。这里的假想力称为等效力，用 F_e 表示；假想力矩称为等效力矩，用 M_e 表示；假想质量称为等效质量，用 m_e 表示；假想转动惯量称为等效转动惯量，用 J_e 表示。转化的原则是转化前后机器的运动不变，即：等效力 F_e 或等效力矩 M_e 所做的功或所产生的功率应等于所有被代替的力和力矩所做的功或产生的功率之和；等效质量或等效转动惯量所具有的动能应等于系统中所有构件的动能之和。

当取定轴转动的构件为等效构件时，转化到其上的是等效力矩 M_e 和等效转动惯量 J_e；

当取直线移动的构件为等效构件时，转化到其上的是等效力 F_e 和等效质量 m_e，得到图 11-3 所示的两种常见的等效动力学模型。

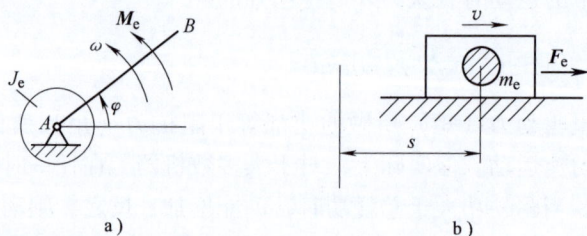

图 11-3　常见的等效动力学模型

思考与交流　若在第一类等效动力学模型图，即图 11-3a 中，选择 B 点为等效点，那么等效到 B 点的等效力 F_e、等效质量 m_e 与图 11-3a 中的等效力矩 M_e、等效转动惯量 J_e 之间的关系怎样？

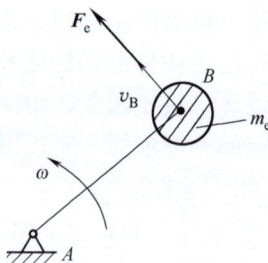

提示：$M_e = F_e l_{AB}$　$J_e = m_e l_{AB}^2$

（二）等效量的计算

下面以图 11-4 所示曲柄滑块机构为例，推导各等效量的计算公式。

图 11-4 中，机构由三个活动构件组成。已知曲柄 1 为原动件，其上作用有驱动力矩 M_1，曲柄的角速度为 ω_1，质心在 O 点，转动惯量为 J_1；连杆 2 的角速度为 ω_2，质量为 m_2，其对质心 S_2 的转动惯量为 J_{S_2}，质心 S_2 的速度为 v_{S_2}；滑块 3 的质量为 m_3，其质心 S_3 在 B 点，速度为 v_3，滑块 3 上的工作阻力为 F_3。求分别以曲柄 1 和滑块 3 为等效构件时的等效量。

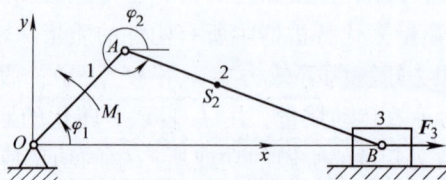

图 11-4　曲柄滑块机构等效量的计算

1. 以曲柄 1 为等效构件

（1）等效转动惯量 J_e　图 11-4 中，构件 1 做定轴转动，构件 2 做平面复合运动，构件 3 做往复移动。做定轴转动构件的动能为 $E_i = \frac{1}{2} J_{S_i} \omega_i^2$；做往复移动构件的动能为 $E_i = \frac{1}{2} m_i v_{S_i}^2$；做平面复合运动的构件，其运动可看作绕质心的转动和移动的合成，其动能为 $E_i = \frac{1}{2} J_{S_i} \omega_i^2 + \frac{1}{2} m_i v_{S_i}^2$，故该机构中各构件的总动能为

$$E = \frac{J_1 \omega_1^2}{2} + \left(\frac{m_2 v_{S_2}^2}{2} + \frac{J_{S_2} \omega_2^2}{2} \right) + \frac{m_3 v_3^2}{2} \tag{11-6}$$

而等效后，等效构件的动能为　　$E' = \frac{1}{2} J_e \omega_1^2$

因等效前后动能不变，有　　$\dfrac{J_e \omega_1^2}{2} = \dfrac{J_1 \omega_1^2}{2} + \left(\dfrac{m_2 v_{S_2}^2}{2} + \dfrac{J_{S_2} \omega_2^2}{2} \right) + \dfrac{m_3 v_3^2}{2}$

即

$$J_e = J_1 + J_{S_2} \left(\frac{\omega_2}{\omega_1} \right)^2 + m_2 \left(\frac{v_{S_2}}{\omega_1} \right)^2 + m_3 \left(\frac{v_3}{\omega_1} \right)^2 \tag{11-7}$$

推广到一般情况，则<u>等效转动惯量</u>的计算公式为

$$J_e = \sum_{i=1}^{n} \left[m_i \left(\frac{v_{S_i}}{\omega} \right)^2 + J_{S_i} \left(\frac{\omega_i}{\omega} \right)^2 \right] \tag{11-8}$$

（2）等效力矩 M_e　机构上所有外力和力矩产生的功率为

$$P = M_1 \omega_1 + F_3 v_3 \cos 180° \tag{11-9}$$

等效后，等效构件上的等效力矩产生的功率为　　$P' = M_e \omega_1$

因等效前后的功率不变，所以有

$$M_e = M_1 - F_3 \frac{v_3}{\omega_1} \tag{11-10}$$

推广到一般情况，则<u>等效力矩</u>的计算公式为

$$M_e = \sum_{i=1}^{n} \left[F_i \left(\frac{v_i}{\omega} \right) \cos \alpha_i \pm M_i \left(\frac{\omega_i}{\omega} \right) \right] \tag{11-11}$$

2. 以滑块 3 为等效构件

（1）等效质量 m_e　等效前系统的动能见式（11-6），等效后，等效构件的动能为 $E'' = \frac{1}{2} m_e v_3^2$，因 $E'' = E$，有

$$m_e = J_1 \left(\frac{\omega_1}{v_3} \right)^2 + m_2 \left(\frac{v_{S_2}}{v_3} \right)^2 + J_{S_2} \left(\frac{\omega_2}{v_3} \right)^2 + m_3 \tag{11-12}$$

推广到一般情况，则<u>等效质量</u>的计算公式为

$$m_e = \sum_{i=1}^{n} \left[m_i \left(\frac{v_{S_i}}{v} \right)^2 + J_{S_i} \left(\frac{\omega_i}{v} \right)^2 \right] \tag{11-13}$$

（2）等效力 F_e 等效前系统的功率见式（11-9），等效后，等效构件的功率为 $P'' = F_e v_3$，因 $P'' = P$，有

$$F_e = M_1 \frac{\omega_1}{v_3} - F_3 \tag{11-14}$$

推广到一般情况，则等效力的计算公式为

$$F_e = \sum_{i=1}^{n} \left[F_i \left(\frac{v_i}{v} \right) \cos\alpha_i \pm M_i \left(\frac{\omega_i}{v} \right) \right] \tag{11-15}$$

式（11-11）、式（11-15）中"±"号取决于构件 i 上的力矩 M_i 与该构件的角速度 ω_i 的方向是否相同，相同时取"+"号，相反时取"−"号。

在式（11-8）、式（11-11）、式（11-13）、式（11-15）中：n 为活动构件的个数；F_i，M_i 为作用在构件 i 上的力、力矩；m_i 为构件 i 的质量；v_{S_i} 为构件 i 质心处的速度；v_i 为力 F_i 作用点的速度；α_i 为力 F_i 与速度 v_i 间的夹角；ω_i 为构件 i 的角速度；v 为等效构件的移动速度；ω 为等效构件的角速度；J_{S_i} 为构件 i 相对于其质心的转动惯量。

从以上公式可以看出：

1）各等效量与各构件对等效构件的速比有关，与构件的真实速度无关，故当不知道构件真实运动时，可以任意假定一个速度，通过速度分析求出速比，即可求得各等效量，不必已知各速度的真实值。

2）$J_e \neq \sum J_{S_i}$，$m_e \neq \sum m_i$，$M_e \neq \sum M_i$，$F_e \neq \sum F_i$。

3）在计算等效力 F_e 和等效力矩 M_e 时，有时将驱动力和驱动力矩、阻力和阻力矩分别等效来计算等效驱动力 F_{ed}（等效驱动力矩 M_{ed}）和等效阻力 F_{er}（等效阻力矩 M_{er}），而

$$F_e = F_{ed} - F_{er}, \quad M_e = M_{ed} - M_{er}$$

4）等效质量 m_e、等效转动惯量 J_e 与速比的二次方有关，故 m_e、J_e 总是正值。

【例 11-1】 在图 11-5 所示的齿轮-连杆机构中，已知齿轮 1 的齿数 $z_1 = 20$，转动惯量为 $J_1 = 0.1 \text{kg} \cdot \text{m}^2$；齿轮 2 的齿数 $z_2 = 60$，质心在 A 点，对 A 轴的转动惯量为 $J_2 = 0.9 \text{kg} \cdot \text{m}^2$，$l_{AB} = 120 \text{mm}$；滑块 3 的质量忽略不计；导杆 4 的质量为 $m_4 = 0.4 \text{kg}$，质心 S_4 位于 BC 的中点，对质心 S_4 的转动惯量 $J_4 = 0.16 \text{kg} \cdot \text{m}^2$；作用在齿轮 1 上的驱动力矩 $M_1 = 20 \text{N} \cdot \text{m}$，作用在导杆 4 上的阻力矩 $M_4 = 12 \text{N} \cdot \text{m}$。若取齿轮 1 为等效构件，试求该机构在图示位置的等效力矩 M_e 和等效转动惯量 J_e。

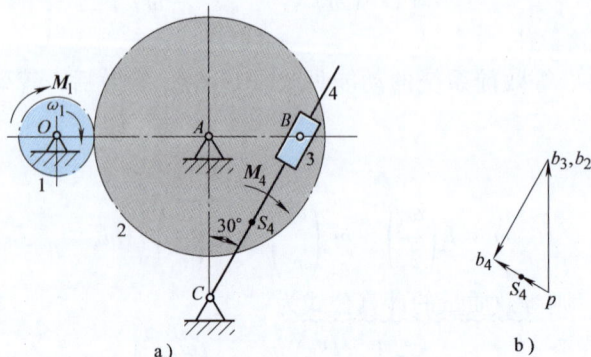

图 11-5 【例 11-1】图

解：

（1）求等效力矩 M_e　根据式（11-11）可得

$$M_e = M_1 - M_4 \frac{\omega_4}{\omega_1} \qquad (11\text{-}16)$$

由图 11-5a 可知 $l_{BC} = 2l_{AB}$，根据速度方程式 $v_{B_4} = v_{B_3} + v_{B_4B_3}$，任选比例尺 μ_v 作如图 11-5b 所示的速度多边形，可得 $v_{B_4} = \frac{1}{2}v_{B_2}$，即 $l_{BC}\omega_4 = \frac{1}{2}l_{AB}\omega_2$，得 $\frac{\omega_4}{\omega_2} = \frac{1}{4}$，又 $\frac{\omega_1}{\omega_2} = \frac{z_2}{z_1} = 3$，所以 $\frac{\omega_4}{\omega_1} = \frac{1}{12}$，代入式（11-16），得

$$M_e = \left(20 - 12 \times \frac{1}{12}\right) \text{N} \cdot \text{m} = 19\text{N} \cdot \text{m}$$

（2）求等效转动惯量 J_e　根据式（11-8）可得

$$J_e = J_1 + J_2\left(\frac{\omega_2}{\omega_1}\right)^2 + J_4\left(\frac{\omega_4}{\omega_1}\right)^2 + m_4\left(\frac{v_{S_4}}{\omega_1}\right)^2 \qquad (11\text{-}17)$$

由速度分析，可得 $v_{S_4} = \frac{1}{2}v_{B_4} = \frac{1}{4}v_{B_2}$，代入式（11-17），得

$$J_e = J_1 + J_2\left(\frac{1}{3}\right)^2 + J_4\left(\frac{1}{12}\right)^2 + m_4\left(\frac{l_{AB}}{12}\right)^2$$

$$= \left[0.1 + 0.9 \times \left(\frac{1}{3}\right)^2 + 0.16 \times \left(\frac{1}{12}\right)^2 + 0.4 \times \left(\frac{0.120}{12}\right)^2\right]\text{kg} \cdot \text{m}^2 = 0.201\text{kg} \cdot \text{m}^2$$

这里求出的等效力矩和等效转动惯量是在图示位置下的结果。当机构处于不同位置时，与齿轮机构相关的部分速比是恒定的，而与连杆机构有关的部分速比是变化的。所以，尽管各构件的质量和转动惯量及所受到的力矩为常数，但在机构的一个运动周期内，折算到等效构件上的等效力矩和等效转动惯量却是随机构位置而改变的变量。

三、机器运动方程式

机器的真实运动可通过建立等效构件的机器运动方程式来求解，所以下面研究机器运动方程式的形式及求解方法。

（一）机器运动方程式的推演

常用的机械系统运动方程式有以下两种形式。

1. 动能形式的机器运动方程式

根据动能定理，在一定时间间隔内，系统所做功 ΔW 等于系统动能的变化量 ΔE，即

$$\Delta W = \Delta E$$

针对图 11-3a 所示的等效动力学模型，若等效构件从角位移为 φ_0 的位置 I 转动到角位移为 φ 的位置 II，则上式可写成第一种动能形式的机器运动方程式，为

$$\int_{\varphi_0}^{\varphi} M_e \mathrm{d}\varphi = \frac{1}{2}J_e\omega^2 - \frac{1}{2}J_{e0}\omega_0^2 \qquad (11\text{-}18)$$

视频讲解

式中，ω_0、ω 为在位置Ⅰ、Ⅱ时，等效构件的角速度；J_{e0}、J_e 分别为等效构件在角位移 φ_0 与 φ 时的等效转动惯量。

针对图 11-3b 所示的等效动力学模型，若等效构件从位移为 s_0 的位置Ⅰ运动到位移为 s 的位置Ⅱ，可得第二种动能形式的机器运动方程式，为

$$\int_{s_0}^{s} F_e \mathrm{d}s = \frac{1}{2}m_e v^2 - \frac{1}{2}m_{e0}v_0^2 \tag{11-19}$$

式中，v_0、v 为在位置Ⅰ、Ⅱ时，等效构件的速度；m_{e0}、m_e 分别为等效构件在位移 s_0 与 s 时的等效质量。

2. 力矩和力形式的机器运动方程式

将式（11-18）对 φ 求导，得

$$M_e = \frac{\mathrm{d}(J_e \omega^2/2)}{\mathrm{d}\varphi} = \frac{J_e}{2} \cdot 2\omega \cdot \frac{\mathrm{d}\omega}{\mathrm{d}\varphi} + \frac{\omega^2}{2} \cdot \frac{\mathrm{d}J_e}{\mathrm{d}\varphi} = J_e \omega \cdot \frac{\mathrm{d}\omega/\mathrm{d}t}{\mathrm{d}\varphi/\mathrm{d}t} + \frac{\omega^2}{2} \cdot \frac{\mathrm{d}J_e}{\mathrm{d}\varphi}$$

整理得，力矩形式的机器运动方程式为

$$M_e = J_e \cdot \frac{\mathrm{d}\omega}{\mathrm{d}t} + \frac{\omega^2}{2} \cdot \frac{\mathrm{d}J_e}{\mathrm{d}\varphi} \tag{11-20}$$

当等效转动惯量 J_e 为常数时，则上式为

$$M_e = J_e \cdot \frac{\mathrm{d}\omega}{\mathrm{d}t} = J_e \alpha \tag{11-21}$$

从（11-21）可知，当 $\mathrm{d}\omega/\mathrm{d}t = 0$ 时，$M_e = M_{ed} - M_{er} = 0$，即角速度的极值一定出现在 $M_{ed} = M_{er}$ 处。

同样，将式（11-19）对 s 求导，得 $F_e = \frac{m_e}{2} \cdot 2v \cdot \frac{\mathrm{d}v}{\mathrm{d}s} + \frac{v^2}{2} \cdot \frac{\mathrm{d}m_e}{\mathrm{d}s}$。

整理得，力形式的机器运动方程式为

$$F_e = m_e \cdot \frac{\mathrm{d}v}{\mathrm{d}t} + \frac{v^2}{2} \cdot \frac{\mathrm{d}m_e}{\mathrm{d}s} \tag{11-22}$$

（二）机器运动方程式的求解

机器运动方程式建立后，求解机器运动方程式在已知外力作用下等效构件的运动规律，进而求得系统中所有活动构件的运动规律。由于不同机械系统的等效力矩（等效力）、等效转动惯量（等效质量）可能是位置、速度或时间的函数，它们可能以函数式、数值表格或曲线等形式给出，因此求解运动方程式的方法也不尽相同。下面就几种常见的情况，简要介绍机械系统真实运动的求解方法。

1. 等效转动惯量 J_e 和等效力矩 M_e 均为常数

定传动比机械系统的等效转动惯量 J_e 和等效力矩 M_e 通常为常数，这类问题的求解非常方便，由式（11-21），得

$$\alpha = \mathrm{d}\omega/\mathrm{d}t = M_e/J_e \tag{11-23}$$

对上式积分，可得

$$\omega = \omega_0 + \alpha t \tag{11-24}$$

【例 11-2】 在图 11-6 所示的齿轮机构中，已知齿数 $z_1 = 20$，$z_2 = 40$；转动惯量 $J_1 =$

$0.01 \text{kg} \cdot \text{m}^2$，$J_2 = 0.04 \text{kg} \cdot \text{m}^2$；齿轮 1 上的驱动力矩 $M_1 = 10\text{N} \cdot \text{m}$，齿轮 2 上的阻力矩 $M_2 = 4\text{N} \cdot \text{m}$，求齿轮 2 的角速度从零等加速上升到 100rad/s 所需的时间 t。

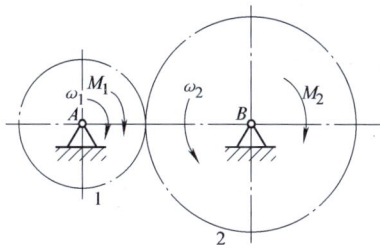

图 11-6　例 11-2 图

解： 选择齿轮 2 为等效构件，则等效力矩为

$$M_e = M_1 \frac{\omega_1}{\omega_2} - M_2 = \left(10 \times \frac{40}{20} - 4\right) \text{N} \cdot \text{m} = 16\text{N} \cdot \text{m}$$

等效转动惯量为

$$J_e = J_1 \left(\frac{\omega_1}{\omega_2}\right)^2 + J_2 = \left[0.01 \times \left(\frac{40}{20}\right)^2 + 0.04\right] \text{kg} \cdot \text{m}^2 = 0.08\text{kg} \cdot \text{m}^2$$

由式（11-23）得 $\alpha = \dfrac{M_e}{J_e} = \dfrac{16}{0.08} = \dfrac{100-0}{t}$，得 $t = 0.5\text{s}$，即所需的时间为 0.5s。

2. 等效转动惯量 J_e 和等效力矩 M_e 均为位置的函数

用内燃机驱动的含有连杆机构的机械系统就属于这种情况。因为内燃机给出的驱动力矩 M_d 是位置的函数，故等效力矩 M_e 也是位置的函数；连杆机构部分的等效转动惯量是位置的函数，故系统的等效转动惯量 J_e 也是位置的函数，即 $M_e = M_e(\varphi)$，$J_e = J_e(\varphi)$。

若 $M_e = M_e(\varphi)$，$J_e = J_e(\varphi)$ 可以用解析式表示时，由式（11-18）可得

$$\frac{1}{2} J_e(\varphi)\omega^2(\varphi) = \frac{1}{2} J_{e0}\omega_0^2 + \int_{\varphi_0}^{\varphi} M_e(\varphi)\mathrm{d}\varphi$$

从而可求得

$$\omega(\varphi) = \sqrt{\frac{J_{e0}}{J_e(\varphi)}\omega_0^2 + \frac{2}{J_e(\varphi)}\int_{\varphi_0}^{\varphi} M_e(\varphi)\mathrm{d}\varphi} \tag{11-25}$$

由上式可求出 $\omega = \omega(\varphi)$ 的函数关系，进而可求得角速度 ω 随时间 t 的变化规律。

若 $M_e(\varphi)$ 是以线图或表格形式给出的，则只能用数值积分法求解。

3. 等效转动惯量 J_e 是常数，等效力矩 M_e 是角速度 ω 的函数

由电动机驱动的鼓风机、搅拌机等机械系统就属于这种情况。对于这类机器应用式（11-21）求解比较方便，由于

$$M_e(\omega) = M_{ed}(\omega) - M_{er}(\omega) = J_e \mathrm{d}\omega/\mathrm{d}t$$

将式中的变量分离后，得

$$\mathrm{d}t = J_e \mathrm{d}\omega/M_e(\omega)$$

积分得

$$t = t_0 + J_e \int_{\omega_0}^{\omega} \frac{\mathrm{d}\omega}{M_e(\omega)} \tag{11-26}$$

由上式解出 $\omega=\omega(t)$ 以后，对其求导得角加速度 $\alpha=\mathrm{d}\omega/\mathrm{d}t$，对其积分得角位移

$$\varphi = \varphi_0 + \int_{t_0}^{t} \omega(t)\,\mathrm{d}t \tag{11-27}$$

4. 等效转动惯量 J_e 是位置的函数，等效力矩 M_e 是位置和速度的函数

用电动机驱动的含连杆机构的机械系统，如刨床、压力机等机械系统都属于这种情况。因为电动机的驱动力矩 M_{ed} 是速度 ω 的函数，而工作阻力是机构位置 φ 的函数，等效转动惯量 J_e 随机构位置的不同而改变。

这类机械的运动方程式根据式（11-20）可列为

$$M_e(\omega,\varphi) = J_e(\varphi)\frac{\mathrm{d}\omega}{\mathrm{d}t} + \frac{\omega^2}{2}\frac{\mathrm{d}J_e(\varphi)}{\mathrm{d}\varphi} = J_e(\varphi)\omega\frac{\mathrm{d}\omega}{\mathrm{d}\varphi} + \frac{\omega^2}{2}\frac{\mathrm{d}J_e(\varphi)}{\mathrm{d}\varphi}$$

这是一个非线性微分方程，若 ω、φ 变量无法分离，则不能用解析法求解，而只能采用数值法求解。下面介绍一种简单的数值解法——差分法。

将上式改写为

$$\frac{\omega^2}{2}\mathrm{d}J_e(\varphi) + J_e(\varphi)\omega\mathrm{d}\omega = M_e(\omega,\varphi)\mathrm{d}\varphi \tag{11-28}$$

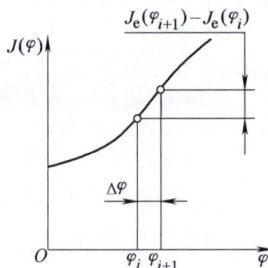

图 11-7 用增量代替微分的示意图

如图 11-7 所示，将转角 φ 等分为 n 个微小的转角 $\Delta\varphi=\varphi_{i+1}-\varphi_i(i=0,1,2,\cdots,n)$。而等效转动惯量 $J_e(\varphi)$ 的微分 $\mathrm{d}J_e(\varphi_i)$ 可以用增量 $\Delta J_{ei}=J_e(\varphi_{i+1})-J_e(\varphi_i)$ 来近似地代替，并简写成 $\Delta J_i=J_{i+1}-J_i$。同样，当 $\varphi=\varphi_i$ 时，角速度 $\omega(\varphi)$ 的微分 $\mathrm{d}\omega_i$ 可以用增量 $\Delta\omega_i=\omega(\varphi_{i+1})-\omega(\varphi_i)$ 来近似地代替，并简写为 $\Delta\omega_i=\omega_{i+1}-\omega_i$。于是，当 $\varphi=\varphi_i$ 时，式（11-28）可写为

$$\frac{(J_{i+1}-J_i)\omega_i^2}{2} + J_i\omega_i(\omega_{i+1}-\omega_i) = M_e(\omega_i,\varphi_i)\Delta\varphi$$

解出 ω_{i+1} 得

$$\omega_{i+1} = \frac{M_e(\omega_i,\varphi_i)\Delta\varphi}{J_i\omega_i} + \frac{3J_i-J_{i+1}}{2J_i}\omega_i \tag{11-29}$$

式（11-29）可用计算机方便地求解。

【例 11-3】 设有一台电动机驱动的牛头刨床，当取主轴为等效构件时，其等效力矩 $M_e=5500-1000\omega-M_{er}$，其等效转动惯量 J_e 与等效阻抗力矩 M_{er} 的值见表 11-1，试分析该机器在稳定运转时的运动情况。

表 11-1　等效转动惯量 J_e 与等效阻抗力矩 M_{er} 的值

i	$\varphi/(°)$	$J_e(\varphi)/\text{kg}\cdot\text{m}^2$	$M_{er}(\varphi)/\text{N}\cdot\text{m}$	$\omega'/(\text{rad/s})$	$\omega''/(\text{rad/s})$
0	0	34.0	789	5.00	4.81
1	15	33.9	812	4.56	4.66
2	30	33.6	825	4.80	4.73
3	45	33.1	797	4.64	4.67
⋮	⋮	⋮	⋮	⋮	⋮
21	315	33.1	803	4.39	4.39
22	330	33.6	818	4.91	4.91
23	345	33.9	802	4.52	4.52
24	360	34.0	789	4.81	4.81

解： 由所给数据可知，该机器的周期为 $\varphi_T = 360°$。现自序号 $i = 0$ 开始，按式（11-29）进行迭代计算。

由于对应于 φ_0 的 ω_0 为未知量，通常可按照机器的平均角速度来试选初始角速度。设 $i_0 = 0$ 时，$t_0 = 0$，$\varphi = \varphi_0 = 0$，$\omega_0 = \omega' = 5\text{rad/s}$，取步长 $\Delta\varphi = 15° = 0.2618\text{rad}$，则由式（11-29）及表 11-1 可知

$$\omega_1' = \left[\frac{(5500-1000\times 5-789)\times 0.2618}{34.0\times 5}+\frac{3\times 34.0-33.9}{2\times 34.0}\times 5\right]\text{rad/s} = 4.56\text{rad/s}$$

$$\omega_2' = \left[\frac{(5500-1000\times 4.56-812)\times 0.2618}{33.9\times 4.56}+\frac{3\times 33.9-33.6}{2\times 33.9}\times 4.56\right]\text{rad/s} = 4.80\text{rad/s}$$

同理，可求得当 $i = 2$，3，4，…时的 ω_3'，ω_4'，ω_5'，…将结果列于表 11-1 中的第 5 列。

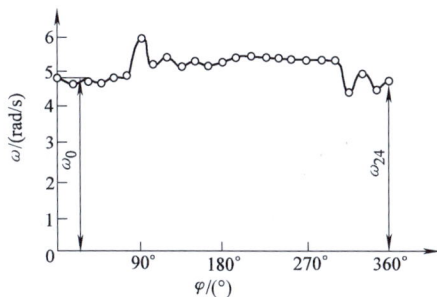

图 11-8　等效构件角速度的变化规律

由表 11-1 中 ω' 的数据可以看出，根据试取的角速度初始值 $\omega_0 = 5\text{rad/s}$，计算主轴回转一周后，ω_{24}' 并不等于 ω_0，这说明机器尚未进入周期性稳定运转。只要以 ω_{24}' 作为 ω_0 的新初始值再继续计算，数轮后机器即可进入稳定运转。本例中，在第 2 轮时，因 $\omega_0'' = \omega_{24}'' = 4.81\text{rad/s}$，即已进入稳定运转阶段。按 ω'' 绘制的等效构件角速度的变化规律如图 11-8 所示。

第三节 周期性速度波动及其调节

视频讲解

如本章第一节所述，机械系统在运转过程中，由于其上所作用的外力或力矩的变化，使得任意时间间隔内，驱动功并不总是等于总耗功，从而导致了机械运转时的速度波动。过大的速度波动对机械的工作是不利的。因此，在机械系统设计阶段，设计者就应采取措施，设法降低机械运转的速度波动程度，将其控制在许可的范围之内。本节讨论周期性速度波动及其调节方法。

一、衡量周期性速度波动的参数

为了对机械运转过程中出现的周期性速度波动进行分析，下面介绍两个衡量速度波动程度的参数。

1. 平均角速度 ω_m

图 11-9 为在一个周期 φ_T 内等效构件角速度 ω 的变化曲线，理论上平均角速度 $\omega_m = \frac{1}{\varphi_T}\int_0^{\varphi_T}\omega(\varphi)\cdot d\varphi$，若 $\omega(\varphi)$ 如图中一样为不规则曲线时，则 ω_m 难以求解，故在工程实际中，平均角速度 ω_m 常用其算术平均值来表示，即

$$\omega_m = \frac{\omega_{max}+\omega_{min}}{2} \tag{11-30}$$

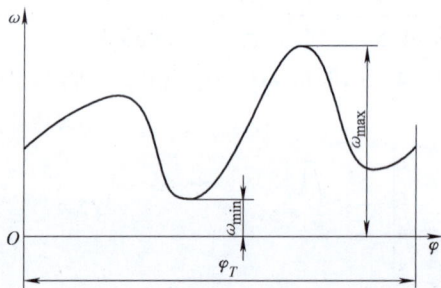

图 11-9 一个周期内等效构件的角速度

2. 速度不均匀系数 δ

机器速度波动的程度不仅与平均角速度 ω_m 的大小有关，也与角速度的差 $(\omega_{max}-\omega_{min})$ 有关。工程上，用角速度的差 $(\omega_{max}-\omega_{min})$ 与平均角速度 ω_m 之比来表示机器速度波动的程度，称为机器运转的速度不均匀系数，用 δ 表示，即

$$\delta = \frac{\omega_{max}-\omega_{min}}{\omega_m} \tag{11-31}$$

显然，δ 越小，机器速度波动的程度就越小，机器的运转速度越均匀。

不同类型的机械，对速度不均匀程度的限制是不同的。表 11-2 中列出了一些常用机器的许用速度不均匀系数 $[\delta]$，供设计时参考。

表 11-2　常用机器的许用速度不均匀系数$[\delta]$

机器的名称	$[\delta]$	机器的名称	$[\delta]$
碎石机	$1/20 \sim 1/5$	水泵、鼓风机	$1/50 \sim 1/30$
压力机、剪床	$1/10 \sim 1/7$	造纸机、织布机	$1/50 \sim 1/40$
轧压机	$1/25 \sim 1/10$	纺纱机	$1/100 \sim 1/60$
汽车、拖拉机	$1/60 \sim 1/20$	直流发电机	$1/200 \sim 1/100$
金属切削机床	$1/40 \sim 1/30$	交流发电机	$1/300 \sim 1/200$

设计时，机器的速度不均匀系数不得超过许用值，即

$$\delta \le [\delta] \tag{11-32}$$

由式（11-30）和式（11-31）可得

$$\omega_{\max} = \omega_{\mathrm{m}}\left(1 + \frac{\delta}{2}\right), \quad \omega_{\min} = \omega_{\mathrm{m}}\left(1 - \frac{\delta}{2}\right) \tag{11-33}$$

二、飞轮调速的基本原理

若不满足式（11-32），则可在机械中安装一个具有很大转动惯量的盘形回转构件——飞轮，以调节周期性速度波动。飞轮有时是专门的外加构件，有时是有意增大齿轮或带轮等回转件的直径，使它们兼起飞轮的作用。

1. 在运动周期内动能的变化情况

图 11-10a 所示为某机械系统在稳定运转过程中，等效构件在一个周期 φ_T 内等效驱动力矩 M_{ed} 和等效阻抗力矩 M_{er} 的变化曲线，设等效构件在起始位置 a 时的角度为 φ_{a}，回转到 φ 角时，机器动能的增量为

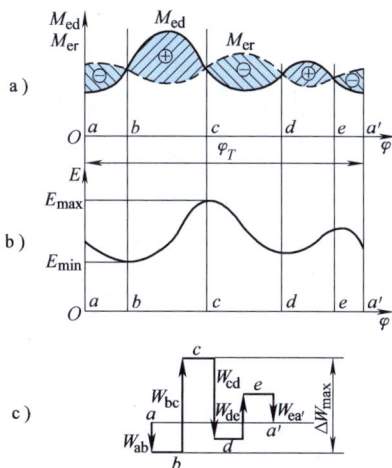

图 11-10　一个周期内等效力矩和动能的变化曲线
a）等效力矩变化曲线　b）动能变化曲线　c）能量指示图

$$\Delta E = W_{\mathrm{d}}(\varphi) - W_{\mathrm{r}}(\varphi) = \int_{\varphi_{\mathrm{a}}}^{\varphi} [M_{\mathrm{ed}}(\varphi) - M_{\mathrm{er}}(\varphi)] \mathrm{d}\varphi$$

$$= \frac{J_e(\varphi)\omega^2(\varphi)}{2} - \frac{J_{ea}\omega_a^2}{2} \quad (11\text{-}34)$$

由式（11-34）计算得到机械系统的动能$E(\varphi)$，其变化曲线如图11-10b所示。

在图11-10a中，M_{ed}曲线下的面积为驱动功，M_{er}曲线下的面积为阻抗功。在ab段、cd段、ea'段，由于$M_{er}>M_{ed}$，因而机器的驱动功小于阻抗功，不足的功在图中以"−"标识，称之为亏功。在这些区间，等效构件的角速度由于动能的减少而下降，如图11-10b所示。而在bc段、de段，由于$M_{ed}>M_{er}$，因而机器的驱动功大于阻抗功，多余出来的功在图中以"+"标识，称之为盈功。在这些区间，等效构件的角速度由于动能的增加而上升，如图11-10b所示。在等效力矩和等效转动惯量变化的公共周期φ_T内，驱动功等于阻抗功，则机器动能的增量等于零，即

$$\int_{\varphi_a}^{\varphi_a'}(M_{ed} - M_{er})\mathrm{d}\varphi = \frac{J_{ea'}\omega_{a'}^2}{2} - \frac{J_{ea}\omega_a^2}{2} = 0$$

由图11-10b可见，在b点处机器出现能量的最小值$E_{\min}$，而在c点处出现能量最大值$E_{\max}$，故在φ_b和φ_c之间将出现最大盈亏功（一个周期内动能的最大变化量），用$\Delta W_{\max}$表示。

$$\Delta W_{\max} = E_{\max} - E_{\min} = \int_{\varphi_b}^{\varphi_c}[M_{ed}(\varphi) - M_{er}(\varphi)]\mathrm{d}\varphi \quad (11\text{-}35)$$

2. 机器中安装飞轮的目的

如果忽略等效转动惯量中的变量部分，即设$J_e=$常数，则当$\varphi=\varphi_b$时，$\omega=\omega_{\min}$，当$\varphi=\varphi_c$时，$\omega=\omega_{\max}$。式（11-35）可写成

$$\Delta W_{\max} = E_{\max} - E_{\min} = \frac{J_e(\omega_{\max}^2 - \omega_{\min}^2)}{2} = J_e\omega_m^2\delta$$

所以，不加飞轮时等效构件的速度不均匀系数为

$$\delta = \frac{\Delta W_{\max}}{J_e\omega_m^2} \quad (11\text{-}36)$$

当用上式计算的$\delta>[\delta]$时，可在机器上添加一个转动惯量足够大的飞轮。设在等效构件所在轴上添加的飞轮转动惯量为J_F，则有

$$\delta = \frac{\Delta W_{\max}}{(J_e+J_F)\omega_m^2} \quad (11\text{-}37)$$

可见，只要J_F足够大，就可以使$\delta\leqslant[\delta]$，从而达到调节机械周期性速度波动的目的。

三、飞轮转动惯量的计算

由式（11-32）和式（11-37）可得，飞轮转动惯量J_F的计算公式为

$$J_F \geqslant \frac{\Delta W_{\max}}{\omega_m^2[\delta]} - J_e \quad (11\text{-}38)$$

如果$J_e \ll J_F$，则J_e可以忽略不计，于是式（11-38）可写为

$$J_F \geqslant \frac{\Delta W_{\max}}{\omega_m^2[\delta]} \quad (11\text{-}39)$$

视频讲解

若式（11-38）中的平均角速度 ω_m 用平均转速 $n_m(\text{r/min})$ 代换，则有

$$J_F \geqslant \frac{900\Delta W_{max}}{\pi^2 n_m^2 [\delta]} - J_e \qquad (11\text{-}40)$$

若飞轮不是安装在等效构件所在轴上，则应把求得的 J_F 折算到安装构件上。

可以看出，计算飞轮转动惯量的关键是最大盈亏功 ΔW_{max} 的计算。为了确定 ΔW_{max}，首先应明确机械系统的最大动能 E_{max} 和最小动能 E_{min} 的发生位置，对于等效构件为转动件的机械系统，其 E_{max}（对应 ω_{max} 的位置）和 E_{min}（对应 ω_{min} 的位置）一定出现在等效驱动力矩 M_{ed} 和等效阻抗力矩 M_{er} 相等的位置。对一些较简单的情况，最大盈亏功可直接由 M_e-φ 图看出。对于较复杂的情况，则可借助于能量指示图来确定。

现说明图 11-10c 所示能量指示图的画法。任画一条水平线，在线上以周期开始点 a 为起点，选定比例尺，用铅垂矢量线段依次表示图 11-10a 中相应区间 M_{ed} 与 M_{er} 之间所包围的面积（盈亏功）W_{ab}、W_{bc}、W_{cd}、W_{de}、$W_{ea'}$，盈功向上画，亏功向下画，为避免铅垂线重叠在一起，画各铅垂线前在水平方向任意平移一小段距离。由于在一个循环的起止位置的动能相等，所以能量指示图的首尾应在同一水平线上，即形成封闭的台阶形折线。由图 11-10c 可以看出，能量指示图中最低点（b 处）动能最小，是最小角速度出现的位置；最高点（c 处）动能最大，是最大角速度出现的位置，而图中折线的最高点和最低点的距离就是最大盈亏功 ΔW_{max} 的大小，其数值等于最小角速度和最大角速度之间盈亏功的代数和的绝对值。

分析式（11-39）可知：

1）当 ΔW_{max} 与 ω_m 一定时，若 $[\delta]$ 取值很小，则 J_F 就会很大。所以，过分追求机器运转速度的均匀性，将会使飞轮过于笨重。

2）由于 J_F 不可能为无穷大，而 ΔW_{max}、ω_m 都是有限值，所以 $[\delta]$ 不可能为零，即安装飞轮后机械的速度仍有波动，只是波动幅度减小而已。

3）当 ΔW_{max} 与 $[\delta]$ 一定时，J_F 与 ω_m 的二次方值成反比，故为减小 J_F，最好将飞轮安装在机器的高速轴上。当然，在实际设计中还必须考虑安装飞轮轴的刚性和结构上的可能性等因素。

应当指出，飞轮之所以能调速，是利用了它的储能释能作用。由于飞轮具有很大的转动惯量，故其转速只作微小变化，就可储存或释放较大的能量。当机器出现盈功时，飞轮的角速度只作微小上升，即可抵消这部分多余的功，即将多余的功以动能的形式储存起来；而当机器出现亏功时，飞轮的角速度只作微小下降，即可弥补这部分不足的功，飞轮又将能量释放出来。可见，安装飞轮，仍存在速度波动，但使机器速度波动的幅度大大降低。

在有些机械系统中安装飞轮，不仅是为了调速，还可达到减小原动机功率的目的。如电动机驱动的压力机、锻压机械中，工作时间很短，而峰值载荷很大。飞轮在机器非冲压（或锻压）期间，将电动机提供的多余能量储存起来；而在冲压（或锻压）时，工作阻力很大，需要很大的驱动力，这时，飞轮释放能量来帮助克服峰值载荷。因此，可以选用比按工作阻力推算的电动机功率小一些的电动机，进而达到减少投资、降低能耗的目的。

四、飞轮主要尺寸的设计计算

求出飞轮的转动惯量 J_F 以后，就可以选择飞轮的结构形式，进而确定其各部分尺寸。

飞轮按直径大小常设计成轮辐式、腹板式或实心式，分别如图 11-11a、b、c 所示。

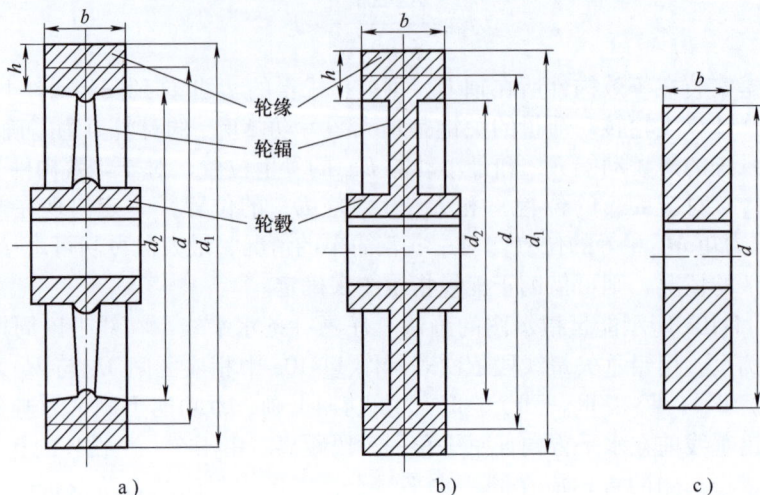

图 11-11 飞轮的结构
a）轮辐式　b）腹板式　c）实心式

1. 轮辐式、腹板式飞轮的尺寸设计

当飞轮直径较大时，常将其设计为轮辐式或腹板式结构。这种飞轮由轮毂、轮缘和轮辐三部分组成。飞轮的转动惯量 J_F 可近似认为是轮缘部分的转动惯量 J_A。图 11-11a、b 中，厚度为 h 的轮缘部分是一个直径为 d_1、d_2 的圆环。由理论力学，其转动惯量为

$$J_F \approx J_A = \frac{1}{2} m \left[\left(\frac{d_1}{2} \right)^2 + \left(\frac{d_2}{2} \right)^2 \right] = \frac{1}{8} m (d_1^2 + d_2^2)$$

将平均直径 $d = \dfrac{d_1 + d_2}{2}$，$d_1 = d + h$，$d_2 = d - h$ 代入上式得，

$$J_F \approx J_A = \frac{1}{4} m (d^2 + h^2)$$

因为 $h \ll d$，所以上式可写为

$$J_F \approx J_A \approx \frac{1}{4} m d^2 \text{，即 } m d^2 \approx 4 J_F \tag{11-41}$$

$m d^2$ 称为飞轮矩，单位为 $kg \cdot m^2$。式中 J_F 已求得，当选定飞轮的平均直径 d 后，即可求出飞轮的质量 m，依据 m 进一步确定轮缘的宽度 b 和厚度 h。

设材料的密度为 ρ，则 $m = \pi d h b \rho$，得

$$hb = \frac{m}{\pi d \rho} \tag{11-42}$$

当飞轮的材料及 h/b 的比值选定后，即可求得轮缘的横剖面尺寸 h 和 b。

2. 实心式飞轮的尺寸设计

若飞轮直径较小，可设计成图 11-11c 所示的实心式结构，设其外径为 d，由理论力学知

$$J_F = \frac{1}{2} m \left(\frac{d}{2} \right)^2 = \frac{m d^2}{8} \tag{11-43}$$

选定圆盘直径 d，便可由式（11-43）求出飞轮的质量 m，而

$$m \approx \frac{\pi d^2}{4} b \rho \tag{11-44}$$

选定飞轮的材质后，便可求出飞轮的宽度 b。

飞轮的转速越高，其轮缘产生的离心力越大。当轮缘所受的离心力超过其材料的强度极限时，轮缘便会爆裂。所以，为了安全，在设计时，应使飞轮外缘的圆周速度不超过工程上规定的许用值。

综上，飞轮设计的一般步骤为：①先求得等效驱动力矩 M_{ed} 或 M_{er} 曲线；②按两个曲线的交点分区间，求各区间的盈亏功；③求最大盈亏功 ΔW_{max}；④求飞轮的转动惯量 J_F；⑤确定飞轮的结构和尺寸。

【例 11-4】　某机械转化到主轴上的等效阻抗力矩 M_{er} 在一个工作周期 2π 中的变化规律如图 11-12a 所示，等效驱动力矩 M_{ed} 为常数，系统其他构件等效到主轴上的转动惯量为 $1 kg \cdot m^2$，主轴的平均转速 $n_m = 750 r/min$，要求速度不均匀系数 $\delta = 0.03$。试求：

1）等效驱动力矩 M_{ed}。

2）出现最大角速度 ω_{max}、最小角速度 ω_{min} 时主轴的转角；最大盈亏功 ΔW_{max}。

3）ω_{max}、ω_{min} 的大小。

4）安装在主轴上的飞轮转动惯量 J_F。

5）若电动机装在主轴上，求所需电动机的功率 P。

视频讲解

解：

1）求等效驱动力矩 M_{ed}。因在一个周期内，等效驱动力矩 M_{ed} 做的功等于等效阻抗力矩 M_{er} 做的功，有

$$600 \times \left(\frac{1}{4}\pi + \frac{1}{6}\pi \right) = 2\pi M_{ed}$$

$M_{ed} = 125 N \cdot m$，将它画在图上，如图 11-12b 所示。

2）求最大盈亏功 ΔW_{max}。各盈亏功为

$$A_1 = +125\pi, A_2 = -\frac{475}{4}\pi, A_3 = +\frac{125}{4}\pi, A_4 = -\frac{475}{6}\pi, A_5 = +\frac{125}{3}\pi$$

画出能量指示图，如图 11-12c 所示。

图 11-12c 上的最高点 a 是最大角速度出现的位置，即 π 处；最低点 d 是最小角速度出现的位置，即 $5\pi/3$ 处，最大盈亏功是 ad 之间盈亏功的代数值的绝对值，即

$$\Delta W_{max} = \left| -\frac{475}{4}\pi + \frac{125}{4}\pi - \frac{475}{6}\pi \right| J = \frac{500}{3}\pi J$$

3）求 ω_{max}、ω_{min}。由式（11-33）得，

$$\omega_{max} = \omega_m \left(1 + \frac{\delta}{2} \right) = \frac{n_m \pi}{30} \left(1 + \frac{\delta}{2} \right) = \frac{750\pi}{30} \left(1 + \frac{0.03}{2} \right) rad/s = 79.72 rad/s$$

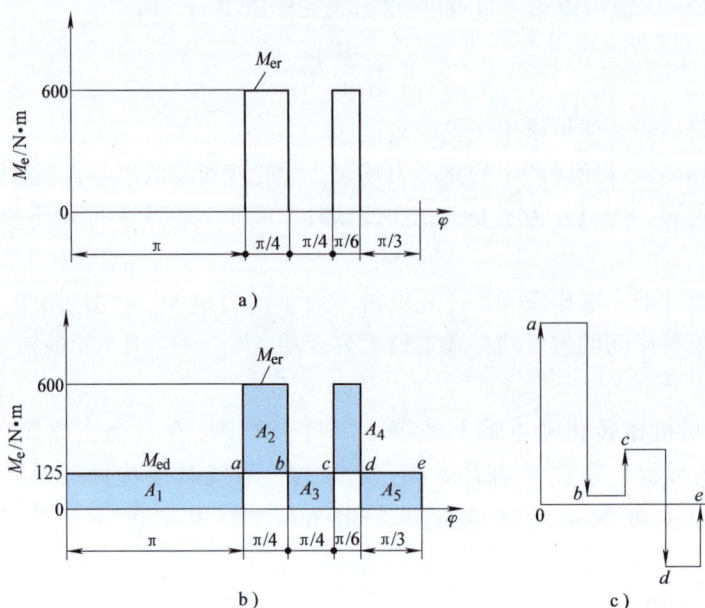

图 11-12 例 11-4 图

$$\omega_{min} = \omega_m\left(1-\frac{\delta}{2}\right) = \frac{n_m\pi}{30}\left(1-\frac{\delta}{2}\right) = \frac{750\pi}{30}\left(1-\frac{0.03}{2}\right)\,rad/s = 77.36\,rad/s$$

4）求飞轮转动惯量。

$$J_F \geqslant \frac{\Delta W_{max}}{[\delta]\omega_m^2} - J_e = \left(\frac{\frac{500}{3}\pi}{0.03\times\left(\frac{750\pi}{30}\right)^2}-1\right)\,kg\cdot m^2 = 1.83\,kg\cdot m^2$$

5）电动机的平均功率 $P = M_{ed}\omega = 125\times\frac{750\pi}{30}\times\frac{1}{1000}\,kW = 9.817\,kW$

第四节　非周期性速度波动及其调节

机器在运转过程中，如果等效力矩 $M_e = M_{ed} - M_{er}$ 的变化是非周期性的，则机器运转的速度波动也将是非周期性的，这样会破坏机器的稳定运转状态，这种速度波动就称为非周期性速度波动。

视频讲解

一、非周期性速度波动产生的原因

如果机器的驱动力（力矩）或工作阻力（力矩）或有害阻力（力矩）突然发生巨大的变化时，其主轴的速度也会跟着突然增大或减小，若长时间内 $M_{ed} > M_{er}$，则机器将越转越快，甚至可能会出现"飞车"现象，从而使机器遭到破坏；反之，若 $M_{ed} < M_{er}$，则机器将越转越慢，最后导致停车。为了避免上述情况的发生，必须对非周期性速度波动进行调节，使

机器重新恢复稳定运转。

以内燃机驱动的发电机为例，用电负荷的变化是随机的，当用电负荷突然减小时必须关小气阀，否则会导致"飞车"现象；当用电负荷突然增加时，必须开大气阀，更多地供气，否则会导致"停车"现象。即必须采用特殊的机构来调节内燃机汽油的供给量，使其产生的功率与发电机所需的功率相适应，从而达到新的稳定运转。

二、非周期性速度波动的调节

对电动机为原动机的机器，电动机本身就可使其等效驱动力矩和等效阻抗力矩自动协调一致。当电动机的角速度由于 $M_{ed}<M_{er}$ 而下降时，由图 11-2c 可知，电动机所产生的驱动力矩 M_{ed} 将随着角速度的下降而增大；反之，当电动机转速因 $M_{ed}>M_{er}$ 而上升时，其所产生的驱动力矩将随着角速度的增加而减小，以使 M_{ed} 与 M_{er} 自动地重新达到平衡，电动机的这种性能称为自调性。

但是，若机器的原动机为蒸汽机、汽轮机或内燃机时，就必须安装一种专门的调节装置——调速器，来调节机器的非周期性速度波动。调速器的种类很多，常用的有机械式调速器和电子式调速器等。

图 11-13 所示为燃气涡轮发动机中采用的机械式离心调速器的工作原理图。图中，支架 1 与发动机轴相连，离心球 2 铰接在支架 1 上，并通过连杆 3 与活塞 4 相连。在稳定运转状态下，由油箱供给的燃油一部分通过增压泵 7 增压后输送到发动机，另一部分多余的油则经过油路 a、调节液压缸 6、油路 b 回到液压泵进口处。

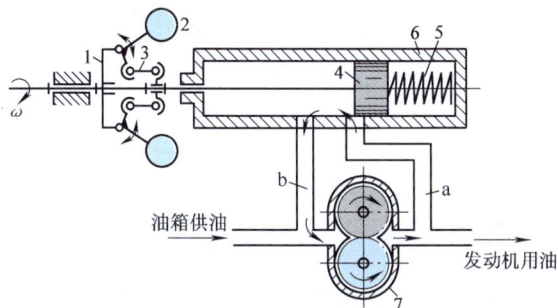

图 11-13　机械式离心调速器的工作原理图
1—支架　2—离心球　3—连杆　4—活塞　5—弹簧　6—液压缸　7—增压泵

动画

当外界条件变化引起阻力矩减小时，发动机的转速 ω 将增大，离心球 2 将因离心力的增大而向外摆动，通过连杆 3 推动活塞 4 向右移动，使被活塞 4 部分封闭的回油孔间隙增大，因此回油量增大，输送给发动机的油量减小，故发动机的驱动力矩有所下降，与减小的阻力矩相匹配，机器又重新归于稳定运转。反之，如果阻力矩增加时，则做相反运动，供给发动机的油量增加，驱动力矩增加，与增大的阻力矩相匹配，从而使发动机又恢复稳定运转。调速器是利用反馈控制的方法调节非周期性速度波动。

关于调速器的详细原理、结构及设计可参阅有关调速器的专业书籍。

视频讲解

本章知识框架图

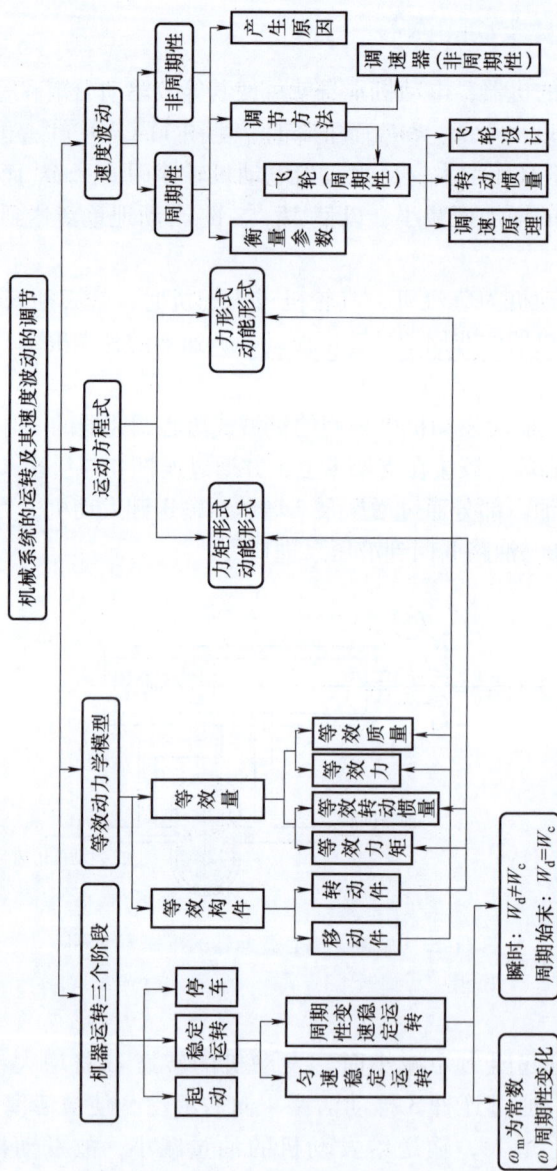

机械系统的运转及其速度波动的调节

- 速度波动
  - 非周期性
    - 产生原因
    - 调节方法 → 调速器(非周期性)
  - 周期性
    - 衡量参数
    - 飞轮(周期性)
      - 飞轮设计
      - 转动惯量
      - 调速原理

- 运动方程式
  - 力形式 动能形式
  - 力矩形式 动能形式

- 等效动力学模型
  - 等效构件
    - 转动件
    - 移动件
  - 等效量
    - 等效质量
    - 等效力
    - 等效转动惯量
    - 等效力矩

- 机器运转三个阶段
  - 起动
  - 稳定运转
    - 匀速稳定运转 (ω_m 为常数)
    - 周期性变速稳定运转 (ω 的周期性变化)
  - 停车

瞬时: $W_d \neq W_c$
周期始末: $W_d = W_c$

本章测试

思 考 题

11-1　机器的运转过程一般分为哪三个阶段？在这三个阶段中，输入功、总耗功、动能之间各存在怎样的关系？

11-2　为什么要建立机器等效动力学模型？建立模型时遵循的原则是什么？

11-3　在机器系统的真实运动规律尚属未知的情况下，能否求出其等效力矩和等效转动惯量？为什么？计算等效力矩（或等效力）、等效转动惯量（或等效质量）时，各自应保证等效前后系统的什么不改变？

11-4　机器的运转速度为什么会有波动？为什么要调节机器的速度波动？

11-5　为什么说在锻压机械中安装飞轮，还能起到节能的作用？

11-6　什么是机器运转的平均速度和速度不均匀系数？

11-7　飞轮的调速原理是什么？为什么飞轮尽量装在机械系统的高速轴上？系统装上飞轮后是否可以得到绝对的匀速运动？为什么？

11-8　何谓最大盈亏功？如何确定其值？

11-9　如何确定机械系统一个运动周期内最大角速度与最小角速度所在的位置？

11-10　什么机器会出现非周期性速度波动，如何进行调节？

11-11　分析图 11-13 所示的离心调速器的工作原理。

11-12　由式 $J_F \geq \Delta W_{max}/(\omega_m^2[\delta])$，你能总结出哪些重要结论？

11-13　借助图 11-10，说明为什么最大角速度、最小角速度一定会出现在 M_{ed} 和 M_{er} 曲线的交点处？

11-14　通常选择机械系统中的什么构件作为等效构件？等效动力学模型有哪些常见形式？

习 题

11-1　图 11-14 所示的行星轮系中，已知各轮的齿数为 $z_1 = z_2 = 20$，$z_3 = 60$，模数 $m = 10\text{mm}$，各构件的质心均在其回转轴线上，它们的转动惯量分别为 $J_1 = J_2 = 0.01\text{kg} \cdot \text{m}^2$，$J_H = 0.16\text{kg} \cdot \text{m}^2$。行星轮 2 的质量 $m_2 = 2\text{kg}$，作用在行星架 H 上的力矩 $M_H = 40\text{N} \cdot \text{m}$。求以构件 1 为等效构件的等效力矩 M_e 和等效转动惯量 J_e。

11-2　图 11-15 所示为一简易机床主传动系统的示意图。电动机经一级带传动、两级齿轮传动带动轴 Ⅲ 工作，电动机转速 $n_d = 1500\text{r/min}$，小带轮直径 $d = 100\text{mm}$，转动惯量 $J_d = 0.1\text{kg} \cdot \text{m}^2$，大带轮直径 $D = 200\text{mm}$，$J_D = 0.3\text{kg} \cdot \text{m}^2$。各齿轮参数为：$z_1 = 32$，$J_1 = 0.1\text{kg} \cdot \text{m}^2$，$z_2 = 56$，$J_2 = 0.2\text{kg} \cdot \text{m}^2$，$z_3 = 32$，$J_3 = 0.1\text{kg} \cdot \text{m}^2$，$z_4 = 56$，$J_4 = 0.25\text{kg} \cdot \text{m}^2$，求切断电源 2s 内，用 Ⅰ 轴上的制动器将轴刹住所需的制动力矩 M_r 至少为多少？（注：n_d/n_D = 大带轮直径/小带轮直径）

11-3　图 11-16 所示为一机床工作台的传动系统，设已知各齿轮的齿数 z_1、z_2、z_2'、z_3，各齿轮的转动惯量 J_1、J_2、J_2'、J_3，齿轮 1 直接装在电动机轴上，J_1 中包含了电动机转子的转动惯量；齿轮 3 的分度圆半径 r_3，工作台和被加工零件的重量之和为 G。当取齿轮 1 为等效构件时，试求该机械系统的等效转动惯量 J_e。

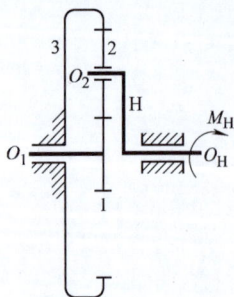

图 11-14 习题 11-1 图

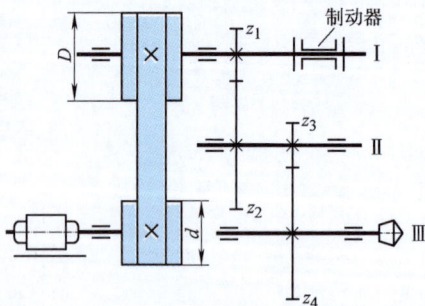

图 11-15 习题 11-2 图

11-4 在图 11-17 所示的刨床机构中，电动机通过减速器（未画出）驱动曲柄 AB 转动，电动机的额定转速 $n=1440$ r/min。已知空回行程和工作行程中消耗的功率分别为 $P_1=0.3677$ kW 和 $P_2=3.677$ kW，曲柄的平均转速 $n_m=100$ r/min，空回行程对应的曲柄转角为 $\varphi_1=120°$。当机器的运转不均匀系数 $\delta=0.05$ 时，试确定电动机所需的平均功率，并分别计算在以下两种情况中的飞轮转动惯量 J_F（略去各构件和减速器的重量和转动惯量）：

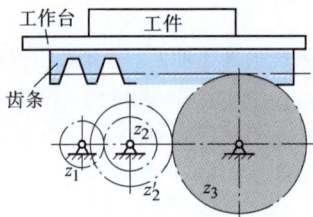

图 11-16 习题 11-3 图

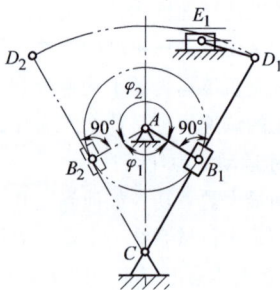

图 11-17 习题 11-4 图

1）飞轮装在曲柄轴 A 上。

2）飞轮装在电动机轴上。

11-5 在图 11-18 所示机构中，已知齿轮 1、2 的齿数分别为 $z_1=20$，$z_2=40$，其转动惯量分别为 $J_{1A}=0.001$ kg·m²，$J_{2B}=0.002$ kg·m²；移动导杆 4 的质量 $m_4=0.5$ kg，质心在 S_4；构件 3 的质量不计。齿轮 1 上的驱动力矩 $M_1=4$ N·m，构件 4 上的作用力 $F_4=25$ N，方向如图 11-18 中所示；$l_{BC}=100$ mm。试求机构在图示位置时，齿轮 1 为等效构件的等效转动惯量 J_e 和等效力矩 M_e。

11-6 在制造螺栓、螺钉及其他制件的双击冷压自动镦头机中，不考虑损耗功时，主动轴上的等效阻力矩按图 11-19 所示的三角形规律变化，自动机所有构件的等效转动惯量 $J_e=1$ kg·m²，主动件上的等效驱动力矩为常数。自动机的运动可以认为是周期为 4π 的稳定运转，主动轴的平均转速 $n_m=160$ r/min，许用运转不均匀系数 $[\delta]=0.1$。试确定主动轴上所需飞轮的转动惯量。

11-7 在图 11-20 所示的搬运机构中，已知曲柄上作用的驱动力矩 $M_1=20$ N·m，曲柄的转动惯量 $J_{1A}=2$ kg·m²，滑块 5 的质量 $m_5=20$ kg，$l_{AB}=l_{ED}=100$ mm，$l_{BC}=l_{CD}=l_{EF}=200$ mm，$\varphi_1=\varphi_{23}=\varphi_3=90°$，作用在滑块 5 上的工作阻力为 $F_5=200$ N，其他构件的质量和转动惯量均忽略不计。若选滑块 5 为等效构件，试求此机构在图示位置的等效力 F_e 和等效质量 m_e。

11-8 在图 11-21 所示蒸汽机—发电机组的等效力矩中，等效阻力矩 M_{er} 为常数，等于等效驱动力矩 M_{ed} 的平均值（7550N·m）。$f_1,f_2,\cdots$ 各块面积所代表的功的绝对值见下表。等效构件的平均转速为 3000r/min，许用值不均匀系数 $[\delta]=1/200$，忽略其他构件的转动惯量，试计算飞轮的等效转动惯量 J_F，并指出最大、最小角速度出现在什么位置，求出最大、最小角速度的具体值。

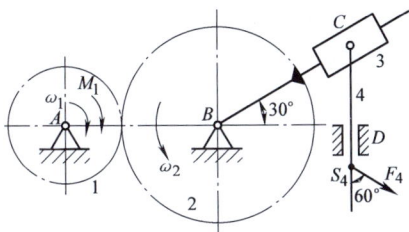

图 11-18　习题 11-5 图

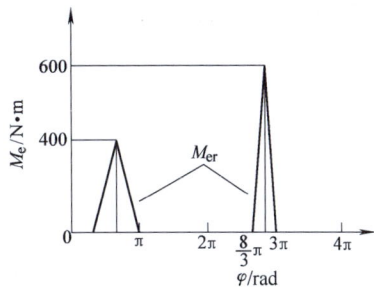

图 11-19　习题 11-6 图

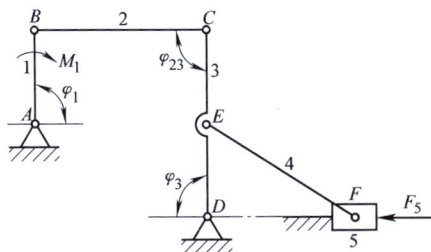

图 11-20　习题 11-7 图

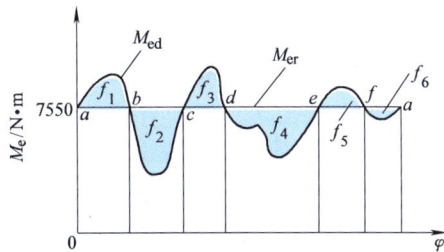

图 11-21　习题 11-8 图

面积代号	f_1	f_2	f_3	f_4	f_5	f_6
等效力矩所做功的绝对值/J	1400	1900	1400	1800	930	30

11-9　用电动机驱动的剪床中，作用在剪床主轴上的阻力矩 M_{er} 的变化规律如图 11-22 所示。等效驱动力矩 M_{ed} 为常数，电动机平均转速为 $n_m = 1500\text{r/min}$，机组各构件的等效转动惯量略去不计。保证运转不均匀系数 δ 不超过 0.05 时，试求安装在主轴上的飞轮转动惯量 J_F。电动机的平均功率应为多大？若希望把此飞轮的转动惯量减少一半，而运转不均匀系数保持原来的 δ 值，应如何考虑？

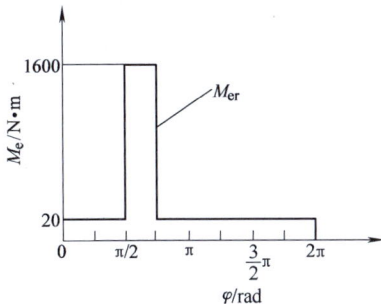

图 11-22　习题 11-9 图

11-10　某机械的等效驱动力矩 M_{ed}、等效阻力矩 M_{er} 和等效转动惯量 J_e 如图 11-23 所示。试回答：
1）此等效构件能否做周期性的速度波动？为什么？

2）假定当 $\varphi = 0°$ 时等效构件的角速度为 100rad/s，求等效构件的最大角速度 ω_{max}、最小角速度 ω_{min} 的值，并说明具体出现的位置。

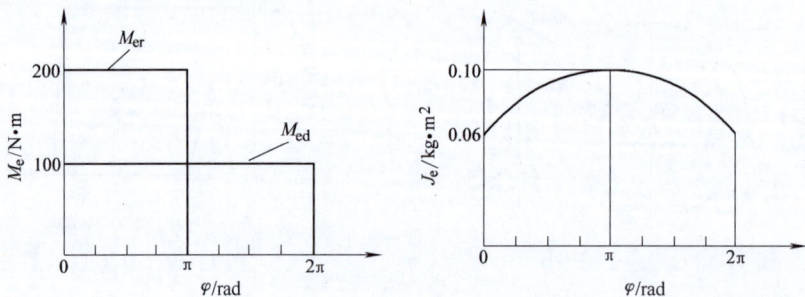

图 11-23 习题 11-10 图

11-11 已知某轧钢机上原动件的功率为常数，且 $P = 2000\mathrm{kW}$，其主轴的平均转速 $n_m = 80\mathrm{r/min}$，钢坯通过轧辊的时间 $t_w = 5\mathrm{s}$，这时消耗的功率 $P' = 3000\mathrm{kW}$（常数），设许可的速度不均匀系数 $\delta = 0.1$，试求：

1）安装在主轴上的飞轮转动惯量 J_F（不计其他构件的质量和转动惯量）。

2）飞轮的最大转速 n_{max} 与最小转速 n_{min}。

*11-12 图 11-24a 所示齿轮机构中，$z_2 = 2z_1$，$z_3 = 2z'_2$，轮 1 为主动轮，齿轮 3 作用有工作阻力矩 M_3，M_3 与齿轮 3 的转角 φ_3 在一个工作循环 2π 内的变化如图 11-24b 所示。作用在齿轮 1 上的驱动力矩 M_d 为常数。试求：

1）以齿轮 1 为等效构件，确定并画出等效阻力矩、等效驱动力矩线图；

2）若各齿轮的转动惯量 $J_1 = J'_2 = 0.1\mathrm{kg \cdot m^2}$，$J_3 = J_2 = 0.2\mathrm{kg \cdot m^2}$，齿轮 1 的平均角速度 $\omega_1 = 6.28\mathrm{rad/s}$，其速度不均匀系数 $\delta = 0.1$，试求安装在齿轮 1 上的飞轮转动惯量 J_F。

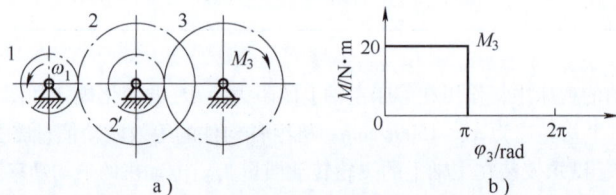

图 11-24 习题 11-12 图

第十二章

机械系统运动方案设计

本章要点：机械系统运动方案设计的任务、步骤及基本原则，机械执行系统的设计，机构的组合方法，组合机构的应用及设计，机械运动循环图的分类和绘制方法，机械系统运动方案设计实例。

第一节 机械系统运动方案设计概述

一、机械系统运动方案设计的任务及步骤

机械系统运动方案设计是机械系统总体方案设计的核心，也是整个机械设计工作的基础。方案的优劣对机械的性能、外形、尺寸、质量及成本有重大影响。

机械系统运动方案设计的任务就是根据机械的预期功能要求，拟定实现功能的工作原理，确定机构所要实现的工艺动作，通过执行机构的选型或构型的方法，进行机构型式的创新设计，在执行机构协调设计基础上，完成机构尺度设计、进行机构运动分析及动力分析，从各种可能的方案中选出最佳方案。

图 12-1 所示为机械系统运动方案设计的一般流程图。下面简要介绍设计流程中的几个主要步骤。

1. 功能原理设计

功能原理设计就是根据机械预期的功能要求，拟定实现功能的工作原理。选择的工作原理不同，执行系统的方案也必然不同。例如，齿轮轮齿加工既可以采用仿形法，也可采用展成法；螺栓的螺纹可以车削、套螺纹，也可以搓螺纹；加工螺旋弹簧可采用图 12-2a 所示的绕制原理，也可采用图 12-2b 所示的直接成形原理。

功能原理设计是机械运动方案设计的第一步，是一项极富创造性的工作，丰富的专业知

识、实践经验，以及创造性的思维方法缺一不可，在功能原理设计中，有些功能依靠纯机械装置是难以实现的，应从机、电、液、磁、光等多个角度着眼。如图 12-3 所示的分析天平，其测量精度要求为 0.01mg。要达到如此高的精度，靠肉眼来读指针的微小偏转角是不可能的，故在该天平中最后增加了一级光学杠杆，把指针上活动游标的位移放大后，投影到读数窗上，再通过游标读数，即可读出指针的微小偏移，从而提高测量的分辨率。

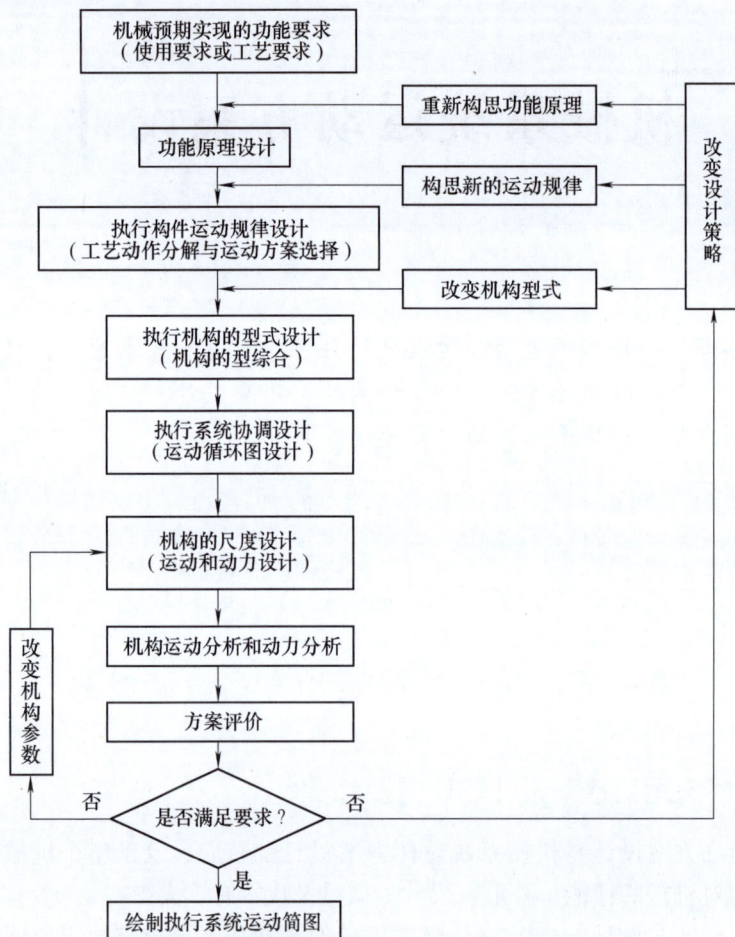

图 12-1 机械系统运动方案设计的一般流程图

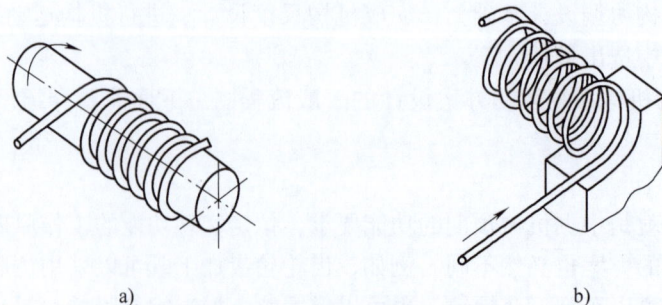

图 12-2 螺旋弹簧加工

a）绕制　b）直接成形

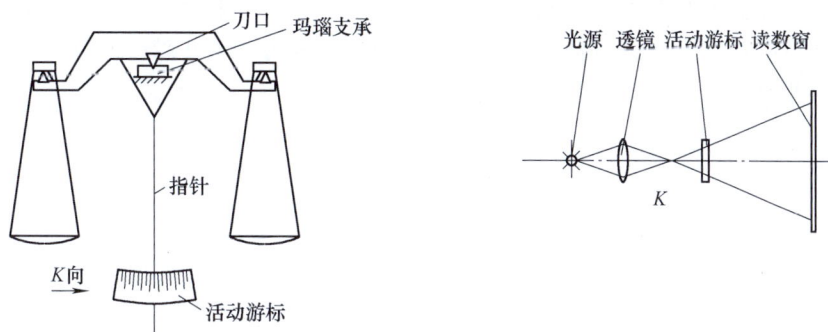

图 12-3　分析天平

2. 执行构件运动规律设计

执行构件运动规律设计就是根据工作原理，构思出多种执行构件工艺动作组合方案，根据工艺动作确定出各执行构件的数目、运动形式、运动规律及各执行构件运动参数间的运动协调关系。

3. 执行机构的型式设计

执行机构的型式设计就是根据各执行构件基本工艺动作，在选定原动机的类型和运动参数的基础上，选择或构思出能实现这些工艺动作的多种机构，从中找出最佳方案。

执行机构型式设计应以满足执行构件的运动要求为前提，并要尽量简单、安全，且具有良好的动力特性。

执行机构型式设计的方法有两大类：机构的选型和机构的构型。机构的选型就是根据执行构件所需的运动特性，从前人已发明的数以千计的机构中经比较选择合适的型式。机构的构型就是通过对已有机构进行扩展、变异和组合，创造出满足运动和动力要求的新型机构。

4. 执行系统协调设计

一个复杂的机械，往往具有多个执行构件，并由多个执行机构组合而成。为完成预期的工作要求，这些机构必须以一定的次序协调动作，最终确保各执行构件动作时间协调、速度协调及空间位置不干涉等。

执行系统协调设计，就是根据工艺动作要求，分析各执行机构应当如何协调和配合，绘制运动循环图，指导执行机构的设计、安装、调试。

5. 机构的尺度设计

根据执行构件和原动机的运动参数，以及各执行构件运动的协调配合要求，确定各构件的运动尺寸，绘制各执行机构的运动简图。

6. 机构运动分析和动力分析

对执行系统进行运动和动力分析，考察其能否全面满足机械的运动和动力特性要求，必要时还应对机构进行适当调整。运动和动力分析的结果可为后续机械零件结构设计和工作能力计算提供必要的数据。

7. 方案评价

方案评价包括定性评价和定量评价。定性评价指对结构的繁简、尺寸大小及加工难易程度等进行评价。定量评价指对运动和动力分析后的执行系统的具体性能与所要求的预期性能进行比对评价。通过对方案的评比，从中选出最佳方案，绘制出系统的运动简图。如果评价的结果不合适，可对设计方案进行修改。在实际工作中，机构运动方案选择与对运动方案进行设计分析经常相互交叉进行。

二、机械系统运动方案设计的基本原则

1. 满足执行构件的运动要求

机械系统运动方案设计的首要任务是满足执行构件的运动要求，包括运动形式、运动规律或运动轨迹要求。

2. 机构尽可能简单，运动链尽可能简短

运动链简短有以下好处：

1）运动副数量少，运动链的累计误差小，可提高传动精度。

2）产生振动的环节少，可增强机械系统工作的可靠性。

3）运动副摩擦带来的功率损耗减少，机械效率提高。

4）可以简化机械结构，减轻重量，降低制造成本。

3. 合理选择动力源的类型，使运动链简短

机构的选型不仅与执行构件的运动形式有关，而且与动力源的类型有关，常见原动机的运动形式及类型如图12-4所示。

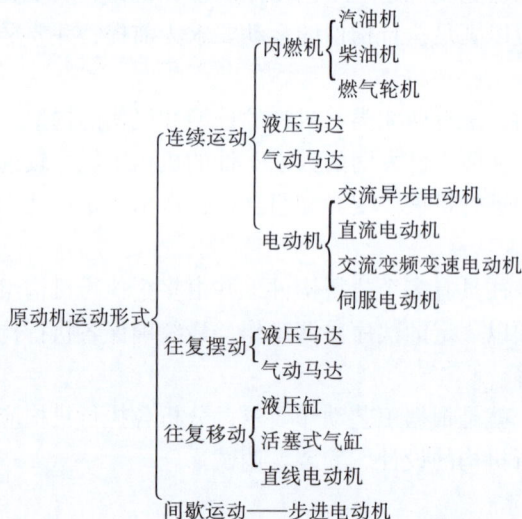

```
                                      ┌ 汽油机
                            ┌ 内燃机 ┤ 柴油机
                            │        └ 燃气轮机
                            │ 液压马达
                  ┌ 连续运动┤ 气动马达
                  │         │        ┌ 交流异步电动机
                  │         │        │ 直流电动机
                  │         └ 电动机 ┤ 交流变频变速电动机
                  │                  └ 伺服电动机
原动机运动形式 ┤                  ┌ 液压马达
                  │ 往复摆动 ┤ 气动马达
                  │         ┌ 液压缸
                  │ 往复移动┤ 活塞式气缸
                  │         └ 直线电动机
                  └ 间歇运动——步进电动机
```

图12-4 常见原动机的运动形式及类型

若工作机械要求具有较大的驱动功率和较高的运动精度，常选用电动机。若要求起动迅速，便于流动作业或野外作业，宜选用内燃机。若要求易控制、响应快、灵敏度高，宜选用液压马达或气动马达。

在具有多个执行机构的工程机械中，常采用液压缸或气压缸作为原动机，直接推动执行构件运动。与采用电动机相比，可省去一些减速传动装置和运动变换机构，不仅机构较为简便而且还有传动平稳、操作方便、易于调速等优点。

图12-5所示为不同原动机的钢板叠放机构。图12-5a采用电动机作为原动机，通过减速

装置（图中未画出）带动机构中的曲柄 *AB* 转动；图 12-5b 采用运动倒置的凸轮机构（凸轮为固定件），液压缸活塞杆直接推动执行件 2 运动。显然图 12-5b 比图 12-5a 的机构系统更简单些。可见，选择合适的动力源，可以简化运动链。

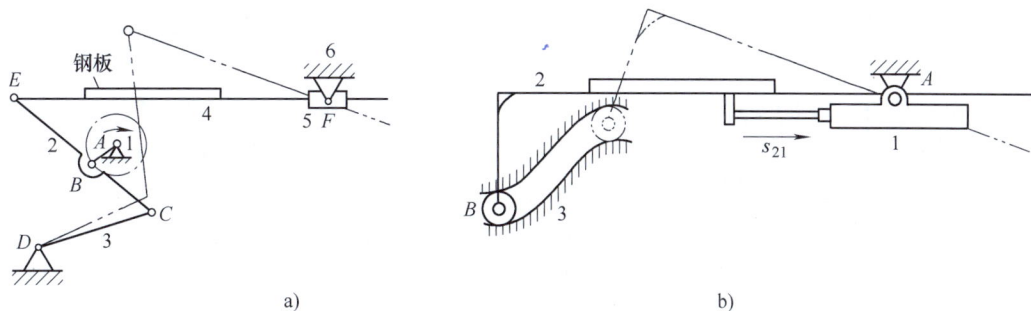

图 12-5 不同原动机的钢板叠放机构

4. 选择合适的运动副形式

在实际设计中，还需要对高副机构和低副机构在传动与传力特点、加工制造及使用维护等各方面进行全面比较，才能做出最终选择。一般来说，转动副易于制造，容易保证运动副元素的配合精度，且效率较高；移动副不易保证配合精度，效率低且易发生自锁，所以设计时，如果可能，可用转动副代替移动副。

5. 尽可能减小机构的尺寸

满足同样的工作要求，选用的机构类型不同，机械的尺寸和重量有很大的差别。如实现同样大小的传动比，周转轮系比定轴轮系的尺寸要小很多。机构选型时应尽量使机械产品的结构紧凑、尺寸小、重量轻。

6. 执行机构应有良好的传力和动力学特性

1）要选择有良好传力特性即压力角较小的机构，机构的最大压力角应小于等于许用值。

2）对于高速运转的机构，如果做往复运动或平面复杂运动构件的质量较大，或转动构件有较大的偏心质量（如凸轮），在设计机构时，应考虑机构或回转构件的平衡，以减少运转过程中的动载荷和振动。

7. 机械的运转安全

为防止发生机械损坏或出现生产和人身事故，要特别注意机械的安全运转问题。例如，为了防止因过载而损坏，可采用具有过载保护的带传动或摩擦传动机构；为了防止起重机械的起吊部分在重物作用下自行倒转，可采用具有自锁功能的机构，如蜗杆机构、棘轮机构等。

机械系统运动方案设计是件复杂、细致的工作，除了考虑机构运动学和动力学特性外，还要考虑制造、安装等方面的问题。上述提出的几个基本原则主要是从"运动方案"角度出发，未涉及具体的结构设计、强度设计等内容。运动方案设计时，必须从整体出发，分清主次，全面权衡各方案的利弊得失，这样才能设计出一个较优的机械系统运动方案。

第二节　执行构件的运动设计

执行构件的运动设计是机械系统运动方案设计的重要一环。执行构件的运动设计需要说明以下几点：

1）执行构件运动的设计实质就是依据工作原理，确定出各执行构件的数目、运动形式、运动规律及各执行构件运动参数间的运动协调关系，构思出执行构件工艺动作组合方案。需要说明的是，即使同一种工作原理，也会有多种工艺动作组合方案。例如，采用展成原理加工齿轮可以采用插齿的方法，也可采用滚齿的方法。用插齿机插齿，其工艺动作可分解为：刀具的插削运动，刀具的进给运动、让刀运动，刀具与轮坯的展成运动。而用滚齿机滚齿的工艺动作可分解为：刀具的旋转运动，刀具的进给运动，刀具与轮坯的展成运动。

2）执行构件的数目与工艺动作的数量不一定相等。例如，在立式钻床中，可采用两个执行构件（钻头和工作台）分别实现钻削旋转和进给这两个工艺动作；也可采用一个执行构件（钻头）同时实现钻削和进给。

3）执行构件的运动形式和运动规律取决于工艺动作的运动要求。执行构件的运动规律设计，一般牵涉专业知识，故这里不做深入的讨论。执行构件常见的运动形式有回转运动（或摆动）、直线运动、曲线运动及复合运动等四种。运动规律要求包括行程或摆角、行程速比系数、特定的运动轨迹要求、间歇运动要求，以及两执行构件之间的运动协调要求等。

下面以滚针轴承保持架自动弯曲机为例来说明执行构件运动设计的步骤。

滚针轴承保持架自动弯曲机是滚针轴承生产中的主要设备，它将前道工序冲出来的图12-6a 所示的料片自动弯曲成图 12-6b 所示的成品，然后送往下道工序进行焊接、整形。实现上述功能的方案有很多种，下面列举一种来做简要说明。

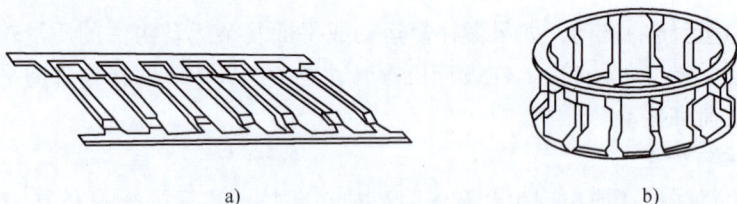

a)　　　　　　　　　　b)

图 12-6　滚针轴承保持架自动弯曲机
a）料片　b）成品

1. 确定弯曲机的工艺动作过程

该弯曲机必须具有保持架料片送入、保持架料片弯曲成形以及保持架初始成品推出三个功能。送料通过送料推头推动料片来实现；弯曲通过上、下、左、右四个模块将料片弯曲在圆柱形芯模上来实现；保持架成品通过卸料套筒从芯模上脱掉。

工艺动作过程如图 12-7 所示，即料片送入→下弯曲模上升→左、右弯曲模压入→上弯曲模压下→上、下、左、右弯典模同时脱开→保持架成品脱模，卸料后交自动焊机接料机械手。

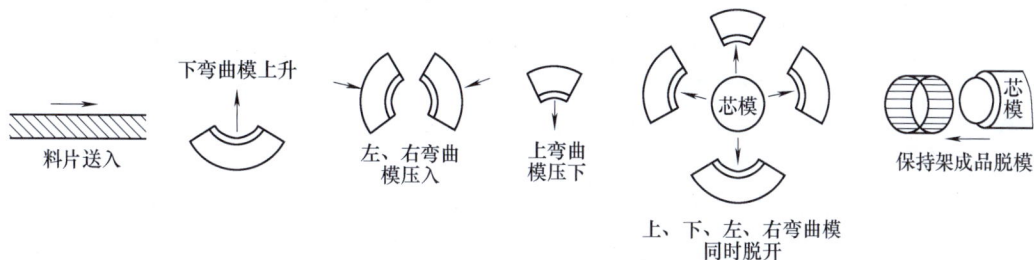

图 12-7　自动弯曲机工艺动作

2. 执行构件确定和运动形式、运动规律设计

（1）执行构件　送料为送料推头及料台，弯曲为上、下、左、右四块弯曲模及圆柱形芯模，卸料为卸料套筒及圆柱形芯模。

（2）执行构件的运动形式　送料推头往复直线运动；弯曲及卸料执行构件上、下、左、右四块弯曲模及卸料套筒间歇往复直线运动。

（3）运动规律要求　送料推头空回行程速度比工作行程快，即具有急回特性；上、下、左、右弯曲模将料片压在芯模上之后要保压一段时间，即执行构件有停歇时间要求；卸料套筒完成卸料后应回到初始位置等待。在实际设计中应详细确定送料推头的行程、工作速度、空回速度；上、下、左、右弯曲模及卸料套筒的行程、工作速度、空回速度、停歇时间要求等。

（4）运动协调　送料推头首先动作，在送料推头开始送料一定时间之后，下弯曲模即可开始上升以缩短工作周期，但必须保证二者不发生干涉；四个弯曲模的动作顺序是：下弯曲模上升，左、右弯曲模同时压入，上弯曲模压下；上弯曲模压下后使料片与圆形芯模紧密地贴合在一起要保压一段时间，之后四个模块才能脱开；四个模块脱开时要同时动作，以提高生产效率。在实际设计中应明确确定出各执行构件开始动作的时间以及上弯曲模压下后的保压时间。

第三节　执行机构的选型

根据执行构件运动特性要求，通过分析比较从已有机构中选出合适的机构，这就是机构的选型。本节首先对常用机构的工作特点、性能和使用场合做一简略的归纳和比较，以供选型时参考。然后介绍通过机构选型确定机械运动方案的过程。

视频讲解

一、实现各种运动形式的常用机构

一个机器，要将原动机的运动和动力传递到最后的执行构件，往往要经过多个机构来完成增速或减速、改变传动方向、实现运动形式变换等功能。表 12-1 列出了执行构件常见运动形式及实现这些运动形式的常用执行机构示例，供选型时参考。

表 12-1 执行构件常见运动形式及实现各运动形式的常用执行机构示例

运动形式		常用执行机构示例
连续转动	定传动比匀速转动	平行四边形机构、双万向联轴器机构、齿轮机构、轮系、谐波齿轮传动机构、摩擦传动机构、挠性传动机构
	变传动比匀速转动	轴向滑移圆柱齿轮机构、复合轮系变速机构、摩擦传动机构、行星无级变速机构、挠性无级变速机构
	非匀速转动	双曲柄机构、转动导杆机构、单万向联轴器机构、非圆齿轮机构、某些组合机构
往复运动	往复移动	曲柄滑块机构、移动导杆机构、正弦机构、正切机构、移动从动件凸轮机构、齿轮齿条机构、楔块机构、气动机构、液压机构
	往复摆动	曲柄摇杆机构、双摇杆机构、摆动导杆机构、曲柄摇块机构、空间连杆机构、摆动从动件凸轮机构、某些组合机构
间歇运动	间歇转动	棘轮机构、槽轮机构、不完全齿轮机构、凸轮式间歇运动机构、某些组合机构
	间歇摆动	特殊形式的连杆机构、带有修止段廓摆动从动件的凸轮机构、齿轮连杆组合机构、利用连杆曲线圆弧段或直线段组成的多杆机构
	间歇移动	棘齿条机构、摩擦传动机构、从动件做间歇往复移动的凸轮机构、反凸轮机构、气动机构、液压机构、移动杆有停歇的斜面机构
预定轨迹	直线轨迹	连杆近似直线机构、八杆精确直线机构、某些组合机构
	曲线轨迹	利用连杆曲线实现预定轨迹的连杆机构、凸轮连杆组合机构、齿轮连杆组合机构、行星轮系与连杆组合机构、行星轮系
一般平面运动	刚体位置和姿态	平面连杆机构中的连杆、行星轮系和齿轮连杆组合机构

1. 实现连续回转运动的机构

实现连续回转，常采用齿轮机构、蜗杆传动、链传动、带传动、摩擦轮传动、双曲柄机构等，根据工作场合及各自的特点选用传动机构，安排其在传动链中的先后顺序。这些机构各有特点，如齿轮传动传递功率大，传动比准确；摩擦轮传动机构结构简单、传动平稳、易于实现无级变速、有过载保护作用；链传动通常用在传递距离较远，传动精度要求不高而工作条件恶劣的场合。

2. 实现往复移动和往复摆动的机构

常见的将回转运动变为往复运动的机构有连杆机构、凸轮机构、螺旋机构、齿轮齿条机构及组合机构等，有时也采用气动和液压机构来实现。

连杆机构是低副机构、制造容易，承载能力大，但连杆机构难以精确地实现任意指定的运动规律，故多用于运动规律无严格要求的场合。

凸轮机构可以实现复杂的运动规律，也便于实现各执行构件间的运动协调配合。但凸轮机构推杆的行程一般较小，而且因其为高副机构，多用在受力不大的场合。

螺旋机构可获得大的增力比和较高的运动精度，常用作低速进给机构、精密微调机构、压力机等。此外，它还可满足较大行程的要求。

齿轮齿条机构适用于移动速度较高及较大行程的场合，但是由于精密齿条制造困难，传动精度及平稳性不及螺旋机构，所以不宜用于精确传动及平稳性要求高的场合。

3. 实现间歇运动的机构

实现间歇运动的机构常用槽轮机构、棘轮机构、不完全齿轮机构、凸轮式间歇运动机构及齿轮-连杆组合机构等。

槽轮机构的槽轮每次转过的角度与槽轮的槽数有关，要改变其转角的大小必须更换槽轮，所以槽轮机构多用于转角为固定值的转位运动。

棘轮机构主要用于要求每次的转角较小或转角大小需要调节的低速场合。

不完全齿轮机构的转角在设计时可在较大范围内选择，故常用于大转角而速度不高的场合。

凸轮式间歇运动机构运动平稳，分度及定位准确，但制造困难，故多用于速度较高或定位精度要求较高的转位装置中。

齿轮-连杆组合机构主要用于有特殊需要的输送机中。

4. 实现预定轨迹的机构

实现预定轨迹的机构有连杆机构、齿轮-连杆组合机构、凸轮-连杆组合机构和联动凸轮机构等。用四杆机构来实现所预期的轨迹，虽然机构的结构简单、制造方便，但只能近似地实现预期轨迹。用多杆机构或齿轮-连杆组合机构来实现所预期的轨迹时，精度比四杆机构高，但设计和制造困难。用凸轮-连杆组合机构或联动凸轮机构可准确地实现预期轨迹，且设计较方便，但凸轮制造成本相对较高。

二、机构选型方案的确定过程

1. 绘制运动转换功能图

在确定了执行构件及原动机的运动形式和运动参数之后，构思出从原动机到各执行构件的传动链，构成传动链的各机构完成了运动传递、合成、分解、换向和动力的放大缩小等功能，然后把构思的传动链用运动转换功能图表示出来。表 12-2 列出了一些基本机构的功能及符号。

表 12-2　基本机构的功能及符号

功能	符号	功能	符号
运动缩小 运动放大		运动分支	
运动轴线变向		连续转动 ↓ 单向直线移动	
运动轴线平移		连续转动 ↓ 往复直线移动	

（续）

功能	符号	功能	符号
往复连续直线移动		连续转动 ↓ 双向摆动	
往复间歇直线移动		运动脱离	
连续转动 ↓ 单向间歇转动		运动连接	

按表 12-2 中的符号，绘制前面讲述的滚针轴承保持架自动弯曲机的运动转换功能图，如图 12-8 所示。

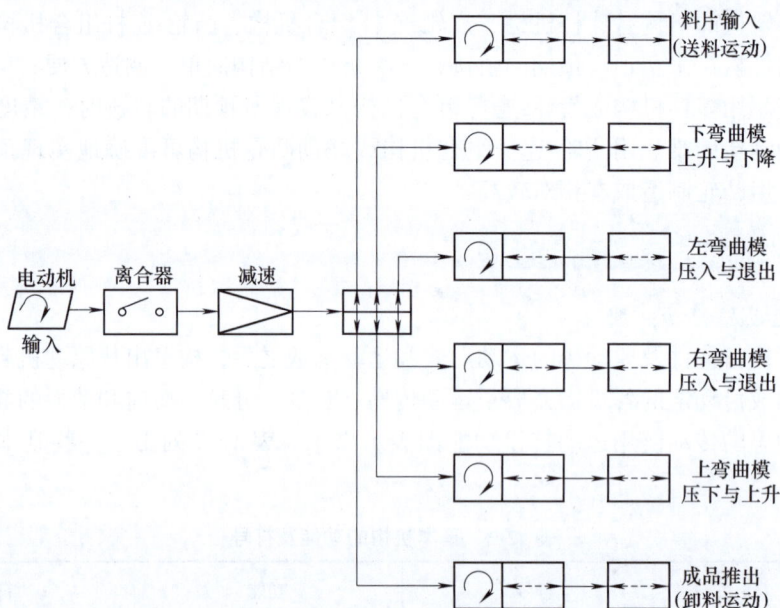

图 12-8 滚针轴承保持架自动弯曲机的运动转换功能图

2. 构建机构方案选型表

把运动转换功能图中各独立分功能作为选型表的列元素，实现每个分功能的不同机构（称为分功能解）作为选型表的行元素，即构成机构方案选型表。以图 12-8 为例，构建的机构方案选型表见表 12-3。

表 12-3 滚针轴承保持架自动弯曲机的机构方案选型表

分功能（功能元）			分功能解（匹配机构或载体）		
			方案 1	方案 2	方案 3
离合器		A	电磁摩擦离合器	电磁牙嵌（尖齿）离合器	电磁牙嵌（梯形齿）离合器
减速		B	摆线针轮减速器	少齿差行星齿轮减速器	谐波减速器

（续）

分功能（功能元）			分功能解（匹配机构或载体）		
			方案1	方案2	方案3
减速		C	链传动	圆柱斜齿轮传动	同步带传动
送料		D	牛头刨床六杆机构	移动从动件圆柱凸轮机构	摆动从动件盘状凸轮+摇杆滑块机构
弯曲成形		E	摆动从动件盘形凸轮机构+摇杆滑块机构	移动从动件盘形凸轮机构	移动从动件圆柱凸轮机构
卸料		F	摆动从动件圆柱凸轮机构+摇杆滑块机构	不完全齿轮机构+偏置曲柄滑块机构	槽轮机构+曲柄滑块机构

　　选型时，在选型表任意分功能中任选一种实现方案，并将各种分功能的实现方案进行组合，即得到一个能实现总体功能的方案。由表 12-3 可得，滚针轴承保持架自动弯曲机的最多设计方案有：$N = 3×3×3×3×3×3 = 729$（种）。

　　从中进行筛选，根据实际使用环境、用户要求及专家评议等，最终采用方案：$A_1 + B_1 + C_1 + D_1 + E_1 + F_1$，该方案的运动示意图如图 12-9 所示。

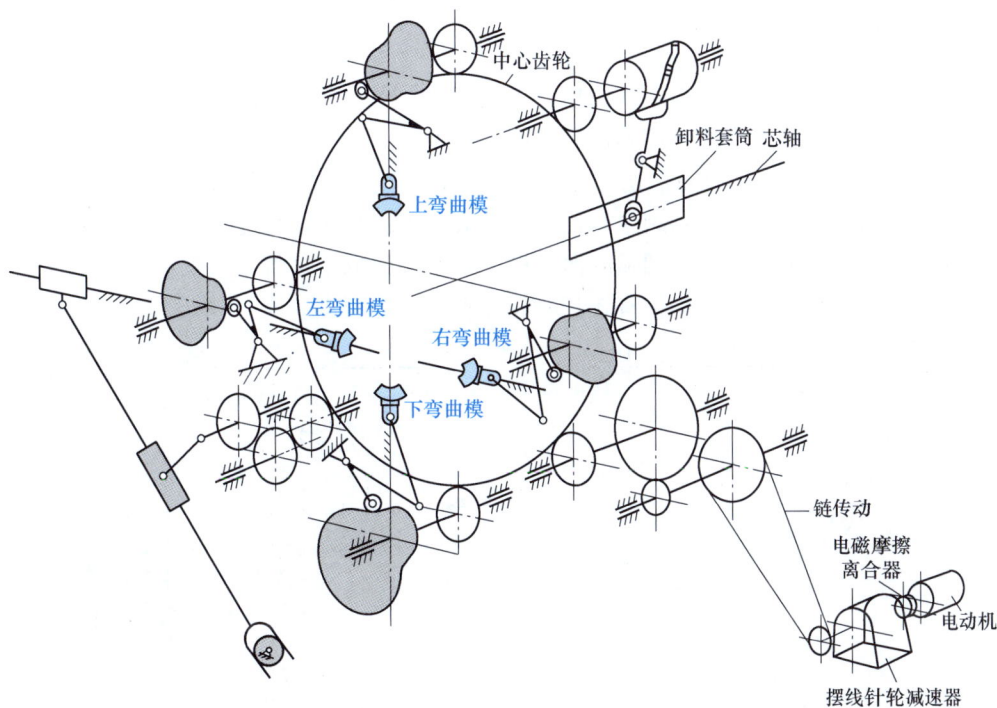

图 12-9　自动弯曲机的运动示意图

对图 12-9 说明如下：

1）送料运动由牛头刨床六杆机构来完成，执行构件滑块（推料头）在工作行程中近似做匀速直线运动。空回行程速度快，具有急回特性，能满足送料要求。

2）弯曲成形运动由摆动从动件盘形凸轮机构加摇杆滑块机构实现。通过凸轮轮廓线设计能满足弯曲模压入、停歇、退回、再停歇的要求。通过调节连杆长度满足不同规格保持架的弯曲成形要求，并补偿运动副间隙、构件尺寸误差和零部件磨损。

3）卸料运动由圆柱凸轮加上摆杆滑块机构完成。通过封闭圆柱凸轮保证滑块（卸料套筒）把弯曲的保持架从芯模上推出，移交给从自动焊机伸过来的接料机械手，然后自动退回等待下一次卸料。

第四节　机构的变异及组合机构的设计

机械系统运动方案设计是系统方案设计中举足轻重的一环。为拟定出一个优良的方案，仅仅从常见的基本机构中选择机构类型显然是不够的，需要在原有基本机构的基础上进一步通过扩展、演化、组合等方法创造出新机构。

一、扩展法

根据平面机构组成原理，在一个基本机构上叠加一个或多个杆组后形成新机构的方法，称为扩展法。因为基本杆组的自由度为零，因此将若干个基本杆组叠加到基本机构上不会改变原机构的自由度，但新机构的功能有所改善。

二、演化法

演化法也称变异法。可变换不同的构件为机架得到不同的机构，也可进行运动副变换，如转动副和移动副之间的变换、高副低副之间的变换等。

图 12-10 所示的机构是由曲柄摆动导杆机构 1-2-3 串联一个杆组 4-5 组成的，现将滑块 2 与构件 3 组成的移动副用一个高副来替代，变换成图 12-11 所示的机构。由于原滑块变成滚轮，导杆槽由直槽改为带有一段圆弧的曲线槽，若使圆弧的半径等于曲柄 1 的长度，且中心与曲柄转轴重合，则可实现从动件有较长时间停歇的运动要求。

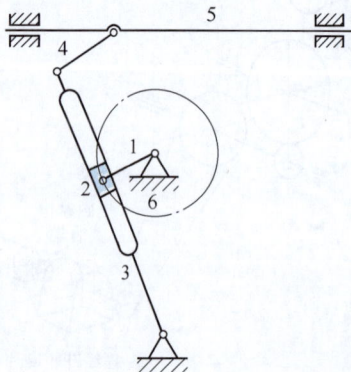

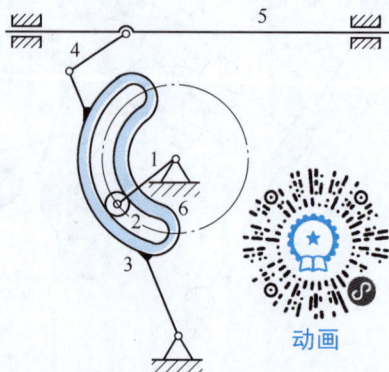

图 12-10　导杆机构　　图 12-11　停歇运动导杆机构

三、机构组合法

单个基本机构如连杆机构、凸轮机构、齿轮机构、间歇运动机构等，往往由于本身固有的运动和动力性能局限性而无法实现复杂多样的运动要求。为此，人们常将若干同类型或不同类型的基本机构组合在一起形成性能优良、能满足预期复杂运动要求的新机构，称为机构组合法。在机构组合系统中，单个基本机构称为该系统的子机构。常用的机构组合方式有串联、并联、封闭式、叠联式组合等。

1. 机构的串联式组合

将前一级子机构的输出构件作为后一级子机构的输入构件的组合方式称为串联式组合。机构的串接式组合包括以下两种情况：

（1）一般串联组合　后一级子机构的主动件固联在前一级子机构的输出连架杆上的组合方式称为一般串联组合，图 12-12 所示的钢锭热锯机构即属于这种串联。它由双曲柄机构 1-2-3-6 与对心曲柄滑块机构 3'-4-5-6 串联组成。组合后该机构可实现滑块 5（锯条）在工作行程时等速运动，而回程时快速返回。该组合机构可以用图 12-13 所示的组合方式框图来表示。

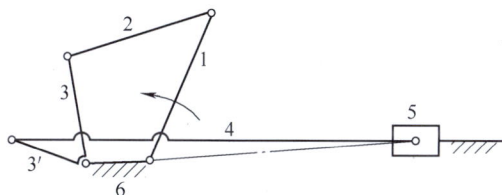

图 12-12　钢锭热锯机构

图 12-13　串联式组合框图

（2）特殊串联组合　后一级子机构串接在前一级子机构不与机架相连的构件上的组合方式称为特殊串联组合。如图 12-14 所示，前一级曲柄滑块机构连杆上 M 点的轨迹如图中点画线所示，其中 AB 段为直线。后一级导杆机构的滑块 4 铰接于 M 点，则当 M 点沿着直线部分 AB 运动时，从动导杆 5 作较长时间的停歇。

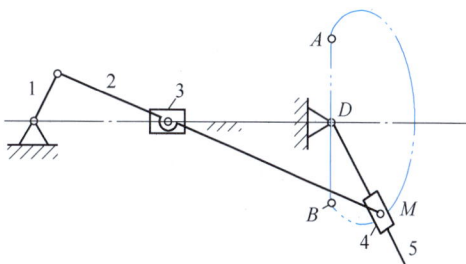

图 12-14　特殊串联组合

2. 机构的并联式组合

在机构组合系统中，若几个子机构共用一个输入构件，而它们的输出运动又同时输入给一个多自由度的子机构，从而形成一个自由度为 1 的机构系统，这种组合方式称为机构的并联组合。

如图 12-15 所示的振摆式轧机，上下完全相同的两套机构（齿轮 1、2、3、机架组成的定轴轮系及五杆机构 ABCDE）为并联组合，组合方式框图如图 12-16 所示。

主动轮 1 同时带动齿轮 2 和齿轮 3 运动，使五杆机构 ABCDE 连杆上的 F 点的运动轨迹（连杆曲线）如图中虚线所示。调整 DE 和 AB 的相位角即可。

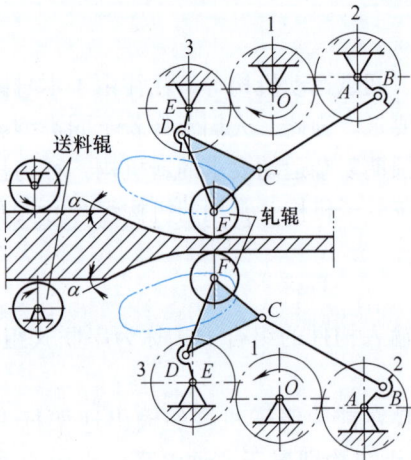

图 12-15 振摆式轧机

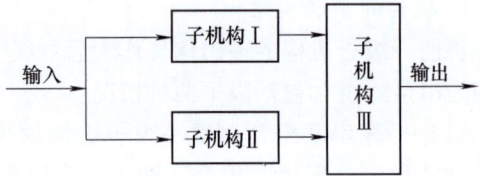

图 12-16 并联式组合框图

如图 12-17 所示的铁板输送机构也是并联式组合机构，齿轮 5、6、7、行星架 H、机架 4 组成自由度为 2 的差动轮系，齿轮 1、7 及机架 4 组成定轴轮系，1、2、3、4 组成曲柄摇杆机构。齿轮 1 和杆 AB 固结在一起，杆 CD 和行星架 H 是同一个构件。主动件 1 的运动，通过定轴轮系 1、7、4 传给差动轮系中的太阳轮 7，通过曲柄摇杆机构传给行星架 H，齿轮 5 的运动是上述两种运动的合成。当原动件 1 做匀速转动时，齿轮 7 匀速转动，而摇杆 3 变速摆动，所以内齿轮 5 做变速转动。

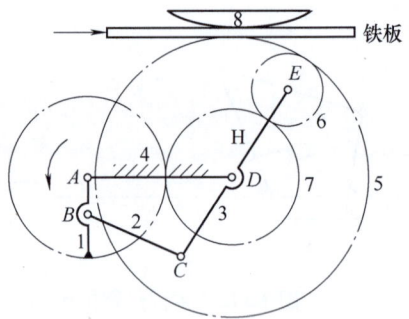

图 12-17 铁板输送机构

下面详细说明铁板输送机构的设计。

设计要求：在主动件曲柄 AB（即齿轮 1）等速转动一周的时间内，输出构件（齿轮 5）按下述运动规律运动：当曲柄 AB 从某瞬时开始转过 $\Delta\varphi_1 = 30°$ 时，齿轮 5 停歇不动，等待剪切机构将铁板剪断；在曲柄 AB 转过一周中其余角度时，齿轮 5 转过 210°，将铁板输送所要求的长度。同时，为提高传动效率，要求四杆机构 ABCD 的最小传动角大于 50°。

设计分析：首先确定组合机构输出构件 5 产生瞬时停歇的条件。

在差动轮系中

$$i_{75}^{H} = \frac{\omega_7 - \omega_H}{\omega_5 - \omega_H} = -\frac{z_5}{z_7} \tag{12-1}$$

由此可得

$$\omega_5 = \left(1 + \frac{z_7}{z_5}\right)\omega_H - \frac{z_7}{z_5}\omega_7$$

在定轴轮系中

$$i_{17}=\frac{\omega_1}{\omega_7}=-\frac{z_7}{z_1} \tag{12-2}$$

由此可得

$$\omega_7=-\frac{z_1}{z_7}\omega_1$$

故

$$\omega_5=\left(1+\frac{z_7}{z_5}\right)\omega_H+\frac{z_1}{z_5}\omega_1 \tag{12-3}$$

或写成

$$\Delta\varphi_5=\left(1+\frac{z_7}{z_5}\right)\Delta\varphi_H+\frac{z_1}{z_5}\Delta\varphi_1 \tag{12-4}$$

从上式可以看出，齿轮 5 的输出运动为构件 1 和行星架 H 的运动合成。欲使主动齿轮 1 从某瞬时开始转过 $\Delta\varphi_1$ 时输出构件齿轮 5 能产生停歇，即在此期间 $\Delta\varphi_5=0$，由式（12-4）得

$$\left(1+\frac{z_7}{z_5}\right)\Delta\varphi_H=-\frac{z_1}{z_5}\Delta\varphi_1$$

$$\Delta\varphi_H=-\frac{z_1}{z_7+z_5}\Delta\varphi_1 \tag{12-5}$$

式（12-5）即为齿轮 5 产生停歇要满足的条件。由于主动齿轮 1 即为曲柄 AB，行星架 H 即为摇杆 CD，故式（12-5）也是四杆机构 ABCD 的曲柄摇杆之间的运动关系要求。

通过以上分析，可得该组合机构的设计步骤如下：

（1）确定齿轮 1 和齿轮 5 的齿数 z_1 和 z_5 设主动齿轮 1 转过一周所需的时间为 T，将式（12-3）两边积分后可得

$$\int_0^T\omega_5\mathrm{d}t=\left(1+\frac{z_7}{z_5}\right)\int_0^T\omega_H\mathrm{d}t+\frac{z_1}{z_5}\int_0^T\omega_1\mathrm{d}t$$

由于主动齿轮 1 转过一周，行星架刚好完成一个运动循环，故 $\int_0^T\omega_H\mathrm{d}t=0$，而主动齿轮 1 转动一周的转角为 2π，故 $\int_0^T\omega_1\mathrm{d}t=2\pi$。因此，从动齿轮 5 的转角 $\Delta\varphi_5$ 为

$$\Delta\varphi_5=\int_0^T\omega_5\mathrm{d}t=\frac{z_1}{z_5}\int_0^T\omega_1\mathrm{d}t=2\pi\frac{z_1}{z_5} \tag{12-6}$$

由已知条件，主动齿轮 1 转过一周，从动齿轮 5 转过 210°，故由上式可解出 z_1 和 z_5 的比值

$$\frac{z_1}{z_5}=\frac{210°}{360°}=\frac{7}{12}$$

z_5 一般可根据机构的工作空间及对齿轮强度的要求选取。今取 $z_5=84$，则 $z_1=49$。

（2）确定齿轮 7、6 的齿数 z_7、z_6

$$i_{57}^H=\frac{\omega_5-\omega_H}{\omega_7-\omega_H}=\frac{\omega_5^{(7)}-\omega_H^{(7)}}{\omega_7^{(7)}-\omega_H^{(7)}}=-\frac{z_7}{z_5}$$

式中，$\omega_7^{(7)}=0$，$\omega_5^{(7)}=\omega_5-\omega_7$，$\omega_H^{(7)}=\omega_H-\omega_7$，故

$$\frac{\omega_5^{(7)}}{\omega_H^{(7)}} = 1 + \frac{z_7}{z_5} = \frac{z_5 + z_7}{z_5}$$

即
$$i_{H5}^{(7)} = \frac{\omega_H^{(7)}}{\omega_5^{(7)}} = \frac{z_5}{z_5 + z_7} < 1 \qquad (12\text{-}7)$$

式（12-7）表示太阳轮 7 固定不动的情况下，行星架 H 和太阳轮 5 之间的传动比小于 1。设计中该传动比的大小可以根据组合机构的具体情况选定，今取 $i_{H5}^{(7)} = 0.6$，代入式（12-7）计算可得 $z_7 = 56$。

由同心条件 $z_5 = z_7 + 2z_6$，可得 $z_6 = 14$。若采用多个行星轮均布，则还需校核装配条件和邻接条件。至此，该组合机构中差动轮系的设计已完成。

（3）确定曲柄摇杆机构的尺寸　从上述分析可知，在该组合机构中，四杆机构的尺寸需要同时满足以下三个条件：

1）为保证齿轮 5 的瞬时停歇，在主动曲柄 AB 从某一时刻开始转过 $\Delta\varphi_1 = 30°$ 的期间内，每一瞬时主、从动杆之间的转角关系均应满足式（12-5），即 $\Delta\varphi_H = -\frac{z_1}{z_7 + z_5}\Delta\varphi_1$，这属于实现主、从动杆 n 对对应角位移的连杆机构综合问题。若要求多个位置主、从动杆之间的转角均严格地满足式（12-5），是无法实现的，因此只能进行近似设计。

2）保证主动杆 AB 能做整周回转。

3）四杆机构的最小传动角 γ_{min} 应大于 50°，以保证机械的传动效率。

把主动杆的转角 $\Delta\varphi_1$ 分成两等份，从动杆的转角 $\Delta\varphi_H$ 也相应地分成两等份，$\Delta\varphi_H$ 与 $\Delta\varphi_1$ 的运动关系式均满足式（12-5）。取 $\Delta\varphi_{12} = \Delta\varphi_{23} = 15°$，对应的 $\Delta\varphi_{H12} = \Delta\varphi_{H23} = 5.25°$，设计结果如图 12-18 所示。

为了使四杆机构在 $\Delta\varphi_1 = 30°$ 的范围内实际运动规律与式（12-5）所要求运动规律尽可能接近，可以采用最优化设计方法，可取运动误差最小作为优化设计的目标函数，将曲柄存在条件和最小传动角 $\gamma_{min} > 50°$ 作为约束条件，来建立优化设计的数学模型。

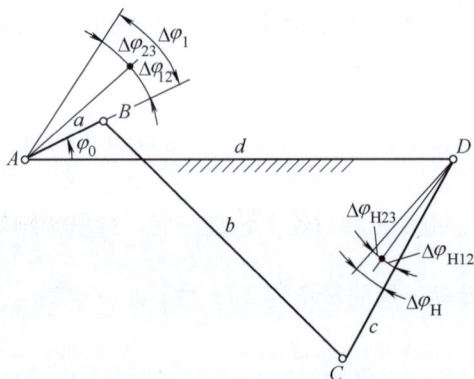
图 12-18　曲柄摇杆机的设计

3. 机构的封闭式组合

由一个或几个基本机构去封闭一个具有两个或多个自由度的基本机构，使整个机构成为一个单自由度机构的组合方式称为封闭式组合。

（1）一般封闭式组合　将基础机构的两个主动件或两个从动件用约束机构封闭

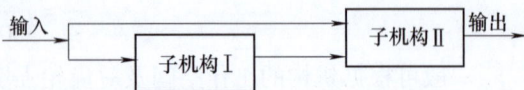
图 12-19　一般封闭式组合框图

起来的组合方式，称为一般封闭式组合。其组合方式框图如图 12-19 所示。

图 12-20 所示的凸轮-齿轮组合机构为一般封闭式组合机构，由两个自由度的差动轮系

和摆动从动件凸轮机构组合而成。差动轮系由太阳轮 a、行星轮 g 和行星架 H 组成。行星轮 g 和行星架 H 铰接，其一端装有滚子 1 置于固定凸轮 2 的凹槽内，另一端扇形齿轮部分则与太阳轮 a 相啮合。设从动件太阳轮 a 的角速度为 ω_a，原动件行星架 H 的角速度为 ω_H，在差动轮系中，传动比为

$$\frac{\omega_a - \omega_H}{\omega_g - \omega_H} = -\frac{z_g}{z_a} \tag{12-8}$$

则

$$\omega_a = -\frac{z_g}{z_a}(\omega_g - \omega_H) + \omega_H \tag{12-9}$$

在 ω_H 一定的条件下，改变（$\omega_g - \omega_H$），即改变凸轮 2 的轮廓曲线，则可得到 ω_a 的不同变化规律。反之，若给定 ω_a 随行星架 H 的转角 φ_H 的变化规律，则可由式（12-9）算出（$\varphi_g - \varphi_H$）与 φ_H 的关系，就可画出凸轮轮廓。

该凸轮-齿轮组合机构输出件可完成复杂的运动规律。在输入轴等速转动的情况下，输出轴可按一定运动规律周期性的增速、减速、反转、步进；也可做任意停歇时间的间歇运动；还可实现校正装置中所要求的特殊规律的补偿运动等。

如图 12-21 所示的齿轮-连杆机构为封闭式组合机构，由自由度为 2 的铰链五杆机构 ABCDE 和一对齿轮机构组成。改变杆 AB 和 DE 的相对初始位置，两个齿轮的传动比及各杆的相对尺寸等，可以得到各种连杆曲线。图 12-21 中画出了两个齿轮传动比为 1（即 *AB*、*DE* 同速反向转动），*AB* 的初始位置为 1，*DE* 的初始位置为 1' 时，*C* 点的轨迹。

图 12-22a 所示的机构，是由凸轮机构 6-4-5 及自由度为 2 的五杆机构 1-2-3-4-5 所组成的。凸轮 6 与曲柄 1 为同一构件，且为原动件。原动件 1(6) 的输入运动同时传给凸轮机构的移动从动件 4，这样，五杆机构就获得了 1 和 4 两个构件的运动，通过凸轮廓线的设计，可使连杆 2、3 的铰链点 *C* 满足预定的轨迹要求。

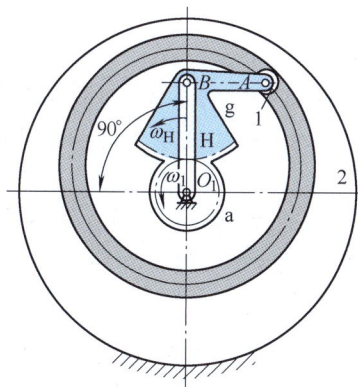

图 12-20　凸轮-齿轮组合机构

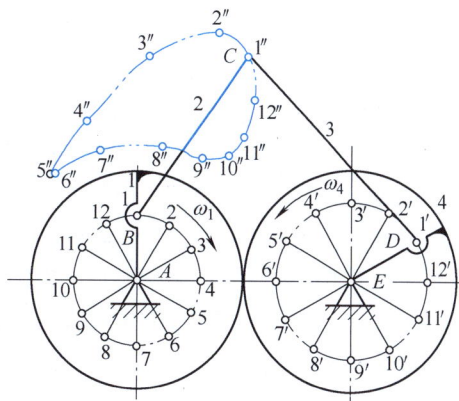

图 12-21　齿轮-连杆机构

若让连杆上的 *C* 点沿着工作所要求的轨迹 *S* 运动，当构件 1 做等速运动时，可求出构件 4 与构件 1（五杆机构的两个原动件）之间的运动关系 s_D-φ_1，并据此设计凸轮的轮廓线。很显然，按此规律设计的凸轮廓线能保证 *C* 点沿着预定的轨迹运动。其设计步骤如图 12-22b 所示。

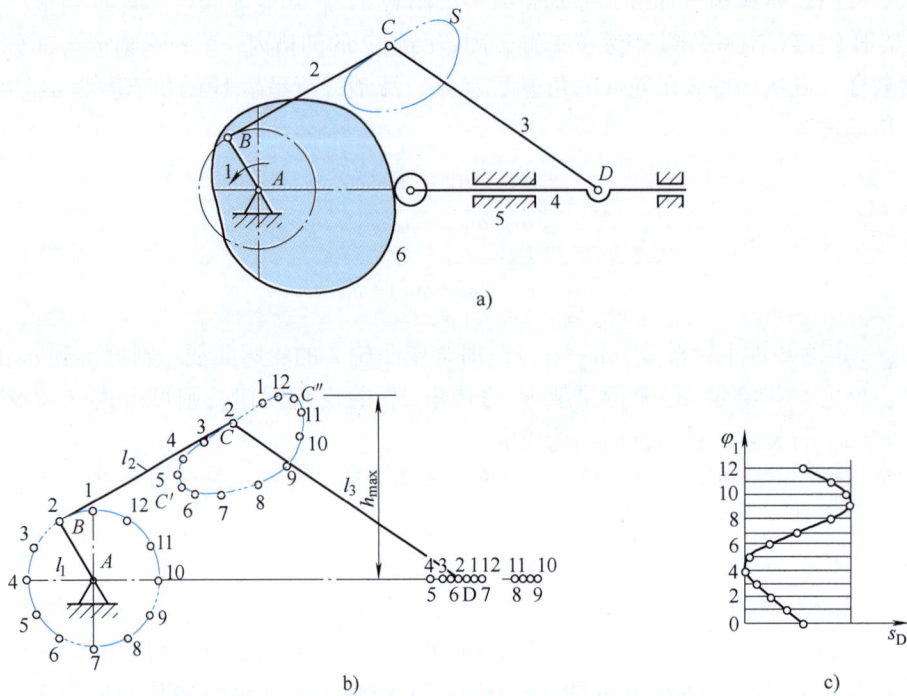

图 12-22　凸轮-连杆机构的设计

1）根据机械结构，选定曲柄回转中心 A 相对于给定轨迹 S 的位置。

2）确定构件 AB、BC 的长度。以 A 为圆心，以 S 离 A 的最远距离 R_i（$R_i = l_{AB} + l_{BC}$）为半径画弧；以 S 离 A 的最近距离 R_a（$R_a = l_{BC} - l_{AB}$）为半径画弧。两式联立得：$l_{AB} = \frac{1}{2}(R_i - R_a)$，$l_{BC} = \frac{1}{2}(R_i + R_a)$。

3）确定构件 3 的长度 l_{CD}。由于构件 4 的导路通过凸轮轴心，为了保证 CD 杆与导路有交点，必须使 l_{CD} 大于轨迹 S 上各点到导路的最大距离。为此，找出曲线 S 与构件 4 的导路间的最大距离 h_{max}，从而选定构件 3 的尺寸为 $l_{CD} > h_{max}$。

4）绘制构件 4 与构件 1 之间的运动关系 s_D-φ_1。将曲柄圆分为若干等份（图中为 12 等份），得到曲柄转一周时 B 点的一系列位置，然后用作图法找出各个 B 点对应的 C、D 两点的位置，由此即可绘出从动件的位移曲线 s_D-φ_1，如图 12-22c 所示。

5）根据结构选定凸轮的基圆半径，按照位移曲线 s_D-φ_1 即可设计移动滚子从动件盘形凸轮的廓线。

由以上设计过程可看出，由于连杆机构精确实现运动规律较困难，故在设计连杆凸轮组合机构时，连杆机构构件尺寸通常先选定，然后设法找出相应的凸轮从动件的位移规律，最终将整个组合机构的设计变为凸轮轮廓的设计。

（2）机构的反馈式组合　在机构组合系统中，若其多自由度子机构的一个输入运动是通过单自由度子机构从该多自由度子机构的输出构件回授的，则这种组合方式称为反馈式组合。

图 12-23 所示为滚齿机上所用的误差校正机构，为反馈式组合，其组合方式框图如图 12-24 所示。其中，蜗杆 1 为原动件，如果由于制造误差等原因，使蜗轮 2 的运动输出精度达不到要求时，则可根据预先测得的蜗轮分度误差设计凸轮 2′的轮廓曲线。当凸轮 2′与蜗轮 2 一起转动时，将推动推杆 3 移动，推杆 3 上齿条又推动齿轮 4 转动，最后通过机构 K 使蜗杆 1 得到一附加转动，从而使蜗轮 2 的输出运动得到校正。

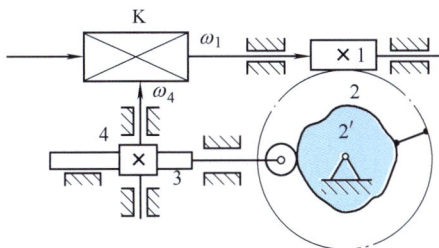

图 12-23　齿轮加工机床误差校正机构

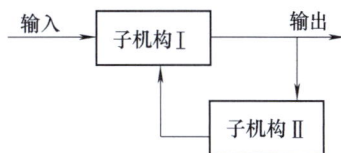

图 12-24　反馈式组合框图

4. 机构的叠联式组合

将做平面一般运动的构件作为原动件，且其中一个基本机构的输出（或输入）构件为另一个基本机构的相对机架的连接方式称为叠联式组合。

在图 12-25 所示的挖掘机中，其挖掘动作由 3 个带液压缸的基本连杆机构（1-2-3-4，4-5-6-7 和 7-8-9-10）组合而成。后一个基本机构的相对机架正好是前一个基本机构的输出构件。挖掘机臂 4 的升降、铲斗柄 7 绕 D 轴的摆动，以及铲斗 10 的摆动分别由 3 个液压缸驱动，便可完成挖土、提升和倒土等动作。挖掘机的底盘是第一个基本机构的机架。

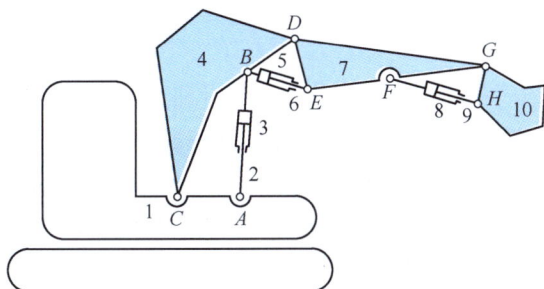

图 12-25　挖掘机及组合框图

第五节　机械的运动循环图

一、机械运动循环图

机器为完成总功能，各执行构件不仅要完成各自的工艺动作，还必须保证时间、空间及速度方面的协调配合。设计机械时，应编制出用以表明机械在一个工作循环中各执行构件运动配合和时序的关系图即运动循环图，以便为各执行机构的设计及其原动件相对位置关系的确定提供依据。

在绘制机械运动循环图时，应注意以下内容：

1）机器的运动可分为无周期循环和有周期循环两大类。起重机械、工程机械工作时，运动为无周期循环运动；大多数机械，如包装机械、轻工机械、自动机床等，其执行构件的位移、速度、加速度等运动参数呈周期性变化。

对做周期循环运动的机器，一个运动循环是指机器各执行机构完成其功能所需的总时间。机器各执行构件的运动循环至少包括一个工作行程和一个空回行程，有的还有一个或若干个停歇阶段。

2）由于机械在主轴或分配轴转动一周或若干周内完成一个运动循环，故运动循环图常以主轴或分配轴的转角为位置变量。

3）编制运动循环图时，要选择一个执行机构的主要执行构件作为定标件，以其有代表性的特征位置为起始位置，然后表示出其他执行构件在主轴或分配轴转过一个周期时，相对该主要执行构件的位置先后次序和配合关系。

二、运动循环图的拟定步骤

在机构系统各执行构件运动协调关系弄清楚之后，按下述步骤进行设计：

1）首先确定机器一个运动循环的时间及所对应的主轴（或分配轴）的转角。

2）确定各执行构件在一个运动循环中工作、空回、停歇等各区段的运动时间及相应的分配轴转角。

3）初步绘制运动循环图。

4）在完成执行机构的初步设计后，对初步绘制的运动循环图进行修改。

5）进行各执行机构的运动协调设计。

三、机构系统运动循环图的形式及绘制

运动循环图通常有三种形式：直线式、圆周式和直角坐标式。

图 12-26a 所示的粉料压片机可将粉料压成片状工件（如电容器瓷片或药片等），工艺过程如图 12-26b 所示。①移动料筛 3 至模具 10 的型腔上方，并将上一循环已成形的工件 11 推下工作台；同时料筛振动，将粉料筛入型腔；料筛振动是通过凸轮轮廓实现的。②下冲头 5 下沉一定距离，粉料在型腔中跟着下沉，以防止上冲头 9 向下压制时将型腔中的粉料扑出；③上冲头向下，下冲头向上加压，并在加压行程结束后，保压一定时间；④上冲头快速退出，下冲头稍后将成形工件推出型腔并回到初始位置。

图 12-26a 中的机构Ⅰ（凸轮连杆机构 1~3）完成工艺动作①；机构Ⅱ（凸轮机构 6-5）完成动作②；机构Ⅲ（串接六杆机构 7~9）及机构Ⅳ（凸轮机构 4、5）配合完成动作③、④。整个机构系统可由一个电动机带动，并通过该机构传动系统（如链传动，图 12-26a 中未画出）将运动传给凸轮 1、凸轮 4、凸轮 6、曲柄 7。而它们又分别通过机构Ⅰ、Ⅱ、Ⅲ、Ⅳ输出料筛 3 的位移 s_3、下冲头 5 的位移 s_5、上冲头 9 的位移 s_9 和下冲头 5 的位移 s_5'，凸轮 4 驱动下冲头 5 在工序②中下沉一定距离，实现工序③中一定时间内保持压力，同时实现工序④中将工件推出型腔。

根据生产工艺，在送料期间上冲头不能压到料筛，只有当料筛不在上、下冲头之间时，上冲头才能加压。所以必须确定送料筛和上冲头、下冲头的准确运动时间和运动顺序，以防

止出现某一执行构件工作不到位或两个以上执行构件在空间发生干涉。

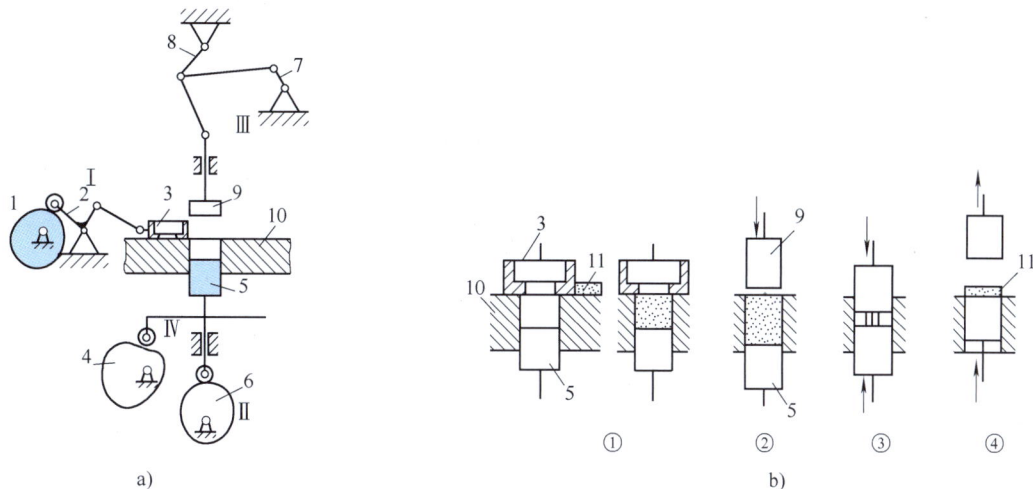

图 12-26　粉料压片机
a）粉料压片机机构图　b）粉料压片工艺过程

下面以图 12-26 所示的粉料压片机为例，说明三种运动循环图的画法和特点。

1. 直线式运动循环图（图 12-27）

（1）绘制方法　其横坐标表示上冲头机构中曲柄转角 φ。这种运动循环图将一个运动循环中各执行构件的各行程区段的起止时间和先后顺序按比例绘制在直线坐标轴上，形成长条矩形图。

（2）特点　绘制方法简单，能清楚地表示出整个运动循环内各执行构件间运动的先后顺序和位置关系。但由于不能显示各执行构件的运动变化情况，只有简单的文字表述，因而运动循环图的直观性较差。

2. 圆周式运动循环图（图 12-28）

（1）绘制方法　以上冲头机构中的曲柄作为定标构件，曲柄每转一周为一个运动循环。将一个运动循环的各运动区段的时间和顺序按比例绘在圆形坐标上。具体绘制方法：确定一个圆心，作若干个同心圆环，每一个圆环代表一个执行构件。由各相应圆环分别引径向直线表示各执行构件不同行程区段的起始和终止位置。

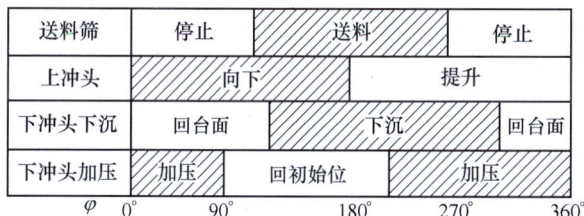

图 12-27　直线式运动循环图

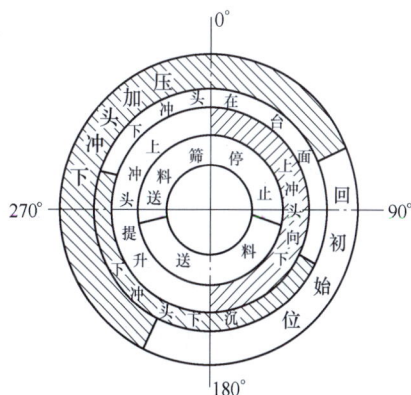

图 12-28　圆周式运动循环图

（2）特点　能直观地看出各执行机构中原动件在主轴或分配轴上所处的相位，因而便于各执行机构的设计、安装和调试。但当执行构件较多时，因同心圆环太多而不够清晰，而且也不能显示执行构件的运动变化情况。

3. 直角坐标式运动循环图（图 12-29）

（1）绘制方法　横坐标表示机械的主轴或分配轴的转角，纵坐标分别表示上冲头、下冲头、料筛的运动位移。将运动循环的各运动区段的时间和顺序按比例绘在直角坐标轴上，实际上它就是执行构件的位移线图，但为了简单起见通常将工作行程、空回行程、停歇区段分别用上升、下降和水平的直线来表示。

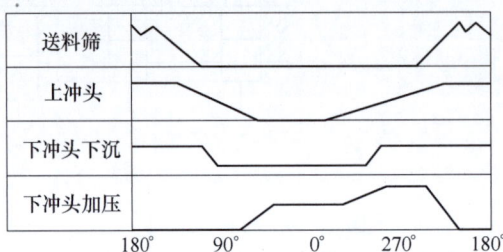

图 12-29　直角坐标式运动循环图

（2）特点　形象、直观，不仅能清楚地表示出各执行构件的运动先后顺序，还能表示出执行构件在各区段的运动规律，便于指导各执行机构的设计。

由于三种运动循环图的特点，所以在设计机器时，通常优先采用直角坐标式运动循环图。

【例 12-1】　绘制包装自动打印机的机构系统运动循环图，已知自动打印机的生产率要求为 4500 件/班。

解：

1）确定执行机构的运动循环时间。如图 12-30 所示，该打印机有两个执行机构：打印机构和送料机构。打印机每分钟生产的件数为

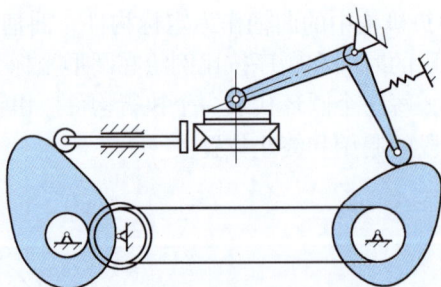

图 12-30　包装自动打印机示意图

$$Q = \frac{4500 \text{ 件}}{8 \times 60 \text{min}} = 9.4 \text{ 件/min}$$

我们所设计的机构每分钟生产的件数定为 10 件。分配轴转一周即完成一个产品打印，则自动打印机的分配轴转速为 10r/min。完成一个产品打印所需时间为

$$T_{p1} = \frac{1}{n_{\text{分}}} = \frac{1}{10} \text{min} = 6 \text{s}$$

2）确定各执行机构运动循环的各组成区段。以打印机构为例，根据打印工艺要求，打印头的一个运动循环由四段组成：打印头前进（运动时间 t_{k1}）、打印头在产品上停留（时间 t_{ok1}）、打印头退回（运动时间 t_{d1}）、打印头返回初始位停歇（时间 t_{o1}）。

3）确定打印头各区段运动的时间及转角。

打印头的一个运动循环周期 $T_{p1} = t_{k1} + t_{ok1} + t_{d1} + t_{o1}$。

相应的分配轴转角为 $360° = \varphi_{k1} + \varphi_{ok1} + \varphi_{d1} + \varphi_{o1}$。

为保证打印质量，打印头在产品上的停留时间取为 $t_{ok1} = 0.2s$。

相应的分配轴转角为 $\varphi_{ok1} = 360° \times \dfrac{0.2}{6} = 12°$。

为保证送料机构有充分的时间来装料、送料，取 $t_{o1} = 3s$。

相应的分配轴转角为 $\varphi_{o1} = 360° \times \dfrac{t_{o1}}{T_{p1}} = 360° \times \dfrac{3}{6} = 180°$。

根据打印头的运动规律要求，分别取其前进和退回运动的时间为 $t_{k1} = 1.5s$，$t_{d1} = 1.3s$。

相应的分配轴转角为 $\varphi_{k1} = 360° \times \dfrac{t_{k1}}{T_{p1}} = 360° \times \dfrac{1.5}{6} = 90°$，$\varphi_{d1} = 360° \times \dfrac{t_{d1}}{T_{p1}} = 360° \times \dfrac{1.3}{6} = 78°$。

4）初步绘制执行构件的运动循环图。选择打印机的执行构件——打印头作为定标件，以它的运动位置（转角或位移）作为确定各个执行构件的运动先后次序的基准。首先绘制出打印头的直角坐标式运动循环图，如图 12-31a 所示。采用同样的方法画出送料机构的执行构件——送料推头的运动循环图，如图 12-31b 所示。t_{k2}、t_{d2}、t_{o2} 分别为送料推头的前进运动时间、退回运动时间和停歇时间。

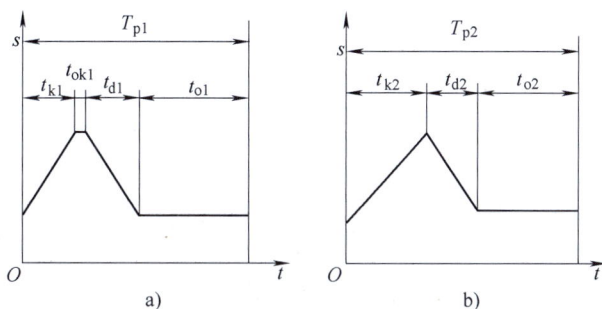

图 12-31 直角坐标式运动循环图
a）打印头　b）送料推头

5）在完成执行机构的设计后，对初步绘制的运动循环图进行修改。

初步确定的执行机构往往由于整体布局和结构方面的原因，或者因为加工工艺的原因，在实际使用中要做必要的修改。例如，为了满足传动角、曲柄存在等条件，构件的尺寸必须进行调整。这样，执行机构的运动规律就会不同，所以应以改进后的构件结构和尺寸为依据，修改描绘出它的运动循环图。

6）进行各执行机构的运动协调设计。以打印头远离被打印件的初始位置即打印机构的起点为基准，把打印头和送料推头的运动循环图，按同一时间（或分配轴的转角）比例组合起来画出自动打印机的机器工作循环图。

打印机构完成一个完整的运动循环，打印头退回到起点位置后，送料机构才开始起动，两机构不会产生任何干涉，但机器的运动循环时间最长，难以满足生产率的要求。所以，为了满足生产率要求，使两执行机构的运动循环完全重合，即可使机器获得最小的运动循环，如图 12-32a 所示。但图 12-32a 所示的机器运动循环，送料机构刚把产品送到打印工位上，打印头正好压在产品上，即图中的点 1 和点 2 在时间上重合，但由于机构运动尺寸误差、运动副间隙及使用过程中构件受力变形等原因，势必影响打印质量。有可能打印头打到工件时，工件还未到位，正在移动，致使打印不清。为确保打印机正常工作，采用图 12-32b 所示的运动协调方案，即在打印头到达打印工位之前 Δt 时间，送料机构已将工件送到打印工位上。送料机构相对于分配轴的转角也相应地调整 $\Delta \varphi$。机器最终的工作循环图如图 12-33 所示。

在绘制机构运动循环图时还必须注意以下几点：

1）以生产工艺过程开始点作为机器运动循环的起点。

2）因为运动循环图是以主轴或分配轴的转角为横坐标的，所以对于不在主轴或分配轴上的各执行机构的原动件如凸轮、曲柄、偏心轮等，应把它们运动时所对应的转角换算成主轴或分配轴上相应的转角。

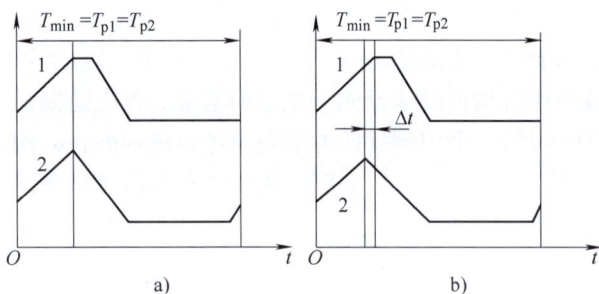

图 12-32　改进的循环图

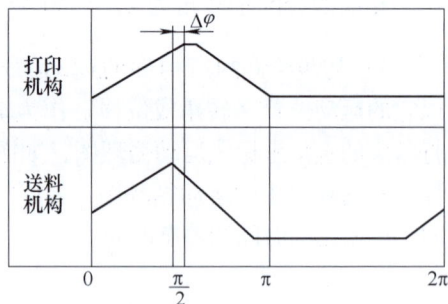

图 12-33　最终循环图

3）在确保不产生相互干涉的前提下，尽可能地使各执行机构的动作重合，以缩短运动循环周期，提高机器的生产率。

4）为避免制造、安装误差造成两机构在动作衔接处发生干涉，在一个机构动作结束点到另一个机构动作起始点之间，应有适当的间隔（通常可取 2°~3°）。

机构系统运动循环图有着重要的应用，它可用来指导各个执行机构的设计、安装和调试，请读者一定要多加练习，学会其绘制方法。

第六节　机械系统运动方案设计举例

【例 12-2】　半自动平板模切机用于对厚度在 6mm 以下的纸板进行压制，制出富有立体感的精美凸凹商标。试进行该半自动平板模切机的方案设计。设计要求：

1）人工喂入纸板。

2）整机由一台电动机驱动，每小时压制纸板 3000 张。

3）模压工作行程 $H=(50\pm0.5)\,mm$；其中工作行程的最后 5mm 范围内，模切机构受生产阻力 $F=200N$（图 12-34）。

4）工作台距离地面约 1200mm。

5）要求动作可靠、性能良好，结构简单紧凑，节省动力、寿命长，便于操作、制造。

解：

1. 运动规律设计——工艺动作分解

工作过程设计：人工喂入纸板→纸板定位夹紧→纸板输送到模压工位→纸板停顿时凸模和凹模加压进行冲压模切→将纸板输送至后续收纸台。这些工艺动作可以分解，由下述的三个执行机构分别完成。

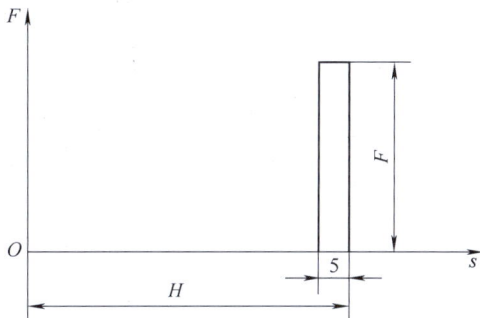

图 12-34　模切机构受力图

1）模切机构。在纸板停顿时进行冲压模切。要求此机构具有急回特性及显著的增力功能，以便在加压模切时能克服较大的生产阻力。

2）走纸机构。将纸板定时送到模切工位，停顿一定时间，等冲压模切完成后将纸板送走。

3）定位夹紧机构。人工喂入纸板时控制夹紧片张开，然后定位夹紧纸板，以便纸板输送至模切工位。

2. 拟定执行系统方案

（1）总体布置设想　如图 12-35 所示，为使结构紧凑，电动机和传动系统可置于工作台 14 下方。走纸机构可采用链传动机构。为便于人工喂纸，应将其布置于工作台上方。模切机构加压方式可有上加压、下加压和上下方同时加压 3 种。考虑到采用上下同时加压方式不易使凸、凹模准确对位，而采用上加压方式模切机构又要占据工作台上方空间，不便于操作，故拟采用下加压方式，即将模切机构布置在工作台下方。上模 15 装配调整后固定不动，下模装在模切机构的模切压头 16 上。

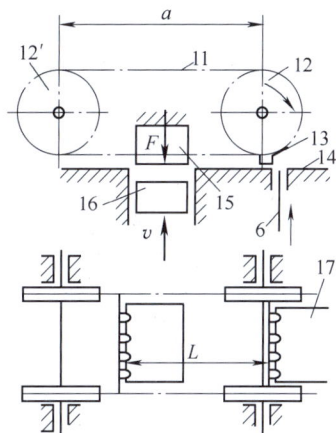

图 12-35　总体布置设想

6—移动从动件　11—链条　12、12′—链轮
13—模块　14—工作台　15—上模
16—模切压头　17—纸板

（2）拟定模切机构方案　若电动机水平放置，模切机构应具有以下三个基本功能：

1）运动形式转换功能，将电动机转动变换为模切压头 16 的往复移动。

2）运动轴线变向功能，将电动机水平轴运动变换为模切压头 16 铅垂方向的运动。

3）减速增力功能，减小速度，以实现增力使模切压头 16 运动至上位时能克服较大的生产阻力进行模切。

根据以上分析，可构思出图 12-36 所示的模切机构方案确定表，并可得设计方案种类为

$$N = 6 \times 6 \times 6 = 216$$

在剔除重复和明显不适合的方案后，即可得到一系列可供选择的方案。图 12-37 所示为部分方案的示意图。其中图 12-37e、g、h 所示的方案属于同一类方案，它们均是采用齿轮机构实现减速；采用曲柄摇杆机构将连续转动变为往复摆动，并实现运动大小变换功能；最终采用摇杆滑块机构实现运动形式变换、运动轴线变向和增力三种功能。其区别仅在于最后一级的摆杆滑块机构中的连杆与前一级的曲柄摇杆机构中的摇杆铰接点的位置有所不同。

传动原理	推拉传动原理			啮合传动原理	摩擦传动原理	流体传动原理
基本功能	基本机构					
	连杆机构	凸轮机构	螺旋、斜面机构	齿轮机构	摩擦轮机构	流体机构

图 12-36 模切机构方案确定表

a) b) c) d)

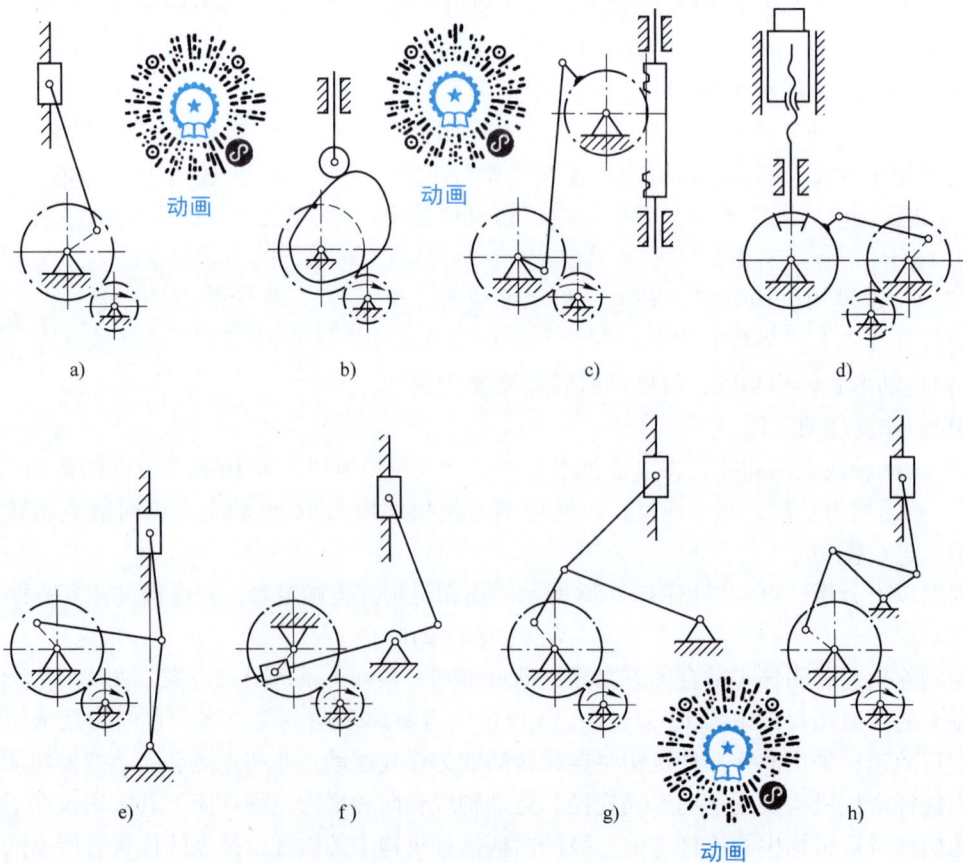

e) f) g) h)

动画

图 12-37 部分方案示意图

（3）拟定走纸机构方案　走纸机构完成纸板 17 的间歇送进。可采用间歇运动机构带动挠性传动机构完成送纸的工艺动作。间歇运动机构可选用不完全齿轮机构、棘轮机构、槽轮机构等；挠性传动机构可选用平带传动机构，也可以选用链传动机构。由此可组成多种可供选择的走纸机构方案。

（4）拟定定位夹紧机构方案　如图 12-35 所示，在纸板输送链上固定着装有夹紧片的模块 13（共 4 条），定位夹紧机构控制该夹紧片按时张开和夹紧，可选用滚子移动从动件盘形凸轮机构来实现该功能：当移动从动件 6 向上移动时，顶动夹紧片使其张开；当移动从动件 6 下降时，夹紧片靠弹力自动夹紧纸板。

3. 方案评价

在这一设计阶段，由于尚未对每个执行机构进行尺度设计，故只能做初步的定性评价。此阶段评价的主要目的是从多个方案中选出备选方案，以便在完成机构的尺度设计、运动和动力分析后，通过定量评价做出最后的选择。

通过图 12-37 所示的 8 个方案从功能、性能、结构、经济适用性等方面进行初步定型评价，认为图 12-37e、g、h 所示的方案具有较好的综合性能。故这三个方案可作为备选方案，进入下一轮设计。

对走纸机构选择不完全齿轮机构带动双列链轮传动机构作为备选方案；定位夹紧机构选择移动滚子从动件盘形凸轮机构作为备选方案。

4. 执行系统的协调设计

为了保证所设计的半自动平压模切机能够很好地完成预定的功能和生产过程，3 个执行机构必须互相配合，以一定的次序协调动作。为此，需编制机械的运动循环图。下面说明其运动循环图的绘制方法。

（1）确定机械的分配轴　因为原动机只有一个，所以将各执行机构的主动件安装在同一根轴上，如图 12-38 所示。取凸轮 5 所在轴为分配轴，将模切机构的主动件曲柄 4、定位夹紧机构的主动件凸轮 5 和走纸机构的主动件不完全齿轮 7 均固定在该分配轴上。通过链传动 9、10 将间歇运动机构的从动件 8 的运动传至链轮 12、12′，从而带动输送链 11 运动。

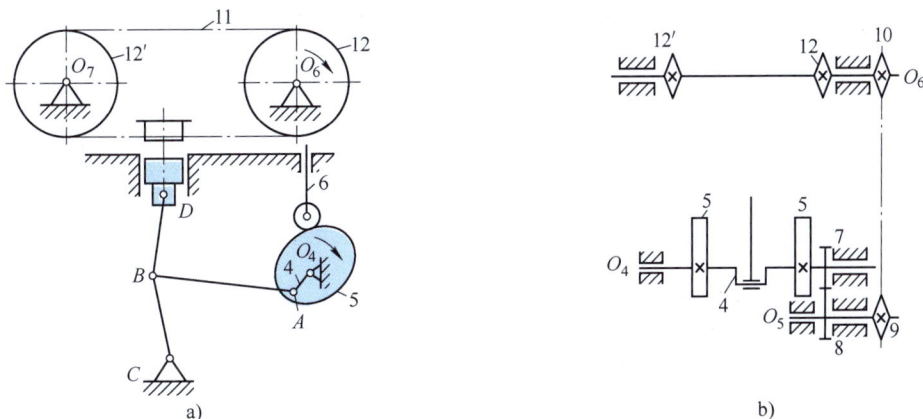

图 12-38　半自动平压模切机的执行系统方案

（2）确定模切机的工作循环周期及各执行机构的行程区段　根据理论生产率 $Q = 3000$

张/h＝50 张/min，可计算出模切机的工作循环周期 $T＝60/50s＝1.2s$。在这段时间内，模切机构下压模 D 有上升、加压、下降三个行程区段；定位夹紧机构的凸轮移动从动件有上升（使夹紧片张开）、停歇（等待喂入纸板）、下降（使夹紧片靠弹力自动夹紧）、停歇（等待下一个循环）四个行程区段；走纸机构的链轮有转动（输送纸板）、停歇（保证在前一工位有足够的时间将纸板喂入和在后一工位纸板在静止状态下模切）两个行程区段。

（3）确定各执行机构动作的协调配合关系　以分配轴转角 φ 为横坐标，选取模切机构的下压模 D 作为参考构件，取其开始上移的起点作为运动循环的起始位置，绘制出如图 12-39 所示的运动循环图。

在绘制该循环图时，应注意以下几点：

1）主轴自 φ_1 转至 φ_2 角，模切机构下压模处于工作行程的加压段。（$\varphi_2-\varphi_1$）越大，加压效果越好。

2）走纸机构与模切机构的配合：走纸机构应在模切机构加压前停止运动，图 12-39 中比开始加压角 φ_1 提前了 10°；走纸机构应在模切机构加压后一段时间开始运动，图中延后 φ_2 角 10° 开始转动，这样可以确保纸板处于静止状态下模切。

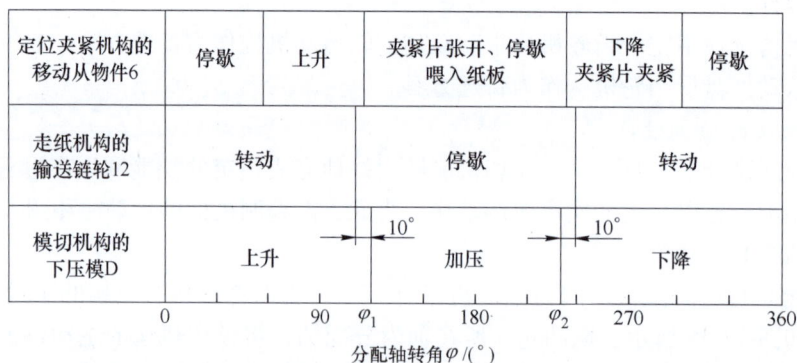

定位夹紧机构的移动从物件6	停歇	上升	夹紧片张开、停歇喂入纸板	下降夹紧片夹紧	停歇
走纸机构的输送链轮12	转动		停歇	转动	
模切机构的下压模D	上升		加压	下降	

图 12-39　运动循环图

3）走纸机构与夹紧机构的配合：在夹紧工位上，应确保在输送链轮完全停止转动后，凸轮机构的移动从动件 6 才开始升至最高位置，以顶动夹紧片张开；在输送链轮重新开始转动之前，移动从动件 6 应迅速下降，以使夹紧片夹紧纸板。移动从动件 6 在最高位置停歇的时间要能确保将纸板喂入夹紧片。

至此，半自动平板模切机执行系统的方案设计已经大体完成。最后的方案还有待各备选方案的运动尺度设计和运动及动力分析完成之后，经过定量评价，从中选出最优者，经过适当改进才能确定。

思　考　题

12-1　设计机构系统运动方案的一般步骤是什么？
12-2　设计机构系统运动方案的基本原则是什么？
12-3　机构的变异及组合各有哪几种方式？
12-4　机构选型有哪几种途径？在选型时应考虑哪些问题？

12-5 什么是机械的运动循环图？运动循环图有哪几种常见类型？运动循环图在机械系统设计中有什么作用？是否对各种机械系统设计时都需要首先作出其运动循环图？

习 题

12-1 设计图 12-17 所示的并联式机构，根据输送铁板的要求，在原动件齿轮 1 等速转动一周的过程中，输出构件内齿轮 5 按下述两种运动规律运动：当曲柄 AB 从某瞬时开始转过 $\Delta\varphi_1 = 35°$ 时，齿轮 5 停歇不动，以等待剪切机构将铁板剪断；当曲柄 AB 转过一周中其余角度时，齿轮 5 转过 240°，这时刚好将铁板输送所要求的长度。同时，为了提高传动效率，要求四杆机构 ABCD 的最小传动角大于 52°。

12-2 试构思几种普通窗户开启和关闭时操纵机构的方案并分析各自的优缺点。设计要求：

1）当窗户关闭时，窗户启闭机构的所有构件均应收缩到窗框之内，且不应与纱窗干涉。

2）当窗户开启时，能够开启到 90°位置。

3）窗户在关闭和开启过程中不应与窗框发生干涉。

4）启闭机构应为一单自由度机构，要求结构简单，启闭方便，且具有良好的传力性能。

5）启闭机构必须能支持窗的自重，使窗在开启时下垂度最小。

12-3 试分析图 12-40 所示机构的组合方式，并画出其组合方式框图。

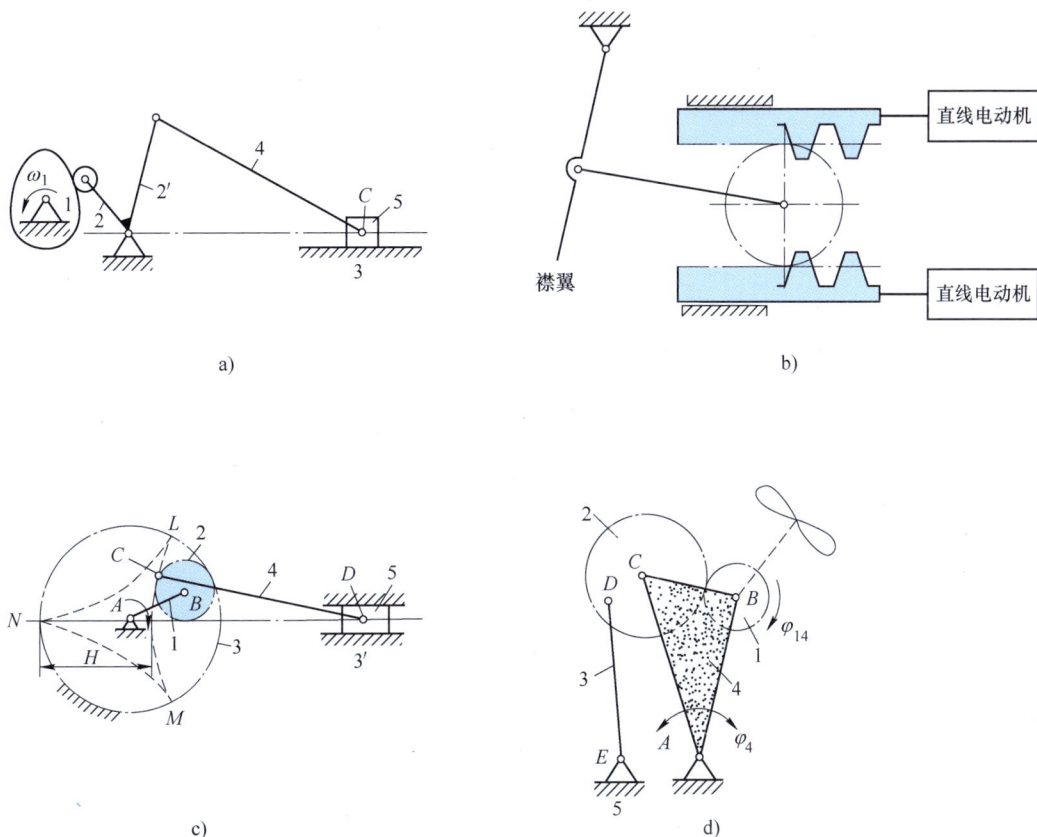

a)

b)

c)

d)

图 12-40 习题 12-3 图

12-4 在图 12-41 所示的传动箱中，运动输入构件绕轴线 A-A 做单向转动，要求输入构件每转 4 周，输出构件沿导轨 B-B 方向做一次往复移动，轴线 A-A 与导轨方向 B-B 相互垂直。试构思出实现上述运动要求的机构方案（要求最少列出 3 个方案），并用机构简图表示出来。

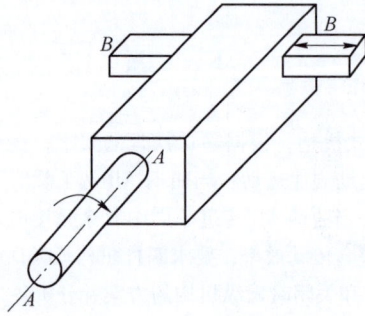

图 12-41 习题 12-4 图

12-5 试进行一部能够完成装卸工作、钻孔、扩孔、铰孔四个工位的专用机床的运动方案设计，如图 12-42 所示。

设计要求：四工位专用机床的执行机构有两个：一是装有四工位的回转工作台 1；二是装有三把专用刀具的主轴箱 3。主轴箱每向左移动送进一次，在四个工位上分别完成相应的装卸工件、钻孔、扩孔、铰孔工作。当主轴箱右移（退回），刀具离开工件后，工作台回转 90°，然后主轴箱再次左移。设计参数有：

1）刀具顶端离开工作表面 65mm，快速移动送进 60mm 接近工件后，再匀速送进 60mm（包括 5mm 刀具切入量，45mm 工件孔深、10mm 刀具切出量），然后快速返回。

2）刀具匀速进给速度为 2mm/s；工件装、卸时间不超过 10s。

3）生产率为每小时约 75 件。

4）执行机构能装入机体内。

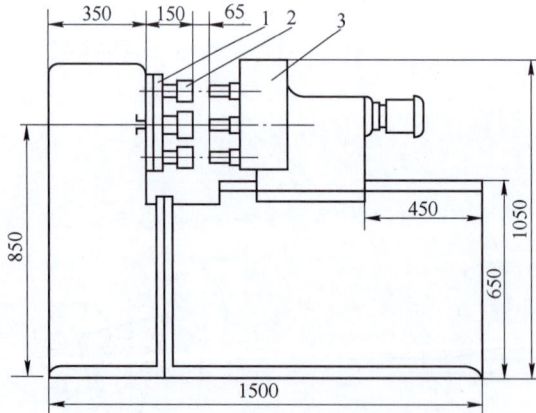

图 12-42 习题 12-5 图

1—工作台 2—工件 3—主轴箱

12-6 图 12-43 所示为蜂窝煤成型机的立体图。原动机采用 Y180L-8 的电动机，其功率 $N = 11kW$，转速 $n = 730r/min$，试分析该机器是如何完成以下五个动作的。

1）粉煤加料。

2）冲头将蜂窝煤压制成型（为保证冲压质量，希望冲压后有一段保压时间）。

3）清除冲头和出煤盘的积屑的清扫运动。

4）将在模筒内冲压后的蜂窝煤脱模。

5）将冲压成型的蜂窝煤输出。

动画

图 12-43　习题 12-6 图

参 考 文 献

[1] 冯立艳. 机械原理 [M]. 北京：机械工业出版社，2012.

[2] 孙桓，葛文杰. 机械原理 [M]. 9 版. 北京：高等教育出版社，2021.

[3] 申永胜. 机械原理教程 [M]. 3 版. 北京：清华大学出版社，2015.

[4] 赵自强，张春林. 机械原理 [M]. 3 版. 北京：机械工业出版社，2023.

[5] 张策. 机械原理与机械设计 [M]. 3 版. 北京：机械工业出版社，2018.

[6] 郭卫东. 机械原理 [M]. 北京：机械工业出版社，2021.

[7] 王德伦. 机械原理 [M]. 北京：机械工业出版社，2011.

[8] 于靖军. 机械原理 [M]. 北京：机械工业出版社，2013.

[9] 邹慧君，张春林，李杞仪. 机械原理 [M]. 2 版. 北京：高等教育出版社，2006.

[10] 刘会英，张明勤，徐宁. 机械原理 [M]. 3 版. 北京：机械工业出版社，2013.

[11] 师忠秀. 机械原理课程设计 [M]. 北京：机械工业出版社，2009.

[12] 冯立艳. 机械设计课程设计 [M]. 北京：机械工业出版社，2020.

[13] 廖汉元，孔建益. 机械原理 [M]. 2 版. 北京：机械工业出版社，2007.

[14] 杨家军，程远雄，许剑锋. 机械原理 [M]. 3 版. 武汉：华中科技大学出版社，2021.

[15] 潘存云，唐进元. 机械原理 [M]. 长沙：中南大学出版社，2011.

[16] 朱龙英. 机械原理 [M]. 西安：西安电子科技大学出版社，2009.

[17] 陈作模. 机械原理学习指南 [M]. 5 版. 北京：高等教育出版社，2008.

[18] 孙桓. 机械原理笔记和课后习题详解 [M]. 8 版. 北京：中国石化出版社，2018.

[19] 申永胜. 机械原理辅导与习题 [M]. 2 版. 北京：清华大学出版社，2006.

[20] 翟敬梅，邹焱飚. 机械原理学习及解题指导 [M]. 北京：中国轻工业出版社，2011.

[21] 王知行，刘廷荣. 机械原理 [M]. 北京：高等教育出版社，2000.

[22] 杨昂岳. 机械原理考试要点与真题精解 [M]. 长沙：国防科技大学出版社，2007.

[23] 王三民. 机械原理与设计学习及解题指南 [M]. 北京：机械工业出版社，2009.

[24] 李瑞琴. 机械原理 [M]. 北京：国防工业出版社，2008.

[25] 钟毅芳，杨家军. 机械设计原理与方法 [M]. 武汉：华中科技大学出版社，2002.

[26] 张策. 机械动力学 [M]. 北京：高等教育出版社，2000.

[27] 黄纯颖. 机械创新设计 [M]. 北京：高等教育出版社，2000.

[28] 张春林. 机械创新设计 [M]. 北京：机械工业出版社，2007.

[29] 闻邦椿. 机械设计手册 [M]. 5 版. 北京：机械工业出版社，2010.

[30] 邹慧君，郭为忠. 机械原理 [M]. 3 版. 北京：高等教育出版社，2016.

[31] 张伟社. 机械原理教程 [M]. 西安：西北工业大学出版社，2013.

[32] 李学荣. 连杆曲线图谱 [M]. 重庆：重庆出版社，1993.

[33] 马履中. 机械原理与设计：上册 [M]. 北京：机械工业出版社，2009.

[34] 兰虎，王冬云. 工业机器人基础 [M]. 北京：机械工业出版社，2020.

[35] 孔建益，廖汉元. 机构综合与优化 [M]. 北京：机械工业出版社，2013.